Apprendre à programmer en C pour LES NULS

Dan Gookin

Version française : Olivier Engler

FIRST
Interactive

Apprendre à programmer en C pour les Nuls

Titre de l'édition originale : *Beginning Programming in C For Dummies*
Pour les Nuls est une marque déposée de Wiley Publishing, Inc
For Dummies est une marque déposée de Wiley Publishing, Inc

Collection dirigée par Jean-Pierre Cano
Traduction : Olivier Engler
Maquette : Marie Housseau

Edition française publiée en accord avec Wiley Publishing, Inc.

Éditions First, un département d'Édi8
12 avenue d'Italie 75013 Paris
Tél. : 01 44 16 09 00
Fax : 01 44 16 09 01
e-mail : firstinfo@efirst.com
Internet : www.edtionsfirst.fr
ISBN : 978-2-7540-5862-9
Dépôt légal : février 2014
Imprimé en France par Hérissey à Évreux (Eure) - N° 121838

Sommaire

Introduction

C'est un « bonjour » entre guillemets que je vous propose en ouverture de ce livre pour apprendre à programmer grâce au langage C. Un livre qui va transformer la personne attentionnée et sociable que vous êtes en un de ces symboles de la culture underground des technophages : j'ai nommé le programmeur.

Et vous verrez que c'est pour votre bien.

En apprenant à écrire des programmes en C, vous vous préparez à devenir le maître absolu d'une foule d'appareils électroniques. En concevant vos projets, vous dictez tous vos désirs et lubies aux ordinateurs, aux tablettes et aux telliphones (alias smartphones). Et l'électronique va vous obéir aux doigts et à l'oeil. Les informations que renferme ce livre vous donneront le coup de pouce pour réussir certains partiels, impressionner vos amis, devenir la coqueluche d'Hollywood, lancer votre propre société de création de logiciels. Autrement dit, apprendre à programmer va se révéler un investissement judicieux de votre temps.

Ce livre veut vous aider à apprendre à programmer de façon claire et agréable. Aucune connaissance préalable du domaine n'est requise et vous n'avez aucune dépense à prévoir en achat de logiciels. Il suffit que vous ayez envie de programmer en C et de toujours garder du plaisir à le faire.

Le langage C est-il encore pertinent ?

De temps à autre, la même rumeur se réveille : apprendre le langage C est une impasse. D'autres langages, meilleurs, sont apparus après lui. Il semblerait plus logique d'apprendre un de ceux-là plutôt que le C.

Fadaises que tout cela.

On peut considérer le langage C comme le latin des langages de programmation. Quasiment tous ses successeurs se basent sur la même syntaxe. Même les mots-clés et certains noms de fonctions du C se retrouvent dans d'autres langages parmi les plus usités, du C++ au Java et au Python, et aux derniers langages nouvellement créés et archi-tendance.

Ce que je veux dire est qu'une fois que vous avez appris le langage C, tous les autres langages de programmation s'apprennent aisément. Pour preuve, de nombreux livres consacrés à ces autres langages vous demandent parmi leurs prérequis d'avoir une connaissance minimale du langage C avant d'aller plus loin. Le débutant total en sera désolé, mais pas celui qui a justement appris le C.

Ainsi, oubliez les dénigreurs en tous genres qui déclarent que le C c'est du passé. De plus, la programmation des micro-contrôleurs, des systèmes d'exploitation et de certains grands progiciels utilise toujours ce bon vieux langage C. Vous ne perdez nullement votre temps en l'apprenant aujourd'hui.

L'approche « Pour les nuls »

En tant que programmeur, j'ai avalé un nombre considérable de livres à ce sujet. Je sais donc ce que je ne veux en aucun cas voir, mais je le constate trop souvent : l'auteur inflige des exemples trop longs sur x pages ou bien étale sa science pour impressionner ses collègues. Il a perdu de vue l'objectif pédagogique. Ce genre d'approche est vraiment répandue. C'est peut-être la raison pour laquelle vous avez choisi le présent livre.

Mon approche est limpide : des exemples brefs, des démonstrations bien ciblées. Beaucoup d'exemples et beaucoup d'exercices (avec les réponses sur le Web).

Pour apprendre quelque chose, le mieux est de pratiquer. Chacun des concepts abordés dans ce livre est couplé avec un ou plusieurs exemples de code source. Comme il vous est demandé de saisir le code, les exemples sont assez brefs pour que la saisie ne soit pas harassante. Je vous invite vivement à saisir ce code au lieu de le copier/coller. Vous pourrez ensuite en lancer la compilation/liaison puis l'exécution pour voir si cela fonctionne. Ce contrôle immédiat est gratifiant, mais c'est surtout une excellente manière d'apprendre.

Les listings d'exemple sont suivis d'exercices (plus de 300) que nous vous invitons à réaliser pour tester vos nouvelles connaissances et assurer votre progression. Les réponses à ces exercices sont disponibles en anglais sur le site compagnon de ce livre :

`http://www.first.com/££`

Ces réponses sont également disponibles en anglais sur le site compagnon de l'éditeur :

`http://www.c-for-dummies.com/begc4d/exercises`

Structure et conventions du livre

Ce livre a pour but de vous apprendre à programmer en langage C. Au départ, nous supposons que vous ne connaissez rien ou presque. En fin de livre, vous aurez même découvert quelques concepts avancés de ce langage.

Pour programmer en C, il vous faut un ordinateur. Ce livre n'impose pas de contraintes quant au type de machine, puisque les trois systèmes les plus répandus sont gérés : Windows, Mac OS et Linux. En effet, le logiciel de développement intégré que nous avons choisi, nommé Code::Blocks, est disponible pour les trois systèmes. La mise en place de cet atelier est décrite dans le Chapitre 1.

Dans ce livre, pas de long discours préalable. Dès le premier chapitre, nous pratiquons. Cela dit, je prends soin d'expliquer d'abord de quoi il en retourne avant chaque exemple, sauf dans certains cas où l'explication détaillée de la technique utilisée ne vient que dans un chapitre ultérieur (mais cela est clairement indiqué). En dehors de ces exceptions, le livre est prévu pour une lecture linéaire, et c'est ainsi que vous en tirerez le plus grand profit.

Les mots-clés du langage C et les noms des fonctions prédéfinies sont imprimés dans une police fixe, comme dans `printf()` ou `break`.

Les noms de fichiers et de dossiers sont imprimés en police sans serif en italique, comme dans *programme.exe*.

Les noms des commandes dans les menus sont imprimés sans serif gras : ouvrez le menu **Fichier**.

Lorsque je vous demande de saisir des données au clavier, ce texte est imprimé en gras, comme dans « Saisissez la commande **blorfus** ». La validation de saisie par frappe de la touche Entrée est généralement indiquée.

Dans les procédures par étapes numérotées, le texte à saisir est imprimé en police fixe **grasse** :

3. **Saisissez `exit` puis validez par la touche Entrée.**

   Vous devez saisir le mot **exit** puis confirmer par frappe de la touche Entrée.

Les extraits de code source incomplets se présentent comme ceci :

```
if( i == 1)
    printf("Je gagne");
```

Vous n'aurez à saisir du code source que lorsqu'un exercice numéroté vous y invite.

Les listings source complets sont numérotés dans chaque chapitre, comme ceci :

Listing 1.1 : Le squelette de code source généré par Code::Blocks

```
#include <stdio.h>
#include <stdlib.h>

int main()
{
    printf("Bien le bonjour, tout le monde !\n");
    return(0);
}
```

La largeur limitée des pages imprimées oblige à rabattre les lignes de code source les plus longues sur deux lignes. Vous ne devez pas créer ces sauts de lignes lorsque vous saisissez le code et je rappelle en général la présence de sauts de ligne «de contingence» lorsque nécessaire.

Les listings de ce livre ne comportent pas de numérotation des lignes, mais je fais référence à des numéros. En effet, l'éditeur de l'atelier Code::Blocks ajoute des numéros en marge gauche (comme tous les éditeurs de code actuels). Si vous ne voyez pas ces numéros, activez l'option appropriée : `menu` **Settings**, commande **Editor**, page d'options **Editor Settings**, groupe du bas **Other settings**, option **Show line numbers**.

Ne confondez pas les numéros des Listings et les numéros des Exercices.

Pour réaliser un exercice, vous allez généralement démarrer un nouveau projet portant un nom conventionnel du type `exccnn`, avec `cc` pour le numéro de chapitre et `nn` pour le numéro d'ordre de l'exercice. Par exemple, le troisième exercice du Chapitre 99 fera l'objet du projet ex9903. Le descriptif de cet exercice offre l'aspect suivant :

EXERCICE 99.3 : Saisissez le code source du Listing 99.1 dans l'éditeur de Code::Blocks. Enregistrez-le sous le nom `ex9903`. Lancez la compilation/liaison puis l'exécution.

En vous pliant à cette convention, vous trouverez facilement les réponses aux exercices qui utilisent la même logique. Nous avons indiqué plus haut où trouver les réponses aux exercices.

Ces réponses permettent de copier/coller le code source, mais je ne fournis pas le code source des listings, afin de vous laisser pratiquer l'écriture de code source. C'est pourquoi les listings sont toujours de longueur réduite. Notez que les solutions des exercices contiennent le code source.

Icônes utilisées

Cette icône attire l'attention sur une information qu'il est important de mémoriser. Bien que je conseille de tout mémoriser, il s'agit ici de quelque chose d'absolument indispensable.

Une astuce est une suggestion, une technique spéciale ou quelque chose de particulier qui vous aide à être encore plus efficace.

Cette icône marque un piège à éviter, une information qui peut avoir de fâcheuses conséquences si vous n'en tenez pas compte.

Bien sûr, tout est technique en programmation, mais je réserve cette icône aux compléments, apartés et anecdotes encore plus techniques. Considérez-les comme des bonus pour ultra-geeks.

Derniers conseils pour la route

J'adore programmer. C'est pour moi une passion incroyablement relaxante, frustrante et gratifiante à la fois. Je pense qu'un certain nombre d'autres partagent cette passion, mais vous pouvez aussi être un étudiant qui a besoin de valider son cursus ou quelqu'un qui a décidé de faire carrière comme programmeur. Dans tous les cas, assurez-vous de toujours *prendre plaisir* à programmer. Si vous arrivez à imaginer l'aspect visuel du programme que vous voulez concevoir, vous devriez réussir à l'écrire. Cela ne se fera peut-être pas aussi vite que prévu, mais cela finira par aboutir.

Je vous conseille vivement de faire les exercices proposés. Inventez-en des variations sur le même thème. Ne lâchez pas un problème avant de l'avoir résolu. En programmation, il n'existe pas qu'une seule solution viable à un problème, et c'est fantastique. Quand vous cherchez et essayez, vous apprenez.

Si possible, établissez un contact avec un ami programmeur, mais ne le laissez pas vous aider ou vous réexpliquer les concepts. Considérez-le comme un soutien. L'activité de programmeur peut être un travail solitaire, mais il n'est pas inutile d'en discuter de temps à autre avec un collègue qui programme aussi, en C ou dans un autre langage.

Sites Web utiles

Voici les sites Web en rapport avec ce livre.

Les solutions des exercices et quelques conseils se trouve sur :

`www.pourlesnuls.fr`

Dans la rubrique téléchargement. Les fichiers PDF des réponses contiennent le code source de tous les listings.

Notez que ni l'auteur, ni le traducteur ne peuvent écrire votre code source à votre place. Nous ne pouvons pas non plus nous permettre de vous aider à résoudre vos devoirs informatiques d'étudiant. (Le livre n'aborde par exemple pas du tout les arbres B-tree.)

Le plus important : assurez-vous de toujours prendre plaisir à programmer!

Remarques concernant cette adaptation française

Pour aider les lecteurs francophones à repérer au premier regard les mots-clés imposés par le langage et les noms qu'ils peuvent choisir (quasiment) à leur guise, nous avons francisé presque tout dans les exemples.

Un sujet qui intéresse particulièrement nos lecteurs est le support des caractères accentués. Dans la version de base du C, ce support varie d'un système à l'autre (Linux, Mac OS, Windows). La tendance majeure de nos jours consiste à adopter le système Unicode grâce auquel les programmes pourront afficher et traiter leurs textes aussi aisément en anglais, qu'en français ou en coréen. Mais la maîtrise d'Unicode et de ses conventions de stockage associées (UTF-8, UTF-16, etc.) n'est pas simple. Ce livre étant destiné à vous guider dans vos premiers pas ou à consolider des connaissances fondamentales, nous n'aborderons pas ce sujet.

Tous les noms d'identifiants dans nos exemples prennent soin de ne pas utiliser de lettres accentuées. Nous vous conseillons de faire de même dans vos projets en attendant d'en savoir plus sur Unicode et sur les chaînes larges (*wide strings*).

Nous fournirons un résumé des stratégies applicables en matière de caractères accentués sous forme d'un fichier dans le même dossier que les solutions des exercices.

Partie I

Commencer à programmer en C

Dans cette partie :

- Visiter l'atelier Code::Blocks
- Réaliser votre premier programme
- Apprendre les principes de la programmation
- Découvrir les constituants du langage C
- Utiliser Code::Blocks pour obtenir le squelette C de base

Chapitre 1

Visite rapide pour les impatients

Dans ce chapitre :

- Mettre en place l'atelier Code::Blocks
- Configurer votre premier projet
- Saisir du code source
- Compiler, lier et exécuter
- Sortir de Code::Blocks

Vous êtes sans doute impatient de commencer à programmer. Alors ne perdons pas un instant.

De quoi avez-vous besoin ?

Pour pouvoir prendre le contrôle d'un ordinateur, d'une tablette, d'un telliphone (smartphone) ou d'une console de jeu, vous devez vous munir de quelques outils logiciels. Vous serez heureux d'apprendre qu'en ce début du XXIe siècle, tous ces outils sont devenus disponibles gratuitement sur Internet. Il ne reste plus qu'à décider lesquels prendre et où.

Vos outils pour programmer

Pour vous lancer dans l'aventure de la programmation, il faut disposer de deux éléments incontournables :

- Un ordinateur
- Un accès au réseau Internet

Votre poste de travail pour écrire et compiler le code source est un micro-ordinateur. Même si vous prévoyez d'écrire un jeu vidéo pour Xbox, vous allez travailler avec un ordinateur standard. Cet ordinateur peut être un PC Intel/AMD sous Windows ou sous Linux ou bien un Apple sous Mac OS.

Un accès au réseau Internet est indispensable pour récupérer plusieurs outils de programmation. Il vous faut un éditeur de texte pour saisir et modifier le code source et un compilateur pour convertir ce code source en un programme binaire exécutable. Ce compilateur est normalement accompagné d'un lieur et d'un débogueur. Tous ces outils sont disponibles gratuitement sur Internet.

Pas d'angoisse ! Les concepts de *compilateur,* de *lieur* et de *débogueur* seront définis dans le Chapitre 2.

Opter pour un atelier IDE

Nous ne pouvons que vous féliciter si vous décidez de travailler à l'ancienne en allant chercher séparément un éditeur puis un compilateur, ce qui oblige à installer chaque composant puis à harmoniser l'ensemble. C'est ainsi que j'ai commencé en travaillant uniquement depuis la ligne de commande en mode texte. Cette approche reste possible, mais ce n'est pas la plus performante.

En effet, la méthode optimale et professionnelle de produire du code de nos jours consiste à se doter d'un environnement de développement intégré (EDI), souvent désigné par l'acronyme anglais IDE (*Integrated Development Environment*). Nous utiliserons le terme **Atelier**. Cet outil réunit dans la même interface unifiée tous les outils requis pour programmer.

Votre atelier va vous servir à rédiger le code source, à produire l'exécutable, à réaliser la mise au point ou débogage, parmi d'autres opérations magiques. Continuer à utiliser un éditeur de texte séparé du compilateur donne au programmeur un statut très « roots » ; tous les pros ont adopté un atelier IDE. Je vous invite dans ce livre à faire de même.

En adoptant un atelier, vous vous épargnez de nombreux soucis initiaux pour configurer le compilateur et l'éditeur afin de faire fonctionner ces différents logiciels ensemble. Avec un atelier IDE, vous vous placez dans les meilleures conditions pour commencer à programmer tout de suite, car vous devrez pouvoir vous concentrer sur des sujets importants et ne pas perdre de temps. Je devine que vous êtes impatient de commencer à programmer.

L'atelier Code::Blocks

Sur Internet, vous trouverez un certain nombre d'ateliers de programmation, tous à peu près du même niveau de qualité. Pour profiter des conseils de ce livre, je vous invite à opter pour celui nommé **Code::Blocks**. Il est gratuit et fonctionne sous Windows, Mac OS X et Linux. C'est un atelier complet ; vous n'aurez besoin de rien d'autre.

Si vous avez déjà choisi un autre atelier IDE, pas de problème ! Je suis certain que les opérations principales se réalisent quasiment de la même façon qu'avec Code::Blocks. Ceci dit, les figures de ce livre et les procédures détaillées, surtout dans les premiers chapitres, se basent sur Code::Blocks.

Mise en place de Code::Blocks

Vous devez d'abord vous procurer l'atelier Code::Blocks depuis le site Web officiel suivant :

```
www.codeblocks.org
```

Le site Web va certainement évoluer, et la description qui suit sera peut-être en partie obsolète :

1. **Utilisez votre navigateur Web pour vous rendre sur le site de Code::Blocks.**
2. **Cherchez le lien de téléchargement *Downloads* (dans le menu).**
3. **Cliquez le lien de téléchargement des fichiers binaires (*Download the binary release*) approprié à votre système.**
4. **Prenez soin de choisir la version qui contient le compilateur C, par exemple celle dotée de MinGW.**

   Par exemple pour Windows, le fichier porte un nom dans le style suivant :

   ```
   codeblocks-xx.yymingw-setup.exe
   ```

   Les `xx` et `yy` correspondent au numéro majeur et mineur de version de Code::Block.

Sous Linux, vous choisissez entre la mouture 32 et 64 bits en fonction de votre distribution Linux et le format de l'archive. Je vous conseille d'opter pour la plus récente version stable.

Sous Mac OS X, vous choisirez entre le format d'archive `.dmg` ou le format universel `.zip`.

5. **Si nécessaire, procédez au désarchivage du fichier d'installation de Code::Blocks.**

   Malgré le titre de la collection *Pour les nuls*, je suppose que vous savez quoi faire d'un fichier au format `.zip`, `.gz` ou `.dmg` sur le système que vous utilisez.

6. **Lancez le programme installateur.**

   Suivez les indications en optant pour une installation par défaut. Il est inutile de personnaliser quoi que ce soit à ce niveau.

   Sous Windows, vérifiez que vous installez la suite de compilation MinGW. Si vous ne voyez ce nom nulle part dans la fenêtre de choix des composants, c'est que vous n'avez pas téléchargé la bonne variante de Code::Blocks. Revenez dans ce cas à l'Étape 4.

7. **Concluez l'installation en faisant démarrer l'atelier Code:Blocks.**

   Sur ma machine, un message m'a demandé si je désirais démarrer Code::Blocks. Je n'ai eu qu'à confirmer par **Yes**. Si ce message n'apparaît pas, démarrez l'application Code::Blocks de la manière habituelle dans votre système.

8. **Refermez la fenêtre de l'installateur.**

   Même si la fenêtre de Code::Blocks est apparue, il est possible qu'il faille refermer la fenêtre de son installateur.

La prochaine section propose un tour d'horizon de l'interface de Code::Blocks.

Découverte de l'interface de Code::Blocks

Si l'application Code::Blocks n'est pas encore démarrée, lancez-la maintenant ; cherchez son icône sur le Bureau ou dans un menu (dans Windows 8, cherchez le nom **CodeBlocks** sans les deux signes deux-points).

La Figure 1.1 présente l'aspect général de la fenêtre de l'espace de travail de Code::Blocks (*workspace*) constitué de plusieurs sous-fenêtres ou panneaux.

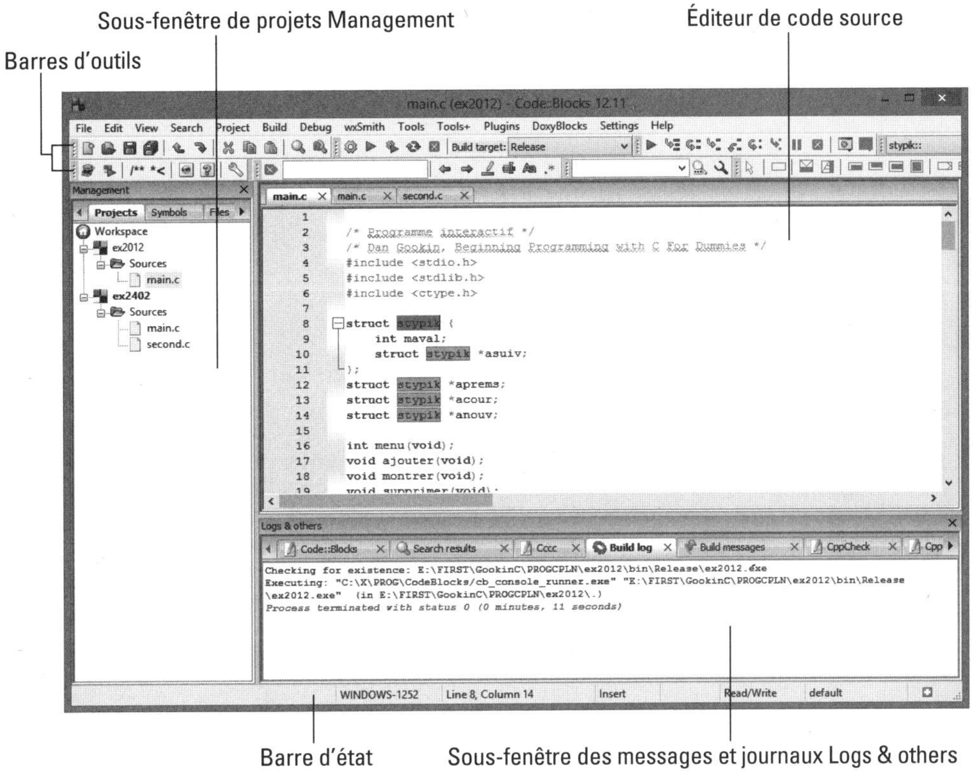

Figure 1.1 : L'espace de travail de l'atelierCode::Blocks.

Les détails ne sont pas très visibles dans la Figure 1.1, mais ce sont les grandes zones qu'il vous faut repérer. En voici la description :

Barres d'outils : Ces huit bandeaux horizontaux prennent place dans le haut de la fenêtre principale de Code::Blocks. Chaque barre offre une sélection d'icônes de commandes. Vous pouvez réarranger les barres, en masquer et en montrer. Ne touchez pas à leur disposition avant d'avoir pris vos marques dans l'interface.

Fenêtre de projets (Management) : La sous-fenêtre de gauche offre quatre onglets, un seul montrant son contenu à la fois. Cet espace rassemble toutes les ressources de votre projet de programmation.

Barre d'état : Le bas de la fenêtre principale est occupé par une série d'informations concernant le projet en cours d'édition et d'autres témoins relatifs au fonctionnement de l'atelier Code::Blocks.

Éditeur (main.c) : La surface centrale de la fenêtre est dédiée à la rédaction du code source.

Journaux (Logs & others) : Dans le bas de la fenêtre, au-dessus de la barre d'état, prend place une sous-fenêtre avec une douzaine d'onglets affichant des informations techniques sur le projet en cours. Le volet que vous utiliserez le plus souvent est celui des messages du compilateur, **Build Log**.

Dans le menu principal **View**, vous trouverez des options pour afficher/masquer les composants de l'interface. Choisissez par exemple **View/Manager** pour masquer le panneau gauche ou décidez quelles barres d'outils conserver par le sous-menu **View/Toolbars**.

N'OUBLIEZ PAS !

Faites en sorte de ne pas être débordé par l'apparente complexité visuelle de l'interface de Code::Blocks. Même si vous avez de l'expérience en programmation dans l'ancien style, un tel atelier peut intimider de par toutes ses options, panneaux et volets. Ne vous inquiétez pas : il ne vous faudra que peu de temps pour prendre vos marques.

Pour profiter du maximum d'espace d'affichage, pensez à déplier la fenêtre principale de Code::Blocks pour l'amener au format Plein écran. Vous devez pouvoir être à l'aise.

Chacune des sous-fenêtres et panneaux (Management, Éditeur, Logs) peut être retaillée : amenez le pointeur de souris entre deux zones et faites glisser dès qu'il prend l'aspect d'une double-flèche pour ajuster la largeur ou la hauteur relative des deux zones.

Le panneau de l'éditeur de code et celui des journaux en bas sont multivolets. Chaque zone peut comporter en haut plusieurs onglets pour basculer d'un volet à un autre.

Votre premier projet

En programmation classique, vous utilisez un programme indépendant pour créer et modifier vos textes source (l'éditeur de texte), puis un autre pour compiler et encore un autre pour lier le code (*linker*). Tous les ordres doivent être émis sur la *ligne de commande en mode texte*, sans souris. C'était un processus en étapes successives qui reste praticable pour les petits projets. Mais les systèmes d'exploitation modernes offrent tous une interface graphique permettant d'intégrer ces outils. C'est heureux, car la programmation de logiciels pour les appareils actuels (téléphones, consoles de jeu, etc.) devient plus complexe, ce qui rend l'ancienne méthode très peu performante.

Les ateliers IDE actuels réunissent les anciens outils, notamment l'éditeur de texte, le compilateur, le lieur et le débogueur. Ils possèdent des fonctions indispensables pour créer des programmes pour interface graphique et les projets les plus complexes. C'est pour cette raison que les ateliers proposent de créer non pas des programmes, mais des projets. Un projet peut incorporer plusieurs fichiers de code source.

Découvrons les grandes lignes de la création d'un projet avec l'atelier Code::Blocks.

Démarrage d'un nouveau projet

Tous les exemples de ce livre d'initiation à la programmation sont des applications de type *Console*, ce qui signifie qu'ils sont destinés à fonctionner en mode texte dans une fenêtre de terminal. J'ai considéré que l'approche la plus efficace pour vous faire découvrir les principes de la programmation consiste à vous éviter de vous noyer dans les détails complexes d'une application en mode graphique dite pilotée par événements. L'atelier est tout à fait capable de permettre ce genre de projet, mais dans ce livre, nous ne produirons que des projets simples en mode texte. Voici la procédure générale pour créer un projet :

1. **Si elle ne l'est pas encore, démarrez l'application Code::Blocks.**

   Vous arrivez dans l'écran d'accueil avec le logo de Code::Blocks et quelques liens. Si vous ne voyez pas cet écran, choisissez la commande **File/Close Workspace**.

2. **Choisissez le lien Create a New Project.**

   Vous arrivez dans la boîte de l'assistant de création *New from Template* (Figure 1.2).

3. **Choisissez le type Console Application et cliquez le bouton Go.**

   Vous accédez à l'assistant *Console Application Wizard.*

TRUC

Si vous ne voulez plus voir apparaître la première page de l'assistant, activez la case d'option **Skip This Page Next Time**.

4. **Cliquez le bouton Next.**

5. **Choisissez le langage C au lieu de C++ présélectionné puis validez votre choix par Next.**

   Le langage C est assez différent de son descendant C++. Certaines choses ne sont possibles que dans l'un ou l'autre langage.

6. **Comme nom de projet, indiquez *ex0101*.**

   Absolument tous les exemples et projets de ce livre obéissent à cette convention de nommage : les deux lettres *ex* en minuscules (pour *ex*ercice) suivi de deux chiffres pour le numéro de chapitre et de deux autres chiffres pour le numéro d'exercice.

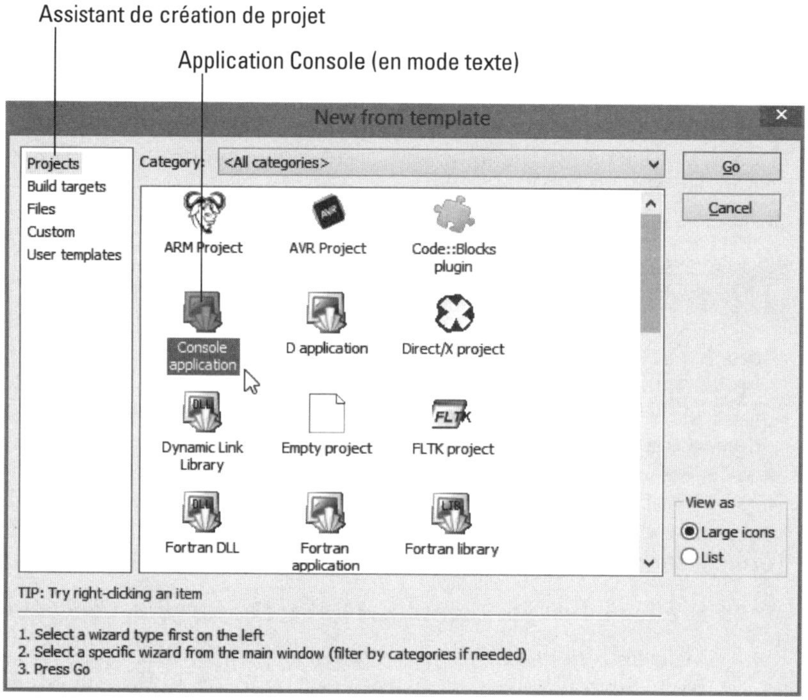

Figure 1.2 : Démarrage d'un nouveau projet.

Lorsque vous validerez votre nom de projet, ce nom servira de radical pour le nom du fichier de projet que va générer l'atelier dans la foulée.

7. **Utilisez le bouton de parcours ... à droite de la deuxième zone de saisie (Folder to create project in) pour décider du dossier dans lequel seront implantés les projets.**

   Je vous conseille de créer un dossier principal dédié à vos projets de programmation.

8. **Dans cette boîte, utilisez la fonction de création de dossier/répertoire pour créer ce dossier dédié.**

   Si vous possédez déjà un dossier pour vos projets de programmation, créez-y un sous-dossier nommé par exemple `BegC4D`. Ce nom est l'abréviation du titre anglais de ce livre, *Beginning Programming with C For Dummies*.

   Si vous n'avez pas encore de dossier pour la programmation dans votre dossier principal ou personnel, créez un sous-dossier que vous nommez par exemple *prog* dans ce sous-dossier, créez le dossier *c* et encore un cran plus bas le dossier *BegC4D* dans lequel vous placerez tous vos projets.

Sur ma machine fonctionnant sous Windows 7, le chemin d'accès au dossier de mes projets s'écrit ainsi :

```
C:\Utilisateurs\Dan\prog\c\BegC4D\
```

9. **Avec le bouton OK, validez votre choix de dossier.**

10. **Utilisez le bouton Next.**

    La prochaine page est la dernière. Elle permet de choisir un compilateur et de décider si vous avez besoin de la seule variante diffusable **Release** ou bien aussi de la version de mise au point **Debug**.

    La présélection pour le compilateur devrait convenir ; le compilateur GNU GCC (ou celui proposé) est celui qu'il nous faut.

11. **Enlevez la coche de l'option Create Debug Configuration.**

    Cette configuration n'a d'intérêt que lorsque vous pensez avoir besoin de mettre au point le programme (le débogueur) ou de l'étudier pendant son exécution. Nous verrons cela dans le Chapitre 25.

12. **Terminez la procédure avec le bouton Finish.**

L'atelier Code::Blocks crée le projet et un fichier squelette de source. Il n'est peut-être pas affiché au départ dans l'éditeur. Pour un projet simple sur ligne de commande, ce squelette contient assez d'instructions source pour commencer à rédiger le code source C.

Une application console ou application en mode texte est ce qu'il y a de plus simple à créer. Pour créer un programme devant fonctionner dans l'interface graphique (Windows, Linux, Mac OS), Code::Blocks aurait prédéfini plusieurs autres éléments et activé des outils pour dessiner la fenêtre principale, créer des icônes, etc. Un atelier rend ce travail un peu plus facile.

Analyse du code source

Lorsque vous demandez à Code::Blocks de démarrer un nouveau projet, il met en place d'office un certain nombre d'éléments de départ. Dans le cas d'une application de la catégorie Console, un seul élément est proposé : le fichier de code source principal *main.c*.

Un *fichier de code source* est un fichier ne contenant que du texte. Ce sont des lignes d'instructions écrites dans un langage de programmation. Dans le Chapitre 2, nous verrons ce contenu en détail. Pour l'instant, sachez que l'atelier Code::Blocks génère d'office un tel fichier quand vous utilisez son assistant pour démarrer un nouveau projet. Le fichier n'est pas créé vide : il contient quelques lignes, l'ensemble formant un programme source minimal appelé *squelette* ou *ébauche*. Vous allez presque toujours supprimer ce squelette pour écrire votre code source, mais le squelette est viable en tant que programme.

Dans l'atelier, les projets sont listés dans le panneau gauche (**Management**, dans la Figure 1.1 ci-dessus). Si vous ne voyez pas ce volet, utilisez le raccourci **Maj + F2** ou la commande **View/Manager**.

La Figure 1.3 montre le volet **Management** avec la page **Projects** activée. Le projet en cours est celui dont vous voyez les détails, mais il y a d'autres projets dans la liste.

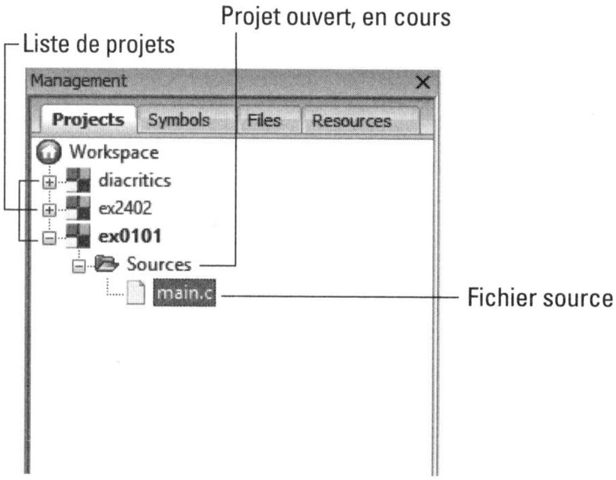

Figure 1.3 : Les projets dans l'atelier.

Lorsque vous avez opté pour le type d'application Console dans votre projet, un fichier source a été créé sous le nom conventionnel *main.c*. Il est rangé dans le sous-dossier **Sources** du projet. Si vous ne le voyez pas (comme en Figure 1.3), double-cliquez dans les sous-catégories successives pour le rendre visible.

Double-cliquez enfin dans le nom `main.c` dans Sources pour faire charger le texte dans la fenêtre de l'éditeur. Vous devez voir le squelette de code reproduit dans le Listing 1.1. Cet embryon constitue un programme complet. Vous allez pouvoir le compiler et l'exécuter, comme nous l'expliquons dans la prochaine section.

Listing 1.1 : Le squelette de code source inséré par Code::Blocks

```
#include <stdio.h>
#include <stdlib.h>

int main()
{
    printf("Hello world!\n");
    return 0;
}
```

Le Chapitre 2 entre dans les détails du contenu du Listing 1.1. Pour l'instant, contentez-vous d'admirer les différentes couleurs appliquées selon la nature des éléments et leur mise en forme.

N'OUBLIEZ PAS !

- La fenêtre de l'éditeur affiche normalement des numéros de lignes en marge gauche. Si vous ne les voyez pas, allez activer l'option correspondante par la commande **Edit/Editor Tweaks/Show Line Numbers**. Nous supposons dans ce livre que vous pouvez voir les numéros de lignes, car nous y faisons référence dans nos explications.

  Ces numéros de lignes ne sont pas stockés dans le fichier source C. Ils sont ajoutés par l'éditeur dans l'affichage, mais ils sont aussi cités dans les messages d'erreur de compilation pour désigner les lignes suspectes dans le code source.
- Vous pouvez décider du nombre d'espaces équivalant à un saut de tabulation dans le même sous-menu **Edit/Editor Tweaks** en choisissant une taille dans **Tab Size**. Personnellement, j'ai opté pour quatre espaces par tabulation.
- La colorisation du texte source dépend de l'option **Edit/Highlight Mode/C/C++**. Vous pouvez la désactiver par l'option **Plain Text** dans le sous-menu **Highlight Mode** (premier choix dans la liste).

Compiler et exécuter le projet

Pour obtenir un programme exécutable dans l'atelier Code::Blocks, vous devez demander la construction du projet (*build*). Ce terme désigne une séquence d'opérations élémentaires que nous étudierons en détail dans le prochain chapitre. Nous supposons que vous avez réalisé l'exercice pratique précédent de création de votre premier projet sous le nom *ex0101*. Ce projet est ouvert dans la fenêtre de Code::Blocks. Vous êtes prêt à demander une construction. Voici comment faire :

1. **Vérifiez que le projet désiré est celui sélectionné dans le panneau Projects de la sous-fenêtre Management.**

   Le projet actif est affiché en police grasse. Lorsque plusieurs projets sont ouverts dans le panneau Projects, vous en changez en cliquant droit dans le nom du projet désiré (icône de premier sous-niveau) pour choisir la commande locale **Activate Project**.

2. **Ouvrez le menu général Build et choisissez Build.**

   Dans le panneau inférieur **Logs & others**, le panneau **Build Log** affiche les résultats du traitement. S'il n'y pas d'erreur, vous devriez ne voir que quelques messages. Nous y reviendrons dans le Chapitre 2.

Puisque vous n'avez pas modifié le code source du squelette, aucune erreur ne devrait avoir été détectée. La compilation a réussi. Un message le confirme par la mention « 0 errors, 0 warnings ». En cas d'erreur, et ce ne sera pas rare dans la suite de votre découverte, vous devrez consulter ces messages pour savoir où corriger. Nous verrons comment dans le Chapitre 3.

Mais construire le projet n'est qu'une étape préliminaire. L'étape essentielle consiste à faire exécuter le programme. Vous pouvez lancer cette opération directement depuis l'atelier.

Pour faire exécuter le projet actif, choisissez la commande **Build and Run**. Vous voyez surgir une fenêtre de terminal, qui montre les affichages produits par votre programme, plus deux lignes de messages systématiques invitant à frapper une touche pour quitter le terminal (Figure 1.4).

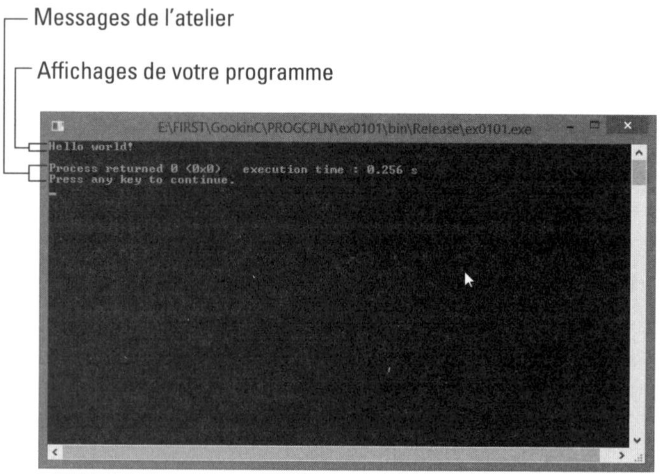

Figure 1.4 : Exécution d'un programme.

Pensez à refermer la fenêtre texte par une frappe sur n'importe quelle touche.

Et voici une belle astuce : vous pouvez, en une seule commande, faire enchaîner la construction/compilation du projet et son exécution. La commande s'écrit **Build/Build and Run**.

- Profitez des raccourcis clavier pour les commandes **Build**, **Run** et **Build and Run** : Ctrl + F9, Ctrl + F10 et F9, respectivement. Inutile de les mémoriser, car ils sont rappelés dans le menu.
- Vous disposez aussi de plusieurs boutons dans la barre d'outils du compilateur pour déclencher les mêmes actions : une icône avec un engrenage jaune pour **Build**, une flèche verte pour **Run** et une combinaison des deux pour **Build and Run**.

Les affichages du programme correspondent aux premières lignes dans la fenêtre de terminal (Figure 1.4). Les deux dernières lignes sont créées par l'atelier en fin d'exécution du programme. Elles indiquent le code de sortie qui a été renvoyé par votre programme vers le système d'exploitation (zéro ici) et la durée d'exécution en millisecondes. Le message `Press any key to continue` signifie que vous pouvez frapper par exemple la touche Entrée ou la barre d'espace pour quitter la fenêtre.

Enregistrer et fermer le projet

Prenez la saine habitude de sauvegarder votre projet après toute retouche sérieuse ou longue séance de saisie. Dans un environnement de type IDE, il n'y a pas que le fichier source à enregistrer : la configuration de l'espace de travail et les paramètres de projet vont aussi dans des fichiers. Le menu **File** comporte des commandes pour sauvegarder chaque type de fichier indépendamment.

Une technique très efficace pour lancer une sauvegarde rapidement est le raccourci clavier de la commande **Save everything** du menu **File** : Alt + Maj + S (Commande + Maj + S sous Mac OS).

Si vous n'avez pas encore sauvegardé, faites-le maintenant.

Pour fermer le projet actif, utilisez la commande **File/Close Project**.

- Vous pouvez quitter l'application Code::Blocks maintenant si désiré.
- Ne vous inquiétez pas ! Code::Blocks détecte si des fichiers contiennent des données non sauvegardées. Enregistrez-les avant de quitter.
- Vous savez que rien n'a besoin d'être sauvegardé si la commande **Save Everything** est grisée.
- La commande classique **File/Save** de Code::Blocks (raccourci Ctrl + S) sert à enregistrer un fichier de code source. Je vous conseille de vous en servir souvent pendant l'édition de vos sources.

Exploiter les pages de documentation man

L'atelier Code::Blocks possède une fenêtre facultative pour accéder à la documentation (Man/Html Pages Viewer). Elle établit un lien avec la documentation des librairies de fonctions standard du langage C. *Man* est l'abréviation de *manuel*. Pour afficher ce panneau, utilisez la commande **View/ Man Pages Viewer**.

Vous vous en servez en commençant par saisir un nom de fonction C standard dans la zone de saisie du haut (sans les parenthèses) puis en validant avec le bouton de recherche à sa droite (ou en frappant Entrée). Soyez patient, car il faut un peu de temps pour accéder à l'information.

Si Code::Blocks ne trouve rien, vous chercherez sur le Web la documentation de la fonction désirée. Voici des pages recommandées :

`http://man7.org/linux/man-pages/dir_section_2.html`

`http://man7.org/linux/man-pages/dir_section_3.html`

Les fonctions C abordées dans ce livre sont décrites dans ces pages *man* 2 et 3.

SI vous travaillez sous Unix ou Linux, vous pouvez ouvrir une fenêtre de terminal et lancer la commande texte man pour naviguer dans la documentation des fonctions.

```
man random
```

La commande précédente affiche le descriptif de la fonction standard `random()`.

Chapitre 2

L'art de programmer

Dans ce chapitre :

- Petite histoire de la programmation
- Créer un code source
- Compiler du code source en code objet
- Lier du code objet avec les librairies pour produire l'exécutable
- Tester le programme exécutable

On appelle cela la *programmation*, mais les jeunes technophiles (*geeks*) parlent plutôt de *codage* : il s'agit du processus consistant pour un humain à écrire un texte qui ressemble à de l'anglais un peu étrange, ce texte devant ensuite être analysé par une machine pour produire une séquence d'instructions qui seront exécutées par un automate électronique. Cet art silencieux et solitaire permet à des personnes d'acquérir le pouvoir de contrôler les machines. C'est un beau projet, un vaste programme même.

Une brève histoire de la programmation

Rares sont les livres traitant de programmation qui dérogent à la coutume qui demande de résumer en quelques lignes toute l'histoire de la programmation. Du fait que je suis programmeur moi-même, et pas depuis hier, je n'ai aucun mal à obéir à cet appel, ni même d'ailleurs à aborder ce sujet avec enthousiasme dans les soirées mondaines. Vous pouvez considérer cette section comme facultative. Cela dit, une description partant des origines et aboutissant à la situation actuelle pourra vous servir à mieux sentir la forme d'art particulière dont il s'agit ici.

En bref, *programmer* consiste à expliquer à une machine (un automate) ce qu'elle doit faire. La machine est le matériel informatique (le *hardware*) ; la liste des actions qu'il doit effectuer est le programme (le *software*).

Les pionniers de la programmation

Le premier objet a avoir été programmé était la machine analytique de Charles Babbage, en 1822. Sa programmation consistait à repositionner des colonnes d'engrenages symbolisant des valeurs numériques. Cette machine était ainsi capable de trouver le résultat d'une équation mathématique assez complexe.

Dans les années 1940, les premiers ordinateurs électroniques à lampes se fondaient sur les mêmes principes que la machine de Babbage. La grande différence avait été de remplacer les engrenages par des connexions électriques. Programmer revenait alors à modifier le câblage.

Ce fastidieux recâblage a ensuite été remplacé par des rangées d'interrupteurs. Pour entrer une instruction, il suffisait de les positionner de la façon appropriée.

Dans les années 1950, c'est le professeur John von Neumann qui a initié la technique actuelle de la programmation des ordinateurs. Il a ajouté au processus la possibilité de prendre des décisions en fonction d'une condition, ce qui correspond à la structure de type *si condition alors action*. Von Neumann a aussi inventé les concepts fondamentaux de boucle de répétition et de sous-programme (routine).

L'Amirale (c'est une dame) Grace Hopper a ensuite inventé l'outil nommé *compilateur,* qui est un programme dont le but est de créer d'autres programmes binaires à partir de leur code source. Son principe est de lire des instructions dans un langage de programmation lisible par les humains (comme le langage C) pour produire une très longue séquence de codes binaires exécutables par l'ordinateur. Les langages de programmation pouvaient naître.

Toujours dans les années 1950, le premier langage adopté de façon significative a été le Fortran. Son nom, *for*mula *tran*slator, signe son orientation scientifique (traducteur de formules). Les autres langages apparus dans cette période sont le Cobol, l'Algol, le Pascal et le Basic (mais il y en eut bien d'autres).

N'OUBLIEZ PAS!

Quel que soit le moyen, recâbler des circuits, basculer des interrupteurs ou écrire des instructions source, le résultat est toujours identique : ordonner à un automate matériel de faire quelque chose.

Puis vint le langage C

Le langage C a été inventé en 1972 par Dennis Ritchie dans les laboratoires de recherche AT&T Bell Labs. Le C reprend des caractéristiques de ses prédécesseurs B et BCPL en y ajoutant quelques éléments du langage Pascal. Avec son collègue Brian Kernighan, Ritchie avait conçu le langage C pour créer le système d'exploitation Unix. C'est pourquoi les machines sous Unix ont toujours disposé d'un compilateur C.

Au début des années 1980, Bjarne Stroustrup est parti du langage C pour concevoir un langage plus moderne puisque orienté autour du concept d'objet (un objet réunit des actions et des données). Le suffixe ++ (plus-plus) est un clin d'oeil interne que vous comprendrez après avoir lu le Chapitre 11. Bjarne Stroustrup a conçu le C++ en tant que successeur du C, mais dans de nombreux domaines, le langage C reste de rigueur.

Au début des années 2000 est même apparu un langage D, mais il est bien moins répandu que le C++, et il ne ressemble qu'en apparence au langage C. L'initiale D laisse pourtant supposer qu'il doit venir remplacer le C ou peut-être le C++.

- Le langage B qui a servi de fondement au langage C, tire son nom de l'initiale des Bell Labs.
- Le nom BCPL signifie *Basic Combined Programming Language*.
- Le langage C++ s'appuie sur le C, mais ce n'est pas qu'une extension ou une amélioration de ce dernier. Vous apprendrez bien plus vite le C++ si vous avez d'abord appris à programmer en C, mais basculer de l'un à l'autre sans cesse n'est pas simple.

Le processus de programmation

Certains principes de base ne changent pas, quel que soit le domaine d'application ou le langage de programmation. C'est ce fondement partagé que nous allons présenter maintenant.

Grandes étapes de la programmation

Pour programmer, il faut choisir un langage puis se servir de plusieurs outils pour produire le programme exécutable. Dans ce livre, le langage sera le C ; les outils sont l'éditeur de texte, le compilateur et le lieur. Ces trois outils sont de nos jours rassemblés dans un atelier appelé IDE (*Integrated Development Environment*). Le résultat est un programme qui va diriger le comportement d'un matériel électronique : ordinateur, tablette, téléphone, microcontrôleur, etc.

Voici les quatre étapes du processus de création d'un programme :

1. **Rédaction du code source.**
2. **Compilation du code source pour obtenir un code intermédiaire objet.**
3. **Liaison de ce code objet au code des librairies de fonctions qu'il utilise afin de produire le fichier de code exécutable.**
4. **Exécution du programme pour le tester puis utilisation/diffusion.**

Souvenez-vous de ces quatre étapes : écrire, compiler, lier, exécuter. C'est un humain qui écrit le code source. Ce fichier de code est traité par un logiciel compilateur pour produire un fichier de code objet. Le code objet est raccordé, relié à d'autres fichiers de code objet prédéfinis (une ou plusieurs librairies C) afin de produire un fichier exécutable : le programme. C'est ce fichier binaire qui est exécuté par l'ordinateur.

Voici une description plus détaillée de ce processus :

1. **Écriture du code source.**
2. **Compilation du code source pour produire un code objet.**
3. **Repérage et correction des erreurs de compilation puis répétition des étapes 1 et 2.**
4. **Liaison (*link*) du code objet avec celui des librairies pour construire (*build*) le programme exécutable.**
5. **Repérage et correction des erreurs de liaison puis répétition des étapes 1 à 4.**
6. **Exécution du programme pour test.**
7. **Correction des erreurs de logique en répétant tout le cycle.**

   Assez souvent, le programme fonctionne correctement, mais vous voudrez néanmoins ajouter une fonction ou peaufiner un comportement. Ici aussi, vous répétez ensuite tout le cycle de production.

Les étapes 3, 5 et 7 ne sont heureusement pas toujours nécessaires. Attendez-vous cependant à devoir procéder à de nombreux ajustements en répétant ce cycle de programmation.

Vous serez heureux d'apprendre que l'outil de création est souvent capable de détecter les erreurs et de vous donner des indices quant à la ligne de code source responsable. C'est une vraie avancée par rapport à la recherche d'un insecte dévoreur de fils électriques dans les entrailles des premiers ordinateurs à lampes de style ENIAC.

- Quand vous disposez d'un atelier de développement IDE, les étapes de compilation et de liaison sont regroupées sous le nom de commande **Build**. Mieux encore, la commande **Build and Run** regroupe compilation, liaison et exécution. Dans l'action *build* (construire), l'atelier enchaîne compilation de code objet, liaison avec les librairies et production du code exécutable.
- Un de mes collègues programmeurs prétend que notre activité ne devrait pas s'appeler *programmation*, mais *débogage*.

NOTE TECHNIQUE

La légende prétend que le premier bogue informatique était réellement un insecte (bug) trouvé par la pionnière Grace Hopper dans les câbles d'un ordinateur. La véracité de l'histoire n'est cependant pas avérée, car le mot anglais *bug* existe au moins depuis l'époque de Shakespeare pour désigner quelque chose d'étrange ou d'étonnant. **N.d.T. :** La francisation en bogue est une belle réussite puisque la bogue est la coquille de la châtaigne et une coquille est aussi une faute dans un texte.

Rédaction du code source

L'étape de rédaction du *code source* est celle qui concerne directement le langage de programmation. Cette écriture est réalisée dans un éditeur de texte.

Dans tout ce livre, les programmes source complets sont présentés sous forme de listings, comme ce Listing 2.1.

Listing 2.1 : Programme standard «Hello World»

```
#include <stdio.h>

int main()
{
    puts("Bienvenue aux humains.");
    return 0;
}
```

Les numéros de ligne en marge gauche ne sont pas montrés dans nos listings, car ils perturberaient la lecture. En revanche, ils sont ajoutés d'office dans les éditeurs tels que Code::Blocks (mais ils ne sont pas enregistrés avec le code source).

Pour créer le code source, il vous suffit de saisir exactement les lignes du listing concerné, dans le cadre d'un exercice. Voici un exemple d'instruction :

EXERCICE 2.1 : Dans Code::Blocks, lancez la création d'un nouveau projet. Donnez-lui le nom **ex0201**.

Faites cela : réalisez l'exercice afin de démarrer un projet dans Code::Blocks avec le nom ex0201. Voici les instructions détaillées :

1. **Dans l'atelier Code::Blocks, lancez par File/New/project la création d'une application du type Console application, choisissez le langage C, cliquez Next et donnez au projet le titre ex0201.**

   Revenez au Chapitre 1 si vous avez besoin d'éclaircissements.

2. **Dans la fenêtre de l'éditeur, saisissez les lignes de code proposées dans le Listing 2.1.**

Vous pouvez soit effacer d'abord le squelette minimal qui a été inséré d'office par Code::Blocks ou le modifier pour qu'il corresponde au Listing 2.1.

3. **Enregistrez le code source via la commande File/Save File.**

Et c'est tout! Vous avez réalisé la première des quatre étapes principales de création d'un programme : la rédaction du code source. Nous allons maintenant faire travailler l'outil appelé *compilateur*.

Le nom d'un fichier de code source C se termine toujours par l'extension `.c` (point C).

Si vous travaillez sous Windows, je vous conseille de régler les options d'affichage des dossiers afin de ne pas masquer les extensions des fichiers dont le type est connu.

Apprenez au passage que les fichiers de code source dans le langage C++ portent l'extension de nom `.cpp` (point CPP).

Les noms des fichiers source obéissent aux mêmes contraintes que tous les autres fichiers du système d'exploitation utilisé. Par convention, dans le cas d'un petit projet, le fichier source unique porte le même radical de nom (avant le point) que le fichier du programme exécutable qui va en résulter : si votre fichier de code source a été nommé `puzzle.c`, le fichier exécutable sera nommé `puzzle.exe` (sauf mention contraire). Le nom `main.c` qui est proposé par défaut par Code::Blocks n'est pas obligatoire; vous pouvez le remplacer par un nom plus suggestif.

Code::Blocks propose pour le nom du fichier exécutable le nom qu'il a trouvé pour le projet, pas celui du fichier de code source. Vous pouvez donc introduire une nuance entre ces deux noms (projet et source).

Compilation vers le code objet

Un compilateur est un logiciel qui lit ligne par ligne le contenu d'un fichier de code source afin de produire un fichier de *code objet* qui n'est plus lisible par les humains. Dans le cas du langage C, le compilateur réagit à des instructions spéciales qui lui sont destinées : ce sont les *directives de préprocesseur*.

La première ligne du Listing 2.1 comporte une telle directive destinée au compilateur :

```
#include <stdio.h>
```

Cette directive `include` demande au compilateur de trouver un fichier nommé `stdio.h`. Il s'agit d'un fichier d'en-tête (header file, d'où le suffixe `.h`); son contenu est inséré à l'endroit où se trouvait la directive, puis ce contenu est traité par le compilateur pour produire du code objet. Le compilateur traite ensuite les autres lignes du fichier source et se termine (s'il n'y a pas d'erreur) en créant un *fichier de code objet.* Ce fichier porte le même radical de nom que le fichier source, mais l'extension `.c` est remplacée par `.o` (point O).

Pendant le travail de compilation, le code source en C est utilisé pour générer des instructions en code objet, en traquant les erreurs d'écriture, les oublis, et autres étourderies auxquelles vous allez très bientôt vous habituer. Dès que quelque chose semble incorrect, le compilateur affiche une erreur ou un avertissement. En cas d'erreur, l'opération échoue et vous êtes invité à vous replonger dans le code source pour corriger puis relancer la compilation.

SUITE DE L'EXERCICE 2-1 : Dans Code::Blocks, vous lancez la compilation ainsi :

4. **Dans le menu Build, choisissez Compile Current File.**

   Dans le panneau inférieur, vous voyez le volet *Build Log* qui affiche les messages. Si tout s'est bien passé, vous devriez pouvoir lire « *0 errors, 0 warnings* ». Mais si vous avez fait une faute de frappe, ce ne sera pas le cas. Relisez le code source en le comparant au Listing 2.1.

En général, lorsque vous avez fini de saisir, vous choisirez plutôt la commande **Build** (comme nous l'avons vu dans le Chapitre 1). Mais quand vous ne voulez que compiler, sans produire l'exécutable, vous vous servirez de la commande **Compile Current File**.

Lorsqu'il ne détecte aucune erreur, le compilateur génère le fichier objet. Si le fichier source se nomme `main.c`, ce fichier objet sera nommé `main.o`.

Dans Code::Blocks, le fichier objet est stocké dans un sous-dossier du projet, soit dans `obj/Release`, soit dans `obj/Debug`.

Liaison à la librairie de fonctions C

L'outil nommé *lieur* (*linker*) est celui qui produit le fichier binaire exécutable. Il crée des liaisons d'adresses entre le fichier objet et des points précis dans les librairies C. Les librairies contiennent des séries d'instructions (surtout des fonctions) qui incarnent des opérations requises par votre programme, afin qu'elles soient exécutées par l'ordinateur. Les instructions liées sont celles auxquelles le code objet fait référence.

N'OUBLIEZ PAS!

N.d.T. : Nous utilisons dans ce livre le terme *librairie* comme traduction de *library*, mais vous trouverez encore des auteurs qui s'évertuent à conserver l'ancienne traduction *bibliothèque* fondée sur l'opposition gratuit/payant qui est devenue caduque.

Notre Listing 2.1 comporte par exemple le mot `puts`. Il s'agit du nom d'une fonction standard du langage C. Par convention, on cite toujours une fonction en la faisant suivre d'une paire de parenthèses vides, comme dans `puts()`.

Le mot anglais *put* signifie placer, envoyer. Cette fonction sert à envoyer des caractères vers l'écran pour les afficher.

Lorsqu'il détecte ce mot `puts()`, le compilateur le remplace par un symbole spécial dans le fichier de code objet `main.o`.

Le lieur analyse le code objet et trouve cette référence en attente vers la fonction standard. Pour résoudre ce symbole, il trouve les instructions dans la librairie standard du langage C. Comme pour la phase de compilation, si une erreur est détectée (dans la phase de liaison, les erreurs sont surtout le résultat d'un symbole non résolu), la liaison est abandonnée et un message vous informe du problème. En l'absence d'erreur, le fichier exécutable du programme est généré.

Dans Code::Blocks, la commande **Build** permet d'enchaîner les deux étapes de compilation et de liaison ; l'atelier n'offre pas de commande distincte pour ne lancer que la liaison.

SUITE DE L'EXERCICE 2.1 : Demandez la construction du projet ex0201 de la manière suivante :

5. **Dans le menu Build, choisissez la commande Build.**

   Code::Blocks interconnecte le fichier objet de votre projet avec la librairie C standard afin de générer le fichier exécutable.

La dernière étape consiste tout simplement à lancer l'exécution du programme.

N'OUBLIEZ PAS !

Le texte que manipule le programme est désigné sous le terme *chaîne* (*string*), c'est-à-dire l'enchaînement de plusieurs caractères affichables. En langage C, toute chaîne doit être délimitée par des guillemets droits :

```
"Bonjour ! Je suis une chaine."
```

Le programme exécutable contient les instructions nécessaires en provenance de la librairie C en plus des instructions déjà présentes dans le code objet. Cette incorporation a pour effet que la taille du fichier final est supérieure à celle du fichier objet.

Dès que le projet prend un peu d'ampleur, il fait référence à des fonctions qui sont situées dans d'autres librairies C, en plus de la librairie standard. Vous disposez ainsi de librairies dédiées à des domaines fonctionnels : affichage graphique, fonctions réseau, gestion du son, etc. En progressant dans la programmation, vous découvrirez comment lier vos projets à d'autres librairies. Le Chapitre 24 revient sur ce sujet en détail.

Test de l'exécution

Tous les efforts de programmation ont pour unique objectif d'aboutir à un programme exécutable tel que produit par le lieur. Le moment est venu de lancer l'exécution, d'abord pour vérifier que le programme se comporte comme prévu et ne comporte pas d'erreurs.

Si le programme ne fonctionne pas ou mal, il faut retourner modifier le code source. Il est tout à fait possible que la compilation et la liaison se déroulent sans erreur sans que le résultat soit satisfaisant. Cela survient sans cesse.

Fin de l'exercice 2.1 : Après avoir réussi les étapes précédentes de cet exercice, vous pouvez, toujours dans Code::Blocks, procéder ainsi :

6. **Dans le menu Build, choisissez Run.**

   Ce programme n'ayant pas d'interface graphique (il est en mode texte) son exécution se déroule dans une fenêtre texte ou terminal. C'est dans cette fenêtre que vont apparaître les affichages et messages.

   Un programme aussi simple que celui du Listing 2.1 affiche directement les résultats et se termine.

7. **Vous pouvez refermer la fenêtre de terminal par frappe de la touche Entrée.**

Dès que votre projet prend une certaine ampleur, les tests sont indispensables. Pour effectuer ces tests, vous saisissez différentes valeurs en essayant de provoquer un défaut. Si le programme survit à vos assauts, vous pouvez avoir confiance dans son fonctionnement. Sinon, vous devez revenir au code source et réparer le défaut puis reconstruire l'exécutable.

- L'exécution du programme est le travail du processeur de l'ordinateur et du système d'exploitation : le *système d'exploitation* lit le contenu du fichier exécutable pour le charger en mémoire puis fait exécuter la première instruction par le *processeur*. C'est là une description très résumée de l'exécution d'un programme.
- Dans Code::Blocks, le nom du programme est déduit de celui du projet. Sous Windows, le fichier d'exemple est nommé `ex0201.exe`. Sous Mac OS X, Linux et Unix, il se nomme `ex0201` sans extension de nom. Dans tous ces systèmes basés Unix, les droits d'accès au fichier sont réglés pour que l'exécution du fichier soit autorisée.

Les fichiers de projets dans Code::Blocks

Code::Blocks gère pour chaque projet une structure arborescente de dossiers et sous-dossiers, le dossier principal portant le même nom que le projet, par exemple *ex0201*. C'est le dossier racine de projet. Vous y trouverez des fichiers et des sous-dossiers pour classer tous les fichiers du projet : code source, code objet et fichier exécutable. Voici un inventaire des fichiers et sous-dossiers d'un projet nommé *ex0201* :

**.c* Les fichiers de code source sont toujours stockés dans le dossier principal du projet.

**.cbp* Il s'agit du fichier de projet Code::Blocks ; il porte le nom du projet. Vous pouvez demander l'ouverture de ce fichier pour provoquer le démarrage de Code::Blocks pour travailler sur ce projet.

**.depend* Fichier texte spécifique à l'atelier Code::Blocks dans lequel sont réunies les dépendances du projet envers les librairies.

**.layout* Fichier XML spécifique à l'atelier Code::Blocks où sont mémorisés les paramètres d'affichage du projet dans la fenêtre de l'atelier.

bin/Release/ Sous-dossier recevant le fichier exécutable (binaire) dans sa version normale distribuable (*release*). Le nom de fichier découle de celui du projet.

bin/Debug/ Sous-dossier destiné à recevoir l'exécutable lorsque vous demandez la génération de sa version de débogage pour effectuer la mise au point (*debug*).

obj/Release/ Sous-dossier dans lequel est créé le ou les fichiers objet de la variante distribuable du projet à raison d'un fichier par fichier de code source.

obj/Debug/ Sous-dossier similaire au précédent mais pour la variante de débogage du projet.

D'autres fichiers peuvent apparaître dans la racine du projet, mais ils sont spécifiques à l'atelier Code::Blocks. Lorsque vous créez des projets plus complexes, par exemple pour Windows ou pour un système d'exploitation de téléphone, d'autres sous-dossiers et fichiers sont à prévoir.

Vous n'aurez normalement pas à accéder souvent à ces dossiers, car Code::Blocks va y puiser d'office ce dont il a besoin.

Chapitre 3

Anatomie du langage C

Dans ce chapitre :

- Les constituants du langage C
- Mots réservés et fonctions
- Opérateurs, variables et valeurs
- Ajout de commentaires
- Le squelette minimal d'un programme C
- Afficher la solution d'un calcul

Tout langage de programmation propose un ensemble d'instructions qui déclenchent des actions avec des données dans un ordinateur ou un appareil électronique numérique similaire. Les concepts de programmation sont les mêmes d'un langage à l'autre, mais les détails varient en fonction du domaine d'emploi du langage. Chaque langage a donc des capacités particulières et apporte de nouvelles sources de frustrations pour les débutants. Le langage C répond aux deux aspects : il est très polyvalent, tout en étant intimidant. Pour débuter sous les meilleurs auspices votre relation intime avec ce langage, découvrez en douceur les fondamentaux du C et son fonctionnement.

TRUC

Vous aurez sans doute envie de relire ce chapitre une fois que vous serez arrivé dans les profondeurs de la partie suivante du livre.

Les constituants du langage C

Au contraire des langages humains, il n'y pas en langage C de concept de conjugaison ou de genre, pas de masculin ou de féminin. Vous n'aurez jamais à maîtriser l'équivalent d'un plus-que-parfait ou d'un subjonctif. En revanche, vous devrez apprendre la syntaxe du langage : position des mots, choix des noms et ponctuation. Cette section propose un aperçu de la structure du langage C.

NOTE TECHNIQUE

Niveaux et langages

C'est quasiment devenu une tradition. Le temps passant, plusieurs centaines de langages de programmation sont apparus. Peu parviennent à la lumière, mais il en surgit de nouveau chaque année. Cette profusion découle du fait que chaque langage cherche à répondre à un besoin spécifique.

De façon globale, les langages se répartissent en trois niveaux d'indépendance du matériel : bas, intermédiaire et haut niveau.

Les langages de haut niveau sont ceux offrant le code source le plus aisé à lire, car ils se fondent sur des mots et une syntaxe proches des langues humaines (surtout de l'anglais). Ce sont des langages faciles à apprendre, mais leur souplesse n'est pas idéale.

De l'autre côté, les langages de bas niveau, comme l'assembleur, sont les plus difficiles à lire et à écrire. Ils comportent peu ou pas du tout de mots proches des langues humaines. En revanche, leur syntaxe est très proche du langage binaire des processeurs qui exécutent le code et sont capables de piloter directement les éléments matériels. Leurs performances sont inégalables. Le gros inconvénient est que le développement est beaucoup plus lent parce que quasiment tout doit être écrit dans les moindres détails.

Logiquement, les langages intermédiaires cherchent à combiner les avantages de ceux de haut et de bas niveau. Ils sont assez polyvalents tout en offrant une bonne productivité d'écriture. Le langage C est le meilleur représentant de la catégorie des langages de niveau intermédiaire.

Mots réservés (ou mots-clés)

Oubliez les concepts de substantifs, de verbes et d'adjectifs. Le langage C propose une poignée de mots-clés ou mots réservés. Alors qu'il est conseillé dans une langue humaine de connaître au minimum 2000 mots pour se considérer capable de gérer la plupart des besoins, en langage C, vous n'aurez à mémoriser que quelques dizaines de mots, et encore, certains sont d'un emploi assez rare. Le Tableau 3.1 présente la liste complète des 44 mots-clés du C.

Tableau 3.1 : Mots-clés du langage C.

_Alignas	break	float	signed
_Alignof	case	for	sizeof
_Atomic	char	goto	static
_Bool	const	if	struct
_Complex	continue	inline	switch
_Generic	default	int	typedef
_Imaginary	do	long	union
_Noreturn	double	register	unsigned
_Static_assert	else	restrict	void
_Thread_local	enum	return	volatile
auto	extern	short	while

Les mots-clés du Tableau 3.1 forment le vocabulaire de base du langage C. En les combinant de façon astucieuse, vous pouvez réaliser des choses étonnantes. Mais le langage ne se limite pas à ses mots-clés, comme nous le verrons dans la suite.

- Ne cherchez pas à mémoriser tous ces mots-clés. Personnellement, je me souviens bien des conjugaisons verbales dans les trois groupes pour quasiment tous les temps comme en fin de CM2, mais je n'ai toujours pas eu besoin de mémoriser tous les mots-clés du C.
- Notez bien que les mots-clés sont sensibles à la casse (les majuscules sont distinguées des minuscules).
- Parmi ces 44 mots-clés, 32 existent depuis les origines du C. La mise à jour C99 (de 1999) en a ajouté cinq, et la mise à jour C11 (de 2011) sept autres. La plupart des nouveaux membres commencent par le signe de soulignement comme `_Alignas`.

- Un synonyme de mot-clé est *mot réservé,* ce qui rappelle que vous ne pouvez pas utiliser ces mots pour nommer vos variables ou vos fonctions. Si vous essayez, le compilateur va réagir en criant au scandale de lèse-mot-clé.

Les fonctions

Alors qu'il ne comporte que 44 mots-clés, le langage C est dès le départ accompagné de plusieurs centaines, voire des milliers de fonctions prédéfinies nommées fonctions de librairie standard, et vous pouvez y ajouter vos propres fonctions. Une fonction est un sous-ensemble de programme qui réalise une tâche particulière. Les fonctions sont les chevilles ouvrières du langage C.

Pour repérer une fonction dans le code source, cherchez les parenthèses, comme dans `puts()` qui désigne la fonction standard `puts` (affichage de texte). La mention *puts* signifie *put string*, c'est-à-dire « envoyer chaîne », une *chaîne* étant une série de plusieurs caractères formant un mot ou une phrase.

Certaines fonctions sont très simples d'emploi. Il suffit de citer la fonction `beep()` avec ses parenthèses vides pour provoquer l'émission d'un bip par le haut-parleur interne de l'ordinateur :

```
beep();
```

Vous pouvez transmettre une valeur à une fonction pour qu'elle l'utilise :

```
puts("Salut, humain.");
```

Dans cet extrait, nous envoyons en entrée de la fonction `puts()` la chaîne de caractères `Salut, humain.` (y compris le point final), à charge pour elle de l'afficher sur la sortie standard (l'écran). Les guillemets délimitent la chaîne; ils ne sont pas transmis. Tout ce qui est entre le couple de parenthèses est la liste des *arguments* de la fonction, ici transmis par *valeur*. Ces arguments sont transmis ou passés à la fonction.

Une fonction peut à son tour *renvoyer* une valeur :

```
valeur = random();
```

La fonction standard `random()` a pour unique rôle de générer une valeur numérique aléatoire, puis de la renvoyer. Ici, nous stockons cette valeur dans la variable nommée `valeur`. Une fonction C ne peut renvoyer qu'une seule valeur à la fois (alors qu'elle peut recevoir zéro, un ou plusieurs arguments d'entrée). Elle peut aussi ne rien renvoyer. Vous saurez ce que renvoie chaque fonction standard en consultant sa documentation de référence.

Une fonction peut simultanément recevoir un argument d'entrée et renvoyer une valeur en sortie :

```
resultat = sqrt(256);
```

Nous transmettons ici la valeur 256 en entrée de la fonction standard `sqrt()` qui va en calculer la racine carrée (16) et renvoyer le résultat, que nous stockons illico dans la variable `resultat`.

- Une section ultérieure décrit les grands principes des variables et des valeurs.
- En langage C, une fonction doit être déclarée et définie avant de pouvoir être appelée (utilisée). Cette déclaration est son *prototype*. En lisant ce prototype, le compilateur peut vérifier que vous utilisez la fonction comme prévu.

La liste de toutes les fonctions standard (prédéfinies) est disponible sur le Web sur des sites de *référence des librairies C*.

Pour les fonctions standard, les prototypes sont stockés dans des *fichiers d'en-tête* appelés aussi fichiers *header* ou fichiers *include*. Il faut demander, via une directive, l'inclusion du fichier qui contient le prototype de la fonction que vous voulez utiliser. Nous verrons cela dans la section ultérieure qui explique comment ajouter une fonction.

Les instructions qui constituent le corps des fonctions standard sont définies dans des librairies C. Une librairie regroupe le code d'un certain nombre de fonctions apparentées. Les librairies sont précompilées. L'outil nommé lieur peut ainsi incorporer directement le code exécutable de ces fonctions au code compilé de votre programme afin de générer le fichier exécutable.

Comme les mots-clés, les noms des fonctions sont sensibles à la casse des lettres (elles distinguent les majuscules des minuscules).

N.d.T. : Par ailleurs, n'utilisez jamais de lettres accentuées dans vos noms de fonctions et de variables, ni de signes de ponctuation (ni bien sûr d'espaces). Limitez-vous aux lettres de l'alphabet **a** à **z** et **A** à **Z** et au caractère de soulignement _.

Les opérateurs

En plus des mots-clés et des fonctions, vous disposez de symboles nommés *opérateurs*. La plupart sont destinés aux opérations mathématiques, comme le signe plus (+), le signe moins (–) et le signe égal (=).

Les opérateurs se combinent aux fonctions, aux mots-clés et aux variables pour produire des expressions comme la suivante :

```
resultat = 5 + sqrt(valeur);
```

Nous utilisons ici deux opérateurs : le signe = pour copier une valeur dans une variable et le signe + pour obtenir l'addition d'une valeur numérique directe et de celle que renvoie la fonction d'extraction de racine carrée.

Le C comporte quelques opérateurs qui servent à autre chose qu'à faire des opérations mathématiques (les opérateurs logiques, d'affectation et sur bits). L'Annexe C en dresse la liste complète.

Les variables et les valeurs

Un programme informatique manipule des données stockées principalement dans des variables. Une *variable* est un identifiant pour un lieu de stockage mémoire d'une donnée : valeur numérique, caractère ou autre information. Le programme peut aussi exploiter des valeurs directes qui ne sont pas dans ce cas variables. Ce sont des valeurs *immédiates* :

```
resultat = 5 + sqrt(valeur);
```

Dans cette ligne, `resultat` et `valeur` sont deux variables dont le contenu n'est pas connu lors de l'écriture du programme et peut changer en cours d'exécution du programme. En revanche, le chiffre `5` est une valeur figée, immédiate, littérale.

Le langage C reconnaît plusieurs types de variables, chaque type étant dédié au stockage d'un genre de donnée particulier. Le Chapitre 6 présente les variables et les valeurs plus en détail.

Les instructions et la structure

Comme dans les langues humaines, les langages de programmation possèdent une *syntaxe* c'est-à-dire une manière correcte de positionner leurs éléments constitutifs. Mais ils s'en distinguent par le fait que la syntaxe des langages comme le C est beaucoup plus stricte.

La brique de construction principale du C est l'*instruction,* équivalent de la phrase de nos langages. Une instruction est un ordre élémentaire de traitement, un commandement du logiciel à destination du matériel. Toutes les instructions en C se terminent par un signe point-virgule, donc l'équivalent du point de fin de nos phrases :

```
beep();
```

La précédente instruction se résume à un appel à la fonction standard nommée `beep()`. C'est le format le plus simple, si on considère comme cas limite la simple présence du signe point-virgule seul sur une ligne :

```
;
```

L'instruction précédente n'a aucun effet, mais est valide.

Les instructions C sont exécutées l'une après l'autre, dans l'ordre naturel de lecture, mais vous pouvez demander de sauter d'un endroit à un autre, comme nous le verrons plus loin dans ce livre.

L'équivalent d'un paragraphe de nos langages est en langage C le bloc, délimité par des *accolades*. Ce qui se trouve entre la paire d'accolades est un bloc d'instructions :

```
{
    if( solde < 0 ) chercherboulot();
    fairelafete();
    dormir(24);
}
```

Toutes ces instructions sont placées entre les deux accolades qui les regroupent. Les blocs servent surtout à constituer les corps des fonctions ou les blocs d'instructions conditionnelles ou répétées. Dans tous les cas, elles constituent un groupe.

Vous aurez remarqué que toutes les lignes d'instructions qui font partie du bloc sont indentées par des espaces (nous aurions pu insérer un pas de tabulation). C'est une tradition de présentation du langage C, qui n'est pas obligatoire, car les espaces, lignes vides et tabulations (réunies sous le terme collectif « espace ») sont ignorées.

Le compilateur C qui analyse le code source cherche à détecter le signe point-virgule et les accolades, mais ne se soucie pas des espaces. Nous aurions pu écrire le code source du projet ex0201 (Chapitre 2) ainsi :

```
#include <stdio.h>
int main(){puts("Salut, humain.");return 0;}
```

Nous avons ramené le programme de sept à deux lignes. Pourquoi pas une seule ? Parce que la directive `#include` est particulière et doit faire l'objet d'une ligne propre. Toute la suite des instructions C peut être compactée sans aucune espace. Ce code source sera compilé sans souci.

Fort heureusement, tous les programmeurs ajoutent à bon escient des espaces et des sauts de lignes pour rendre le code source lisible.

Oublier d'ajouter le point-virgule pour marquer la fin d'une instruction est sans doute l'erreur la plus fréquente des débutants en C. Et les programmeurs plus expérimentés la font encore de temps à autre !

Heureusement, le compilateur est là pour traquer ces oublis. Quand vous oubliez un point-virgule, le compilateur tente de comprendre les deux instructions qui auraient dû être distinctes comme s'il s'agissait d'une seule instruction. Sauf hasard extraordinaire, cela ne veut plus rien dire, et le compilateur vous informe de sa perplexité en affichant un message d'erreur citant la ligne incriminée dans le code source.

Les commentaires

Dans un texte source en C peuvent être prévus des éléments qui n'ont aucun effet technique; leur contenu n'a pas à obéir à la syntaxe du langage. Ce sont des commentaires libres destinés au programmeur et à ses collègues. Vous y notez des détails concernant le fonctionnement du programme, des pense-bêtes pour les améliorations ultérieures. Ils servent aussi à neutraliser une ou plusieurs instructions de façon temporaire ou une variante parmi deux.

Les commentaires en C débutent par le couple de caractères /* et se terminent par le couple complémentaire */. Tout ce qui se trouve entre ces deux marqueurs n'existe pas pour le compilateur, et donc pas non plus pour le lieur. Rien n'en subsiste dans le fichier exécutable.

Le Listing 3.1 reprend exactement le programme ex0201 du Chapitre 2, mais après ajout de plusieurs commentaires.

Listing 3.1: Exemple de code source bien commenté

```
/* Auteur : Dan Gookin */
/* Programme affichant un message */

#include <stdio.h>     /* Requis pour pouvoir utiliser puts() */

int main()
{
    puts("Salut, humain.");  /*Affiche le texte */
    return 0;
}
```

Dans le Listing 3.1, nous voyons quatre commentaires, mais un même commentaire peut s'étendre sur plusieurs lignes.

Voici comment nous combinons les deux premières lignes en créant un commentaire multiligne (Listing 3.2).

Listing 3.2: Un commentaire multiligne

```
/* Auteur : Dan Gookin
   Programme affichant un message (commentaire multiligne) */

#include <stdio.h>          /* Requis pour pouvoir utiliser puts() */

int main()
{
    puts("Salut, humain."); /* Affiche le texte */
    return 0;
}
```

Tout le texte entre `/*` et `*/` sera ignoré. D'ailleurs, l'atelier Code::Blocks reconnaît ces marqueurs en affichant le texte de commentaires dans une couleur spécifique, confirmant ce que le compilateur ne verra pas. Vous pouvez aller modifier l'exemple ex0201 comme ci-dessus en insérant les commentaires (facultatif).

Un second format de commentaires est disponible. Il est plus rapide, mais ne peut pas s'étendre sur plus d'une ligne. Il s'agit de la double barre (//). Tout ce qui suit ce couple de barres jusqu'à la fin de la ligne physique est ignoré (Listing 3.3).

Listing 3.3: Commentaire monoligne à double barre

```
#include <stdio.h>

int main()
{
    puts("Salut, humain.");  //  Affiche le texte
    return 0;
}
```

Vue la brièveté des projets de nos exercices, vous n'avez pas encore besoin d'y ajouter des commentaires (à moins que vous soyez en cursus scolaire et que votre professeur y tienne). Les commentaires ne sont destinés qu'à vous, pour noter des explications à retrouver plus tard. Vous les apprécierez lorsque vous vous plongerez à nouveau dans un de vos anciens projets et ne vous souviendrez plus de certains détails de leur fonctionnement. Cela vous arrivera souvent.

Aperçu d'un programme C typique

Tous les programmes C obéissent à une structure fondamentale. Vous en obtenez une automatiquement lorsque vous demandez la création d'un projet en langage C dans l'atelier Code::Blocks. Voyez le Listing 3.4.

Listing 3.4 : Le squelette d'un programme C dans Code::Blocks

```
#include <stdio.h>
#include <stdlib.h>

int main()
{
    printf("Hello world!\n");
    return 0;
}
```

Théoriquement, cet exemple pourrait encore être réduit, mais il constitue dans cet état une illustration correcte de la structure fondamentale d'un programme C.

Comme la littérature des humains, le code source en C se lit de haut en bas. Le programme qui analyse le code source (le compilateur) commence par la première ligne, puis la suivante, et ce jusqu'à la dernière. L'ordre d'exécution est un peu différent à cause de quelques constructions comme les boucles de répétitions et les appels de fonctions, mais globalement le déroulement est séquentiel.

Les blocs conditionnels sont présentés dans le Chapitre 8 et les boucles de répétition dans le Chapitre 9.

Analyse de la structure d'un programme C

Pour bien comprendre comment se présente un code source en C, nous allons tenter de créer progressivement le plus petit programme qui soit. Bien sûr, il ne fera rien d'utile. C'est un cas d'école.

EXERCICE 3.1, ÉTAPE 1 : Servez-vous des conseils qui suivent pour créer un premier projet dans l'atelier Code::Blocks sous le nom de projet **ex0301**.

Voici les étapes détaillées :

1. **Dans Code::Blocks, démarrez un nouveau projet (commande File/New/Project) et nommez-le *ex0301*.**

2. **Dans le volet de projet à gauche, ouvrez les détails jusqu'à afficher le code source de *main.c*. Nous allons lui donner l'aspect suivant :**

Listing 3.5 : Le code source valide le plus simple qui soit

```

```

Ce n'est pas un oubli. Le code source de *main.c* ne va être constitué que d'une seule ligne vide. Pour y parvenir, sélectionnez tout le squelette inséré par Code::Blocks et supprimez-le.

3. **Enregistrez le projet par File/Save file (raccourci Ctrl + S).**

4. **Lancez la compilation/liaison/exécution par Build/Build and run (raccourci F9).**

   L'atelier Code::Blocks affiche un message d'erreur. Aïe!

Du fait que le code source est vide, le programme exécutable n'a pas été généré et ne peut donc pas être exécuté.

Le message qu'affiche Code::Blocks est lié au fait que l'environnement a demandé au système d'exploitation de lancer l'exécution d'un programme alors que le fichier n'existe pas.

Création de la fonction principale main ()

Un programme C doit toujours contenir au minimum une fonction principale nommée `main()`. C'est la première instruction de cette fonction qui est exécutée lorsque le système déclenche le début d'exécution du programme. Puisque c'est une fonction, le nom doit être suivi d'une paire de parenthèses (même vide) et d'un couple d'accolades (même vide) destinés à délimiter le bloc d'instructions de cette fonction (Listing 3.6).

EXERCICE 3.1, ÉTAPE 2 : Enrichissez le code source du projet ex0301 comme proposé dans le Listing 3.6. Enregistrez le projet, puis lancez la compilation/exécution (*Build and run*).

Listing 3.6 : La fonction main() minimale

```
main() {}
```

Dorénavant, la fenêtre de terminal apparaît, mais elle n'affiche rien qui soit en rapport avec l'activité du programme. C'est déjà bien! Vous n'avez demandé aucun travail à votre projet, et il s'y est tenu. Vous avez écrit le plus petit programme C acceptable par le compilateur. C'est une sorte d'ébauche.

- main n'est pas un mot-clé, mais presque : c'est le nom réservé d'une fonction qui doit exister dans tout fichier de code source principal en langage C.
- Contrairement à toutes les autres fonctions, vous n'avez pas besoin de déclarer main() par un prototype. Cela dit, cette fonction peut être utilisée sans aucun argument d'entrée (parenthèses vides), ou bien avec des arguments d'entrée, ce que nous verrons dans le Chapitre 15.

Renvoi d'une valeur au système d'exploitation

Pour se conformer au protocole, il est conseillé de faire en sorte que lorsque l'exécution de votre programme s'achève, il renvoie au système d'exploitation une valeur numérique. Considérez cela comme une marque de respect; il rend son rapport. La valeur est un entier, normalement zéro si tout s'est bien passé, et une valeur différente sinon. La valeur permet d'informer le système du type de problème rencontré.

EXERCICE 3.1, ÉTAPE 3 : Enrichissez le code du projet ex0301 pour qu'il corresponde au Listing 3.7.

Listing 3.7 : Ajout d'une instruction return et typage de main()

```
int main()
{
    return(1);
}
```

Tout d'abord, nous qualifions la fonction main() en ajoutant avant son nom le mot-clé de type int. Il déclare (à l'attention du compilateur) le type de la valeur que la fonction main() va renvoyer (on dit aussi générer).

Nous avons ensuite ajouté une instruction return en spécifiant en argument la valeur 1 . C'est cette valeur qui sera transmise au système d'exploitation en fin d'exécution de la fonction main() qui est la dernière (et la première aussi) à être exécutée dans ce programme.

TRUC

Lorsque vous saisissez le mot return, l'atelier Code::Blocks va sans doute ouvrir un volet de suggestion de fin de saisie (Auto Complete), comme le montre la Figure 3.1. Ces suggestions de complètement vous seront utiles plus tard, mais lors de vos premiers pas, vous pouvez les ignorer.

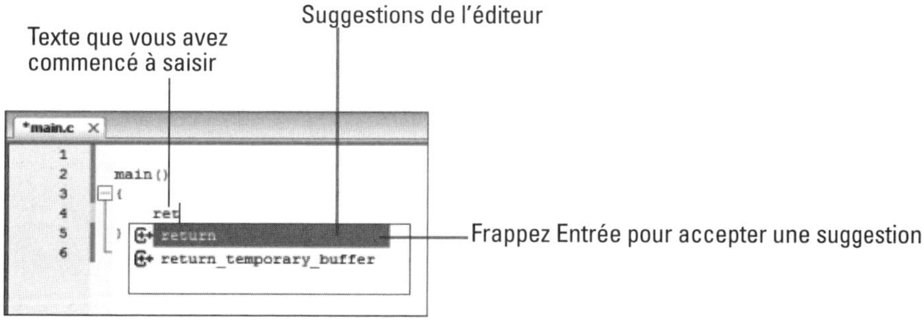

Figure 3.1 : Les suggestions de complètement de saisie de Code::Blocks

EXERCICE 3.1, ÉTAPE 4 : Enregistrez, compilez et exécutez le projet.

L'exécution se déroule comme auparavant, sauf que vous voyez dans la fenêtre de terminal un message comme quoi le processus a renvoyé la valeur `1` :

```
Process returned 1 (0x1)
```

Vous pouvez éventuellement, dans le code source, modifier la valeur numérique renvoyée puis recompiler et relancer (indiquez par exemple 5). Le message affiché en fin d'exécution doit refléter la nouvelle valeur.

- Par convention, la valeur renvoyée `0` est utilisée pour confirmer que le programme s'est exécuté sans aucun problème.
- Une valeur égale ou supérieure à `1` avertit d'une erreur, mais cela peut aussi signifier le résultat particulier d'un traitement.
- Le paramètre du mot-clé `return` peut en théorie être indiqué sans le couple de parenthèses, comme ceci :

  ```
  return 1;
  ```
- Dans le Listing 3.7, nous utilisons `return` avec son couple de parenthèses. Je préfère cette notation, plus en cohérence avec les arguments de fonctions, et c'est celle en vigueur dans ce livre.

Ajout d'un appel de fonction

Un programme est intéressant lorsqu'il fait quelque chose. Nous pourrions obtenir des traitements utiles uniquement avec des mots-clés du langage et des opérateurs, mais il faut au minimum pouvoir en afficher le résultat à l'écran. Nous allons ajouter un appel de fonction d'affichage.

EXERCICE 3.1, ÉTAPE 5 : Enrichissez le code source en insérant les trois nouvelles lignes marquées par des commentaires. Ne perdez pas votre temps à saisir la partie commentaires. L'objectif est d'aboutir au Listing 3.8.

Listing 3.8 : Enrichissement du projet

```
#include <stdio.h>          // Nouvelle ligne
                            // Nouvelle ligne d'aération
int main()
{
    printf("4 fois 5 font %d\n", 4*5);  // Nouvelle ligne
    return(0);
}
```

Nous ajoutons trois lignes :

Tout au début, nous ajoutons la ligne de la directive `#include` qui demande d'insérer à sa place le prototype de la fonction standard `printf()` dont nous avons besoin.

Juste après, nous insérons une ligne vide pour séparer la directive du début de la fonction `main()`.

Comme première instruction dans notre unique fonction, nous ajoutons un appel à la fonction `printf()` avec deux arguments, une chaîne entre guillemets et une expression de calcul.

Toute fonction doit être déclarée avant sa première utilisation. Le fichier `stdio.h` stipulé contient la déclaration de `printf()` (parmi beaucoup d'autres).

Dès que vous saisissez le premier guillemet dans la ligne de `printf()`, l'atelier vous propose d'insérer le guillemet complémentaire correspondant. Code::Blocks cherche à vous aider (Figure 3.2). Ne vous laissez pas perturber et poursuivez la saisie. Le guillemet est le bienvenu.

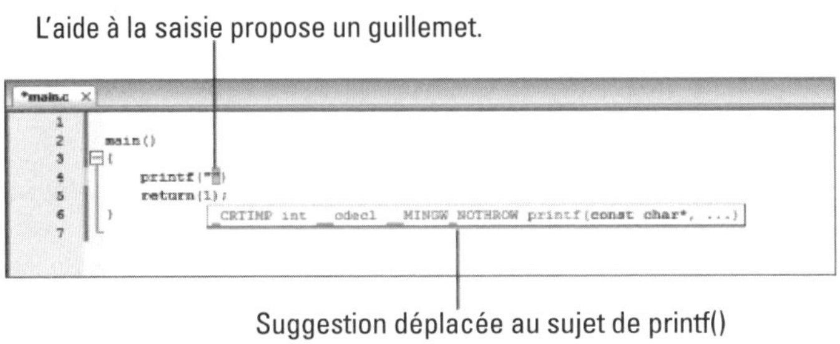

Figure 3.2 : Aide à la saisie d'une fonction dans Code::Blocks.

Avant de passer aux tests, revérifiez les deux points suivants dans votre code source :

- Vérifiez que vous avez bien saisi la ligne `#include` comme ceci :

  ```
  #include <stdio.h>
  ```

- Cette directive `#include` demande au compilateur d'insérer le contenu du fichier d'en-tête `stdio.h`. Ce fichier contient l'indispensable déclaration de la fonction `printf()`.
- Vérifiez ensuite la ligne de l'instruction `printf()` :
- La fonction `printf()` envoie son premier argument (celui entre guillemets) vers la sortie standard qui est l'écran. Le second argument est une expression mathématique, `4*5`. Le résultat de cette multiplication sera calculé par l'ordinateur puis transmis à la fonction pour affichage :

  ```
  printf("4 fois 5 font %d\n", 4*5);
  ```

Le contenu du jeu de parenthèses de `printf()` est riche, et tout est absolument nécessaire : les guillemets, la virgule, le point-virgule. N'oubliez rien! Ne cherchez pas à comprendre l'instruction `printf()` pour l'instant. Nous y reviendrons plus longuement par la suite.

Notez que je propose enfin de changer la valeur renvoyée dans `return` de 1 en 0, car c'est par convention la valeur que retransmet un programme quand il s'est exécuté correctement.

EXERCICE 3.1, ÉTAPE 6 (FIN) : Enregistrez le fichier de code source puis lancez la compilation/exécution.

Si une erreur survient, vérifiez les lignes source une à une. Si tout se passe bien, vous devriez voir s'afficher le résultat dans la fenêtre de terminal :

```
4 fois 5 font 20
```

Le programme C que nous venons de construire progressivement correspond au programme basique. Dans la suite de votre exploration du langage, vous découvrirez bien d'autres fonctions et vous allez être de plus en plus à l'aise avec les mécanismes du langage C.

Où sont stockés les fichiers de projet ?

Un projet en C ne se limite pas au seul fichier source du programme : il est normalement épaulé par des fichiers d'en-tête (header, à extension .h) et des fichiers de librairies (qui contiennent des fonctions préprogrammées). Pour profiter du contenu d'un fichier d'en-tête (c'est du code source), il suffit d'ajouter une directive d'inclusion `#include` en tout début de code source. Les librairies sont installées avec le compilateur ou l'atelier et c'est l'outil lieur qui va puiser dans celles qui contiennent les fonctions auxquelles votre programme fait appel. Vous n'avez normalement pas à vous soucier de l'emplacement de tous ces fichiers, car l'atelier ou le compilateur savent les trouver automatiquement (sauf lorsque l'installation a été mal faite).

Du fait que le langage C tire ses origines de l'univers du système Unix, les emplacements des librairies et des en-têtes sont standardisés. Les fichiers d'en-tête sont dans le sous-dossier (répertoire) `/usr/include` et les librairies dans `/usr/lib`. Ce sont des dossiers système et vous n'avez pas à intervenir sur leur contenu, sauf à regarder les noms. Je vais par exemple souvent lire les fichiers d'en-tête pour trouver des détails qui ne sont pas clairs dans la documentation du langage C. (Les librairies contiennent du code précompilé, qui est donc illisible.)

Si votre machine fonctionne sous une variante d'Unix (Linux ou Mac OS), vous pouvez aller voir les contenus des dossiers mentionnés et en admirer la profusion. Sous Windows, les fichiers sont dans deux sous-dossiers nommés `include` et `lib` dans le dossier principal d'installation du compilateur ou de l'atelier (par exemple dans *CodeBlocks\MinGW*).

Partie II

Les bases du C

"Et si je te rendais riche, plutôt, ou un truc dans ce genre, hein ?"

Dans cette partie :

- Apprendre à corriger les erreurs du compilateur et du lieur
- Exploiter des valeurs dans le code source
- Explorer le concept de variables et de stockage mémoire
- Découvrir la gestion des entrées et sorties de données
- Contrôler le flux d'exécution avec des décisions
- Répéter des blocs d'instructions avec les boucles
- Définir vos propres fonctions

Chapitre 4

Essais et corrections

Dans ce chapitre :

- Afficher du texte à l'écran
- Neutraliser des instructions avec des commentaires
- Corriger les erreurs de compilation
- Exploiter la fonction `printf()`
- Utiliser les séquences d'échappement
- Corriger les erreurs de liaison

Un des avantages énormes de la programmation des ordinateurs est que c'est une activité qui offre un *feedback* quasi immédiat. Si quelque chose ne va pas, vous en êtes très vite informé, par le compilateur, par le lieur ou par le programme exécutable lui-même, parce qu'il ne fonctionne pas comme prévu. Croyez-moi ou pas, c'est ainsi que tout le monde programme : par essais successifs ! Les erreurs sont inévitables, et même les programmeurs les plus chevronnés en produisent encore.

Afficher quelque chose

La manière la plus efficace de commencer à programmer consiste à écrire de petits programmes pour afficher un message. La rédaction est rapide et vous apprenez quelque chose au passage.

Afficher un message de bienvenue

Les ordinateurs sont connus pour être trop sérieux. Ajoutons-y un peu de gaieté!

Exercice 4.1 : Démarrez un projet neuf que vous nommez *ex0401*. Copiez/collez ou saisissez le code source du Listing 4.1 dans l'éditeur, et vérifiez votre saisie. Demandez la compilation chaînée à l'exécution par la commande **Build and Run** du menu **Build** (le raccourci F9 va devenir un de vos favoris).

Listing 4.1 : Un exemple enjoué

```
#include <stdio.h>

int main()
{
    puts("Ne viens pas m'importuner maintenant. J'ai du travail.");
    return(0);
}
```

Si une erreur est apparue, corrigez votre code source. Vous avez fait une faute de frappe ou oublié un signe. Tout ce que contient la fenêtre de l'éditeur doit être strictement identique au code source du Listing 4.1.

Une fois que la compilation a réussi, le programme devrait s'exécuter et vous afficher un message :

```
Ne viens pas m'importuner maintenant. J'ai du travail.
```

Chouette! Votre ordinateur vous parle!

Exercice 4.2 : Modifiez le code source du Listing 4.1 pour que le message indique «`J'adore afficher du texte !`» Sauvegardez cette version dans un nouveau projet que vous nommez *ex0402*.

N'OUBLIEZ PAS! Les solutions commentées de tous les exercices sont disponibles. Les adresses des sites pour la version anglaise et pour la version française sont données dans l'introduction.

La fonction puts()

La fonction standard nommée `puts()` envoie un flux de texte vers le périphérique de sortie standard (*stdout*, l'écran par défaut).

Que signifient ces flux et ces sorties ?

Considérez pour le moment que le rôle de `puts()` est d'afficher du texte à l'écran une ligne à la fois. Voici comment elle s'utilise :

```
#include <stdio.h>

int puts(const char *s);
```

Ce format, dit de syntaxe générique, est un peu affolant au vu de votre avancement dans le livre. Voici donc un format officieux plus digeste pour commencer :

```
puts("texte");
```

La partie `texte` doit être une chaîne de texte, c'est-à-dire des lettres et chiffres entre deux guillemets qui servent de délimiteurs. Nous pourrions aussi indiquer un nom de variable, mais gardons cela pour le Chapitre 7.

La fonction `puts()` n'est acceptée qu'à la condition d'informer le compilateur de son prototype, et celui-ci se trouve dans un autre fichier prédéfini, le fichier d'en-tête `stdio.h`. Les fichiers d'en-tête sont incorporés au fichier de code par la directive `#include`, comme le montre la première ligne de l'exemple (et tous les suivants dans ce livre).

- Le langage C gère les textes en entrée et en sortie sous forme de flux de données, ce qui diverge sans doute de la façon dont vous pensiez qu'une machine gère du texte. Nous verrons ce concept en détail dans le Chapitre 13.
- Le périphérique de sortie standard est normalement l'écran, mais les données de sortie peuvent être redirigées par le système d'exploitation vers un fichier disque, une imprimante, etc. Voilà pourquoi la fonction `puts()` est annoncée comme envoyant ses données vers la sortie standard, pas spécifiquement vers l'écran.

Afficher un autre texte

Pour afficher une seconde ligne, il suffit d'écrire un second appel à la fonction `puts()`, comme le montre le Listing 4.2.

Listing 4.2 : Affichage de deux lignes par deux appels à une fonction

```
#include <stdio.h>

```

```
int main()
{
    puts("Une souris verte,");
    puts("qui courait dans l'herbe.");
    return(0);
}
```

Le second `puts()` a le même effet que le premier. Il est bien sûr inutile de faire inclure une seconde fois le fichier d'en-tête `stdio.h`.

EXERCICE 4.3 : Créez le projet nommé *ex0403* dans Code::Blocks. Saisissez le code source du Listing 4.2, sauvegardez puis compilez et exécutez par F9.

L'affichage comporte dorénavant deux lignes :

```
Une souris verte,
qui courait dans l'herbe.
```

C'est donc très simple. Vous ajoutez une instruction basée sur `puts()` avec un texte entre guillemets et ce texte est affiché à l'écran. Oui, pour être précis, `puts()` envoie ses données vers la sortie standard (les puristes préfèrent cette formulation).

N'OUBLIEZ PAS !

- En ajoutant un fichier d'en-tête, vous faites insérer des lignes de déclaration nommées prototypes de fonctions. Le prototype de la fonction `puts()` est situé dans le fichier `stdio.h`.
- La directive de compilation `#include` fait insérer le contenu du fichier d'en-tête dans le code source à l'endroit de la directive. La syntaxe est la suivante :

  ```
  #include <nomfic.h>
  ```

- Le paramètre `nomfic` est le nom du fichier d'en-tête qui doit posséder l'extension de nom `.h` (*header*). Le nom complet doit être mentionné entre chevrons (sauf exceptions que nous verrons plus tard).
- Il est inutile de répéter l'inclusion du même fichier d'en-tête dans un fichier de code source.

NOTE TECHNIQUE

En théorie, rien n'empêche d'inclure le fichier d'en-tête plusieurs fois et le compilateur n'en a cure. Cela dit, c'est inutile et cela fait enfler le fichier de code objet sans raison.

EXERCICE 4.4 : Repartez du projet *ex0403* par copier/coller du code source dans un nouveau projet que vous nommez *ex0404*. Vous allez maintenant afficher trois autres lignes :

```
Une souris verte,
```

```
qui courait dans l'herbe.
Je l'attrape par la queue,
Je la montre a ces messieurs.
Ces messieurs me disent
```

Cela vous rappelle sans doute des souvenirs ?

Neutralisation d'une instruction par commentaires

Les commentaires servent d'abord à ajouter des informations qui doivent être ignorées par le compilateur, mais vous pouvez vous servir des symboles de commentaires pour rendre invisible une instruction sans devoir l'effacer (Listing 4.3).

Listing 4.3 : Désactivation d'une instruction par commentaire

```
#include <stdio.h>

int main()
{
    puts("Le mot de passe secret est :");
/*  puts("Spatula."); */
    return(0);
}
```

Exercice 4.5 : Démarrez un projet sous le nom *ex0405*. Incorporez une copie du Listing 4.3. Placez le curseur au début de la ligne 6 et insérez la séquence `/*` (barre oblique astérisque) puis frappez la touche de tabulation pour repousser la ligne autant que la précédente. Insérez une tabulation en fin de cette ligne pour ajouter le couple de marqueurs inversé `*/`. Enregistrez le fichier et lancez la construction (Build and Run).

Dorénavant, seul le premier appel à `puts()` en ligne 5 est exécuté et seule la première ligne est affichée :

```
Le mot de passe secret est :
```

L'instruction `puts()` de la ligne 6 a disparu aux yeux du compilateur ; elle est neutralisée.

EXERCICE 4.6 : Dé-commentez la seconde ligne `puts()` dans votre solution à l'Exercice 4.5. Recompilez pour vérifier le résultat.

EXERCICE 4.7 : Neutralisez le premier appel à `puts()` avec l'autre couple de mise en commentaires `//` en début de ligne. Compilez et exécutez.

Une erreur volontaire

SI vous n'avez pas eu l'occasion de faire au moins une faute dans les exercices précédents, l'heure est venue d'en faire une.

EXERCICE 4.8 : Lancez un nouveau projet que vous nommez *ex0408* et saisissez exactement le code source du Listing 4.4. Vous allez peut-être repérer de vous-même l'erreur (dans la ligne 5). Ne la corrigez pas pour le moment.

Listing 4.4 : Programme qui ne doit pas fonctionner

```
#include <stdio.h>

int main()
{
    puts("Ce programme fait BOUM !)
    return(0);
}
```

Je dois reconnaître que l'assistance d'un atelier moderne tel que Code::Blocks ne vous aide pas à oublier volontairement le guillemet fermant en fin de chaîne. Vous devrez peut-être supprimer celui qu'il insère par prévenance. La ligne 5 doit se terminer comme montré dans le Listing 4.4. Le but est de vous faire vivre ce qui se passe quand vous laissez une erreur, afin que vous sachiez comment la corriger.

Essayez de faire compiler le programme (F9). Vous devriez voir apparaître une flopée de messages dans le panneau inférieur (onglet *Build Messages*) comme dans la Figure 4.1.

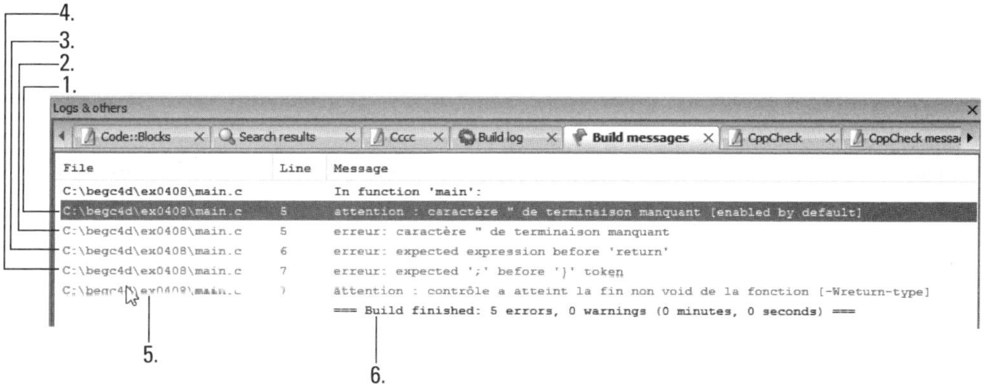

Figure 4.1 : Une belle salve d'erreurs et d'avertissements du compilateur !

Chaque message est associé à un numéro de ligne dans le code source. C'est pourquoi l'éditeur de Code::Blocks affiche des numéros de lignes dans la marge gauche. Plusieurs messages peuvent être liés à une même erreur, selon la force de l'outrage que vous avez fait au compilateur.

Les chiffres ci-après correspondent aux lignes de la Figure 4.1 :

1. La première ligne numérotée est un avertissement (pas une erreur). Il est dû à l'absence suspecte du guillemet. Pour l'instant, le compilateur ne considère pas cela comme une erreur, car il n'a pas analysé la suite.

2. Non, les doutes du compilateur étaient fondés : le guillemet fermant manque *vraiment*. Il émet donc une vraie erreur, plus grave qu'un avertissement puisque cela signe l'impossibilité de produire le fichier objet résultant.

3. Cette deuxième erreur est elle aussi le résultat de l'oubli en ligne 5, mais elle n'est détectée qu'en ligne 6. Le compilateur a atteint l'instruction `return` sans avoir vu le guillemet manquant.

4. La deuxième erreur volontaire en ligne 5 est le point-virgule de fin absent, ce que précise le message («`expected ';' before '}'`). Le compilateur désigne la ligne 7, car il a atteint l'accolade fermante du bloc d'instructions sans trouver de point-virgule. Il semble capable d'apparier instructions et points-virgules. Le numéro de ligne coupable est ici devenu approximatif. Souvenez-vous de cela.

5. Ce dernier avertissement est quelque peu étrange, mais il résulte du fait que le compilateur a l'impression que la fonction ne renvoie rien (l'instruction `return(0)` n'est pas comprise, car la précédente n'est pas correctement close par son signe point-virgule).

6. La dernière ligne offre un sommaire des erreurs et avertissements. Deux signes oubliés ont provoqué trois erreurs et deux avertissements.

Dès qu'il y a une erreur, le code n'est normalement pas compilé et vous devez corriger la situation. S'il n'y a que des avertissements, le code est compilé et l'exécutable peut être produit s'il n'y a pas d'erreur dans l'étape du lieur. Mais même si le programme fonctionne, un doute est permis sur sa qualité.

- Les compilateurs détectent deux niveaux de problèmes : les avertissements et les erreurs.
- En cas d'*avertissement*, le compilateur a un doute, mais suppose que le résultat qu'il va produire fonctionnera comme vous l'espérez.
- En cas d'*erreur*, le compilateur affiche le message et abandonne son traitement sans rien générer. Vous devez corriger.
- Le numéro de ligne d'erreur est une approximation. La ligne coupable de l'erreur est parfois celle indiquée, ou bien souvent quelques lignes plus haut.
- Le lieur qui poursuit le travail du compilateur peut aussi émettre des messages d'erreur, comme nous le verrons dans la dernière section de ce chapitre.

Vous pouvez ajuster la sensibilité du compilateur au niveau des causes des avertissements. Tous les compilateurs modernes proposent des dizaines d'options pour activer ou pas le contrôle de certaines conditions de compilation. Je vous déconseille d'intervenir à ce niveau pour l'instant, mais notez comment accéder à ces options pour plus tard : dans Code::Blocks, choisissez **Project/Build Options** puis la page **Compiler Settings/Compiler Flags**.

EXERCICE 4.9 : Dans le code source de l'Exercice 4.8, allez ajouter le guillemet manquant en fin de chaîne (mais pas encore le signe point-virgule). Compilez pour voir diminuer le nombre d'erreurs.

EXERCICE 4.10 : Réparez la dernière bourde en ajoutant le point-virgule tant espéré par le compilateur. Recompilez pour voir s'afficher enfin votre message.

Affichez-vous avec printf()

La fonction `puts()` n'est pas la seule à permettre d'envoyer du texte à l'écran (pardon, au périphérique de sortie standard). Une fonction encore plus usitée se nomme `printf()`. Elle offre beaucoup plus de possibilités de contrôle de l'opération.

Affichage minimal avec printf()

En apparence, `printf()` fait doublon avec `puts()`, puisqu'elle affiche du texte. En réalité, les capacités de `printf()` en feront sans doute votre principale fonction d'affichage de données en langage C. Voyons un premier exemple (Listing 4.5).

Listing 4.5 : Utilisation de la fonction printf()

```
#include <stdio.h>

int main()
{
    printf("Etranger dans son propre pays.");
    return(0);
}
```

Exercice 4.11 : Démarrez un nouveau projet dans Code::Blocks en choisissant le nom *ex0411*. Saisissez le code source de `main.c` à partir du Listing 4.5. Il suffit d'utiliser le nouveau nom de fonction, `printf()`, à la place de l'ancien. Sauvegardez, compilez et exécutez.

Le résultat ne devrait pas vous étonner, à une petite nuance près. Vous engrangez un point *Pour les Nuls* si vous la trouvez. (Ne cherchez pas à résoudre l'imperfection pour l'instant.) Si vous ne voyez rien, faites l'exercice suivant.

Exercice 4.12 : Démarrez un autre projet nommé *ex0412* puis allez copier/coller le code de l'Exercice 0404. Remplacez ensuite tous les appels à `puts()` par des appels à `printf()`. Prenez bien la version complète avec les cinq lignes de la chanson sur la souris verte. Testez le programme. L'affichage est moins lisible puisque toutes les lignes sont raboutées. Nous verrons comment corriger cela lorsque nous aborderons les séquences d'échappements dans quelques pages.

Présentation de la fonction printf()

La fonction standard nommée `printf()` a pour objectif d'envoyer un flux de texte sur la sortie standard. Son format générique est un peu déconcertant :

```
#include <stdio.h>

int printf(const char *restrict format, ...);
```

N'en tombez pas à la renverse. Lisez plutôt mon format simplifié, qui suffit à ce que nous avons à faire avec cette fonction pour l'instant :

```
printf("texte");
```

Dans ce format, `texte` est une chaîne de texte délimitée par des guillemets droits.

Pour pouvoir appeler la fonction `printf()` , vous devez demander l'inclusion du fichier d'en-tête `stdio.h`.

Le nom `printf()` signifie «*print f*ormatted», et la fonction montre toute sa puissance quand il faut contrôler finement l'aspect de ce qui est à afficher (contrairement à ce que notre premier essai laisse croire!). Nous verrons cela en détail dans le Chapitre 13. Les anglophones parlent d'imprimer (*print*) même pour l'écran parce que les premiers programmes C datent de l'époque des téléscripteurs qui imprimaient les messages. Les écrans se sont démocratisés peu de temps après.

Le mystère du saut de ligne (newline)

Contrairement à la fonction `puts()`, `printf()` n'ajoute pas d'office le caractère caché de saut de ligne après avoir envoyé le texte à la sortie. Le saut de ligne (*newline*) est un caractère technique qui est reconnu par l'écran pour ramener le curseur au début de la ligne d'affichage suivante.

Rappelons comment la fonction `puts()` est appelée pour afficher le texte `Adieu, monde cruel` sur une ligne puis demander un saut de ligne :

```
puts("Adieu, monde cruel");
```

Le prochain affichage commencera au début de la ligne suivante.

En revanche, appelons `printf()` pour afficher le même texte `Adieu, monde cruel` comme ceci :

```
printf("Adieu, monde cruel");
```

Après l'affichage, le curseur reste derrière le dernier caractère affiché. La prochaine instruction d'affichage va donc coller son texte au précédent. C'est ce qui s'est passé pour l'Exercice 4.12 :

```
Une souris verte,qui courait dans l'herbe.Je l'attrape par la queue, Je la
montre a ces messieurs.Ces messieurs me disent
```

Le programme fonctionne exactement comme vous le lui avez demandé, mais vous ne saviez pas encore comment bien exploiter `printf()`. Le résultat n'est humainement pas satisfaisant.

Pour que `printf()` répartisse les lignes, il faut lui demander d'envoyer aussi un caractère de saut de ligne. Il suffit d'ajouter dans la chaîne elle-même un code spécial. N'essayez pas d'insérer un saut de ligne dans le code source avec la touche **Entrée** ou **Ctrl + Entrée**. Cela ne marcherait pas. Vous devez apprendre comment s'écrit la séquence d'échappement appropriée. C'est le sujet de la prochaine section.

Bienvenue aux séquences d'échappement

En langage C, tout caractère que vous ne pouvez pas saisir directement dans le code source (caractères de contrôle ou spéciaux) peut être exprimé sous forme d'une séquence d'échappement. Une *séquence d'échappement* avertit le compilateur que ce qui suit est une formule spéciale qu'il ne doit pas considérer comme du texte normal, statique.

Les séquences d'échappement classiques commencent toujours par le signe *antibarre* (`\`, « barre oblique inverse » ou *backslash*) suivi d'un seul caractère ou d'un symbole. Voici justement la séquence d'échappement dont nous avons besoin pour le caractère de saut de ligne :

```
\n
```

Le compilateur détecte la barre inverse, ce qui le force à interpréter le caractère suivant de façon spéciale. Il remplace toute la séquence par un code numérique non disponible au clavier, comme le saut de ligne, ou bien il interprète littéralement un guillemet au lieu de considérer que c'est la fin de la chaîne.

Le Tableau 4-1 dresse la liste des séquences d'échappement.

Tableau 4.1 : Séquences d'échappement

Séquence d'échappement	***Produit***
\a	Bip audio (« beep ! »)
\b	Retour arrière (*backspace*)
\f	Saut de page ou effacement écran
\n	Saut de ligne (*newline*)
\r	Retour chariot (*carriage return*)
\t	Tabulation

Tableau 4.1 : Séquences d'échappement	
Séquence d'échappement	***Produit***
\v	Tabulation verticale
\\	Caractère antibarre littéral (*backslash*)
\?	Point d'interrogation
\'	Apostrophe droit littéral
\»	Guillemet droit littéral
\x*nn*	Code du caractère en hexadécimal *nn*
\o*nn*	Code du caractère en octal *nn*
nn	Code du caractère en octal *nn* $

EXERCICE 4.13 : Améliorez l'Exercice 4.12 en ajoutant une séquence d'échappement de saut de ligne à la fin de chaque chaîne de texte de `printf()` (avant le guillemet fermant) :

```
    printf("Une souris verte,\n");
```

Une séquence d'échappement est indispensable pour certains signes que vous ne pouvez pas utiliser directement dans une chaîne de texte à cause de leur signification spéciale. Prenons le texte suivant qui doit se terminer par un point d'exclamation :

```
printf("Incroyable !");
```

Vous n'avez pas besoin de coder ce signe par une séquence parce qu'il n'a pas de double sens. En revanche, vous devez utiliser une séquence pour l'apostrophe ou le guillemet s'ils doivent faire partie du texte à afficher (ainsi que pour l'antibarre, évidemment).

EXERCICE 4.14 : Créez le projet *ex0414* qui utilise `printf()` pour afficher le texte suivant :

```
"Bonjour," dit le corbeau, "que vous me semblez joli !"
```

EXERCICE 4.15 : Faites évoluer l'Exercice 4.14 pour utiliser `puts()` à la place de `printf()`.

Faire pleurer le lieur

Une section antérieure vous demandait d'écrire un programme contenant volontairement deux erreurs afin de pousser le compilateur à émettre des messages d'erreur. Mais vous savez que le compilateur ne fait qu'une partie du travail : le lieur vient ensuite pour relier le code objet à celui des fonctions trouvé dans les librairies C. Et ce lieur peut lui aussi rencontrer des erreurs. Le Listing 4.6 va tenter de le faire sortir du bois.

Listing 4.6 : Une autre bourde classique

```
#include <stdio.h>

int main()
{
    pritf("Ceci est une erreur pour Monsieur le lieur.");
    return(0);
}
```

EXERCICE 4.16 : Créez le projet **ex0416** selon le Listing 4.6. Sauvegardez, lancez la construction (*Build*) et... rien.

Voici les messages du lieur (je ne garde que les parties qui nous intéressent) :

```
Warning: implicit declaration of function 'pritf'
Undefined reference to '_pritf'
=== Build finished: 1 errors, 1 warnings
```

Le programme est compilé, mais avec un avertissement pour la ligne 5 afin de rappeler que le compilateur n'a trouvé aucun prototype pour la fonction nommée ***pritf()***, ni en début de code source, ni dans le fichier d'en-tête `stdio.h`. Le compilateur accepte néanmoins de générer le code objet dont le lieur va avoir besoin.

C'est le lieur qui va interconnecter votre programme avec les fonctions de librairie C qu'il exploite. Il va donc chercher dans ses librairies une fonction nommée ***pritf()***. Mais il n'en trouve pas. Il ne peut donc pas construire un programme exécutable fonctionnel. Il abandonne en émettant son message de référence indéfinie.

- Pour réparer le code source, corrigez l'orthographe de la fonction. Vous aviez deviné que c'était `printf()` que nous voulions appeler.
- Ce genre d'erreur de non-définition arrive souvent quand vous concevez vos propres fonctions. Nous abordons ce sujet dans le Chapitre 10.

Chapitre 5

Valeurs et constantes

Dans ce chapitre :

- Découvrir les valeurs
- Afficher des valeurs avec `printf()`
- Contrôler le format de sortie des flottants
- Laisser le programme calculer
- Définir des constantes

Dans les premiers temps, on pensait que les ordinateurs ne pouvaient servir qu'à faire des mathématiques. Ils ont d'abord été créés pour calculer des trajectoires d'obus et gérer les recensements. Il s'agissait de monstres de technologie, et les personnes qui savaient les programmer étaient de vrais génies.

Ha! Ha ! Pas du tout.

Les programmeurs écrivaient les équations puis reportaient les chiffres sur des cartes perforées, et l'ordinateur faisait les calculs. Voilà pour le côté génial. La partie moins géniale se montrait quand on perforait mal la carte, ce qui donnait un mauvais chiffre. Pour devenir à votre tour le maître d'une telle machine, vous devez en apprendre un peu plus sur la façon dont les valeurs et variables sont gérées en langage C.

Des valeurs de toutes sortes

Même s'il ne connaît en interne que des nombres, l'ordinateur sait faire la différence entre les chiffres et les lettres. Les textes lui sont connus soit en tant que caractères isolés, soit en tant que séquences de plusieurs caractères appelées chaînes (*string*). Les nombres sont ceux que vous manipulez, soit entiers, soit fractionnaires. L'ordinateur peut tout prendre en compte, à condition que vous lui expliquiez toujours à quel genre de donnée correspond chaque valeur.

Des catégories de valeurs

Vous avez certainement eu à vous frotter à des nombres depuis votre tendre enfance ; ils vous ont peut-être angoissés à l'école. Toutes ces notions de nombres *naturels, réels, fractionnaires* et *imaginaires* ? Vous pouvez les oublier ! Ces catégories ne signifient rien pour l'ordinateur.

En programmation, il n'existe que deux catégories de nombres :

- les entiers ;
- les flottants.

Un *entier* est un nombre sans partie fractionnaire après la virgule. Il peut être positif ou négatif. Il peut être nul, comporter un seul chiffre ou bien des dizaines, comme pour représenter la dette de l'État (sans les centimes). Le nombre de chiffres n'est cependant pas infini : la plus grande valeur que le type entier standard peut représenter est légèrement supérieure à 4 milliards.

Un *flottant* est un nombre qui comporte une partie décimale après la virgule. Il permet de représenter une très petite valeur comme celle du diamètre d'un proton ou une très grande comme le diamètre de la planète Jupiter.

- Quelques entiers : -13, 0, 4 et 234792.
- Quelques flottants : 3.14, 0.1 et 6.023E23. Ce dernier exemple utilise la notation scientifique pour signifier la valeur 6,023 x 10^{23}. C'est un grand nombre réel, puisque c'est le nombre d'atomes dans 12 g de carbone (le *nombre* d'*Avogadro,* vous vous souvenez ?).

TRUC

En programmation, vous utilisez la notation scientifique avec les puissances de dix, sauf pour les valeurs avec peu de chiffres.

- Les entiers comme les flottants peuvent être positifs ou négatifs.
- Entiers et flottants existent en plusieurs tailles pour optimiser la consommation d'espace mémoire et les performances. Le Chapitre 6 aborde ce sujet en détail.

- Le terme *flottant* est l'abréviation de l'expression « *à virgule flottante* ». La virgule flotte au sens où le nombre de chiffres dédiés à l'exposant peut varier selon le besoin, les autres positions disponibles servant à la mantisse.
- **N.d.T. :** En informatique, on parle de virgule flottante, mais vous n'utiliserez jamais de virgule pour noter les valeurs : vous conservez la convention anglaise basée sur le point décimal, même sur un ordinateur configuré en français.

NOTE TECHNIQUE

Flotter ou ne pas flotter ?

Apparemment, les nombres à virgule flottante sont très intéressants, mais vous devez savoir qu'ils ne permettent qu'une représentation imprécise. D'ailleurs, les différentes sortes de flottants se distinguent par leur niveau de précision, c'est-à-dire le nombre de chiffres significatifs.

Un flottant en simple précision permet de représenter entre six et neuf chiffres. Les éventuels chiffres suivants après la virgule sont sans signification. C'est dommage, mais cela suffit en pratique, même pour les valeurs extrêmes. Et quand cela ne suffit pas, il suffit de passer en double précision, quitte à augmenter la charge de travail du processeur.

Ne nous alarmons pas : la valeur de PI exprimée par un nombre flottant en simple précision possède sept chiffres significatifs. Cela suffit à calculer le diamètre de l'orbite de Saturne à un millimètre près.

Afficher des chiffres avec printf()

Nous avons découvert la fonction `printf()` dans le Chapitre 4. Elle sert à afficher des lettres, mais aussi des chiffres. Pour ce faire, vous allez ajouter des codes spéciaux appelés *formateurs* directement dans la chaîne à afficher. Mais assez de théorie : voyons l'Exercice 5.1.

EXERCICE 5.1 : Démarrez le projet *ex0501* avec le code source du Listing 5.1. Enregistrez (**Ctrl + S**), compilez et exécutez (**F9**).

Listing 5.1 : Affichage de quelques valeurs numériques

```
#include <stdio.h>

int main()
```

```
{
    printf("La valeur %d est un entier.\n",986);
    printf("La valeur %f est un flottant.\n",98.6);
    return(0);
}
```

Voici l'affichage résultant :

```
La valeur 869 est un entier.
La valeur 98.600000 est un flottant.
```

Pensiez-vous que l'affichage aurait dû être celui-ci ?

```
La valeur %d est un entier.
La valeur %f est un flottant.
```

La fonction `printf()` analyse le contenu des chaînes que vous lui demandez d'afficher, et capture au passage les métacaractères formateurs commençant par le signe %.

La chaîne fournie à `printf()` peut réunir du texte littéral, des séquences d'échappement (préfixe \) et des formateurs (préfixe `%`), comme le `%d` en ligne 5 et le `%f` en ligne 6. Ces formateurs jouent le rôle de réceptacles pour les valeurs et variables stipulées après la fin de la chaîne.

Le formateur `%d` est remplacé par la première valeur, l'entier `986`. La lettre **d** dans `%d` demande à la fonction d'afficher la valeur comme un numérique entier.

L'autre formateur, `%f`, correspond à la valeur flottante `98.6`. La lettre **f** demande un affichage au format flottant. Vous ne voyez pas s'afficher `98.6`, mais `98.600000`. Nous verrons pourquoi dans la prochaine section.

Il existe de nombreux autres formateurs en plus de `%d` et `%f` pour la fonction `printf()`. Nous les présentons tous dans le Chapitre 7.

EXERCICE 5.2 : Créez le projet *ex0502* pour afficher les quatre valeurs suivantes avec `printf()` en stipulant le formateur `%d` ou `%f` selon le cas :

```
127
3.1415926535
122013
0.00008
```

N'OUBLIEZ PAS !

N'ajoutez jamais de séparateur de milliers lorsque vous spécifiez une valeur flottante dans le code source.

Pour que le compilateur sache qu'il a à faire à une valeur flottante et pas à un entier dans le code source, prenez les bonnes habitudes suivantes :

- Ajoutez toujours un zéro **avant** le point, même s'il semble inutile, comme dans `0.00008`.
- Ajoutez toujours un zéro **après** le point, même s'il semble inutile, comme dans `1234.0`.

Bien gérer les zéros en trop

Lorsque vous avez saisi le code de l'Exercice 5.1, vous vous attendiez sans doute à ce que le programme affiche la valeur `98.6` exactement comme vous lui avez demandé. Mais vous avez laissé la fonction `printf()` formater l'affichage au format flottant, sans autre détail, et il a affiché `98.600000`. Le nombre de zéros de remplissage ajoutés peut varier selon le compilateur.

La valeur `98.600000` est clairement à virgule flottante, et elle témoigne de la façon dont elle est réellement stockée dans la mémoire sur huit chiffres. La valeur ne perd pas en précision, mais les humains sont habitués à éliminer les zéros inutiles. Et les ordinateurs ? Ils ajoutent autant de zéros que nécessaire pour aboutir à la longueur nominale, de huit chiffres ici (le point décimal ne compte pas).

Pour humaniser l'affichage, vous devez guider `printf()` dans son formatage du flottant, ce qui suppose de fournir un formateur `%f` plus sophistiqué. Nous en verrons les détails dans le Chapitre 7, mais essayez déjà d'enrichir `%f` pour qu'il devienne `%2.1f`. Voici la nouvelle ligne 6 :

```
    printf("La valeur %2.1f est un flottant.\n",98.6);
```

En insérant la mention `2.1` entre le signe `%` et la lettre de type `f`, vous forcez `printf()` à afficher la valeur avec deux chiffres avant la virgule (le point) et un seul après.

EXERCICE 5.3 :Faites évoluer le code de l'Exercice 5.2 pour afficher la valeur `3.1415926535` avec le formateur `%1.2f` puis la valeur `0.00008` avec le formateur `%1.1f`.

L'ordinateur est calculateur

Vous ne pouvez pas feindre l'étonnement si je vous dis qu'un ordinateur est un bon calculateur. Il est même sans doute plus apte à résoudre les calculs les plus fous que vous. Les exemples précédents de ce chapitre ont franchement ennuyé le processeur. Mettons-le au travail pour de bon !

De l'arithmétique simple

Les premiers pas en termes de calculs dans le code source C seront faits avec les quatre opérateurs arithmétiques +, -, * et /. Ce sont les symboles de base, bien que celui de la multiplication (*) et de la division (/) soient inhabituels, car ceux dont nous avons l'habitude n'existent pas sur le clavier. Le Tableau 5.1 liste ces opérateurs.

Tableau 5.1 :Opérateurs mathématiques

Opérateur	*Fonction*
+	Addition
-	Soustraction
*	Multiplication
/	Division

Il existe d'autres opérateurs mathématiques en C, et une foule de fonctions mathématiques prédéfinies. Nous verrons tout cela dans le Chapitre 11. Restons-en aux bases pour le moment.

Pour écrire une formule de calcul en C, vous écrivez une valeur de chaque côté d'un opérateur mathématique, comme à l'école, sauf que c'est la machine qui va chercher la solution. Le Listing 5.2 en donne un premier exemple.

Listing 5.2 : L'ordinateur fait des calculs

```
#include <stdio.h>

int main()
{
    puts("Valeurs initiales : 8 et 2");
    printf("Addition = %d\n",        8+2);
    printf("Soustraction : %d\n",    8-2);
    printf("Multiplication : %d\n", 8*2);
    printf("Division : %d\n",        8/2);
    return(0);
}
```

EXERCICE 5.4 : Créez le projet nommé *ex0504* à partir du code source du Listing 5.2. Sauvegardez, compilez et exécutez.

Voici à quoi ressemble l'affichage :

```
Valeurs initiales : 8 et 2
Addition = 10
Soustraction : 6
Multiplication : 16
Division : 4
```

Il s'agit ici de calculs immédiats. Le résultat de chaque calcul est trouvé pendant la compilation et la valeur résultante est mise en forme selon les contraintes du formateur `%d` dans le texte que va afficher la fonction `printf()`.

EXERCICE 5.5 : Ajoutez à votre exemple une instruction pour additionner les deux flottants `456.98` et `213.4`.

EXERCICE 5.6 : Ajoutez à votre exemple une instruction pour multiplier les trois valeurs `8`, `14` et `25`.

EXERCICE 5.7 : Concevez un programme pour résoudre le genre de devinette que l'on rencontre sur les réseaux sociaux : quel est le résultat de `0+50*1-60-60*0+10` ? Vérifiez manuellement avant d'exécuter le programme. Si vous ne trouvez pas la même chose, la fin du Chapitre 11 explique pourquoi.

N.d.T. : Si vous copiez/collez la formule de la devinette, méfiez-vous des signes moins qui n'en sont pas vraiment (code ASCII différent). Retapez-les en cas d'erreur de compilation.

Retour sur les relations entre entiers et flottants

Nous avons déjà indiqué en passant que le compilateur décide qu'une valeur numérique directe est entière ou flottante selon la façon dont vous l'indiquez. Voyez le Listing 5.3.

Listing 5.3 :Un calcul sur des valeurs directes entières

```
#include <stdio.h>

int main()
{
    printf("Le total vaut %d\n", 16 + 17);
    return(0);
}
```

Les deux valeurs sont spécifiées sans point décimal, donc ce sont des entiers.

EXERCICE 5.8 : Créez le projet *ex0508* à partir du Listing 5.3.

L'exécution fait afficher un nombre entier, ce qui est conforme à nos attentes :

```
Le total vaut 33
```

EXERCICE 5.9 : Retouchez le code pour qu'une des valeurs soit considérée comme flottante, par exemple comme ceci (ligne 5) :

```
printf("Le total vaut %d\n", 16.0 + 17);
```

La valeur n'a pas changé, mais sa représentation en mémoire est dorénavant celle d'un flottant. Sauvegardez cette retouche, compilez et exécutez.

Il est possible que le compilateur affiche des avertissements si vous ne l'avez pas reconfiguré pour se taire. Sur une de mes machines est apparu un avertissement concernant le format de `printf()` et un mélange anormal entre les deux types de données `int` et `double`.

Voici l'affichage résultant, évidemment faux :

```
Le total vaut 0
```

Vous verrez peut-être une autre valeur, mais c'est n'importe quoi. La raison est que nous avons laissé le formateur pour entiers `%d` alors que le calcul aboutit à une valeur flottante, puisqu'un des nombres est flottant. Corrigez la ligne 5 en indiquant le formateur `%f` ainsi :

```
printf("Le total vaut %f\n", 16.0 + 17);
```

Recompilez par F9. Cette fois-ci, le résultat nous convient :

```
Le total vaut 33.000000
```

La valeur est dorénavant flottante (type `float`).

EXERCICE 5.10 : Améliorez le code source du Listing 5.3 afin que les deux valeurs immédiates soient des flottants et vérifiez que `printf()` affiche bien le résultat.

N'OUBLIEZ PAS !

Dès qu'il y a un seul nombre non entier dans un calcul, le résultat devient de type flottant. Des techniques permettent de contourner ce comportement, mais elles ne nous concernent pas ici.

NOTE TECHNIQUE

Deux entiers peuvent produire un flottant : divisez 2 par 5 par exemple, et le résultat n'est pas entier, donc il est flottant. Pourtant, et c'est désarmant, il ne suffit pas d'indiquer le formateur `%f` pour afficher la valeur `0.4` : en effet, le résultat est considéré comme un entier puisqu'il est le fruit de deux entiers.

La solution consiste à appliquer un **transtypage** ; c'est un sujet que nous présenterons dans le Chapitre 16.

Quand rien ne change

Les ordinateurs et autres appareils électroniques numériques sont des automates : ils adorent répéter inlassablement les mêmes actions. Dès que vous devez répéter quelque chose, cherchez une technique pour y parvenir autrement et plus simplement. En général, il suffit de savoir où trouver l'outil adéquat.

Réutiliser la même valeur

Nous n'avons pas assez avancé en programmation C pour aborder les boucles de répétition. Nous les verrons dans le Chapitre 9. Mais nous pouvons déjà chercher une première solution pour éviter de répéter de mentionner sans cesse les mêmes valeurs directes.

EXERCICE 5.11 : Démarrez le projet *ex0511* avec le code source du Listing 5.4. Enregistrez (**Ctrl** + **S**), compilez et exécutez (**F9**).

Listing 5.4 :C'est un vrai nombre magique !

```
#include <stdio.h>

int main()
{
    printf("La valeur est %d\n", 3);
    printf("et %d est bien la valeur.\n", 3);
    printf("Ce n'est pas %d,\n", 3+1);
    printf("ni %d non plus.\n", 3-1);
    printf("Non, la valeur reste %d.\n", 3);
    return(0);
}
```

Le code source mentionne la valeur 3 dans chaque ligne. Voici le résultat affiché :

```
La valeur is 3
et 3 est bien la valeur.
Ce n'est pas 4,
ni 2 non plus.
Non, la valeur reste 3.
```

Exercice 5.12 : Remplacez la valeur 3 par 5. Il faut le faire 5 fois ! Compilez, exécutez.

Vous trouverez sans doute l'Exercice 5.12 un peu absurde, mais ce genre de travail harassant survient souvent en programmation. Je me souviens avoir écrit un programme qui affichait les trois derniers éléments ajoutés à un fichier. Un jour, j'ai voulu faire afficher les cinq derniers éléments. Comme dans l'Exercice 5.12, il m'a fallu chercher et remplacer la valeur dans tout le code source, sans oublier une seule occurrence. Il doit y avoir une technique pour s'épargner cela.

Profiter des constantes

Une *constante* est une équivalence littérale de quelque chose d'autre dans le code source. Les constantes sont traitées (résolues) par le compilateur. Vous définissez une constante avec le mot-clé de directive `#define`, dans ce format :

```
#define NOMCONST valconstante
```

`NOMCONST` est le nom choisi pour la constante. Par convention, on utilise des capitales. Le compilateur remplace ce nom par la valeur *valconstante* chaque fois qu'il le rencontre. Notez que la ligne ne se termine pas par un signe point-virgule, parce que ce n'est pas une instruction du langage C, mais une directive pour le compilateur. La constante nommée peut être utilisée partout où cela est nécessaire dans votre code source, notamment dans les instructions.

La ligne qui suit définit la constante `OCTO` comme équivalent à la valeur entière `8`.

```
#define OCTO 8
```

Une fois la constante définie, vous mentionnez `OCTO` où vous voulez, comme dans cet exemple :

```
printf("Madame la Pieuvre a %d pieds.", OCTO);
```

L'affichage de l'instruction précédente donne ceci :

```
Madame la Pieuvre a 8 pieds.
```

La constante OCTO est remplacée par la valeur 8 pendant la compilation.

- La ou les directives `#define` sont d'habitude placées en début du code source juste après les directives `#include`. La section suivante donne un exemple.
- Vous pouvez définir une constante chaîne :

  ```
  #define AUTEUR "Marcel Proust"
  ```

- Dans ce cas, la chaîne est injectée en remplacement **avec** ses guillemets délimiteurs.
- Vous pouvez même définir un calcul immédiat :

  ```
  #define PLATEAUJEU 24*80
  ```
- Une constante est utilisable partout dans le code source.

Exploiter une constante

Dès que vous avez besoin d'utiliser plusieurs fois dans votre code source une même valeur immuable (notamment si la saisie en est longue, comme la constante de Boltzmann ou le nombre maximal d'articles dans un panier), définissez une constante avec la directive `#define` comme vous venez d'apprendre à le faire.

Le Listing 5.5 propose de revisiter l'Exercice 5.11 dans ce sens. La valeur constante est définie comme égale à la valeur 3, puis elle est citée à sa place dans les instructions. Nous avons choisi de l'écrire en lettres capitales, ce qui permet de repérer aisément ses occurrences dans le code.

Listing 5.5 : Utilisation d'une constante

```
#include <stdio.h>

#define VALEUR 3

int main()
{
    printf("La valeur est %d\n", VALEUR);
    printf("et %d est bien la valeur.\n", VALEUR);
    printf("Ce n'est pas %d,\n", VALEUR+1);
    printf("ni %d non plus.\n",  VALEUR-1);
    printf("Non, la valeur reste %d.\n", VALEUR);
    return(0);
}
```

EXERCICE 5.13 : Démarrez le projet *ex0513* avec le code source du Listing 5.5. Vous pouvez copier/coller le code de l'Exercice 5.11 puis l'amender. Enregistrez (**Ctrl** + **S**), compilez et exécutez (**F9**).

Le résultat affiché est strictement le même, mais dorénavant, si vous avez besoin de changer la valeur, vous n'aurez à intervenir qu'à un endroit.

EXERCICE 5.14 : Améliorez votre solution de l'Exercice 5 en définissant les deux valeurs sous forme de constantes.

Chapitre 6

Valeurs et variables

Dans ce chapitre :

- Le concept de variable
- Créer une variable d'un type particulier
- Déclarer les variables dans le code
- Choisir entre entiers signés et non signés
- Enchaîner des déclarations de variables
- Déclarer et affecter une valeur en même temps
- Mettre les variables au travail

Depuis l'époque du jardin d'Eden, les humains adorent stocker des choses, puisque Adam avait rangé un grain de raisin dans son nombril. Cela pourrait nous amener à nous demander comment il se fait qu'Adam ait eu un nombril, mais je digresse. Ce que je veux dire, c'est que les gens aiment se créer des réserves pour y entreposer des choses : toute une planète de garages, celliers, greniers, abris anti-atomiques, et j'en (tré)passe.

Vos programmes C offrent aussi la possibilité de stocker des choses, plus précisément des données. Le lieu de stockage (non permanent) est la mémoire et les cases de rangement se nomment des *variables.* La variable est un constituant fondamental en programmation.

Des valeurs sachant varier

En C, une valeur peut être soit immédiate (directe ou littérale), soit variable. Une valeur *immédiate* est celle qui est mentionnée directement dans le code source une fois pour toutes, soit littéralement, soit via une constante. Une *variable* représente une valeur, mais cette valeur peut changer entre le début et la fin de l'exécution du programme. Seul le nom de la variable est constant.

Un premier exemple

Aimez-vous être obligé de lire de longues sections théoriques sans pratiquer ? Pas moi !

EXERCICE 6.1 : Démarrez le projet *ex0601* avec le code source du Listing 6.1. Ce projet définit une seule variable que nous nommons par exemple x (ce serait l'une des premières variables informatiques mentionnées dans la Bible).

Listing 6.1 : Votre première variable

```
#include <stdio.h>

int main()
{
    int x;       / L05

    x = 5;       / L07
    printf("La valeur de la variable x est %d.\n", x);    / L08
    return(0);
}
```

Voici une description fonctionnelle du programme en faisant référence aux numéros de lignes qu'affiche l'éditeur de Code::Blocks dans la marge gauche :

- La ligne 5 contient la déclaration de la variable. En langage C, une variable doit **toujours** être déclarée avant d'être utilisée. Cette déclaration stipule un type de variable et un nom unique. La variable du Listing 6.1 est déclarée de type numérique entier (`int`) et le nom choisi se résume à `x` (mais nous aurions pu la nommer `maVariableAMoi`).
- La ligne 7 affecte la valeur `5` à notre variable `x`. La valeur est indiquée en membre droit (c'est la source de la copie) de l'expression basée sur le signe égal. Le nom de la variable (c'est la cible de la copie) vient à gauche.
- La ligne 8 se sert de la valeur que contient à ce moment la variable dans une instruction `printf()` (un appel de fonction). Le formateur `%d` est approprié puisqu'il sert aux valeurs numériques entières. Le nombre de formateurs doit correspondre à celui des variables énumérées après la chaîne entre guillemets. C'est le cas ici.

Enregistrez (**Ctrl** + **S**), compilez et exécutez (**F9**). Le programme devrait afficher ceci :

```
La valeur de la variable x est 5.
```

Les prochaines sections vous guident dans les détails de la mécanique de création et d'exploitation des variables.

Les types de variables de base

En langage C, une variable possède nécessairement un type qui régit la nature des données qui peuvent y être stockées (et la façon dont la valeur est stockée en mémoire). Si le C était un langage de génétique, les chats et les chiens seraient du type `animal`; les arbres et les fougères seraient du type `plante`. Les variables du C sont gérées sur le même modèle, et les valeurs qu'elles peuvent contenir sont limitées à ce qui est possible pour le type concerné.

Voyons pour commencer les quatre types de variables C les plus usités (Tableau 6.1).

Tableau 6.1 :Types de variables C basiques

Type	*Description*
`char`	Un seul caractère de base destiné à être affiché
`int`	Valeur entière (integer) sans partie décimale
`float`	Valeur fractionnaire à virgule ou point décimal flottant pour les nombres réels
`double`	Comme `float` mais avec une précision doublée. Sert aux nombres très grands ou très petits.

Quand vous devez stocker un nombre entier, vous adoptez le type `int`. Pour un caractère à afficher (lettre de l'alphabet, chiffre ou signe), vous utilisez le type `char`. Vous choisissez vos types selon la nature des traitements que vous comptez faire avec chaque variable.

- Les deux types `char` et `int` sont des entiers, `char` étant un cas particulier n'offrant qu'une faible plage de valeurs possibles. Il sert à stocker les codes numériques des caractères de l'alphabet anglais. Il n'est pas interdit de s'en servir pour de petites valeurs entières (inférieures à 255).
- Les types flottants `float` et `double` sont destinés aux valeurs avec partie fractionnaire et permettent de stocker des valeurs très petites ou très grandes, vu que les valeurs sont stockées au format scientifique signe-mantisse-exposant.

Citons en outre le type booléen `_Bool` qui sert à stocker une valeur qui est utilisée en tant que bit à 1 ou à 0, ce qui correspond aux états logiques Vrai (TRUE) et Faux (FALSE) respectivement. Ce nom de type `_Bool` est issu du langage C++. Il ne faut pas oublier le signe de soulignement qui débute le nom et la majuscule au *B*. Vous ne rencontrerez pas souvent ce type `_Bool` dans les programmes C, sauf pour maintenir une compatibilité avec les anciennes versions des compilateurs.

Exploiter une variable

Quasiment tous vos projets futurs en C utiliseront des variables. En début de chapitre, l'Exercice 6.1 a montré les trois étapes majeures pour utiliser une variable en C :

1. **Déclaration de la variable, par association d'un type et d'un nom encore inutilisé.**
2. **Affectation d'une valeur à la variable.**
3. **Utilisation de la variable, en lecture comme en écriture.**

Ces trois étapes sont obligatoires pour pouvoir exploiter une variable et elles doivent être réalisées dans l'ordre indiqué.

En ce qui concerne la position de la déclaration d'une variable, vous pouvez la placer au début du corps d'une fonction, après l'accolade ouvrante du corps (revoyez le Listing 1.1.) La déclaration est une instruction à part entière qui doit faire l'objet d'une ligne individuelle et se terminer par un signe point-virgule.

```
type nomvar;
```

`type` indique le type de variable : `char`, `int`, `float`, `double` et quelques autres types qui sont présentés plus loin dans ce chapitre.

Dans notre ligne d'exemple, `nomvar` est le nom que va porter la variable. Ce nom doit être unique. Voici les règles à suivre :

- Le nom de variable ne doit pas entrer en conflit avec aucun mot réservé ou mot-clé défini par le langage C (voir l'Annexe B).
- Il ne doit pas reprendre non plus le nom d'une fonction prédéfinie dans une librairie qui sera utilisée par le programme ; ni celui d'une autre variable.
- Le nom de variable distingue les majuscules des minuscules. Habituellement, les noms de variable en C sont écrits en minuscules.
- Vous pouvez ajouter dans vos noms des chiffres et certains signes comme le tiret et le caractère de soulignement (*underscore*).

- Le nom doit toujours commencer par une lettre.
- **N.d.T. :** Les noms des variables ne doivent jamais utiliser de lettres accentuées (à, é, è, ç, î, ô, û, ù, etc.).

Le signe égal est un opérateur qui copie la valeur de son membre droit dans son membre gauche, ce qui s'appelle l'affectation de valeur. Son format est simple :

```
variable = valeur;
```

Cette ligne peut se lire « La valeur de `variable` reçoit la `valeur`. »

Bien sûr, `variable` est le nom d'une variable qui a été déclarée auparavant dans le code source. La `valeur` est une valeur immédiate, une constante, une équation, le nom d'une autre variable ou la valeur que renvoie une fonction. Une fois cette instruction exécutée, `variable` contient la valeur spécifiée.

L'affectation d'une valeur à une variable répond à la deuxième des trois contraintes, mais il reste à faire quelque chose d'utile avec cette variable. En théorie, une variable est utilisable partout dans le code source où une valeur immédiate est autorisée, sauf à parler de la portée des variables, mais c'est un sujet que nous verrons plus tard.

Dans le listing suivant, nous déclarons, affectons puis utilisons quatre variables avec la fonction `printf()`.

Listing 6.2 : Exploitation de quatre variables

```
#include <stdio.h>

int main()
{
    char   c;
    int    i;
    float  f;
    double d;

    c = 'a';
    i = 1;
    f = 19.0;
    d = 20000.009;

    printf("%c\n", c);
    printf("%d\n", i);
    printf("%f\n", f);
    printf("%f\n", d);
    return(0);
}
```

Exercice 6.2 : Créez le projet *ex0602* à partir du Listing 6.2, compilez et exécutez.

Voici l'affichage résultant :

```
a
1
19.000000
20000.009000
```

- En ligne 10, la valeur numérique (code ASCII, voir l'Annexe A) de la lettre a minuscule est stockée dans la variable de type `char` portant le nom `a`. En C, les caractères isolés s'indiquent en les délimitant par des apostrophes droites.
- En ligne 15, nous voyons le formateur `%c` dans l'appel à la fonction `printf()`. Il est destiné à une variable isolée de type `char`.

Exercice 6.3 : Remplacez les quatre lignes 15 à 18 par une seule instruction `printf()`, comme ceci :

```
printf("%c\n%d\n%f\n%f\n", c, i, f, d);
```

Compilez et exécutez.

La fonction `printf()` n'impose pas de limite quant au nombre de formateurs incorporés à la chaîne à afficher, à condition que leur nombre coïncide avec le nombre et le type des valeurs ou variables associées à ces formateurs, dans le même ordre. Ces variables sont mentionnées après la fin de la chaîne, avec des virgules pour les séparer, comme dans notre exemple (quatre formateurs pour quatre variables et quatre séquences d'échappement pour les sauts de ligne).

Exercice 6.4 : Modifiez la ligne 12 pour que la variable `f` reçoive la valeur `19.8` au lieu de `19.0`. Compilez et exécutez.

Vous constatez sans doute que la valeur affichée pour `f` est `19.799999`. Que s'est-il passé ? Est-ce parce que la variable n'est, bizarrement, pas assez précise ?

C'est le cas !

Le stockage physique en mémoire de `19.8` est en fait la valeur `19.799999`. Une variable de type `float` est dite à *simple précision* : la machine ne peut stocker que huit chiffres. Dans une approche mathématique, `19.799999` équivaut à `19.8`; vous pouvez forcer l'arrondi pour retrouver la vraie valeur en spécifiant le formateur `%.1f`.

Exercice 6.5 : Créez un projet nommé *ex0605*. Déclarez une variable de type entier nommée `blorf` et donnez-lui la valeur initiale 22. Affichez cette valeur par `printf()`. Ajoutez une autre instruction `printf()` pour afficher la somme de la valeur plus 16 et une troisième pour afficher le résultat de la valeur de `blorf` élevée au carré.

Voici l'affichage que j'obtiens dans ma solution à l'Exercice 6.5 :

```
La valeur de blorf est 22.
La valeur de blorf + 16 est 38.
La valeur de blorf puissance deux est 484.
```

Exercice 6.6 : Améliorez le code de l'Exercice 6.5 en remplaçant la valeur immédiate 16 par une constante nommée `GLORKUS` et possédant la même valeur numérique `16`.

Les noms de variables doivent commencer par une lettre ou bien le signe de soulignement (_, *underscore*) que le compilateur accepte comme une lettre. Mais par convention, les variables dont le nom commence par ce signe sont celles à usage interne du langage C. Je vous conseille donc d'éviter d'y recourir.

Le langage C n'oblige pas à regrouper toutes les déclarations de variables en début de corps de fonction ou de code source. D'ailleurs, certains programmeurs déclarent leurs variables juste avant d'en avoir besoin, ce qui est accepté, mais ne facilite pas la compréhension du code source par leurs collègues. Il est de bon ton de présenter toutes les déclarations ensemble, ce qui procure une sorte de vue d'ensemble du bestiaire de toutes les variables.

Encore plus de variables

J'espère que vous commencez à vous faire une bonne idée du concept de variable. Si ce n'est pas le cas, revoyez le début de ce chapitre. Ce concept de variable est fondamental en programmation. C'est lui qui permet aux instructions de s'adapter à des situations changeantes et de réaliser des choses fantastiques.

Des types de variables plus spécifiques

Le Tableau 6.1 offrait un premier aperçu des types de données du langage C qui comporte une panoplie un peu plus large, avec notamment des variantes sans signe et d'autres compactes. Vous choisirez le type exact selon la nature des valeurs que vous devrez y stocker. Le Tableau 6.2 présente tous les types de variables simples du C avec la plage de valeurs minimale et maximale de chacun.

Tableau 6.2 : Les types de variables simples du langage C

Type	*Plage de valeurs autorisées*	*Formateur de printf() correspondant*
`_Bool`	0 à 1	`%d`
`char`	–128 à 127	`%c`
`unsigned char`	0 à 255	`%u`
`short int`	–32 768 à 32 767	`%d`
`unsigned short int`	0 à 65 535	`%u`
`int`	–2 147 483 648 à 2 147 483 647	`%d`
`unsigned int`	0 à 4 294 967 295	`%u`
`long int`	–2 147 483 648 à 2 147 483 647	`%ld`
`unsigned long int`	0 à 4 294 967 295	`%lu`
`float`	1.17×10^{-38} à 3.40×10^{38}	`%f`
`double`	2.22×10^{-308} à 1.79×10^{308}	`%f`

La deuxième colonne indique les bornes de valeurs pouvant être représentées dans une variable du type considéré. Vous pouvez voir que certains types doublent la plage dans le sens positif en économisant le bit de signe. Soyez averti que le compilateur n'émet pas toujours les avertissements qu'il faudrait quand vous affectez une valeur de façon inopportune par rapport aux capacités du type de la variable réceptrice. Soyez donc attentif aux valeurs prévues quand vous déclarez chaque variable !

Si vous avez par exemple besoin de stocker ma valeur négative `-10`, vous pouvez choisir un des types `short int`, `int` ou `long int` mais surtout pas `unsigned int`. Regardez ce qui se passe si vous essayez cela (Listing 6.3).

Listing 6.3 : Un entier non signé qui mange un signe et le digère mal !

```
#include <stdio.h>

int main()
{
    unsigned int ono;

    ono = -10;
    printf("La valeur de ono est %u.\n", ono);
    return(0);
}
```

EXERCICE 6.7 : Créez le projet nommé *ex0607*, avec le code source du Listing 6.3. Notez bien l'utilisation du formateur `%u` qui correspond aux valeurs entières non signées. Compilez et exécutez.

Admirez le résultat catastrophique :

```
La valeur de ono est 4294967286.
```

La preuve est faite : si vous voulez stocker des valeurs négatives, veillez à ne pas les faire transiter par des variables de sous-type `unsigned`.

- Sur certaines machines et certains compilateurs, la plage du type de base `int` peut être la même que celle du type court `short int`. En cas de doute, préférez `long int`.
- L'écriture `long` est l'abréviation de `long int`.
- L'écriture `short` est l'abréviation de `short int`.
- Pour que les choses soient vraiment claires, le mot-clé de sous-type `signed` peut être ajouté avant tous les noms de types entiers `int`, comme dans `signed short int` pour un `short int`, même si c'est totalement facultatif, les entiers étant signés sauf mention contraire.

N'oublions pas le type spécial `void` qui désigne en fait un non-type, indispensable pour affirmer qu'une fonction ne renvoie pas de valeur (donc aucun type). C'est néanmoins un type de variable valide, même s'il ne vous servira jamais pour créer une variable (à quoi servirait-elle ?). Voyez le Chapitre 10 pour en savoir plus sur le type `void` et les fonctions.

Déclaration de variables similaires

Rien dans les règles de bienséance ne m'interdit d'ouvrir une section avec un exercice, alors allons-y.

EXERCICE 6.8 : Rédigez un programme qui déclare trois variables de type entier nommées `ananias`, `azarias` et `misael`. Affectez une valeur entière à chacune puis affichez les valeurs.

Voici ce que devrait afficher la solution de l'Exercice 6.8 dans ma version du projet :

```
Ananias est 701
Azarias est 709
Misael est 719
```

Même si vous avez choisi d'autres phrases, le principe reste applicable. Je vous propose ma solution dans le Listing 6.4.

Listing 6.4 : Solution de l'Exercice 6.8 (ex0608)

```
#include <stdio.h>

int main()
{
    int ananias, azarias, misael;

    ananias = 701;
    azarias = 709;
    misael  = 719;
    printf("Ananias est %d\nAzarias est %d\nMisael est %d\n",ananias, azarias,
misael);
    return(0);
}
```

Vous pouvez déclarer plusieurs variables d'affilée dans la même ligne, si elles sont du même type évidemment (ligne 5 du Listing 6.4). Vous pouvez même, mais c'est moins lisible, coller les noms sans laisser d'espace (sauf après le type) :

```
int ananias,azarias,misael;
```

Le compilateur C ne tient pas compte des espaces superflus, notamment l'espace réel (barre d'espace) sauf à l'intérieur des guillemets qui délimitent les chaînes.

Les lignes trop longues

J'ai en outre regroupé tout l'affichage dans une seule instruction `printf()` assez longue. Il est possible que cette ligne déborde sur la suivante dans la version imprimée du Listing 6.4, mais aussi dans votre éditeur à l'écran. Si le code revient à la ligne, ne corrigez pas la situation en forçant le saut avec la touche Entrée. Lisez l'astuce qui suit.

Lorsque vous rédigez une instruction qui devient trop longue, vous ne pouvez pas poursuivre sur la ligne suivante simplement en frappant la touche **Entrée** comme dans un traitement de texte. Il faut utiliser le caractère d'échappement seul (pour échapper au mécontentement du compilateur) ; il s'agit du caractère antibarre (\). Juste après l'avoir saisi, vous pouvez revenir à la ligne avec la touche Entrée sans perturber la lecture du code source. Un exemple :

```
printf("Le code de Ananias est: %d\nCelui de Azanias: %d\nCelui \
de Misael: %d\n", ananias, azarias, misael);
```

Dans cet exemple, nous sommes allés jusqu'à passer à la ligne suivante alors que le code est encore entre les guillemets de la chaîne. J'ai frappé le caractère d'échappement (\) puis la touche Entrée. Visuellement, l'instruction est répartie sur deux lignes, mais le compilateur continue à ne voir qu'une seule instruction. Tout le monde est content.

Affectation de valeur lors de la déclaration

Les programmeurs C adorent compacter leur code source, et vont parfois jusqu'à trop charger les lignes d'instructions. C'est autorisé, mais la lisibilité en pâtit énormément. Sans aller jusqu'à ces extrêmes, vous disposez de quelques formulations qui font gagner du temps tout en restant lisibles.

Le Listing 6.5 déclare la variable entière `start` et lui donne sa valeur initiale dans la même ligne. Vous économisez l'écriture d'une instruction pour affecter la valeur 0 à `start`.

Listing 6.5 : Déclaration et initialisation combinées d'une variable

```
#include <stdio.h>

int main()
{
    int start = 0;

    printf("La valeur initiale est %d.\n", start);
    return(0);
}
```

Exercice 6.9 : Créez le projet nommé *ex0609* à partir du code source du Listing 6.5.

Exercice 6.10 : Repartez du code des trois garçons (*ex0608*) et faites en sorte que les trois variables soient déclarées et initialisées en une seule instruction.

Faites varier les variables, elles adorent !

Une variable est faite pour que sa valeur varie au cours du temps d'exécution du programme. Tous les exemples de ce chapitre n'en ont pas vraiment profité, puisque nous n'avons encore jamais changé la valeur affectée au départ. Nous aurions pu nous contenter de constantes. Mais nous progressons doucement.

Une fois qu'une variable est déclarée et initialisée, sa valeur peut changer sans cesse par le biais de vos instructions (tant que cette valeur reste dans les clous du type!). Vous pouvez écrire, relire, écrire et relire autant que nécessaire le contenu d'une variable. Voyons cela par un dernier exemple, le Listing 6.6.

Listing 6.6 : Enfin une variable qui varie

```
#include <stdio.h>

int main()
{
    int npremier;

    npremier = 701;
    printf("Ananias vaut %d\n", npremier);
    npremier = 709;
    printf("Azarias vaut %d\n", npremier);
    npremier = 719;
    printf("Misael vaut  %d\n", npremier);
    return(0);
}
```

EXERCICE 6.11 : Créez le projet nommé *ex0611* à partir du Listing 6.6. Vous constatez que la variable nommée `npremier` sert plusieurs fois, et sa valeur change. Le fait d'affecter une nouvelle valeur fait perdre l'ancienne. Compilez et exécutez.

Le résultat affiché par l'Exercice 6.11 ne change pas par rapport à l'Exercice 6.10.

Le Listing 6.7 illustre les interactions entre des variables.

Listing 6.7 : Des variables qui coopèrent

```
#include <stdio.h>

int main()
{
    int a, b, c;

    a = 5;
    b = 7;
    c = a + b;                         // L09
    printf("Variable c=%d\n", c);
    return(0);
}
```

Observez bien la ligne 9 : nous y affectons à la variable `c` la valeur résultant de l'addition des valeurs des variables `a` et `b`. Ce calcul est effectué pendant l'exécution du programme. Nous affichons enfin cette valeur calculée.

Exercice 6.12 : Créez le projet nommé *ex0612* à partir du Listing 6.7. Pouvez-vous deviner ce qui va s'afficher ?

Exercice 6.13 : Lancez un nouveau projet en récupérant le code du Listing 6.7 pour commencer. Déclarez trois variables de type `float` dont vous choisirez les noms (pas de lettres accentuées !) puis affectez une valeur à deux des trois. Pour la troisième, donnez-lui comme valeur le résultat de la division de la première par la deuxième et affichez le résultat.

Chapitre 7

Entrées et sorties

Dans ce chapitre :

- Utiliser l'entrée et la sortie standard
- Lire et écrire des caractères
- Comprendre `getchar()` et `putchar()`
- Explorer le type de variable `char`
- Lire une entrée avec `scanf()`
- Récupérer une chaîne avec `fgets()`

Une des capacités fondamentales, si ce n'est la plus importante, que doit posséder tout appareil électronique, est celle du dialogue en entrée et en sortie. Les fonctions d'entrée/sortie (en anglais I/O) font partie de quasiment tous les programmes. Le programme reçoit des entrées, les traite, puis il génère des données en sortie. C'est la partie traitement qui constitue le cœur du programme. Sans elle, vous n'avez que des entrées et des sorties, ce qui se résume à une sorte de plomberie numérique.

Entrées/sorties caractère

L'opération d'entrée et de sortie la plus simple est celle qui traite un caractère à la fois : vous recevez un caractère, vous envoyez un caractère. Cela suppose bien sûr un minimum de programmation.

Les périphériques d'entrée et de sortie

Le langage C a été créé en même temps que le système d'exploitation Unix. Vous ne serez donc pas étonné d'apprendre qu'il obéit à la plupart des mêmes règles que ce système, notamment au niveau des entrées et des sorties. Ces règles sont simples et très efficaces :

- Les entrées de données viennent par défaut du périphérique d'entrée standard symbolisé par le nom `stdin`.
- Les sorties sont envoyées par défaut vers le périphérique de sortie standard symbolisé par le nom `stdout`.

Pour un ordinateur normal, le périphérique d'entrée standard `stdin` correspond au clavier. Cela dit, le système d'exploitation peut rediriger l'entrée pour utiliser un autre périphérique, par exemple un modem, ou même un fichier situé sur un disque.

Le périphérique de sortie standard `stdout` est normalement l'écran d'affichage. Cette sortie peut elle aussi être redirigée pour envoyer par exemple les données vers une imprimante ou vers un fichier.

N'OUBLIEZ PAS!

Les fonctions standard du langage C qui s'occupent des entrées et des sorties utilisent les périphériques symboliques `stdin` et `stdout`. Elles ne s'adressent jamais directement au clavier ou à l'écran. Cela dit, vous pouvez écrire des instructions pour accéder directement à ces périphériques, mais nous n'abordons pas cette manière de programmer « à bas niveau » dans ce livre.

Autrement dit, même si vos programmes vont obtenir leurs données en entrée du clavier et envoyer leurs données en sortie vers l'écran, vous devez considérer les opérations d'entrée/sortie en langage C comme utilisant les deux périphériques symboliques `stdin` et `stdout`. Si vous oubliez cette précaution, vous risquez d'avoir des soucis, ce que je vais allègrement prouver par un exemple dans la suite du chapitre.

Obtenir un caractère avec getchar()

L'heure est venue de faire en sorte que vos exemples deviennent un peu plus interactifs. Étudions le code source du Listing 7.1 qui utilise la fonction `getchar()`. Cette fonction obtient (*get*) un caractère unique depuis l'entrée standard.

Listing 7.1 : Récupération d'un caractère

```
#include <stdio.h>

int main()
{
    int c;

    printf("Je vais recevoir un caractere: ");
    c = getchar();
    printf("J'ai obtenu le caractere '%c'.\n",c);
    return(0);
}
```

Le code du Listing 7.1 lit un caractère depuis l'entrée standard au moyen de la fonction `getchar()` en ligne 8. La fonction renvoie le caractère lu, ce qui permet de la stocker dans la variable de type entier nommée `c`.

Nous affichons le caractère stocké dans `c` en ligne 9. Vous constatez que la fonction `printf()` utilise le formateur `%c` qui lui demande d'afficher la représentation d'un caractère isolé (pas la valeur numérique correspondante).

EXERCICE 7.1 : Saisissez le code source du projet ex0701 (Listing 7.1). Lancez la compilation et l'exécution.

Voici comment est définie la fonction standard `getchar()` :

```
#include <stdio.h>

int getchar(void);
```

Vous constatez que la fonction n'attend aucun argument d'entrée, et les parenthèses sont vides dans l'utilisation. Dans la définition, nous voyons la présence du mot `void` qui signifie vide. Vous remarquez qu'il faut spécifier le fichier d'en-tête `stdio.h` en début de code source, car la définition de la fonction `getchar()` s'y trouve.

Sachez que `getchar()` renvoie une valeur de type entier et non une valeur de type `char`. Le compilateur émet un avertissement si vous avez oublié cela, mais ne vous inquiétez pas : le type `int` peut tout à fait recevoir une valeur de type caractères.

EXERCICE 7.2 : Modifiez la ligne 9 du Listing 7.1 pour utiliser le formateur `%d` à la place de `%c`. Relancez la compilation et l'exécution.

La valeur qui est affichée lorsque vous exécutez la réponse à l'exercice 7.1 est la valeur numérique du code ASCII du caractère. Le formateur `%d` affiche en effet cette valeur numérique et non la représentation graphique du caractère. En effet, l'ordinateur considère toutes les données comme des valeurs numériques. Vous n'affichez la représentation du caractère que lorsque vous utilisez le formateur approprié.

Les valeurs numériques des codes ASCII sont fournies dans l'Annexe A.

À vrai dire, `getchar()` n'est pas une fonction mais une *macro*, c'est-à-dire un symbole servant d'abréviation pour une véritable fonction. La macro est définie dans le fichier d'en-tête `stdio.h`. La fonction qui permet de lire un caractère depuis l'entrée standard se nomme `getc()`. Elle s'utilise par exemple de la manière suivante :

```
c = getc(stdin);
```

Dans cet extrait, `getc()` lit un caractère depuis le périphérique d'entrée standard nommé `stdin`, qui est lui aussi défini dans le fichier d'en-tête `stdio.h`. Cette fonction renvoie une valeur de type entier qui est stockée dans la variable `c`.

Exercice 7.3 : Modifiez le code source du Listing 7.1 en remplaçant l'instruction `getchar()` par un appel à la fonction `getc()`.

Exercice 7.4 : Écrivez un programme qui demande de saisir trois caractères à la suite, avec par exemple l'invite suivante :

```
J'attends trois lettres :
```

Écrivez trois appels consécutifs à `getchar()` pour effectuer la lecture et présenter le format du résultat de la manière suivante :

```
Les trois lettres sont 'a', 'b', et 'c'
```

Les trois lettres `a`, `b`, et `c` —seront remplacées dans l'affichage par ce qui aura été saisi.

Le programme de l'exercice 7.4 attend trois caractères, mais la touche de validation Entrée constitue un caractère. Si vous tapez **A**, **Entrée**, **B**, **Entrée**, les trois caractères récupérés seront *A*, le code de la touche Entrée puis B. Cette entrée est considérée comme valide, mais ce qu'il faudrait saisir est une série de trois caractères **ABC** ou **ART** suivie de la frappe de la touche Entrée.

L'entrée standard utilise une approche de type flux. Comme déjà indiqué en début de chapitre, vous ne devez pas supposer que vos programmes C sont interactifs par nature. L'exercice 7.4 montre la nature flux des entrées : la frappe de la touche Entrée ne provoque pas la fin de la saisie. Le code de cette touche est incorporé au flux, comme toutes les autres touches.

Exploiter la fonction putchar()

L'alter ego de `getchar()` se nomme `putchar()`. Elle sert à envoyer un caractère isolé vers la sortie standard. Voici son format générique :

```
#include <stdio.h>

int putchar(int c);
```

Pour exploiter `putchar()`, vous lui fournissez un caractère en argument, en le délimitant par des apostrophes :

```
putchar('v');
```

Vous pouvez également indiquer une valeur entière correspond au code ASCII du caractère entre parenthèses. La fonction renvoie la valeur du caractère qui a été envoyé en sortie (voir Listing 7.2).

Listing 7.2 : Utilisation de putchar()

```
#include <stdio.h>

int main()
{
    int ch;

    printf("Frappez Entree : ");
    getchar();                          // L08
    ch = 'H';
    putchar(ch);
    ch = 'i';
    putchar(ch);
    putchar('!');
    return(0);
}
```

Dans la ligne 8 de cet exemple, nous utilisons `getchar()` sans récupérer la valeur, uniquement pour provoquer une pause dans l'exécution du programme. Le compilateur n'est pas gêné de constater que vous n'utilisez pas la valeur qui est renvoyée par `getchar()` (comme pour n'importe quelle autre fonction; c'est vous qui voyez).

Dans les lignes 9 à 12, nous utilisons `putchar()` pour afficher trois fois de suite la valeur que contient la variable `ch`.

Dans les lignes 9 et 11, nous stockons une valeur de caractère dans la variable ch. L'opération d'affectation est classique, sauf que vous devez spécifier un caractère isolé en le délimitant par des apostrophes. Notez que cette affectation est acceptée bien que la variable ch n'ait pas été déclarée du type char (ce qui est en théorie anormal, mais accepté en pratique).

En ligne 13, nous utilisons putchar() pour afficher directement le caractère spécifié en tant que constante. Vous remarquez qu'il doit être délimité par des apostrophes.

EXERCICE 7.5 : Lancez la création d'un nouveau projet nommé ex0705 et saisissez le code source du Listing 7.2. Lancez la compilation et l'exécution.

Un petit défaut de l'affichage résultant est l'absence de saut à la ligne suivante après affichage du dernier caractère. L'affichage n'est de ce fait pas très agréable. Voici comment y remédier.

EXERCICE 7.6 : Modifiez le code source de l'exercice 7.5 pour envoyer un caractère de saut de ligne (newline) après l'affichage du point d'exclamation.

Utiliser des variables de type char

Le couple getchar() et putchar() fonctionne donc avec des valeurs de type entier, mais il n'y a aucune raison pour ne pas exploiter le type le plus approprié aux variables de type caractère. En effet, le langage C définit le mot réservé char à cet effet. Dès que vous travaillez avec des caractères, adoptez le type de variable char pour stocker les valeurs, comme le montre le Listing 7.3.

Listing 7.3 : Utilisation du type de variable char

```
#include <stdio.h>

int main()
{
    char a,b,c,d;

    a = 'W';
    b = a + 24;
    c = b + 8;
    d = '\n';
    printf("%c%c%c%c",a,b,c,d);
    return(0);
}
```

EXERCICE 7.7 : Lancez la création d'un nouveau projet nommé ex0707 à partir du code source du Listing 7.3. Lancez la compilation et l'exécution du programme.

Nous déclarons quatre variables de type `char` en ligne 5 puis nous leur attribuons des valeurs dans les lignes 7 à 10. La ligne 8 utilise un petit calcul pour définir la valeur de la variable `b`, de même pour la ligne 9 et la variable `c` (rappelons que l'Annexe A donne les codes ASCII des caractères). En ligne 10, nous spécifions une séquence d'échappement pour définir la valeur du caractère, ce qui est nécessaire dès qu'il s'agit d'un caractère non disponible sur le clavier directement.

Nous prévoyons quatre formateurs `%c` dans l'instruction utilisant `printf()`. Le résultat affiché est pour le moins surprenant.

EXERCICE 7.8 : Retouchez le code du Listing 7.3 pour que les deux variables `b` et `c` reçoivent leur valeur directement à partir d'une constante caractère délimitée par des apostrophes.

EXERCICE 7.9 : Retouchez encore le code source pour utiliser `putchar()`, et non `printf()`, pour générer les affichages.

Du caractère à la chaîne

Lorsque l'on monte en puissance dans les opérations d'entrée/sortie de caractères, on atteint le niveau des entrées/sorties de chaînes de caractères. Les deux principaux outils permettant d'envoyer une chaîne de texte en sortie se nomment `puts()` et `printf()`, cette dernière ayant déjà été découverte dans le Chapitre 4. Il existe d'autres solutions, mais les deux approches principales sont celles que nous venons de citer. Du côté des entrées d'informations, les deux fonctions principales se nomment `scanf()` et `fgets()`.

Stockage d'une chaîne en mémoire

Lorsqu'un programme a besoin d'obtenir du texte saisi au clavier en entrée, il lui faut d'abord avoir prévu une place pour stocker ces données en mémoire. Certains d'entre vous se diront peut-être qu'il suffit de créer une variable de type chaîne (*string*)! Si c'est ainsi que vous avez réagi, je ne peux être qu'admiratif. Vous avez tenu compte du fait qu'en programmation en langage C, les suites de caractères correspondent à des chaînes.

Mais vous faites fausse route!

Il n'y a pas de type de variable nommé **string** en langage C. En revanche, vous disposez du type caractère `char`. Puisqu'une chaîne est un enchaînement de caractères, il suffit d'accumuler plusieurs caractères pour obtenir une chaîne. En jargon informatique, vous obtenez ainsi un tableau de variables du type caractère (un *array).*

Les tableaux constituent un vaste sujet que nous n'aborderons que dans le Chapitre 12. Pour l'instant, progressez sans préjugé au sujet des tableaux et des chaînes en vous plongeant dans le code source du Listing 7.4.

Listing 7.4 : Stockage d'une chaîne dans un tableau de type char

```
#include <stdio.h>

int main()
{
    char prompt[] = "Frappez Entree pour exploser :";

    printf("%s", prompt);     // L07
    getchar();
    return(0);
}
```

En ligne 5, nous créons un tableau de variables `char`. Le concept de tableau consiste à regrouper plusieurs variables du même type les unes à la suite des autres. Dans l'exemple, le tableau porte le nom `prompt`. Le nom est immédiatement suivi d'un couple de crochets droits vides. Ce couple de délimiteurs désigne une variable de type tableau. Le tableau reçoit immédiatement sa valeur initiale en le faisant suivre du signe égal puis du texte délimité par des guillemets.

L'instruction `printf()` en ligne 7 sert à afficher la chaîne qui se trouve dans le tableau `prompt`. Le formateur `%s` permet de stipuler qu'il faut considérer les données comme une chaîne de caractères.

En ligne 8, un appel à `getchar()` permet de provoquer une pause en attente de la frappe de la touche Entrée. Le programme ne fait rien d'autre avec la donnée reçue; c'est une tâche que je vous réserve pour plus tard.

EXERCICE 7.10 : Lancez la création d'un nouveau projet que vous nommez ex0710 et saisissez le code source du Listing 7.4. Lancez la compilation et l'exécution.

EXERCICE 7.11 : Modifiez le code source du Listing 7.4 pour stocker dans une même variable de type chaîne les deux lignes de texte telles que celles-ci :

```
Programme pour exploser le Monde
Frappez Entree pour lancer l'explosion :
```

Conseil : Servez-vous du Tableau 4-1 du Chapitre 4.

N'OUBLIEZ PAS !

En langage C, une variable de type chaîne est en fait un tableau de un ou plusieurs caractères.

Vous pouvez donner une valeur initiale à un tableau de `char` au moment de sa création comme pour n'importe quelle autre variable. Voici le format générique :

```
char maChaine[] = "texte";
```

Dans cet exemple, `maChaine` est le nom du tableau de type `char` et `texte` est la chaîne de caractères qui sert de valeur initiale au tableau et décide de sa taille.

ATTENTION !

Le seul moment autorisé pour affecter une valeur à une chaîne (un tableau de caractères) est la déclaration ou création du tableau. Vous ne pouvez pas plus tard modifier la valeur avec une instruction telle que celle-ci :

```
prompt = "Ceci est interdit.";
```

Il est possible de modifier le contenu d'une chaîne en langage C, mais pour y parvenir, il faut en savoir un peu plus au sujet des tableaux, des fonctions de chaînes et surtout des pointeurs. Nous verrons cela dans des chapitres ultérieurs.

Le Chapitre 6 a donné une présentation des principaux types de variables du langage C. La liste complète des types de variables en langage C est disponible dans l'Annexe D.

La fonction de lecture scanf()

Pour récupérer en entrée des valeurs pour différents types de variables, vous disposez de la fonction polyvalente `scanf()`. Sa polyvalence n'est pas totale, car elle souffre de quelques limitations, mais elle est parfaite pour récupérer des valeurs et tester le code.

Vous pourriez supposer que `scanf()` est l'alter ego en entrée de la fonction de sortie `printf()`. Il est vrai qu'elle utilise les mêmes caractères de contrôle du format (les formateurs basés sur le signe `%`). C'est la raison pour laquelle `scanf()` propose une manière assez particulière de gérer la saisie de texte. Voici son format générique :

```
#include <stdio.h>

int scanf(const char *restrict format,...);
```

Étonnant n'est-ce pas ? Ignorez la ligne précédente pour l'instant. Voici une version plus lisible :

```
scanf("formateur", variable);
```

Dans cette seconde variante, `formateur` correspond à un caractère de contrôle de format et `variable` est un nom de variable du type approprié au formateur. Sauf lorsqu'il s'agit d'une chaîne (d'un tableau de `char`), le nom de la variable doit toujours avoir comme préfixe l'opérateur d'adresse `&`.

Le prototype de la fonction `scanf()` se trouve dans le fichier d'en-tête *stdio.h* qui doit donc être mentionné par la directive appropriée en début de fichier.

Voici un exemple d'utilisation de `scanf()` :

```
scanf("%d", &scoremax);
```

Dans cette instruction, nous demandons de lire une valeur de type entier en stockant la donnée dans la variable nommée `scoremax`. Nous supposons ici que `scoremax` est une variable déclarée de type `int`.

```
scanf("%f", &temperature);
```

Dans cet exemple, `scanf()` attend en entrée une valeur à virgule flottante qui sera stockée dans la variable `temperature`.

```
scanf("%c", &touche);
```

Dans cet autre exemple, `scanf()` attend la saisie d'un seul caractère qu'elle stocke dans la variable nommée `touche`.

```
scanf("%s", prenom);
```

Le formateur/conteneur `%s` demande la saisie d'une suite de caractères, la séquence s'arrêtant dès détection d'une espace. La saisie de la chaîne se termine donc dès que vous frappez la barre d'espace, la tabulation ou la touche Entrée (c'est parfois bien gênant). Bien sûr, la variable `prenom` correspond à un tableau `char`. Dans ce seul cas, il ne faut pas utiliser l'opérateur `&` en préfixe du nom de la variable.

Lecture d'une chaîne avec scanf()

Une des utilisations les plus courantes de `scanf()` est la lecture d'un bloc de texte depuis l'entrée standard, en utilisant le symbole de formatage `%s`, comme dans le cas de `printf()`. La seule différence est que nous lisons au lieu d'écrire (voir le Listing 7.5).

Listing 7.5 : Saisie puis affichage d'une chaîne avec scanf()

```
#include <stdio.h>

int main()
{
    char prenom[15];                    // L05

    printf("Veuillez indiquer votre petit nom : ");
    scanf("%s", prenom);                // L08
    printf("Ravi de vous saluer, %s.\n", prenom);
    return(0);
}
```

EXERCICE 7.12 : Saisissez le code source du Listing 7.5 pour créer un nouveau projet appelé ex0712, dans votre atelier Code::Blocks. Lancez la compilation et l'exécution.

En ligne 5, nous déclarons un tableau de type `char`, donc une variable chaîne, en lui donnant le nom `prenom`. La valeur numérique spécifiée dans les crochets indique la taille totale du tableau, c'est-à-dire le nombre de caractères pouvant être stockés. Vous notez que le tableau est créé vide. Cette ligne 5 prépare donc un espace de stockage mémoire permettant de stocker quatorze caractères utiles plus le symbole de fin de chaîne (un zéro terminal).

En ligne 8, nous appelons la fonction `scanf()` pour procéder à la lecture d'une chaîne depuis l'entrée standard, en stockant la donnée dans le tableau `prenom`. Le formateur `%s` demande de traiter les données comme une chaîne de caractères ; le formateur est donc utilisé comme dans la fonction de sortie `printf()`.

EXERCICE 7.13 : Modifiez le code source du Listing 7.5 pour déclarer une seconde chaîne afin de récupérer le nom de famille. Faites demander la saisie du nom de famille puis affichez le nom et le prénom dans le même appel à une fonction `printf()`.

La valeur entre crochets (en ligne 5) correspond à la taille hors tout du tableau de caractères, c'est-à-dire à la longueur de la chaîne plus 1 pour le zéro terminal.

Lorsque vous déclarez un tableau de caractères ou une chaîne, vérifiez bien que vous lui donnez une taille suffisante en ajoutant toujours un caractère pour le marqueur de fin de chaîne.

L'obligation d'ajouter un à la taille d'un tableau de type `char` est liée au fait qu'en langage C toute chaîne de caractères doit se terminer par un caractère ayant la valeur nulle. On appelle cela une chaîne à zéro terminal ou chaîne AZT. Le caractère est symbolisé par la notation `\0`. Le compilateur ajoute d'office ce caractère \0 à la fin de toutes les chaînes littérales que vous déclarez dans le code source entre guillemets, ainsi qu'à la fin de toutes les données de type chaîne qui sont renvoyées par les fonctions de lecture de texte. C'est à vous de prévoir assez de place pour y stocker ce caractère supplémentaire lorsque vous stockez des données dans vos chaînes.

Lecture d'autres types de valeurs avec scanf()

La fonction scanf() permet de lire d'autres données que les chaînes de caractères. Il suffit d'utiliser le formateur approprié, comme le montre le Listing 7.6.

Listing 7.6 : Saisie d'une valeur de type entier avec scanf()

```
#include <stdio.h>

int main()
{
    int fav;

    printf("Saisissez votre chiffre favori : ");
    scanf("%d", &fav);
    printf("%d est mon chiffre favori aussi !\n", fav);  // L09
    return(0);
}
```

Dans le listing précédent, nous nous servons de scanf() pour lire un entier en stipulant le formateur %d, comme nous le faisons avec printf() (ligne 9). Ce symbole spécial demande à scanf() de considérer la donnée saisie comme une valeur numérique entière, donc adaptée au type de la variable déclarée fav.

Exercice 7.14 : Lancez la création d'un nouveau projet nommé ex0714 avec le code source du Listing 7.6 puis compilez et lancez l'exécution. Vous pouvez tester le programme en saisissant une valeur entière positive ou négative.

Vous vous demandez peut-être comment fonctionne le symbole (&) dans la fonction scanf() ? Il s'agit d'un opérateur du langage C pour désigner l'adresse en mémoire d'une variable. C'est un élément sophistiqué du langage C qui s'utilise en relation avec les pointeurs. Puisque je ne présente le concept de pointeur que dans le Chapitre 18, contentez-vous pour l'instant de savoir qu'il faut toujours ajouter un tel symbole en préfixe de tout nom de variable dans la fonction scanf(), sauf s'il s'agit d'un tableau de caractères (comme le tableau nommé prenom du Listing 7.5).

Essayez de retester le programme en saisissant une valeur fractionnaire, comme par exemple 41.9 ou saisissez du texte au lieu d'un chiffre.

Le résultat affiché est incorrect parce que `scanf()` est très pointilleuse. Cette fonction ne reconnaît que le type de variable qui a été spécifié par le formateur. Pour saisir une valeur à décimale (donc avec un point séparateur), il faut fournir une variable de type `float` et utilisez le formateur approprié, qui est `%f`.

EXERCICE 7.15 : Modifiez le code source du Listing 7.6 pour permettre la saisie d'une valeur numérique à virgule flottante puis pour l'afficher correctement.

Notez bien qu'il ne faut pas fournir de préfixe d'adresse au début d'un nom de variable lorsqu'il s'agit d'un tableau de type `char` dans la fonction `scanf()`.

La fonction `scanf()` arrête de se tenir à l'écoute de ce qui est saisi dès qu'elle détecte une espace, une tabulation ou la touche Entrée.

Saisie de texte avec fgets()

Pour effectuer une lecture de texte qui ne s'arrête pas à la première espace saisie, je vous conseille la fonction `fgets()` dont voici le format général :

```
#include <stdio.h>

char * fgets(char *restrict s, int n, FILE *restrict stream);
```

Encore plus étonnant non? En effet, `fgets()` est au départ une fonction fichier (d'où le **f** initial dans le nom). Son objectif est de lire du texte depuis un fichier. Le nom est une version abrégée de «*file get string*», c'est-à-dire lecture d'une chaîne depuis un fichier.

Je n'aborde les fonctions fichiers que dans le Chapitre 22, mais du fait que le système d'exploitation considère le périphérique d'entrée standard comme un fichier, nous pouvons utiliser `fgets()` pour lire du texte saisi au clavier.

Voici une version simplifiée de la syntaxe de `fgets()` dans le cadre de la lecture de texte depuis l'entrée.

```
fgets(maChaine, taille, stdin);
```

Dans cet exemple, `maChaine` correspond au nom d'un tableau de `char`, c'est-à-dire une variable chaîne. La mention `taille` correspond à la quantité de texte à lire plus *un*, ce qui doit correspondre à la taille du tableau de `char`. Enfin, `stdin` est le nom réservé pour le périphérique d'entrée standard, tel qu'il est défini dans le fichier d'en-tête `stdio.h` (voir Listing 7.7).

Listing 7.7 : Lecture d'une chaîne depuis l'entrée avec fgets()

```
#include <stdio.h>

int main()
{
    char personne[10];                  // L05

    printf("Qui etes-vous? ");
    fgets(personne, 10, stdin);         // L08
    printf("Heureux de vous rencontrer, %s.\n", personne);
    return(0);
}
```

EXERCICE 7.16 : Saisissez le code source du Listing 7.7 en créant le projet ex0716. Lancez la compilation et l'exécution.

La fonction `fgets()` procède à la lecture en ligne 8, en stockant les données dans le tableau nommé `personne`, qui a été prévu pour accepter dix caractères (en ligne 5). En indiquant la valeur `10`, nous demandons à `fgets()` de ne lire que neuf caractères, soit un de moins que le nombre fourni. La mention `stdin` définit le pseudo fichier depuis lequel il faut lire les données. Rappelons que `stdin` correspond à *st*and*d*ard *in*put.

Le tableau de caractères doit offrir de la place pour un caractère supplémentaire afin de pouvoir y stocker le caractère `\0` en fin de chaîne. La taille doit donc être égale à celle de ce que vous voulez faire saisir plus un.

Voici l'affichage du programme sur mon écran :

```
Qui etes-vous? Gabriel Picarde
Heureux de vous rencontrer, Gabriel P.
```

Vous remarquez que seuls les neuf premiers caractères de ce qui a été saisi sont récupérés et affichés. Il n'y en a que neuf, à cause du caractère zéro terminal `\0` qui a été ajouté après les neufs premiers. L'espace pour ce caractère a été définie au moment de la déclaration du tableau `personne` en ligne 5. Si nous avions laissé `fgets()` lire dix caractères utiles et non neuf, l'action de stockage aurait fait déborder le tableau, ce qui aurait pu avoir une conséquence très néfaste sur le fonctionnement du programme.

EXERCICE 7.17 : Modifiez la valeur définissant la taille du tableau dans le Listing 7.7 en utilisant une valeur constante. Définissez cette constante pour qu'elle n'autorise de saisir que trois caractères au maximum.

EXERCICE 7.18 : Revoyez votre solution de l'exercice 7.13 pour utiliser `fgets()` à la place de `scanf()` afin de lire les deux chaînes.

Pour en savoir plus sur la raison pour laquelle `fgets()` limite le nombre de caractères saisis, voyez l'encadré de fin de chapitre qui parle de `gets()`.

La fonction `fgets()` effectue ses lectures depuis l'entrée standard, mais jamais directement depuis le clavier en tant que périphérique matériel.

La valeur que renvoie `fgets()` est la chaîne de caractères saisie. Dans notre exemple, nous ne nous servons pas de cette valeur, même si la donnée est strictement identique à celle qui est stockée dans le premier argument de la fonction `fgets()`, c'est-à-dire la variable de type tableau de `char`.

Vous trouverez d'autres informations au sujet des chaînes en langage C dans le Chapitre 13.

Évitez la collègue de `fgets()` nommée `gets()`

Il peut sembler étrange d'utiliser une fonction fichier (`fgets()`) pour lire du texte saisi au clavier. C'est lié au fait que la fonction de saisie de texte clavier prévue par le langage C est à bannir. Cette fonction élémentaire se nomme `gets()`. Elle est tout à fait autorisée en langage C, mais vous devez la fuir comme la peste.

En effet, à la différence de `fgets()`, la fonction `gets()` lit une quantité de texte indéfinie depuis l'entrée standard. Il n'y a pas de limite au nombre de caractères lus, à la différence de `fgets()`. Autrement dit, l'utilisateur peut saisir autant de texte qu'il le désire, le programme obéissant en stockant le texte saisi, ce qui finit par déborder de la zone mémoire prévue pour le stockage. Cette faiblesse a été fréquemment utilisée par les logiciels malveillants.

Pour résumer, n'utilisez pas `gets()` et préférez-lui `fgets()`. D'ailleurs, si vous utilisez `gets()` dans votre code source, vous verrez le compilateur afficher un avertissement. Il est même possible que le programme affiche un autre avertissement pendant son exécution.

Chapitre 8

Le programme décide

Dans ce chapitre :

- Comparer des conditions avec `if`
- Utiliser les opérateurs de comparaison
- Ajouter `else` à une décision
- Construire une structure `if-else-if-else`
- Prendre des décisions logiques
- Utiliser une structure `switch-case`
- Découvrir l'opérateur ternaire

C'est la possibilité de prendre une décision, de faire un choix, qui peut nous laisser croire qu'un ordinateur est intelligent. En réalité, il ne l'est pas (pas encore?), mais vous pouvez faire croire à quiconque qu'il l'est un peu en introduisant dans votre code source des instructions qui seront exécutées ou non en fonction d'une certaine condition, grâce à une comparaison.

La technique est vraiment simple à comprendre, mais la façon dont elle est généralement expliquée justifie l'existence de ce chapitre.

Si quoi ?

L'histoire de l'humanité est basée sur la désobéissance (depuis le fruit défendu). Quelles que soient les règles, quelle que soit la rigueur, il y aura toujours quelqu'un pour passer outre, et rendre la suite de l'histoire intéressante. Toute l'aventure commence par ce concept trop humain du «Et si ?». C'est ce concept qui est à l'œuvre dans les instructions de prise de décision de vos programmes, sauf que nous n'utilisons que le mot **si** (if).

Faire une comparaison simple

Nous comparons sans cesse. Que vais-je mettre ce matin ? Dois-je contourner le bureau du chef parce que l'agent d'accueil m'a prévenu qu'il était hargneux aujourd'hui ? Combien de temps vais-je encore traîner avant de prendre rendez-vous chez le dentiste ? Dans un ordinateur, les comparaisons n'utilisent pas des expressions littérales, mais des valeurs logiques (voyez le Listing 8.1).

Listing 8.1 : Premier exemple de comparaison

```
#include <stdio.h>

int main()
{
    int a,b;            // L05

    a = 6;
    b = a - 2;

    if( a > b)          // L10
    {
        printf("%d est plus grand que %d\n", a, b);
    }
    return(0);
}
```

EXERCICE 8.1 : Lancez la création d'un nouveau projet avec le code source du Listing 8.1. Lancez la compilation et l'exécution. Voici ce qui devrait s'afficher :

```
6 est plus grand que 4
```

Ce que l'ordinateur affiche est bien une preuve d'intelligence. Voyons comment tout cela fonctionne.

En ligne 5, nous déclarons les deux variables entières a et b puis nous leur affectons une valeur initiale dans les lignes 7 et 8. Notez que la valeur de la variable b est déduite en soustrayant 2 à celle de la variable a.

En ligne 10, nous écrivons la comparaison qui sert de test :

```
if( a > b)
```

Un programmeur lit cette ligne sous la forme «SI *a* est supérieur à *b*», ou de façon plus rigoureuse «Si la variable a contient une valeur supérieure à celle de la variable b». Les parenthèses ne sont pas prononcées. Ce qui suit le SI est une expression logique. Cette expression va être évaluée et son résultat ne peut être que VRAI ou FAUX.

Les trois lignes 11 à 13 constituent le bloc d'instructions contrôlées par `if`. Il n'y a ici qu'une seule instruction en ligne 12, les accolades en lignes 11 et 13 servent à délimiter le bloc. Si la comparaison dans la ligne 10 est vraie, nous exécutons l'instruction de la ligne 12. Dans le cas contraire, tout ce qui est entre les accolades est ignoré.

EXERCICE 8.2 : Modifiez le code source du Listing 8.1 pour remplacer la soustraction par une addition en ligne 8. Comprenez-vous le résultat du programme ?

Le mot réservé if

C'est donc le mot réservé `if` qui permet de créer un bloc conditionnel dans votre code en lui adjoignant une comparaison. Voici son format générique :

```
if(evaluation)
{
    instruction;
}
```

La partie `evaluation` constitue une expression de comparaison qui peut être une opération mathématique, la valeur renvoyée par une fonction, etc. Si la condition est satisfaite, la ou les instructions dans le bloc délimité par les accolades sont exécutées, et seulement dans ce cas.

- L'expression conditionnelle de `if` n'est pas nécessairement mathématique. Il peut s'agir de la valeur que renvoie une fonction, valeur vraie ou fausse, comme dans cet exemple :

  ```
  if(preparer())
  ```

- La précédente instruction dépend de l'état de la valeur renvoyée par la fonction `preparer()`. Si cette valeur est vraie (différente de zéro), le bloc dépendant de `if` est exécuté.
- En langage C, toute valeur différente de zéro est considérée comme vraie au niveau logique. L'instruction suivante est toujours vraie :

  ```
  if(1)
  ```

- Celle-ci est toujours fausse :

  ```
  if(0)
  ```

- En ce qui concerne les fonctions standard des librairies, vous pouvez savoir quand une fonction renvoie la valeur vraie ou fausse en consultant la documentation. Pour les fonctions que vous créez, c'est à vous de choisir quand renvoyer la valeur vraie ou fausse.
- Vous ne pouvez pas comparer directement deux chaînes de caractères avec un `if`. Il faut à cet effet utiliser une fonction de comparaison de chaînes (nous en parlerons dans le Chapitre 13).

Lorsque le bloc conditionnel d'un `if` ne contient qu'une seule instruction, vous pouvez omettre le jeu d'accolades.

EXERCICE 8.3 : Modifiez le code du Listing 8.1 en supprimant les accolades avant et après la ligne 12 puis retestez votre programme.

Des opérateurs de comparaison

Le langage C prédéfinit six opérateurs de comparaison numérique qui sont rassemblés dans le Tableau 8.1.

Tableau 8.1 : Les opérateurs de comparaison du langage C

Opérateur	*Exemple*	*Vrai quand*
!=	a != b	a est différent de b
<	a < b	a est inférieur à b
<=	a <= b	a est inférieur ou égal à b
==	a == b	a est strictement égal à b
>	a > b	a est supérieur à b
>=	a >= b	a est supérieur ou égal à b

Précisons que les expressions de comparaison en C se lisent de gauche à droite. Vous lisez `a >= b` sous la forme «a est supérieur ou égal à `b`». L'ordre des opérateurs composites est important. Le signe d'inégalité dans >= ou <= doit être indiqué en premier, de même que l'inverseur logique (point d'exclamation) dans !=. Bien sûr, l'opérateur de comparaison stricte == n'a pas de sens privilégié (voir Listing 8.2).

Listing 8.2 : Exemples de comparaisons

```
#include <stdio.h>

int main()
{
    int premier, second;

    printf("Indiquez la valeur de premier : ");
    scanf("%d", &premier);
    printf("Indiquez la valeur de second : ");
    scanf("%d", &second);

    puts("Evaluation en cours...");
    if(premier < second)
    {
        printf("%d est plus petit que %d\n", premier, second);
    }
    if(premier > second)
    {
        printf("%d est plus grand que %d\n", premier, second);
    }
    return(0);
}
```

EXERCICE 8.4 : Lancez la création d'un nouveau projet à partir du code source du Listing 8.2. puis compilez et exécutez.

L'opérateur de comparaison le plus utilisé est le double signe égal qu'il ne faut pas absolument pas confondre avec l'opérateur constitué d'un seul signe égal. L'opérateur = est l'opérateur d'affectation qui écrit dans son membre gauche la valeur trouvée dans son membre droit. En revanche, l'opérateur == est l'opérateur de comparaison qui renvoie soit la valeur vraie, soit la valeur fausse selon que les deux valeurs sont égales ou non (voir Listing 8.3).

Cet opérateur == se prononce «égal égal».

EXERCICE 8.5 : Ajoutez des instructions dans le code source du Listing 8.2 pour prévoir le cas où les deux variables posséderaient la même valeur.

Listing 8.3: Exemple d'utilisation de la comparaison stricte «Egal Egal»

```
#include <stdio.h>

#define SECRET 17
```

```
int main()
{
    int devinessai;

    printf("Tentez de deviner le chiffre secret : ");
    scanf("%d", &devinessai);
    if(devinessai == SECRET)
    {
        puts("Bravo !");
        return(0);
    }
    if(devinessai != SECRET)
    {
        puts("Non, ce n'est pas cela !");
        return(1);
    }
}
```

EXERCICE 8.6 : Créez un nouveau projet à partir du Listing 8.3 puis compilez et exécutez.

Remarquez bien que le programme renvoie soit la valeur 0, soit la valeur 1, selon que la réponse est correcte ou non, respectivement. Le résultat est visible dans la fenêtre de sortie de Code::Blocks.

Pour bien distinguer = et ==

Une des erreurs les plus fréquentes des programmeurs en langage C, qu'ils soient débutants ou confirmés, consiste à confondre le signe égal d'affectation avec le double signe égal-égal de comparaison basée sur `if`. Le Listing 8.4 donne un exemple de cette bévue.

Listing 8.4: Une comparaison toujours vraie

```
#include <stdio.h>

int main()
{
    int a;

    a = 5;

    if(a =-3 )          // L09
    {
```

```
        printf("%d egale %d\n", a, -3);
    }
    return(0);
}
```

EXERCICE 8.7 : Lancez un nouveau projet à partir du Listing 8.4 puis compilez et exécutez.

Le résultat de l'exécution pourrait vous laisser perplexe :

```
-3 egale -3
```

Personne ne peut nier que cette affirmation est vraie. Mais que s'est-il passé ?

C'est très simple : dans l'expression conditionnelle de la ligne 9, nous demandons en fait d'affecter à la variable a la valeur `-3`. Cette instruction étant placée dans les parenthèses, elle est évaluée d'abord. Le résultat de l'affectation d'une variable en C est toujours vrai si la valeur à affecter est différente de zéro.

EXERCICE 8.8 : Retouchez le code source du Listing 8.4 pour bien utiliser le double signe égal et non le signe égal isolé dans l'expression conditionnelle du `if`.

Se méfier du point-virgule superflu

Le Listing 8.5 se base sur le Listing 8.4. Nous y montrons une utilisation malencontreuse du signe point-virgule qui permet de n'utiliser qu'une seule instruction dans le bloc conditionnel sans jeu d'accolades.

Listing 8.5: Erreur d'utilisation du point-virgule

```
#include <stdio.h>

int main()
{
    int a,b;

    a = 5;
    b = -3;

    if(a==b);                  // L10
        printf("%d egale %d\n",a,b);
    return(0);
}
```

Exercice 8.9 : Saisissez le code source du Listing 8.5 en étant particulièrement attentif à la ligne 10. N'oubliez pas d'ajouter par erreur le signe point-virgule à la suite de l'expression conditionnelle du if. Compilez et exécutez le projet.

Voici le résultat qui apparaît :

```
5 egale -3
```

Le niveau d'intelligence de notre machine semble avoir quelque peu baissé. Le problème est une erreur que font de temps à autre tous les programmeurs : le signe point-virgule à la fin de la ligne 10 invalide le fonctionnement désiré : lorsque l'expression de l'instruction conditionnelle `if` est satisfaite, aucune instruction n'est exécutée. Et qu'elle le soit ou non, l'instruction suivante est toujours exécutée! En effet, en langage C, un signe point-virgule isolé correspond à une instruction, même si c'est une instruction vide. Vous pourriez écrire de cette manière :

```
if(condition)
    ;
```

Cette manière d'écrire équivaut à celle de la ligne 10 du Listing 8.5. L'instruction suivante basée sur `printf()` est exécutée dans tous les cas, que la condition soit vraie ou pas. Méfiez-vous de ce genre d'erreur, d'autant plus que presque toutes les instructions doivent se terminer par un signe point-virgule, sauf l'expression conditionnelle du `if`.

Des décisions multiples

Les décisions ne sont que rarement aussi simples que dans les exemples que nous venons de voir. Il faut sans cesse tenir compte d'exceptions. Le langage C permet de gérer des situations conditionnelles de façon beaucoup plus sophistiquée afin de gérer plusieurs possibilités.

Prises de décisions complexes

Pour les tests du type « si ceci sinon cela », il suffit d'ajouter au mot réservé `if` le mot réservé `else`. Voici comment ils sont combinés :

```
if(condition)
{
    instruction(s);
}
else
```

```
{
    instruction(s);
}
```

Lorsque `condition` est vraie dans une telle structure `if-else`, nous exécutons le bloc du `if` ; dans le cas contraire, nous exécutons le bloc du `else`. C'est une structure à deux branches si-sinon.

Le Listing 8.6 reformule le Listing 8.1 en remplaçant la structure `if` unique par une structure `if-else`. La partie `else` est exécutée si la partie `if` ne l'est pas.

Listing 8.6: Une comparaison basée sur if-else

```
#include <stdio.h>

int main()
{
    int a,b;

    a = 6;
    b = a - 2;

    if( a > b)
    {
        printf("%d est plus grand que %d\n",a,b);
    }
    else
    {
        printf("%d n'est pas plus grand que %d\n",a,b);
    }
    return(0);
}
```

EXERCICE 8.10 : Créez un projet à partir du Listing 8.6 puis compilez et exécutez.

EXERCICE 8.11 : Modifiez le code source pour demander à l'utilisateur de saisir la valeur de la variable `b`.

EXERCICE 8.12 : Modifiez le code source du Listing 8.3 pour remplacer la série des `if-if` par une structure `if-else`. (***Astuce :*** La meilleure réponse ne demande de changer qu'une seule ligne.)

Ajouter une troisième branche

Les structures conditionnelles sont parfois plus complexes encore que le si-sinon. Parfois, il faut prévoir un troisième cas. Il n'existe pas de mot dans le langage courant pour ce troisième cas, mais cela peut être exprimé en langage C. Voici comment les choses se présentent de façon générique :

```
if(condition)
{
    instruction(s);
}
else if(condition)
{
    instruction(s);
}
else
{
    instruction(s);
}
```

Lorsque la première `condition` est fausse, nous passons au test du `else if`. Si cette condition est vraie, les instructions sont exécutées. Si elle ne l'est pas, nous passons au dernier `else`.

EXERCICE 8.13 : Repartez du code source du Listing 8.2 pour mettre en place une structure `if-if else-else` afin de gérer trois conditions. Les deux premières sont celles spécifiées dans le Listing 8.2. À vous d'ajouter une branche pour la troisième condition.

Il n'y a pas de limites théoriques au nombre d'instructions `else if` dans un bloc conditionnel `if`. Vous pouvez prévoir trois branches `else if` suivies d'un `else` final. Mais quand le nombre de cas est supérieur à trois, mieux vaut adopter une autre technique présentée dans la suite de ce chapitre.

Comparaisons multiples avec logique

Les expressions de comparaison des tests conditionnels peuvent être plus complexes que celles n'utilisant que les opérateurs du Tableau 8.1. En guise d'exemple, partons de l'expression mathématique suivante :

```
-5 <= x <= 5
```

Cette expression signifie que la variable `x` doit posséder une valeur située entre –5 et 5, bornes incluses. Cette écriture n'est pas directement utilisable dans une instruction `if` du langage C, mais vous obtenez l'équivalent en ayant recours à des opérateurs logiques.

Écriture d'une comparaison avec opérateurs logiques

Vous pouvez combiner plusieurs expressions simples dans une condition `if`. Il suffit de relier les comparaisons simples par un opérateur logique. La condition du `if` est satisfaite lorsque le résultat de l'ensemble est vrai (voir Listing 8.7).

Listing 8.7 : Combinaison de deux conditions logiques

```
#include <stdio.h>

int main()
{
    int coordonnee;

    printf("Coordonnees de la cible : ");
    scanf("%d", &coordonnee);
    if( coordonnee >= -5 && coordonnee <= 5 )   // L09
    {
        puts("Assez proche !");
    }
    else
    {
        puts("La cible est encore loin !");
    }
    return(0);
}
```

Les deux comparaisons sont réalisées dans l'instruction `if` de la ligne 9. Cette ligne peut se lire ainsi : « Si la valeur de la variable *coordonnee* est supérieure ou égale à –5 tout en étant inférieure ou égale à 5 ».

EXERCICE 8.14 : Créez un nouveau projet à partir du Listing 8.7. Puis compilez et exécutez. Lancez plusieurs fois l'exécution pour vérifier que tout fonctionne.

Les opérateurs logiques du C

Le Tableau 8.2. présente les trois opérateurs de comparaison logique du langage C. Vous les utiliserez dans vos expressions de test `if` pour relier deux conditions ou plus.

Tableau 8.2 : Opérateurs de comparaison logique

Opérateur	*Nom*	*Vrai quand*
&&	and (ET)	Les deux comparaisons (expressions) sont vraies
||	or (OU)	Au moins une des deux comparaisons est vraie
!	not (NON)	L'expression associée est fausse (inverseur)

Dans le Listing 8.7 précédent, nous avons utilisé l'opérateur `&&` qui est l'opérateur de comparaison logique ET. Les deux conditions réunies par cet opérateur dans l'instruction `if` doivent être vraies pour que le résultat global soit vrai.

EXERCICE 8.15 : Modifiez le code source du Listing 8.7 afin d'utiliser l'opérateur logique OU à la place de l'opérateur ET pour tester la valeur de la variable `coordonnee`. Modifiez les conditions pour que la variable soit inférieure à –5 ou supérieure à +5.

EXERCICE 8.16 : Lancez la création d'un nouveau projet dans lequel vous demandez à l'utilisateur de répondre par oui ou non en frappant la touche Y ou la touche N (en majuscule ou en minuscule). Assurez-vous que le programme réagisse correctement lorsque ce n'est aucune de ces deux touches qui est frappée.

- Par convention, les noms des opérateurs logiques sont écrits en capitales : ET, OU, NON. Cela permet de les distinguer des mots *et* et *ou* du langage Courant.
- L'opérateur ET logique est symbolisé par deux signes *et commercial* : `&&` ce qui se prononce « double-ecomme ».
- L'opérateur logique OU est symbolisé par deux barres verticales accolées : `||`. Il se prononce « doublou ».
- L'opérateur inverseur NON correspond au point d'exclamation isolé : !. Il se prononce « non ».
- Cet opérateur NON est utilisé différemment du ET et du OU. Il doit être placé en préfixe de la condition qu'il doit inverser. Son effet est qu'une condition fausse devient vraie et qu'une condition vraie devient fausse.

- Attention ! Ne confondez pas l'opérateur logique && avec l'opérateur d'adresse & que nous verrons dans un chapitre ultérieur.

Conditions multiples avec switch case

Lorsque le nombre de conditions attestées dépasse deux ou trois, l'empilement de cas `if-else` n'est plus ce qu'il y a de plus efficace. Le langage C offre une solution aux tests à conditions multiples grâce à sa structure switch case.

Création d'un bloc à conditions multiples

La structure *switch case* du langage C permet de prendre une décision parmi plusieurs à partir d'une seule valeur. Le Listing 8.8 donne un exemple d'utilisation de cette structure conditionnelle.

Listing 8.8 : Conditions multiples avec switch

```
#include <stdio.h>

int main()
{
    int code;

    printf("Indiquez le code erreur (1-3): ");
    scanf("%d", &code);

    switch(code)                              // L10
    {                                         // L11
        case 1:
            puts("Erreur disque, vous n'y pouvez rien.");
            break;
        case 2:
            puts("Format invalide, appelez votre avocat.");
            break;
        case 3:
            puts("Nom de fichier incorrect, spank it.");
            break;
        default:
            puts("Haha, ni 1, ni 2, ni 3 ?");
    }                                         // L23
    return(0);
}
```

EXERCICE 8.17 : Créez un nouveau projet à partir du Listing 8.8. Lancez la compilation et l'exécution. Faites plusieurs essais d'exécution en saisissant différentes valeurs pour juger du résultat.

Nous pouvons maintenant étudier le code source dans l'éditeur. Tenez bien compte des numéros de lignes affichés en marge pour suivre la description.

La structure `switch case` commence à partir de la ligne 10 avec l'instruction `switch`. La valeur servant de condition est délimitée par les parenthèses. À la différence d'un bloc `if`, le bloc `switch` n'accepte qu'une seule variable. Dans notre exemple en ligne 10, il s'agit de la valeur entière qui a été auparavant saisie par l'utilisateur (en ligne 8).

Le bloc des différents cas possibles est délimité par des accolades, qui vont de la ligne 11 à la ligne 23. Chaque instruction `case` teste une valeur unique, par exemple 1 dans la ligne 12. Vous remarquez que la valeur est suivie d'un signe deux-points.

La valeur spécifiée dans chaque branche `case` est comparée à celle que possède actuellement l'élément spécifié dans l'instruction `switch`. En cas d'égalité, les instructions de cette branche `case` sont exécutées. Dans le cas contraire, elles sont ignorées et on passe à l'évaluation de la branche `case` suivante.

Le mot réservé `break` permet de ne pas exécuter inutilement les tests suivants lorsqu'un test a été positif. Dans ce cas, l'exécution se poursuit après l'accolade fermante du bloc `switch case`, c'est-à-dire en ligne 24 dans le Listing 8.8.

Pour le cas ou aucun des tests n'est satisfait, la structure `switch case` prévoit une branche `default`, en ligne 21 dans l'exemple. Les instructions contrôlées par cette branche sont exécutées si aucun des tests `case` n'a été satisfait. Cette branche `default` est obligatoire dans une structure switch case.

EXERCICE 8.18 : Concevez une variante du programme du Listing 8.8, en utilisant comme entrée les lettres A, B, et C. Vous pourrez avoir besoin de revenir au Chapitre 7 pour revoir comment spécifier des caractères isolés en langage C.

- Dans une structure `switch case`, ce qui est comparé est l'élément spécifié dans les parenthèses de l'instruction `switch` et la valeur qui suit chaque mot réservé `case`. Lorsque la comparaison renvoie la valeur vraie, les deux éléments sont égaux et les instructions de la branche `case` correspondante sont exécutées.
- Le mot réservé `break` permet d'interrompre le flux séquentiel normal d'exécution. Notez qu'il est également utilisable dans une structure `if`, mais il est surtout utilisé dans les boucles que nous verrons dans le chapitre suivant.

N'OUBLIEZ PAS!

Pensez à ajouter une instruction `break` à la fin du bloc des instructions d'une branche `case` pour que les autres branches ne soient pas testées inutilement. Voyez aussi la section ultérieure « Ne pas prendre de break ».

Synthèse de la structure switch case

La structure `switch case` est sans doute la plus élaborée de toutes celles que vous pouvez rencontrer en langage C. Revoyons son format générique :

```
switch(expression)
{
    case valeur1:
        instruction(s);
        break;
    case valeur2:
        instruction(s);
        break;
    case valeur3:
        instruction(s);
        break;
    default:
        instruction(s);
}
```

L'élément `switch` ouvrant la structure est suivi d'une paire d'accolades pour le contenu. La structure doit comporter au moins une instruction `case` en plus de l'instruction obligatoire `default`.

L'instruction `switch` est suivie entre parenthèses de l'`expression` à tester. Le résultat de cette expression doit être une valeur numérique unique. Vous pouvez spécifier un nom de variable, la valeur renvoyée par une fonction ou une expression mathématique.

Chaque instruction `case` est suivie d'une valeur littérale puis du signe deux-points qui ouvre son sous-bloc. Après le signe deux-points, vous placez une ou plusieurs instructions à exécuter. Elles ne le seront que si la valeur de ce `case` correspond au résultat de l'expression de l'instruction `switch`. Dans le cas contraire, tout le bloc du `case` est ignoré et l'on poursuit à la branche `case` suivante.

Le mot réservé `break` permet de quitter prématurément la structure `switch case`. S'il n'est pas utilisé, le cas suivant est envisagé.

L'élément `default` termine une structure `switch case`. Les instructions qu'il délimite ne sont exécutées que si aucune des branches `case` n'a été satisfaite. Vous pouvez tout à fait ne spécifier aucune instruction pour ce bloc `default`, mais la ligne correspondante `default:` doit toujours être présente.

Il n'y a aucune évaluation d'expression possible dans chaque branche `case` d'une structure `switch case`. Lorsque vous devez réaliser plusieurs comparaisons, vous utilisez la structure de type `if-else` à plusieurs branches.

Ne pas prendre de break

Vous pouvez tout à fait créer une structure `switch case` sans utiliser `break`. Cela est même indispensable dans certaines circonstances comme le montre le Listing 8.9.

Listing 8.9 : Exemple de choix dans un menu

```
#include <stdio.h>

int main()
{
    char choixMenu;

    puts("Nos formules du jour :");
    puts("A - Petit dejeuner, midi et soir");
    puts("B - Demi-pension matin et soir");
    puts("C - Repas du soir seul");
    printf("Votre choix : ");
    scanf("%c", &choixMenu);

    printf("Vous avez choisi ");
    switch(choixMenu)
    {
        case 'A':
            printf("Repas du midi, ");
        case 'B':
            printf("Petit dejeuner, ");
        case 'C':
            printf("Repas du soir ");
        default:
            printf("comme formule de restauration.\n");
    }
    return(0);
}
```

EXERCICE 8.19 : Lancez un nouveau projet à partir du Listing 8.9 puis compilez et exécutez.

EXERCICE 8.20 : Une fois que vous avez compris comment s'enchaînent les différentes instructions `case` en séquence, vous pouvez modifier l'Exercice 8.18 pour autoriser la saisie des lettres en majuscule comme en minuscule dans la structure `switch case`.

L'étrange opérateur conditionnel ternaire ?:

Il nous reste une technique à découvrir au niveau de l'exécution conditionnelle dans cet important chapitre. C'est sans doute l'un des outils de décision les plus étranges du langage C. Les programmeurs qui aiment rendre leur code obscur l'apprécient particulièrement. Jugez-en par vous-même avec le Listing 8.10.

Listing 8.10 : Ternaire n'est pas binaire !

```
#include <stdio.h>

int main()
{
    int a, b, leplusgrand;

    printf("Indiquez une valeur A: ");
    scanf("%d", &a);
    printf("Indiquez une autre valeur B: ");
    scanf("%d", &b);

    leplusgrand = (a > b) ? a : b;              // L12
    printf("La valeur %d est plus grande.\n", leplusgrand);
    return(0);
}
```

Observez particulièrement la ligne 12 que je rappelle ci-dessous, car sa lecture n'est pas très évidente :

```
leplusgrand = (a > b) ? a : b;
```

EXERCICE 8.21 : Créez un nouveau projet à partir du Listing 8.10. Compilez et exécutez pour vérifier que l'opérateur ternaire ?: fonctionne.

Ce que nous utilisons ici est l'opérateur ternaire, dont le nom découle du fait qu'il comporte trois parties. Le premier membre est une comparaison. Nous trouvons ensuite deux parties : la valeur résultante si la condition est vraie, et la valeur résultante si la condition est fausse. En langage humain normal, l'instruction pourrait s'écrire ainsi :

```
resultat = comparaison ? Si_vrai: si_faux;
```

L'instruction commence donc par le test de comparaison. Vous pouvez fournir une expression identique à celles acceptées par l'instruction `if`, en utilisant tous les opérateurs mathématiques et logiques. Par convention, la comparaison est délimitée par des parenthèses, même si ce n'est pas obligatoire.

Lorsque `comparaison` est vraie, c'est la partie `si_vrai` qui est évaluée, le résultat étant stocké dans la variable `resultat`. Dans le cas contraire, c'est la valcur de `si_faux` qui est utilisée.

EXERCICE 8.22 : Modifiez le code source du Listing 8.10 en utilisant une structure `if-else` en remplacement fonctionnel de l'opérateur ternaire `?:` de la ligne 12.

Chapitre 9

Boucles, boucles, boucles

Dans ce chapitre :

- Principe des boucles de répétition
- Découverte de la boucle `for`
- Boucles `for` imbriquées
- Découverte de la boucle `while`
- Utilisation de la boucle `do-while`
- Pour éviter les boucles infinies

Les programmes informatiques adorent répéter la même action sans relâche. Ils ne se plaignent jamais et ne sont jamais ennuyés. D'ailleurs, si vous ne prévoyez pas des instructions pour arrêter de tourner dans la boucle, elle ne s'arrêtera jamais. La boucle de répétition est un concept fondamental en programmation. Faites ceci. Faites ceci. Faites ceci...

Pour obtenir de belles boucles

Une *boucle* est un bloc délimitant une ou plusieurs instructions à exécuter plusieurs fois. Combien de fois ? Tout dépend de la manière dont sont écrites les conditions de la boucle. Les trois parties essentielles de toute boucle sont les suivantes :

- Initialisation
- Bloc d'instructions à répéter (dont une fait varier une variable)
- Condition de sortie de la boucle.

La partie *initialisation* prépare la boucle, en général par spécification de la condition qui permet de faire le premier tour de boucle. Cela peut être par exemple « Mettre le compteur à 1 pour démarrer «.

Le bloc d'instructions à répéter est délimité par des accolades. Ces instructions sont exécutées l'une après l'autre et cela se répète jusqu'à ce que la condition de sortie soit satisfaite.

La *condition de sortie* détermine quand la boucle se termine. Il peut s'agir d'une condition à satisfaire, comme « Arrêter quand le compteur atteint 10 » ou de l'utilisation du mot réservé `break` qui permet de sortir impérativement de la boucle. En sortie de boucle, l'exécution se poursuit à l'instruction qui suit l'accolade fermante du bloc de la boucle de répétition.

Il est essentiel de prévoir une condition de sortie dans les boucles. Sans une telle condition, la boucle va se répéter jusqu'à la fin du monde, formant ainsi une boucle infinie. Nous verrons les boucles infinies dans une section ultérieure.

Le langage C prévoit deux mots réservés pour créer des boucles : `for` et `while`. Le mot réservé `while` peut être renforcé du mot réservé `do` pour créer une variante. Il existe également le mot réservé `goto`, mais son utilisation est fortement déconseillée.

La boucle for

Une *boucle* n'est donc rien d'autre qu'un bloc d'instructions qui doivent être exécutées plusieurs fois. Vous décidez du nombre de tours de boucle en fonction d'une valeur numérique. La technique la plus simple pour écrire une boucle se fonde sur le mot réservé `for`.

Répéter une action x fois

En théorie, il est toujours possible d'écrire à la queue leu leu plusieurs instructions identiques. Vous pouvez copier/coller une instruction `printf()` pour obtenir le même résultat qu'avec une boucle. Vous serez cependant beaucoup plus efficace en créant une boucle `for` comme dans le Listing 9.1.

Listing 9.1 : Affichage d'un message dix fois de suite

```
#include <stdio.h>

int main()
{
```

```
    int x;

    for(x=0; x<10; x=x+1)          // L07
    {
        puts("Ne vous l'ais-je pas encore dit ?");
    }
    return(0);
}
```

EXERCICE 9.1 : Créez un projet à partir du Listing 9.1. en prenant soin de votre saisie, notamment dans la ligne 7. Lancez la compilation et l'exécution.

Le résultat affiche dix fois la même phrase. Le cœur de notre boucle correspond à l'instruction `for` en ligne 7. Elle demande à votre programme de répéter l'exécution de ce qui est entre accolades dix fois.

EXERCICE 9.2 : Retouchez le code source du Listing 9.1 en remplaçant la valeur `10` dans la ligne 7 par la valeur `20` puis testez.

Principes de la boucle for

La boucle `for` est en général le premier type de boucle que l'on découvre en apprenant à programmer. Pourtant, elle peut paraître complexe au départ. C'est lié au fait que tous les éléments essentiels sont réunis dans l'instruction initiale :

```
for(initialisation; condition_sortie; instruction_boucle)
```

Expliquons-nous :

La partie `initialisation` est une instruction du langage C qui n'est évaluée qu'une fois au démarrage de la boucle. Normalement, c'est l'instruction qui permet de déterminer la valeur initiale d'une variable qui va permettre de contrôler le nombre de tours de boucles.

La partie `condition_sortie` est un test qui permet d'arrêter de tourner. Dans une boucle `for`, le bloc d'instructions entre accolades est répété tant que cette condition reste vraie. En général, la condition est une expression de comparaison, comme celles que vous utilisez dans les instructions `if`.

Enfin, la partie `instruction_boucle` est une instruction exécutée à chaque début de tour de boucle. Normalement, il s'agit d'une opération qui fait évoluer la valeur de la variable qui sert de contrôle du nombre de tours de boucle.

L'instruction `for` est suivie d'un bloc entre deux accolades, contenant les instructions à répéter :

```
for(x=0; x<10; x=x+1)
{
    puts("Ne vous l'ais-je pas encore dit ?");
}
```

Lorsqu'il n'y a qu'une instruction à répéter, vous pouvez éviter d'ajouter les accolades, mais c'est fortement déconseillé :

```
for(x = 0; x < 10; x = x+1)
    puts("Ne vous l'ais-je pas encore dit ?");
```

Dans ce dernier exemple, ainsi que dans le Listing 9.1, la première expression correspond à l'initialisation :

```
x = 0
```

Nous donnons ici à une variable `x` de type `int` la valeur initiale **0**. Rappelons qu'en langage C, nous commençons toujours les comptages à zéro et non à 1. Vous verrez les multiples avantages de cette pratique dans la suite du livre.

La deuxième expression spécifie la condition de sortie de la boucle :

```
x < 10
```

Dans ce cas, tant que la valeur de `x` reste strictement inférieure à 10, nous procédons au tour de boucle suivant. Dès que la condition n'est plus vérifiée, nous sortons de la boucle. Dans notre exemple, la boucle est donc répétée dix fois entre 0 et 9. Rappelons que `x` commence à 0.

Voyons enfin la troisième expression :

```
x = x+1
```

Nous augmentons de 1 la valeur de `x` à chaque début de tour de boucle. L'instruction précédente peut se lire « Copier dans la variable `x` la valeur actuelle de `x` plus 1 ». Cela fonctionne tout à fait, car le C évalue d'abord le membre droit de cette équation. Lorsque `x` possède la valeur 5, le code correspond à ceci :

```
x = 5+1
```

La nouvelle valeur de `x` est donc bien `6`.

Pour résumer, la totalité de l'expression suivante peut se lire ainsi :

```
for(x=0; x<10; x=x+1)
```

« Pour *x* commençant à 0, tant que *x* est inférieur à 10, augmenter *x* de 1 ».

Le Listing 9.2 propose un autre exemple d'instruction `for` simple. Elle permet d'afficher les valeurs de `-5` à `5`.

Listing 9.2 : Exemple de comptage dans une boucle

```
#include <stdio.h>

int main()
{
    int cmptr;

    for(cmptr = -5; cmptr < 6; cmptr = cmptr+1)
    {
        printf("%d\n", cmptr);
    }
    return(0);
}
```

EXERCICE 9.3 : Saisissez le code source du Listing 9.2 dans le projet ex0903 puis compilez et exécutez.

EXERCICE 9.4 : À partir du même Listing 9.2, créez un autre projet dans lequel vous affichez les valeurs de `11` à `19` en séparant les valeurs par le caractère de tabulation `\t`. Servez-vous de l'opérateur <= pour sortir de la boucle. Améliorez l'affichage en faisant apparaître un caractère de saut de ligne en fin de boucle.

Notez bien que l'instruction `for` utilise deux signes point-virgule pour séparer les trois membres. Ce ne sont pas des virgules. La virgule permet de séparer deux conditions.

Il est en effet possible de spécifier deux conditions dans une même instruction `for` en les séparant par une virgule. Cette utilisation est rarement rencontrée en pratique, car cette manière d'écrire n'est pas très lisible, comme nous le verrons dans un exemple en fin de chapitre.

Compter avec l'instruction for

Vous utiliserez assez souvent l'instruction `for` dans vos projets. Le Listing 9.3 propose une boucle pour compter.

Listing 9.3 : Compter deux par deux

```
#include <stdio.h>

int main()
{
    int duo;

    for(duo=2; duo<=100; duo=duo+2)
    {
        printf("%d\t", duo);    // L09
    }
    putchar('\n');              // L11
    return(0);
}
```

Exercice 9.5 : Créez un projet à partir du Listing 9.3, compilez et exécutez.

L'affichage du programme montre toutes les valeurs numériques paires entre `2` et `100`. La valeur `100` est affichée aussi parce que la condition de l'instruction `for` utilise l'opérateur <= . La variable nommée `duo` progresse de deux en deux à cause de l'expression suivante :

```
duo = duo+2
```

L'instruction `printf()` qui est répétée en ligne 9 utilise le métacaractère `\t` pour ajouter un saut de tabulation dans l'affichage (cela dit, les valeurs peuvent ne pas s'aligner parfaitement sur un affichage à 80 colonnes en mode texte). Après la boucle, un appel à la fonction `putchar()` permet d'ajouter un saut de ligne (ligne 11).

Exercice 9.6 : Modifiez le code source du Listing 9.3 pour faire commencer le comptage à 3 et progresser de 3 en 3 jusqu'à 100.

Exercice 9.7 : Créez un programme qui effectue un compte à rebours de 25 à 0.

Compter des lettres

Le Listing 9.4 montre comment utiliser une boucle `for` pour progresser parmi des caractères alphabétiques.

Listing 9.4 : Un comptage par lettres de l'alphabet

```
#include <stdio.h>

int main()
{
    char alphabet;

    for(alphabet='A'; alphabet<='Z'; alphabet=alphabet+1)
    {
        printf("%c", alphabet);    // L09
    }
    putchar(,\n');
    return(0);
}
```

Pouvez-vous deviner quel sera l'affichage avant d'exécuter le programme du Listing 9.4 ? Savez-vous pourquoi le résultat se présente ainsi ?

EXERCICE 9.8 : Créez un nouveau projet à partir du Listing 9.4, compilez et exécutez.

EXERCICE 9.9 : Retouchez la fonction `printf()` de la ligne 9 pour utiliser le formateur `%d` au lieu de `%c`.

N'OUBLIEZ PAS !

Pour un ordinateur, les lettres de l'alphabet sont des valeurs numériques. Parmi toutes les valeurs numériques possibles, seules celles qui correspondent aux codes ASCII des caractères affichables permettent d'avoir un résultat à l'écran (rappelons que l'Annexe A donne la liste des caractères ASCII).

EXERCICE 9.10 : En partant du Listing 9.4, construisez une boucle `for` qui alphabétise en marche arrière depuis le z minuscule jusqu'au a minuscule.

Boucles for imbriquées

Vous pouvez tout à fait mettre en place une boucle `for` à l'intérieur d'une autre boucle `for`. De prime abord, cela peut sembler étonnant de créer une boucle dans une boucle, mais c'est une pratique courante. Il s'agit d'une boucle imbriquée ; le Listing 9.5 en donne un exemple.

Listing 9.5 : Exemple de boucles imbriquées

```
#include <stdio.h>

int main()
{
    int alpha, code;

    for(alpha='A'; alpha<='G'; alpha=alpha+1)    // L07
    {
        for(code=1; code<=7; code=code+1)
        {
            printf("%c%d\t", alpha, code);       // L11
        }
        putchar('\n');      /* Saut de ligne final L13 */
    }
    return(0);
}
```

Ne prenez pas peur à la vue de tous ces niveaux d'accolades. En fait, elles rendent le code bien plus lisible. Le fait d'indenter par rapport à la marge permet de voir aisément quelles instructions appartiennent à quel niveau de boucle.

La ligne 7 du Listing 9.5 correspond au début de la boucle `for` externe. Elle permet de compter pour afficher les lettres A à G. Elle contient une boucle interne ainsi qu'une instruction `putchar()` en ligne 13. Cette dernière permet d'améliorer l'aspect du résultat affiché en le répartissant en plusieurs lignes et colonnes.

La fonction `printf()` de la ligne 11 affiche la sortie à partir de la valeur de la boucle externe `alpha` et de celle de la boucle interne `code`. Chaque couple de caractères affiché est séparé du suivant par la séquence d'échappement `\t`.

Exercice 9.11 : Saisissez le code source du Listing 9.5 puis compilez et exécutez.

Voici le résultat affiché sur mon ordinateur :

```
A1  A2  A3  A4  A5  A6  A7
B1  B2  B3  B4  B5  B6  B7
C1  C2  C3  C4  C5  C6  C7
D1  D2  D3  D4  D5  D6  D7
E1  E2  E3  E4  E5  E6  E7
F1  F2  F3  F4  F5  F6  F7
G1  G2  G3  G4  G5  G6  G7
```

Il est tout à fait possible de créer une double imbrication à partir de trois boucles `for`. Pour écrire ce genre de construction sans souci, vous devez bien compter les couples d'accolades de chaque bloc d'instructions `for`, ce qui est facilité par les éditeurs de texte modernes qui reconnaissent les paires d'accolades.

Exercice 9.12 : Concevez un programme pour générer des combinaisons sur trois lettres. L'affichage doit montrer toutes les combinaisons de trois lettres entre AAA et ZZZ, chacune sur une ligne distincte.

J'ai eu à écrire un programme ressemblant à la solution de l'Exercice 9.12 dans le cadre de l'un de mes premiers projets de programmation. À cette époque, les performances des ordinateurs étaient telles qu'il fallait environ dix secondes pour afficher le résultat. Sur les machines actuelles, l'affichage est quasiment instantané.

Les joies de la boucle while

L'autre mot réservé du langage C pour répéter des instructions est le mot `while`. Son compagnon `do`, permet une variante appelée `do while`. Mais ne cherchez pas une éventuelle variante `do while do`.

La structure d'une boucle while

En apparence, la boucle `while` est plus simple à écrire que la boucle `for`. En réalité, elle réclame plus de soin dans la préparation. Voici son format générique :

```
while(condition)
{
    instruction(s);
}
```

La `condition` est une comparaison logique qui renvoie vrai ou faux, comme celle de l'instruction `if`. Cette condition est testée à chaque début de tour de boucle. Tant que la condition est vraie, le bloc d'instructions délimité par les accolades est exécuté une fois de plus.

La condition est évaluée en début de boucle. Il faut donc penser à initialiser la boucle **avant** l'instruction `while`, comme le montre le Listing 9.6.

Mais où se trouve la condition de sortie de la boucle `while` ? Cette condition doit se trouver dans le corps de la boucle, parmi les instructions entre accolades. En général, on prévoit une instruction qui modifie l'évaluation, ce qui finit par rendre fausse l'expression de condition.

Une fois que l'on sort de la boucle `while`, l'exécution se poursuit à la prochaine instruction située après l'accolade fermante.

Comme pour la boucle `for`, il est possible d'omettre les accolades lorsque la boucle `while` ne comporte qu'une seule instruction (mais c'est déconseillé) :

```
while(condition)
    instruction;
```

Listing 9.6 : Version while du Listing 9.1

```
#include <stdio.h>

int main()
{
    int x;

    x = 0;                      // L07
    while(x < 10)               // L08
    {
        puts("Le saviez-vous ?");
        x = x+1;                // L11
    }
    return(0);
}
```

Trois parties sont à considérer dans la boucle `while` du Listing 9.6 :

- L'initialisation est réalisée en ligne 7, avant le début de la boucle. Nous forçons la variable `x` à la valeur `0`.
- La condition de sortie de boucle se situe en ligne 8 dans les parenthèses de l'instruction `while`.
- L'instruction qui fait varier la condition de boucle se trouve en ligne 11. Nous augmentons la valeur de la variable `x`. En langage de programmeur, on dit que nous *incrémentons* la variable x.

EXERCICE 9.13 : Créez un nouveau projet que vous nommez ex0913, à partir du code source du Listing 9.6. Compilez et exécutez.

EXERCICE 9.14 : Modifiez la ligne 7 du code source pour que la variable `x` reçoive la valeur ***13***. Compilez et exécutez. Pouvez-vous expliquer l'affichage ?

Exercice 9.15 : Concevez un programme utilisant une boucle `while` pour afficher les valeurs entre –5 et 5, par pas de 0.5.

La variante de boucle do while

La boucle `do while` peut être considérée comme une variante inversée de la boucle `while` :

```
do
{
    instruction(s);
} while (condition);
```

Comme dans le cas de la boucle `while` de base, il faut penser à initialiser la variable de contrôle avant d'entrer dans la boucle. De plus, dans le corps de la boucle, une instruction doit normalement faire évoluer la valeur servant de condition pour pouvoir sortir de la boucle. En revanche, l'instruction `while` n'apparaît ici qu'après l'accolade fermante du corps de la boucle. Le début de boucle correspond au mot réservé `do`.

De par cette inversion dans la logique, il y a une différence essentielle entre `while` et `do while` : dans la variante `do while`, le contenu de la boucle est toujours exécuté au moins une première fois. C'est donc cette variante qu'il faut utiliser lorsque vous avez besoin de faire exécuter les instructions de la boucle une fois au minimum. Vous éviterez cette variante lorsque les instructions ne doivent être exécutées que lorsque la condition est satisfaite (voir Listing 9.7).

Listing 9.7 : Calcul du début d'une suite de Fibonacci

```
#include <stdio.h>

int main()
{
    int fibo, nacci;

    fibo  = 0;                        // L07
    nacci = 1;

    do
    {
        printf("%d ", fibo);          // L12
        fibo = fibo+nacci;
        printf("%d ", nacci);
        nacci = nacci+fibo;
    } while( nacci < 300 );           // L16
```

```
    putchar('\n');
    return(0);
}
```

Exercice 9.16 : Créez à partir du code du Listing 9.7 un nouveau projet que vous appelez *ex0916*. Soyez vigilant pendant la saisie ! L'instruction `while` terminale (en ligne 16) doit être suivie d'un signe point-virgule. Dans le cas contraire, vous serez assailli de messages par le compilateur.

Voici le résultat affiché :

```
0 1 1 2 3 5 8 13 21 34 55 89 144 233
```

La boucle débute dans les lignes 7 et 8 par l'initialisation des deux variables.

Dans les lignes 12 à 15 nous calculons les valeurs successives de la suite de Fibonacci. Les valeurs sont affichées au moyen de deux appels à `printf()`.

La boucle se termine en ligne 16 avec l'instruction `while` suivie de l'évaluation de la condition. Tant que la variable nommée `nacci` est inférieure à `300`, la boucle est répétée. Vous pouvez augmenter cette valeur pour faire afficher encore plus de nombres de la suite de Fibonacci.

En ligne 18, nous utilisons `putchar()` pour peaufiner l'affichage en faisant ajouter un saut de ligne.

Exercice 9.17 : Reformulez l'Exercice 9.14 en utilisant une boucle `do while`.

Techniques de boucles

Je pourrais parler de boucles sans jamais m'arrêter, mais restons concis. Je vais me contenter de présenter quelques astuces et pièges liés aux boucles. Ce sont les points qu'il faut absolument connaître si vous voulez décrocher votre certificat de concepteur de boucles Pour Les Nuls.

Une boucle infinie

Méfiez-vous des boucles infinies involontaires !

Lorsqu'un programme tombe dans une boucle infinie, soit il affiche des données sans jamais s'arrêter, soit il reste silencieux et semble ne rien faire. En réalité, il fait ce que vous lui avez demandé de faire : tourner sans cesse en boucle. Dans certains cas, les boucles infinies sont volontaires, mais trop souvent, elles sont le résultat d'une étourderie du programmeur. La syntaxe des boucles en langage C est telle qu'il est assez facile de créer une boucle infinie involontaire.

Le Listing 9.8 donne un exemple de boucle infinie indésirable. Il s'agit ici d'une erreur de programmeur et non d'une erreur de syntaxe. Le compilateur ne peut donc pas vous venir en aide ici.

Listing 9.8 : Exemple classique de boucle infinie involontaire

```
#include <stdio.h>

int main()
{
    int x;

    for(x=0; x=10; x=x+1)
    {
        puts("Vous cherchiez quelque chose ?");
    }
    return(0);
}
```

Le problème vicieux dans ce listing est que la condition de sortie de boucle `for` est toujours vraie. Relisez bien la mention `x=10`. Une affectation est toujours vraie. Relisez-la encore si vous n'avez pas compris le problème ou bien réalisez l'exercice suivant.

EXERCICE 9.18 : Saisissez le code source du Listing 9.8, enregistrez, compilez et exécutez.

Il est possible que le compilateur émette un avertissement au sujet d'une condition TRUE constante dans la boucle `for`. L'atelier Code::Blocks , si vous n'avez pas désactivé les options correspondantes, devrait vous prévenir, comme n'importe quel autre compilateur moderne. Dans le cas contraire, le programme va se compiler et s'exécuter, sans jamais s'arrêter.

Pour sortir d'une boucle infinie, vous pouvez utiliser le raccourci clavier **Ctrl + C**, mais cette astuce ne fonctionne que dans une fenêtre en mode texte, et pas toujours. Si cela ne fonctionne pas, vous devrez chercher à tuer le processus qui est devenu fou, ce qui suppose d'utiliser le Gestionnaire de tâches, mais nous n'avons pas la place dans ce livre pour l'expliquer.

Certain appellent aussi les boucles infinies des *boucles perpétuelles*.

Boucles infinies volontaires

La boucle infinie est parfois désirable. C'est le cas lorsqu'un micro-contrôleur lance le chargement d'un programme qui doit continuer à s'exécuter tant que l'appareil périphérique est allumé. Pour mettre en place une telle boucle infinie en langage C avec l'instruction `for`, vous pouvez écrire ceci :

```
for(;;)
```

Vous pouvez lire cette instruction comme « pour toujours ». Il n'y a rien entre les parenthèses, sauf les deux signes point-virgule obligatoires. Cette boucle `for` va se répéter sans arrêt, jusqu'à la fin du monde. Voici comment écrire une boucle `while` infinie :

```
while(1)
```

La valeur spécifiée n'est pas obligatoirement `1`, puisque toute valeur différente de zéro (vraie) sera acceptée. Pour écrire des boucles infinies, la majorité des programmeurs utilisent la valeur `1` qui permet immédiatement de prouver qu'ils savent ce qu'ils écrivent.

Nous donnons un exemple de boucle infinie volontaire dans la section suivante.

Sortie directe d'une boucle par break

Vous pouvez toujours sortir d'une boucle, donc même d'une boucle infinie, au moyen du mot réservé `break` placé dans le bloc d'instructions répétées. Dès que ce mot `break` est détecté, le programme sort de la boucle et reprend à la prochaine instruction suivant l'accolade fermante. Le Listing 9.9 donne un exemple.

Listing 9.9 : Sortez-moi de là !

```
#include <stdio.h>

int main()
{
    int cmptr;

    cmptr = 0;
    while(1)                // L08
    {
        printf("%d, ", cmptr);
        cmptr = cmptr+1;
        if( cmptr > 50)
```

```
            break;          // L13
        }
        putchar('\n');
        return(0);
}
```

En ligne 8, la boucle `while` est infinie, mais nous pouvons en sortir grâce au test `if` en ligne 12 : si la valeur de `cmptr` devient supérieure à 50, l'instruction `break` de la ligne 13 est exécutée pour sortir de la boucle.

EXERCICE 9.19 : Créez un projet à partir du code du Listing 9.9.

EXERCICE 9.20 : Modifiez le code source du Listing 9.9 pour utiliser une boucle infinie `for` au lieu de `while`.

N'OUBLIEZ PAS !

Le mot réservé `break` n'est pas limité aux boucles infinies. Il permet de sortir de n'importe quelle boucle. Lorsqu'il est rencontré, l'exécution se poursuit à la première instruction après l'accolade fermante du corps de la boucle (et après le `while` dans le cas du `do while`).

Les boucles vides

Je connais deux techniques répandues de mauvaise écriture d'une boucle. Aussi bien les débutants que les professionnels peuvent tomber dans ces pièges. Le seul moyen de les éviter est de bien regarder ce que l'on écrit.

Le premier piège consiste à spécifier une condition qui ne pourra jamais être satisfaite, comme dans cet exemple :

```
for(x = 1; x == 10; x = x+1)
```

Dans cet exemple, la condition de sortie est fausse dès le début du premier tour ; la boucle n'est jamais exécutée. Cette erreur (x égal-égal 10) est presque aussi difficile à détecter que la confusion entre un opérateur d'affectation (signe égal) et un opérateur de comparaison d'égalité (signe égal-égal).

Une autre bévue habituelle consiste à ajouter un point-virgule trop tôt :

```
for(x = 1; x < 14; x = x+1);
{
    puts("Tellement timide...");
}
```

Dans la première ligne, l'instruction `for` se termine par un signe point-virgule. Le compilateur pense que le corps de boucle se résume à ce signe. Le code vide est répété 13 fois, comme demandé dans l'instruction `for`. L'instruction `puts()` est ensuite exécutée, mais une seule fois.

Méfiez-vous bien de ces points-virgules superflus !

Le piège est encore plus menaçant dans le cas des boucles `while`. En effet, seule la variante `do while` réclame un signe point-virgule, après l'instruction `while` finale. Voici d'abord comment mal écrire une boucle `while` qui n'a aucun effet :

```
while(x < 14);
{
    puts("Vous ne le lirez jamais !");
}
```

Le problème de ces points-virgules inutiles ou oubliés est que le compilateur ne peut pas détecter ces situations. Il pense que vous avez décidé de créer une boucle sans bloc d'instructions. Notez que c'est possible, comme dans le Listing 9.10.

Listing 9.10 : Une boucle for sans aucune instruction dans son corps

```
#include <stdio.h>

int main()
{
    int x;

    for(x=0; x<10; x=x+1, printf("%d\n",x))
        ;                           // L08
    return(0);
}
```

Dans cet exemple, le point-virgule est placé sur une ligne isolée à la suite de l'instruction `for` pour qu'elle soit plus facile à repérer (voyez la ligne 8).

En revanche, vous voyez que dans les parenthèses de l'instruction `for`, il y a deux instructions dans le dernier membre, séparées par une virgule. Cette écriture est tout à fait légale, bien qu'elle soit peu lisible et peu répandue.

EXERCICE 9.21 : Saisissez le code source du Listing 9.10, compilez et exécutez.

En théorie, vous pouvez ajouter plusieurs instructions dans les parenthèses de l'instruction `for`, mais il est généralement déconseillé de procéder ainsi, car cela est peu habituel et difficile à relire.

ATTENTION !

Fuyez l'horrible `goto`

Il existe une troisième instruction pour créer des boucles en langage C, mais elle est à fuir, sauf dans le cas d'une utilisation à très bas niveau du C. Son nom est `goto`, ce qui signifie « Sautez irrémédiablement poursuivre à tel endroit ». Elle oblige le programme à poursuivre son exécution à l'instruction qui suit une étiquette prévue à cet effet dans le code source, étiquette constituée d'un nom et d'un signe deux-points. Voici un exemple :

```
pointdechute:
    puts("Ceci est une boucle brutale.");
goto pointdechute;
```

Lors de l'exécution du code, le label `pointdechute` est ignoré puis l'instruction `puts()` est exécutée. Le programme arrive ensuite à l'instruction `goto` qui l'oblige à remonter au niveau du label `pointdechute`, ce qui répète l'instruction, et ce sans cesse et sans possibilité d'intervenir.

Un programmeur digne de ce nom peut en général trouver une solution pour éviter d'utiliser `goto`. Le résultat sera plus lisible, et c'est un point essentiel. Lorsqu'un code source contient de nombreuses instructions `goto`, il devient très difficile à comprendre ; les programmeurs expérimentés parlent de code *spaghetti*. L'instruction `goto` favorise les mauvaises écritures.

La seule utilisation justifiée de `goto` est de permettre de sortir de façon abrupte d'une boucle imbriquée. Mais même dans ce cas, d'autres solutions sont disponibles. Nous pouvons donc vous affirmer sans regret qu'il est possible de vivre toute une carrière de programmeur C sans jamais devoir recourir à cette horrible instruction `goto`.

Chapitre 10

Des fonctions qui fonctionnent

Dans ce chapitre :

- Créer une fonction (la définir)
- Utiliser le prototype ou pas
- Exploiter les variables d'une fonction
- Transmettre des arguments à une fonction
- Renvoyer une valeur depuis une fonction
- Exploiter `return` pour quitter une fonction

Vous avez besoin de fonctions dès que vous devez réaliser des traitements. Le langage C propose dès le départ un certain nombre de librairies qui contiennent une foule de fonctions chacune. Elles vous aident à exploiter efficacement les mots réservés et les opérateurs dans le cadre des traitements les plus demandés. Pour les traitements spécifiques au problème que vous avez à résoudre, ces fonctions standard ne conviennent pas. Vous devrez donc définir vos propres fonctions.

Anatomie d'une fonction

Il n'y a pas besoin de beaucoup d'outils pour créer ses propres fonctions. Après avoir délimité le périmètre fonctionnel de votre candidate, vous lui choisissez un nom unique, vous ajoutez des parenthèses et une paire d'accolades et l'essentiel est fait. En réalité, il y a un peu plus de travail à prévoir, mais rien qui dépasse de ce qui a été présenté dans les deux premières parties de ce livre.

Conception d'une fonction

Chaque fonction doit porter un nom unique; les homonymes sont interdits. Aucune fonction ne peut porter le même nom qu'un des mots réservés du langage. De plus, vous ne devez pas utiliser de lettres accentuées, ni d'espaces. Enfin, certaines conventions en vigueur pour le nommage des fonctions pourront vous sembler pertinentes.

Le nom de la fonction doit être suivi d'un couple de parenthèses, puis d'un couple d'accolades pour délimiter les instructions qui vont constituer le corps de la fonction. Dans son état le plus simple, la syntaxe d'une fonction ressemble à ceci :

```
type nomfonction() { }
```

La mention `type` définit le type de la valeur qui pourra être renvoyée par la fonction en fin d'exécution. Vous pouvez indiquer n'importe lequel des noms de types de variables standard du C (`char`, `int`, `float`, `double`) ainsi que le mot `void` qui permet de confirmer qu'une fonction ne doit rien renvoyer (`void` = *vide*).

Le nom de la fonction est suivi d'une paire de parenthèses, qui peuvent contenir une ou plusieurs valeurs ou noms de variables dont la valeur sera transmise à la fonction lorsqu'elle sera appelée (déclenchée). Ces valeurs sont les arguments de la fonction. Ces *arguments* sont présents dans la plupart des fonctions, mais pas dans toutes. Après la parenthèse fermante vient l'accolade ouvrante qui délimite le début du bloc d'instructions qui incarnent le traitement que va réaliser la fonction lorsqu'elle sera appelée.

Lorsqu'une fonction renvoie une valeur, elle doit contenir le mot réservé `return`. Il a pour effet de provoquer la fin d'exécution de la fonction en transmettant éventuellement une valeur à l'instruction qui a provoqué l'appel à la fonction. Voici l'exemple le plus simple :

```
return;
```

Dans cet exemple, le mot réservé provoque la fin d'exécution de la fonction sans renvoyer de valeur. Les éventuelles instructions qui se trouvent après `return` sont ignorées (un peu comme `break` dans une boucle).Voyons comment renvoyer une valeur :

```
return(valeurdubontype);
```

Dans cet exemple, nous transmettons la valeur de la variable `valeurdubontype` à l'instruction qui a appelé la fonction. L'élément `valeurdubontype` doit être du type de variable qui a été déclarée pour la fonction, par exemple `int` ou `float`.

Lorsque la fonction ne doit rien renvoyer, elle doit être déclarée du type `void`. Dans ce cas, l'exécution se termine à la dernière instruction dans la paire d'accolades et le mot réservé `return` n'est pas obligatoire.

N'OUBLIEZ PAS!

Un point essentiel est qu'il faut déclarer un prototype de la fonction pour que le compilateur sache ce qu'elle attend en entrée et ce qu'elle doit renvoyer en sortie afin qu'il puisse vérifier son bon usage. Le prototype déclare le type de la valeur que la fonction va renvoyer et les types des valeurs qui lui sont transmises au démarrage. Le prototype est en général spécifié au début du code source, comme le montre le Listing 10.1 dans sa ligne 3.

Listing 10.1 : Exemple de fonction élémentaire ne renvoyant rien

```
#include <stdio.h>

void prompt();       /* Prototype L03*/

int main()
{
    int loop;
    char input[32];

    loop=0;
    while(loop < 5)
    {
        prompt();
        fgets(input, 31, stdin);
        loop = loop+1;
    }
    return(0);
}

/* Fonction prompt() */

void prompt()
{
    printf("C:\\DOS> ");
}
```

EXERCICE 10.1 : Créez un projet à partir du Listing 10.1 en l'appelant *ex1001*. Compilez-le et exécutez.

Cet exemple vous propose cinq fois de suite de saisir une commande. Dans cette version, votre saisie n'a aucun effet, mais vous pouvez ajouter les réactions appropriées plus tard. Étudions le fonctionnement de ce programme au niveau des fonctions.

En ligne 3 se trouve le prototype de la fonction. Il correspond à la première ligne de la fonction en ligne 22, mais se termine par un point-virgule. Vous pourriez l'écrire de la manière suivante :

```
void prompt(void);
```

Cette fonction n'attend aucun argument en entrée (entre les parenthèses); c'est pourquoi vous pouvez spécifier le mot réservé `void` pour confirmer cela.

L'appel à la fonction se trouve en ligne 13. Puisqu'il n'y a aucun argument d'entrée ni de valeur renvoyée, il suffit de spécifier le nom de la fonction avec son jeu de parenthèses vides. Lorsque l'exécution arrive à cette ligne, elle se poursuit à la première ligne du corps de la fonction. La ou les instructions de la fonction sont exécutées puis le programme revient à la ligne qui suit celle de l'appel à la fonction.

La fonction est définie dans les lignes 22 à 25. La première ligne indique à nouveau le type que va renvoyer la fonction suivi du nom de la fonction puis du couple de parenthèses. Vous pouvez spécifier le mot réservé `void` dans les parenthèses pour confirmer qu'aucun argument n'est attendu.

Dans l'exemple, la fonction n'a qu'une seule instruction entre les accolades. Cette fonction `prompt()` se contente d'afficher un message au moyen de la fonction `printf()`. Une fonction n'ayant qu'une seule instruction est un cas extrême, mais il suffit à montrer comment fonctionne ce concept. De plus, vous trouverez de nombreuses fonctions à une seule instruction dans les programmes.

EXERCICE 10.2 : Retouchez le code source du Listing 10.1 pour que la boucle `while` fasse partie d'une autre fonction (déplacez les lignes 7 à 16 vers la nouvelle fonction). Donnez à cette fonction le nom `busy()` puis faites en sorte qu'elle soit appelée depuis la fonction `main()`.

- Le langage C n'impose aucune limite quant à ce qu'il est possible dans une fonction. Toute instruction qui est autorisée dans la fonction principale `main()` peut également être spécifiée dans une autre fonction. D'ailleurs, `main()` n'est qu'une fonction un peu particulière, puisque c'est tout simplement la première à être exécutée au démarrage du programme.
- Lorsque vous déclarez un type `int` ou `char` pour la fonction, vous pouvez ajouter une des mentions `signed`, `unsigned`, `long` et `short`.
- ATTENTION ! La fonction principale `main()` possède en réalité des arguments d'entrée. N'essayez pas d'ajouter le mot `void` dans son jeu de parenthèses vide. L'écriture suivante est incorrecte :

  ```
  int main(void)
  ```

- En réalité, la fonction `main()` du C possède deux arguments d'entrée. C'est par exception à la règle qu'il est possible de laisser les parenthèses vides lorsque vous ne voulez pas utiliser les arguments d'entrée. Nous reparlons des arguments de la fonction `main()` dans le Chapitre 15.

Certains autres langages de programmation parlent de *subroutine* ou de *procédure* pour les fonctions.

Prévoir ou pas un prototype ?

Que se passe-t-il si on oublie de créer le prototype d'une fonction? Comme vous le savez maintenant, lorsque vous faites une faute d'écriture dans votre code source, le compilateur ou le lieur va se plaindre par un message d'erreur ou un avertissement. Si ce n'est pas le cas, le programme fonctionnera mal. Mais ce n'est pas la fin du monde, tant qu'il ne s'agit pas de programmer un robot militaire ou de concevoir le code génétique d'une nouvelle espèce de libellule vénusienne.

EXERCICE 10.3 : Retouchez le code source de l'Exercice 10.1 en neutralisant la ligne du prototype en ligne 3 par mise en commentaires puis recompilez et exécutez.

Les messages d'erreurs du compilateur sont précieux, très précis, et très étranges parfois. Voici les trois lignes d'erreur générées par Code::Blocks (en supprimant ce qui est inutile) :

```
13 Warning: implicit declaration of function 'prompt'
23 Warning: conflicting types for 'prompt'
13 Warning: previous implicit declaration of 'prompt' was here
```

Le premier avertissement concerne la ligne 13 du code source. C'est l'endroit où nous appelons la fonction `prompt()` dans la fonction `main()`. Le compilateur vous prévient que vous utilisez une fonction sans avoir défini son prototype. Le message rappelle que vous déclarez une fonction de façon implicite. C'est gênant, mais ce n'est pas une vraie erreur.

Le deuxième avertissement correspond au début de la définition de la fonction `prompt()`. Dans mon code source, cela correspond à la ligne 23. Le message indique que la fonction `prompt()` a déjà été déclarée (en ligne 11, implicitement) et que cette nouvelle utilisation risque d'entrer en conflit avec la première.

Le dernier message fait à nouveau référence à l'appel de la fonction en ligne 13.

Tout cela signifie que le compilateur ne peut pas vraiment savoir ce que vous faites avec cette fonction `prompt()`. Le code pourra être compilé, mais son exécution peut comporter des risques selon lui.

Vous pourriez en conclure qu'il est absolument indispensable de créer des prototypes de fonctions en langage C. Ce n'est pas totalement vrai. Il est possible d'éviter d'écrire les prototypes en faisant remonter les définitions des fonctions au début du code source. En effet, le prototype n'est plus indispensable si la définition de la fonction a été rencontrée avant sa première utilisation.

Exercice 10.4 : Modifiez le code source de l'Exercice 10.3. Supprimez la ligne du prototype en ligne 3. Coupez/collez toute la définition de la fonction `prompt()` depuis le bas du code source jusqu'au-dessus de la fonction `main()` comme le montre le Listing 10-2. Enregistrez votre travail, lancez la compilation et l'exécution.

Le Listing 10.2 montre comment éviter de devoir écrire des prototypes de fonctions.

Listing 10.2 : Définition d'une fonction sans prototype préalable

```
#include <stdio.h>

/* Fonction prompt */

void prompt(void)
{
    printf("C:\\DOS> ");
}

int main()
{
    int loop;
    char input[32];

    loop=0;
    while(loop<5)
    {
        prompt();
        fgets(input,31,stdin);
        loop=loop+1;
    }
    return(0);
}
```

J'ai l'habitude dans tous mes programmes, et dans tous les exemples de ce livre, de faire paraître la fonction `main()` en premier, toutes les autres fonctions se trouvant à sa suite. Je trouve que cela améliore la lisibilité, mais vous pouvez placer vos fonctions avant elle pour éviter de devoir écrire des prototypes. Dans tous les cas, sachez que les deux approches sont possibles, et que certains programmeurs utilisent l'une ou l'autre. Ne soyez donc pas étonné quand vous ne voyez pas de prototypes.

Vous remarquez que les messages du compilateur dans Code::Blocks comportent des mentions entre parenthèses. Ces commentaires désignent des options de ligne de commande qui permettent d'effectuer des tests pour l'avertissement concerné. Voici par exemple le texte complet des messages de l'Exercice 10.3 :

```
11 Warning: implicit declaration of function 'prompt' (-Wimplicit-function-declaration)
20 Warning: conflicting types for 'prompt' (enabled by default)
```

J'avais volontairement supprimé ces précisions un peu plus haut parce qu'elles gênaient la lisibilité des messages, comme vous pouvez le constater.

Variables dans les fonctions

Par définition, une fonction doit fonctionner. Elle doit effectuer un traitement, par exemple en modifiant une valeur reçue en entrée ou en créant une valeur en sortie. L'heure est venue d'apprendre comment exploiter une variable en entrée, en sortie, et à l'intérieur d'une fonction.

Variables locales

Une fonction doit déclarer les variables qu'elle utilise, tout comme `main()` le fait. L'énorme différence, qu'il ne faut jamais oublier, est que les variables qui sont déclarées et utilisées dans une fonction sont des variables *locales*. En d'autres termes, la valeur d'une variable locale à une fonction n'est connue que dans cette fonction ; elle disparaît après la fin d'exécution de la fonction (voir le Listing 10.3).

Listing 10.3 : Utilisation d'une variable locale dans une fonction

```
#include <stdio.h>

void vegas(void);

int main()
```

```
{
    int a;

    a = 365;                                        // L09
    printf("Dans la fonction main(), a=%d\n", a);
    vegas();
    printf("De retour dans main(), a=%d\n", a); // L12
    return(0);
}

void vegas(void)
{
    int a;                  // Variable locale

    a = -10;                                        // L20
    printf("Dans la fonction vegas(), a=%d\n", a);
}
```

Vous constatez que les deux fonctions `main()` et `vegas()` déclarent la variable a de type `int`. Elle reçoit d'abord la valeur `365` dans `main()` en ligne 9. Dans la fonction `vegas()`, la variable homonyme a reçoit la valeur `-10` en ligne 20. Pouvez-vous deviner quel sera le résultat affiché par la fonction `printf()` en ligne 12?

EXERCICE 10.5 : Créez un nouveau projet à partir du Listing 10.3, puis compilez et exécutez.

Voici le résultat qui est apparu sur ma machine :

```
Dans la fonction main(), a=365
Dans la fonction vegas(), a=-10
De retour dans main(), a=365
```

La variable porte le même nom dans les deux fonctions, mais la valeur n'est pas la même. En langage C, une variable appartient à la fonction dans laquelle elle est déclarée. Autrement dit, une fonction ne peut pas modifier la valeur d'une variable locale d'une autre fonction, même si elle porte le même nom avec le même type.

- Dans un chapitre précédent, je vous avais déconseillé d'utiliser le même nom pour plusieurs variables. Cette précaution est en revanche inutile pour les fonctions. Vous pouvez définir seize fonctions dans un bloc de code et utiliser la même variable `alpha` dans chacune d'elles. Cela ne pose aucun problème. Néanmoins :

- Vous n'êtes pas forcé d'utiliser des homonymes dans vos fonctions. La fonction `vegas()` du Listing 10.3 aurait pu déclarer sa variable unique sous le nom `pipo` ou `wambooli`.
- Pour pouvoir faire partager la même variable par plusieurs fonctions, il faut définir la variable en tant que globale. Nous aborderons ce sujet dans le Chapitre 16.
- N'oubliez pas que la valeur d'une variable locale est perdue dès que l'on a dépassé l'accolade fermante du corps de la fonction!

Envoyer une valeur en entrée d'une fonction

Une des manières les plus fréquentes d'utiliser une fonction consiste à lui faire réaliser un traitement sur une donnée qui lui est fournie lors de l'appel. Cette technique correspond au passage d'un argument à la fonction. Le terme *argument* est utilisé en programmation C pour désigner une option ou une valeur. Il provient du monde des mathématiques dans lequel sont désignées comme arguments les variables d'une fonction.

Vous spécifiez les arguments d'une fonction dans son couple de parenthèses. Prenons comme exemple la fonction standard `puts()` qui accepte une chaîne de caractères en argument :

```
puts("Vous auriez pu faire autrement.");
```

La fonction standard `fgets()` attend trois arguments d'entrée :

```
fgets(buffer, 27, stdio);
```

Chaque argument peut être le nom d'une variable ou une valeur littérale (immédiate) et les différents arguments doivent être séparés par des virgules. Le nombre et le type d'arguments attendus par une fonction doivent être déclarés dans la première ligne de la fonction et bien sûr dans son prototype. Le Listing 10.4 en donne un exemple.

Listing 10.4 : Transmission d'une valeur en entrée d'une fonction

```
#include <stdio.h>

void graph(int cmptr);         // L03

int main()
{
```

```
    int valeur;

    valeur = 2;

    while(valeur <= 64)
    {
        graph(valeur);        // L13
        printf("La valeur est %d\n", valeur);
        valeur = valeur * 2;
    }
    return(0);
}

void graph(int cmptr)        // L20
{
    int x;

    for(x=0; x<cmptr; x=x+1)
        putchar('*');
    putchar('\n');
}
```

Pour qu'une fonction puisse bien utiliser un argument, vous devez prévenir le compilateur du type de données auquel correspond cet argument. Dans le Listing 10.4, le prototype en ligne 3 et la définition de la fonction `graph()` en ligne 20 indiquent que l'argument unique doit être de type `int`. Nous utilisons comme argument la variable `cmptr` qui sert de nom pour la variable locale utilisée dans la fonction.

L'appel à la fonction `graph()` (ligne 13) se trouve dans la boucle `while`. Nous effectuons l'appel en utilisant la valeur de la variable nommée `valeur`. Cela ne pose aucun problème. Le nom de la variable que vous utilisez pour appeler une fonction n'est pas nécessairement le même que le nom de la variable utilisée pour recevoir la valeur. Seul le type de variable doit être le même. Ici, `cmptr` et `valeur` sont toutes deux de types `int`.

Le corps de la fonction `graph()` (des lignes 20 à 27) sert à afficher une série d'astérisques. La longueur de la ligne exprimée en caractères dépend de la valeur reçue par la fonction.

EXERCICE 10.6 : Lancez un nouveau projet à partir du code source du Listing 10.4. Enregistrez-le sous le nom *ex1006* puis demandez la construction du projet (Build). Pouvez-vous deviner l'allure de l'affichage avant de lancer l'exécution ?

Vous n'êtes pas forcé d'indiquer le nom d'une variable lors de l'appel à la fonction. La fonction `graph()` du Listing 10.4 accepterait tout aussi bien une valeur immédiate numérique ou même une constante.

EXERCICE 10.7 : Modifiez le code de l'Exercice 10.6 en changeant la ligne 13 pour que la fonction `graph()` reçoive en entrée la valeur constante `64`. Compilez puis exécutez.

Il est également possible de transmettre une chaîne de caractères en entrée d'une fonction, mais je vous déconseille de faire des essais tant que vous n'aurez pas lu le Chapitre 12 qui parle des tableaux de caractères ainsi que le Chapitre 18 qui présente les pointeurs. Une chaîne est en effet un tableau. Il faut utiliser une syntaxe particulière en C pour transmettre un tableau à une fonction.

Transmettre plusieurs valeurs à une fonction

Il n'y a pas de limites théoriques en C au nombre d'arguments que vous pouvez transmettre en entrée d'une fonction. L'essentiel est que tous les arguments soient correctement déclarés avec leurs types et séparés par des virgules. Vous pouvez déclarer plusieurs arguments à la queue leu leu comme dans le prototype suivant :

```
void rame(int motrice, int wagon, int fourgon2queue);
```

Dans cet exemple, il s'agit du prototype de la fonction `rame()` qui attend trois arguments en entrée tous de type `int` : `motrice`, `wagon` et `fourgon2queue`. Lorsque vous appelez la fonction, vous devez lui transmettre également trois arguments ayant le même type que dans le prototype.

EXERCICE 10.8 : Modifiez le code source du Listing 10.4 pour que la fonction `graph()` accepte deux arguments, le second étant le caractère qu'elle doit afficher.

Renvoi d'une valeur par une fonction

La plupart des fonctions du langage C renvoient une valeur, c'est-à-dire qu'elles génèrent une valeur en fin de traitement. Il n'est pas obligatoire d'utiliser la valeur renvoyée, mais elle l'est dans tous les cas. Les deux fonctions standard `putchar()` et `printf()` renvoient par exemple une valeur, mais je n'ai jamais vu un seul programme dans lequel elles étaient utilisées.

Le Listing 10.5 propose une fonction qui reçoit une valeur en entrée puis renvoie une valeur en sortie. C'est dans cette approche que sont utilisées la majorité des fonctions. Certaines rares fonctions renvoient une valeur sans en avoir reçu une en entrée. La fonction `getchar()` renvoie par exemple ce qui a été saisi au clavier, mais n'attend aucun argument d'entrée. Dans l'exemple 10.5, nous définissons une fonction `convertir()` qui reçoit en entrée une température en Fahrenheit et renvoie la valeur convertie en degrés Celsius.

Listing 10.5 : Exemple de fonction renvoyant une valeur

```
#include <stdio.h>

float convertir(float f);

int main()
{
    float temp_f,temp_c;

    printf("Temperature en Fahrenheit: ");
    scanf("%f", &temp_f);
    temp_c = convertir(temp_f);
    printf("%.1fF vaut %.1fC\n", temp_f, temp_c);
    return(0);
}

float convertir(float f)
{
    float t;

    t = (f - 32) / 1.8;
    return(t);
}
```

Le prototype de notre fonction `convertir()` se situe en ligne 3. Vous constatez que la fonction attend en entrée une valeur de type `float` et renvoie une valeur du même type.

L'appel à la fonction `convertir()` se situe en ligne 11. La valeur qu'elle va renvoyer est directement récupérée dans la variable `temp_c`. En ligne 12, nous utilisons `printf()` pour afficher la valeur de départ et la valeur après conversion. Nous utilisons comme formateur la mention `.1f` . Nous ne faisons afficher qu'un seul chiffre après la virgule. (Tous les formateurs de la fonction `printf()` sont présentés dans le Chapitre 13.)

Le corps de la fonction `convertir()` commence en ligne 16. Nous y utilisons deux variables : la variable `f` mémorise la valeur qui a été transmise au démarrage de la fonction (une température exprimée en Fahrenheit). Nous déclarons une variable locale `t` qui va recevoir le résultat de la conversion en degrés Celsius. La variable est déclarée en ligne 18 puis reçoit sa valeur en résultat de la formule en ligne 20.

La conversion de la valeur `f` en degrés Celsius est donc réalisée en ligne 20. Les parenthèses autour de `f - 32` forcent le compilateur à effectuer d'abord cette soustraction pour diviser le résultat par 1.8. Si vous oubliez les parenthèses, il y aura d'abord division de 32 par 1.8, ce qui faussera le résultat. Les priorités entre les opérateurs sont décrites dans le Chapitre 11, dans lequel nous montrons comment le langage C évalue les expressions mathématiques.

La fonction renvoie son résultat en ligne 21 au moyen du mot réservé `return`.

EXERCICE 10.9 : Créez un projet à partir du Listing 10.5 puis compilez et exécutez.

La valeur que renvoie une fonction peut être stockée dans une variable comme dans la ligne 11 du Listing 10.5. Vous pouvez également utiliser directement cette valeur comme dans cet exemple :

```
printf("%.1fF vaut %.1fC\n", temp_f, convertir(temp_f));
```

EXERCICE 10.10 : Modifiez le Listing 10.5 pour utiliser directement la valeur renvoyée par `convertir()` dans l'instruction `printf()`. ***Astuce*** : Pour que la modification soit complète, vous devrez intervenir ailleurs aussi.

Vous aurez peut être remarqué que nous utilisons un élément de façon peu efficace dans `convertir()`. Doit-on vraiment utiliser une variable locale `t` dans la fonction ?

EXERCICE 10.11 : Modifiez le code source de l'Exercice 10.10 en évitant de déclarer et d'utiliser la variable `t`.

À vrai dire, nous pourrions même éliminer la fonction `convertir()` puisqu'elle ne comporte qu'une seule instruction. L'avantage d'une telle fonction est de constituer ensuite un point de traitement centralisé que vous pouvez appeler depuis n'importe où dans votre code. Plutôt que de répéter l'instruction (et de devoir répéter la modification au cas où vous changeriez l'expression de conversion), il est plus efficace de créer une fonction. Cette manière de systématiser des traitements est très répandue en langage C.

Comme j'ai envie d'être généreux, et également parce que j'y fais référence un peu plus haut dans ce chapitre, je vous propose le Listing 10.6 qui constitue ma réponse à l'Exercice 10.11.

Listing 10.6 : Une version plus compacte du Listing 10.5

```
#include <stdio.h>

float convertir(float f);
```

```
int main()
{
    float temp_f;

    printf("Temperature en Fahrenheit: ");
    scanf("%f", &temp_f);
    printf("%.1fF vaut %.1fC\n", temp_f, convertir(temp_f));
    return(0);
}

float convertir(float f)
{
    return(f - 32) / 1.8;
}
```

Dorénavant, la fonction `convertir()` tient en une seule ligne, et nous n'avons donc plus besoin de la variable de stockage temporaire `t` (ligne 18 du Listing 10.5).

Retour de fonction précoce

Le mot réservé `return` permet d'abréger l'exécution d'une fonction à tout moment, en faisant poursuivre à l'instruction qui suit l'appel à la fonction. Si nous nous trouvons dans la fonction `main()`, l'arrivée à `return` provoque la fin du programme. Cette règle est valable même si `return` ne transmet pas une valeur en retour, ce qui correspond aux fonctions déclarées de type `void`. Étudions le Listing 10.7.

Listing 10.7 : Sortie abrupte d'une fonction grâce à return

```
#include <stdio.h>

void limiter(int stop);

int main()
{
    int s;

    printf("Indiquez une valeur pour stopper (0-100): ");
    scanf("%d", &s);
    limiter(s);
    return(0);
}

void limiter(int stop)
```

```
{
    int x;

    for(x=0; x<=100; x=x+1)
    {
        printf("%d ", x);
        if(x == stop)
        {
            puts("Vous gagnez !");
            return;
        }
    }
    puts("Je gagne !");
}
```

Le code source du Listing 10.7 n'est pas très intelligent, mais il suffit à notre propos. Nous y appelons la fonction `limiter()` en lui fournissant une valeur que nous avons obtenue par saisie en ligne 10. Dans la fonction, une boucle affiche des nombres croissants. Dès que l'on parvient au même nombre que l'argument fourni à la fonction, nous sortons (ligne 25) de la fonction grâce à `return`. Dans le cas contraire, nous poursuivons l'exécution jusqu'à la fin normale de la fonction. Il n'est pas nécessaire de prévoir un mot réservé `return` à la fin de cette fonction parce qu'elle ne renvoie aucune valeur.

EXERCICE 10.12 : Créez un nouveau projet à partir du Listing 10.7 puis compilez et exécutez.

Une imperfection de cet exemple est qu'il ne vérifie pas que la valeur saisie est située entre 0 et 100.

EXERCICE 10.13 : Modifiez le code source du Listing 10.7 pour y créer une seconde fonction nommée `verifier()`. Elle doit servir à s'assurer que la valeur saisie est bien située entre 0 et 100. La fonction doit renvoyer la valeur constante TRUE (la valeur `1`) si la valeur est dans la plage ou la valeur FALSE (`0`) dans le cas contraire. De plus, si la valeur saisie est hors plage, votre programme doit afficher un message d'erreur.

Bien sûr, vous gagnez toujours dans ce minijeu si vous avez saisi une valeur dans la plage (version de l'Exercice 10.13). Sauriez-vous trouver une autre manière d'écrire la fonction `limiter()` pour que l'ordinateur ait quelque chance de vous battre, quitte à tricher ?

Partie III

Vers la maîtrise du C

Dans cette partie

- Faire des mathématiques en langage C
- Créer des séries de variables avec les tableaux
- Manipuler du texte
- Créer des structures regroupant des types variés
- Utiliser la ligne de commande
- Découvrir les variables locales, globales et statiques
- Plonger dans les entrailles : valeurs binaires et bits

Chapitre 11

Des mathématiques, mais pas trop

Dans ce chapitre :

- Les opérateurs d'incrémentation ++ et de décrémentation --
- L'opérateur de reste (modulo)
- Écriture abrégée des opérateurs
- Tour d'horizon des fonctions mathématiques
- Génération d'une valeur aléatoire
- Maîtriser l'ordre des priorités

Une des raisons de mon aversion initiale envers les ordinateurs était ma peur des mathématiques, mais j'ai fini par découvrir que les connaissances mathématiques ne jouaient pas un rôle clé dans la programmation. Vous devez bien sûr vous y connaître un peu, d'autant plus si vous avez à réaliser un projet comportant des calculs complexes. Mais après tout, c'est l'ordinateur qui va effectuer les calculs ; vous vous contentez d'écrire les formules.

Dans le monde de la programmation, les mathématiques sont incontournables, mais relativement indolores. Il y a toujours un petit peu de mathématiques dans la plupart des programmes. Bien sûr, les programmes graphiques utilisent intensivement la trigonométrie. Aucun jeu ne resterait intéressant s'il ne tirait profit de la génération de valeurs aléatoires. Tout cela est de la technique mathématique. Je suis persuadé que vous trouverez la chose plus intéressante qu'angoissante.

Les opérateurs mathématiques du C

En programmation C, deux outils permettent de répondre aux besoins mathématiques. Il y a d'abord les opérateurs mathématiques, avec lesquels vous allez pouvoir écrire des équations et des formules. Ils sont tous présentés dans le Tableau 11.1. L'autre outil est l'ensemble des fonctions standard mathématiques, qui permettent d'effectuer des calculs complexes par simple appel à une fonction. Le nombre de fonctions disponibles est tel que nous ne pouvons pas les lister dans un tableau ici.

Tableau 11.1 : Les opérateurs mathématiques du C

Opérateur	*Fonction*	*Exemple*
+	Addition	`var=a+b`
-	Soustraction	`var=a-b`
*	Multiplication	`var=a*b`
/	Division	`var=a/b`
%	Modulo	`var=a%b`
++	Incrément	`var++`
--	Décrément	`var--`
+	Plus unaire	`+var`
-	Moins unaire	`-var`

- Nous avons présenté les quatre opérateurs arithmétiques essentiels `+`, `-`, `*` et `/` dans le Chapitre 5. Les autres opérateurs ne sont pas très complexes à maîtriser, même le peu usité modulo `%`.
- En langage C, vous disposez aussi d'un certain nombre d'opérateurs de comparaison qui vous servent à prendre des décisions. La liste en a été fournie dans le Chapitre 8.
- Le C définit enfin quelques opérateurs logiques, eux aussi présentés dans le Chapitre 8.
- Le signe égal isolé, `=`, est un opérateur, mais pas mathématique : c'est l'opérateur d'affectation qui permet de copier une valeur dans une variable.
- Nous présentons les opérateurs binaires, qui servent à intervenir sur chacun des bits d'une valeur dans le Chapitre 17.
- L'annexe C récapitule tous les opérateurs du langage C.

Incrémenter et décrémenter

Découvrons deux outils extrêmement utiles, notamment dans les boucles de répétition : les opérateurs d'incrémentation et de décrémentation. Ils sont absolument indispensables.

Pour ajouter 1 à la valeur d'une variable numérique, vous pouvez utiliser l'opérateur ++ :

```
var++;
```

Une fois cette instruction exécutée, la valeur de la variable `var` a été augmentée de un. C'est une version abrégée de l'instruction suivante :

```
var = var+1;
```

Vous utiliserez l'opérateur ++ sans cesse, surtout dans les boucles `for`, comme ceci :

```
for(x=0; x<100; x++)
```

Cette boucle tourne 100 fois. L'écriture est plus claire que celle-ci :

```
for(x=0; x<100; x=x+1)
```

EXERCICE 11.1 : Concevez un programme (nommé *ex1101*) pour afficher dix fois la phrase : « Ne marchez pas sur ma pelouse! ». Servez-vous bien sûr de l'opérateur d'incrémentation ++ dans la boucle.

EXERCICE 11.2 : Modifiez votre réponse à l'exercice précédent en utilisant une boucle `while` à la place de la boucle `for`, ou vice versa.

L'opérateur complémentaire ++ est l'opérateur de décrémentation -- (deux signes moins accolés). Vous ne serez pas étonné de découvrir qu'il permet de diminuer de 1 la valeur d'une variable numérique, comme dans cet exemple :

```
var--;
```

Cette instruction est plus compacte que la suivante :

```
var=var-1;
```

EXERCICE 11.3 : Concevez un programme pour afficher les valeurs numériques de -5 à 5, avec retour à -5 par pas de 1. L'affichage résultant doit être le suivant :

```
-5 -4 -3 -2 -1 0 1 2 3 4 5 4 3 2 1 0 -1 -2 -3 -4 -5
```

Ce projet n'est pas le plus simple. Plutôt que de vous obliger à aller télécharger la solution sur le Web, je vous la propose dans le Listing 11.1. Ne lisez pas cette solution avant d'avoir tenté un minimum de résoudre par vous-même l'exercice 11.3.

Listing 11.1 : Comptage puis décomptage

```
#include <stdio.h>

int main()
{
    int c;

    for(c=-5; c<5; c++)          // L07
        printf("%d ", c);
    for(; c>=-5; c--)            // L09
        printf("%d ", c);
    putchar('\n');
    return(0);
}
```

La ligne la plus importante de ce listing est la ligne 9, mais elle dépend beaucoup de la première boucle `for` en ligne 7. Dans cette première boucle, vous seriez tenté d'écrire qu'une boucle devant compter de `-5` à `5` doit mentionner la valeur `5` comme condition d'arrêt, comme ceci :

```
for(c=-5; c<=5; c++)
```

Cette écriture pose un problème, car la valeur de `c` est incrémentée au dernier tour de la première boucle. De ce fait, la variable `c` possède la valeur `6` en sortie de boucle (au lieu de 5). En maintenant `c` inférieur à `5`, comme nous le faisons en ligne 7, notre variable `c` possède la bonne valeur 5 en début de deuxième boucle. C'est pourquoi nous n'avons pas besoin de premier membre d'initialisation (point-virgule seul) dans la boucle `for` de la ligne 9.

EXERCICE 11.4 : Concevez un programme pour afficher les valeurs de `-10` à `10` puis retour à `-10` par pas de 1, comme dans le Listing 11.1, mais en utilisant deux boucles `while`.

Opérateurs ++ et -- en préfixe ou suffixe

Nous savons maintenant que l'opérateur `++` incrémente la valeur d'une variable, et que l'opérateur `--` la décrémente, mais il reste à étudier à quel moment l'opération est réalisée. Étudions cette instruction :

```
a = b++;
```

Si la variable b valait 16 avant cette ligne, nous savons qu'elle vaut 17 après l'opération ++. Mais quelle valeur sera copiée dans a : 16 ou 17 ?

En règle générale, les formules mathématiques en langage C sont lues de gauche à droite (nous donnons tous les détails utiles dans la dernière section de ce chapitre qui décrit les priorités). D'après cette règle, une fois exécutées les deux étapes de l'instruction d'exemple, la variable a va contenir 16, alors que la variable b va contenir 17. Est-ce vrai ?

Pour en avoir le cœur net, nous pouvons profiter de l'exemple du Listing 11.2. Nous pouvons ainsi vérifier ce que contient la variable a lorsque la variable b est incrémentée avec l'opérateur à la suite du nom de la variable.

Listing 11.2: Priorités entre les deux opérateurs = et ++

```
#include <stdio.h>

int main()
{
    int a,b;

    b=16;
    printf("Avant, a ne change pas encore et b = %d\n", b);
    a=b++;
    printf("Apres, a = %d et b = %d\n", a, b);
    return(0);
}
```

EXERCICE 11.5 : Créez un nouveau projet à partir du Listing 11.2, compilez et exécutez.

Lorsque l'opérateur ++ ou -- est placé après le nom de la variable, il s'agit de *post-incrémentation* ou *post-décrémentation*. Pour modifier la valeur de la variable avant qu'elle soit utilisée, il faut placer l'opérateur ++ ou -- *avant* le nom de la variable, comme ceci :

```
a = ++b;
```

Dans cet exemple, nous incrémentons b puis nous affectons la valeur qu'elle possède à ce moment à la variable a. L'exercice 11.6 en donne une démonstration.

EXERCICE 11.6 : Modifiez le code source du Listing 11.2 pour que l'équation de la ligne 9 incrémente b avant d'affecter sa valeur à la variable a.

Que pensez-vous de ce monstre :

```
a = ++b++;
```

Oubliez-le! Écrire `++var++` est une erreur.

L'opérateur modulo (reste)

L'opérateur mathématique qui possède l'aspect le plus étrange est clairement celui de modulo puisqu'il s'écrit `%` alors qu'il ne s'agit nullement d'un opérateur de calcul de pourcentage. L'opérateur modulo calcule le reste de la division d'un nombre par un autre. Prenons un exemple pour comprendre son fonctionnement.

Le code du Listing 11.3 affiche les restes des divisions par 5 pour une série de valeurs entre `0` et `29`. La valeur `5` étant définie en tant que constante en ligne 3, vous pouvez facilement la modifier.

Listing 11.3 : Affichage de restes avec l'opérateur modulo

```
#include <stdio.h>

#define VALEUR 5

int main()
{
    int a;

    printf("Modulus %d:\n",VALEUR);
    for(a=0;a<30;a++)
        printf("%d %% %d = %d\n",a,VALEUR,a%VALEUR);
    return(0);
}
```

Les résultats sont affichés en ligne 11. Notez que le formateur `%%` sert à afficher le caractère littéral `%`, et n'a donc pas d'effet autre que visuel.

Exercice 11.7 : Lancez un nouveau projet à partir du Listing 11.3, compilez et exécutez.

Une fois que l'affichage est réalisé, vous comprenez immédiatement que l'opérateur modulo affiche le reste de la première valeur divisée par la seconde. C'est pourquoi `20 % 5` donne `0`, alors que `21 % 5` donne `1`.

EXERCICE 11.8 : Modifiez la valeur de la constante VALEUR du Listing 11.3 puis compilez et exécutez.

Affectation et opérateurs composés

Si vous comptez utiliser fréquemment les opérateurs ++ et -- (comme moi), vous apprécierez beaucoup les opérateurs hybrides présentés dans le Tableau 11.2. Ce sont des combinaisons entre un opérateur mathématique et l'opérateur d'affectation. Ils abrègent l'écriture, et donnent un bel aspect à votre code en le rendant encore plus mystérieux.

Tableau 11.2 : Opérateurs composés d'affectation

Opérateur	*Fonction*	*Raccourci pour*	*Exemple*
+=	Addition	x=x+n	x+=n
-=	Soustraction	x=x-n	x-=n
*=	Multiplication	x=x*n	x*=n
/=	Division	x=x/n	x/=n
%=	Modulo	x=x%n	x%=n

Ces opérateurs d'affectation mathématique n'apportent rien de nouveau, mais leur mode de fonctionnement est spécifique. Il arrive souvent en langage C qu'il faille modifier la valeur d'une variable, comme dans cet exemple :

```
alpha = alpha+10;
```

Nous demandons ici d'augmenter la valeur de la variable alpha de 10. En langage C, nous pouvons utiliser un opérateur d'affectation composite, comme ceci :

```
alpha+= 10;
```

Le résultat est le même dans les deux cas, mais le second exemple est plus compact, et les programmeurs C sont nombreux à adorer une écriture un peu moins lisible. Voyez aussi le Listing 11.4.

Listing 11.4 : Une série d'affectations classiques compactables

```
#include <stdio.h>

int main()
{
```

```
    float alpha;

    alpha = 501;
    printf("alpha = %.1f\n",alpha);
    alpha = alpha+99;                        // L09
    printf("alpha = %.1f\n",alpha);
    alpha = alpha-250;
    printf("alpha = %.1f\n",alpha);
    alpha = alpha/82;
    printf("alpha = %.1f\n",alpha);
    alpha = alpha*4.3;
    printf("alpha = %.1f\n",alpha);
    return(0);
}
```

EXERCICE 11.9 : Créez un projet à partir du Listing 11.4 puis modifiez les lignes 9, 11, 13 et 15 pour utiliser des opérateurs d'affectation composites. Compilez et exécutez.

Lorsque vous utilisez les opérateurs d'affectation composites, souvenez-vous que le signe = est toujours en dernier. Il arrive trop souvent que l'on intervertisse les deux opérateurs, comme ceci :

```
alpha=-10;
```

L'instruction précédente fait perdre le contenu actuel de la variable `alpha` en y copiant la valeur `-10`, alors que l'instruction suivante diminue la valeur actuelle de `alpha` de 10 :

```
alpha-=10;
```

EXERCICE 11.10 : Concevez un programme qui affiche les nombres de 5 à 100 par pas de 5.

Les fonctions mathématiques standard

Nous avons dit en début de chapitre que l'autre outil pour faire des mathématiques en langage C était l'ensemble des fonctions mathématiques prédéfinies. Dès que vous avez par exemple besoin de calculer l'arc-tangente d'une valeur, il suffit de faire un appel à la fonction `atan()`.

La plupart des fonctions mathématiques supposent l'inclusion au début du fichier source du fichier d'en-tête `math.h`. Certaines fonctions réclament également le fichier `stdlib.h` (stdlib signifie *st*andard *lib*rary).

Aperçu de quelques fonctions mathématiques

Tous les programmeurs C ne seront pas sollicités pour concevoir le programme qui va aider un astronaute à guider en toute sécurité sa fusée en orbite autour de Titan. Vous risquez bien plutôt d'avoir à programmer des choses un peu plus terre à terre. Cela dit, vous aurez certainement besoin de recourir aux fonctions mathématiques. Les plus utilisées sont présentées dans le Tableau 11.3.

Tableau 11.3 : Quelques fonctions mathématiques très usitées

Fonction	*#include*	*Description*
sqrt()	math.h	Calcule la racine carrée d'une valeur à virgule flottante.
pow()	math.h	Élève une valeur à virgule flottante à une certaine puissance.
abs()	stdlib.h	Renvoie la valeur absolue positive d'une valeur entière.
floor()	math.h	Arrondit une valeur à virgule flottante au prochain entier inférieur.
ceil()	math.h	Arrondit une valeur à virgule flottante au prochain entier supérieur.

Toutes les fonctions du Tableau 11.3 sauf `abs()` travaillent sur des valeurs numériques à virgule flottante (fractionnaires).

Vous trouverez un descriptif de toutes les fonctions dans les pages *man* qui sont disponibles directement depuis Code::Blocks ou que vous trouverez sur certains sites de référence, ainsi qu'au niveau de la ligne de commande d'une fenêtre de terminal Unix ou Linux.

Nous démontrons dans le Listing 11.5 une utilisation des fonctions du Tableau 11.3. Le compilateur acceptera l'utilisation de toutes ces fonctions à condition que vous ayez pensé à ajouter une déclaration pour le fichier d'en-tête `math.h` (ligne 2).

Listing 11.5 : Petite visite des fonctions mathématiques

```
#include <stdio.h>
#include <math.h>

int main()
{
  float resultat, valeur;
```

```
    printf("Indiquez une valeur fractionnaire : ");
    scanf("%f", &valeur);
    resultat = sqrt(valeur);
    printf("Racine carree de %.2f = %.2f\n",valeur,resultat);
    resultat = pow(valeur,3);
    printf("%.2f puissance cubique = %.2f\n",valeur,resultat);
    resultat = floor(valeur);
    printf("Arrondi par defaut de %.2f ) %.2f\n",valeur,resultat);
    resultat = ceil(valeur);
    printf("Arrondi par exces de %.2f = %.2f\n",valeur,resultat);
    return(0);
}
```

Exercice 11.11 : Créez un projet à partir du Listing 11.5.

(Soyez attentif aux quatre appels de la fonction `printf()` car la longueur des instructions est telle qu'elles sont peut-être réparties sur deux lignes. Vous n'avez pas à reproduire ce saut de ligne dans votre saisie.) Lancez la compilation et l'exécution du projet en testant différentes valeurs saisies.

Exercice 11.12 : Concevez un programme pour afficher toutes les puissances de 2 jusqu'à deux puissance dix. Vous écrivez en quelque sorte le début des tables de la loi de l'informatique.

Les fonctions mathématiques du Tableau 11.3 ne constituent qu'un très petit extrait de toutes les fonctions disponibles.

TRUC

En général, dès que vous avez besoin d'effectuer une opération mathématique, consultez d'abord la documentation des librairies standard du C et les pages man, afin de voir si la fonction recherchée n'existe pas déjà.

Sous Unix, vous pouvez saisir la commande **man 3 math** pour obtenir la liste de toutes les fonctions mathématiques standard du C.

NOTE TECHNIQUE

Le nom de la fonction `ceil()` signifie «plafond». Elle fait écho au nom de la fonction `floor()` qui signifie «plancher».

Se déboucher les sinus

Je ne vais pas vous faire l'affront d'une révision de trigonométrie. Si vous avez besoin d'une telle fonction dans votre code, c'est que vous savez pourquoi. Ce que vous ne savez peut-être pas encore est qu'en langage C, comme dans tous les langages de programmation, les fonctions trigonométriques utilisent des radians, et non des degrés.

Qu'est-ce qu'un radian?

C'est une bonne question. Le *radian* est une mesure de la circonférence d'un cercle; elle symbolise la longueur d'un arc de cercle. Cette mesure est basée sur la valeur de PI, chiffre magique lié au cercle. Un cercle complet de 360 degrés mesure 2PI radians. Le périmètre d'un cercle est donc égal à 6.2831 radians (soit 2 x 3.1415). La Figure 11-1 en donne une illustration.

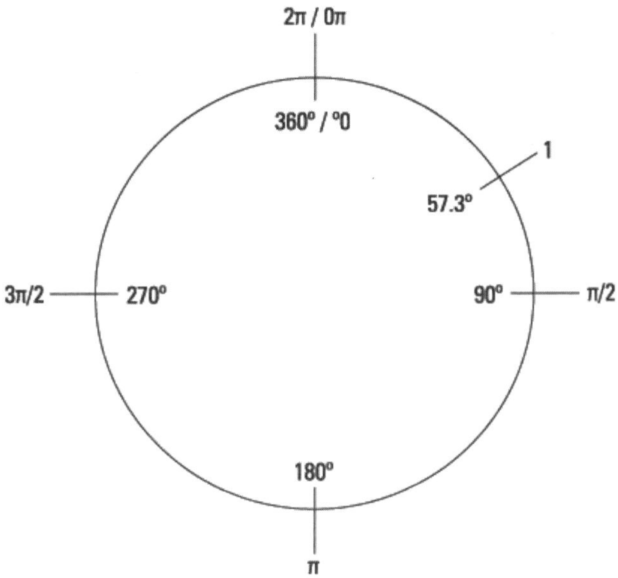

Figure 11.1 : Relation entre degrés et radians.

Un radian est égal à 57.2957795 degrés, et un degré est égal à 0.01745329 radians. Pour faire de la trigonométrie avec un ordinateur, il faut donc sans cesse convertir entre les degrés connus des humains et les radians connus du langage C. Étudions le Listing 11.6.

Listing 11.6 : Conversion entre degrés et radians

```
#include <stdio.h>

int main()
{
    float degres,radians;

    printf("Indiquez un angle en degres : ");
    scanf("%f", &degres);
    radians = 0.0174532925*degres;
```

```
    printf("%.2f degres valent %.2f radians.\n", degres, radians);
    return(0);
}
```

Exercice 11.13 : Créez le projet ex1113 à partir du code source du Listing 11.6. (Il est possible, pour des raisons d'impression, que la ligne 10 soit répartie sur deux lignes visuelles. Vous n'aurez pas à saisir de saut de ligne pour les distinguer.) Lancez la compilation et l'exécution. Faites un test avec la valeur `180`, qui devrait afficher la valeur PI radians (3.14).

Exercice 11.14 : Concevez un programme qui effectue la conversion inverse des radians vers les degrés.

N'OUBLIEZ PAS !

Parmi toutes les fonctions trigonométriques du langage C, les trois principales sont `sin()`, `cos()` et `tan()`, qui permettent respectivement de calculer le sinus, le cosinus et la tangente d'un angle. Rappelons que les angles doivent être exprimés en radians, et pas en degrés.

Ajoutons qu'il faut déclarer le fichier d'en-tête `math.h` en début de code source pour que le compilateur trouve les prototypes des fonctions trigonométriques.

De par leur nature, les programmes qui exploitent au mieux les fonctions trigonométriques sont les programmes de calcul graphique. Mais ce genre de programme possède en général une ampleur telle qu'il est impossible d'en présenter un exemple dans ce livre. De plus, les détails dépendent du système d'exploitation concerné (soit Windows, soit Unix, par exemple). J'ai donc préféré vous proposer le listing d'exemple 11.7 qui permet de se faire une idée des possibilités de trigonométrie graphique.

Listing 11.7 : Pour s'amuser avec la trigonométrie

```
#include <stdio.h>
#include <math.h>

#define PI 3.14159
#define LONGUEURONDE 70
#define PERIODE .1

int main()
{
    float graph,s,x;

    for(graph=0; graph<PI; graph+=PERIODE)
    {
        s = sin(graph);
        for(x=0; x < s*LONGUEURONDE; x++)
```

```
            putchar('*');
        putchar('\n');
    }
    return(0);
}
```

EXERCICE 11.15 : Créez un projet à partir du Listing 11.7. Essayez de deviner à quoi ressemblera l'affichage avant de lancer la compilation et l'exécution.

EXERCICE 11.16 : Retouchez le code du Listing 11.7 pour afficher la courbe d'un cosinus. Ne vous reposez pas trop sur moi! Vous obtiendrez une jolie courbe de cosinus en faisant varier la valeur entre 0 et 2PI. Retouchez le code pour aboutir à une représentation correcte, même si la courbe est basée sur des caractères.

J'avoue que l'exercice 11.16 n'est pas des plus simples. Il faut tenir compte des valeurs de cosinus négatifs pour tracer la courbe. Rappels :

- Un radian est égal à 57.2957795 degrés.
- Un degré est égal à 0.0174532925 radians.

Aléatoire ou au hasard?

Il existe une fonction mathématique dont la maîtrise est assez simple : elle se nomme `rand()`. Elle sert à générer une valeur numérique aléatoire (*random*). Cela peut sembler très futile, mais c'est pourtant un élément clé de quasiment tous les jeux vidéo. Les nombres aléatoires sont très importants en programmation.

NOTE TECHNIQUE

Un ordinateur est un automate fini, qui ne peut donc pas véritablement générer une valeur aléatoire. Ce qu'il produit est une valeur pseudo-aléatoire. En effet, les conditions qui sont en vigueur au moment de la génération du nombre peuvent être répétées dans l'ordinateur. Les mathématiciens rigoureux peuvent donc à juste titre prétendre que ce qui est appelé « aléatoire » dans un ordinateur ne l'est pas réellement. Dans la suite, nous parlerons néanmoins de nombres aléatoires, même si cela défrise les mathématiciens.

Générer une valeur numérique aléatoire

La fonction `rand()` est la plus simple à utiliser dans les fonctions de cette famille. Pour l'utiliser, il faut prévoir l'inclusion du fichier d'en-tête `stdlib.h`. Lorsque vous appelez la fonction, elle renvoie une valeur de type `int` supposée aléatoire. Voyons cela par un petit exemple dans le Listing 11.8.

Listing 11.8 : Afficher des chiffres assez hasardeux

```
#include <stdio.h>
#include <stdlib.h>

int main()
{
int r, a, b;

    puts("100 chiffres au hasard");
    for(a=0; a<20; a++)
    {
        for(b=0; b<5; b++)
        {
            r=rand();
            printf("%d\t", r);
        }
        putchar('\n');
    }
    return(0);
}
```

Dans le Listing 11.8, nous utilisons une double boucle `for` imbriquée pour afficher cent valeurs au hasard. L'appel à la fonction `rand()` (ligne 13) permet de générer chaque valeur, qui est affichée par la fonction `printf()` en ligne 14 au moyen du métacaractère de format `%d`, qui demande d'afficher des valeurs de type `int`.

EXERCICE 11.17 : Créez un nouveau projet à partir du Listing 11.8, compilez et exécutez pour voir surgir cent valeurs aléatoires.

EXERCICE 11.18 : Retouchez le code pour n'afficher les valeurs que dans la plage entre `0` et `20`.

Un petit conseil pour l'exercice 11.18 : servez-vous de l'opérateur composé d'affectation et modulo pour limiter la plage de valeurs aléatoires. Voici le format générique :

```
r%=n;
```

`r` correspond à la valeur renvoyée par `rand()`. L'opérateur composite `%=` est celui qui réalise l'affectation avec le modulo. `n` est la limite de la plage plus 1. Avec cette instruction, les valeurs qui sont renvoyées se limitent à la plage entre `0` et `n-1`. Pour utiliser une plage entre `1` et `100`, la formule serait donc la suivante :

```
valeur = (r % 100) + 1;
```

Pour rendre le hasard moins prévisible

Pour amener un peu d'eau au moulin de ces pointilleux mathématiciens qui prétendent qu'un ordinateur ne peut jamais régénérer une vraie valeur aléatoire, exécutez le programme de l'exercice 11.18 et observez le résultat affiché. Lancez une seconde exécution. Vous remarquez quelque chose ?

En effet, la fonction `rand()` sait générer des valeurs qui semblent aléatoires, mais ce sont des valeurs prévisibles. Pour diminuer la récurrence des valeurs, il faut fournir une graine *(seed)* pour ensemencer la fonction générant la valeur aléatoire. Vous utilisez à cet effet la fonction `srand()`.

Comme sa collègue `rand()`, la fonction `srand()` réclame l'incorporation du fichier `stdlib.h` (ligne 2 du Listing 11.9). Vous devez fournir à la fonction une valeur de type `unsigned int` (`graine`, en ligne 6). La fonction `scanf()` en ligne 10 demande la saisie de cette valeur non signée grâce au formateur `%u`. Nous appelons ensuite la fonction `srand()` qui se sert de la graine en ligne 11.

Listing 11.9 : Un hasard moins prévisible

```
#include <stdio.h>
#include <stdlib.h>

int main()
{
    unsigned graine;
    int r, a, b;

    printf("Indiquez une valeur int pour la graine : ");
    scanf("%u", &graine);
    srand(graine);
    for(a=0; a<20; a++)
    {
        for(b=0; b<5; b++)
        {
            r=rand();
            printf("%d\t", r);
        }
        putchar('\n');
    }
    return(0);
}
```

Nous appelons la fonction `rand()` en ligne 16; les résultats sont dorénavant basés sur la graine définie pendant l'exécution du programme.

Exercice 11.19 : Créez le projet ex1119 à partir du Listing 11.9, compilez et exécutez plusieurs fois en proposant des valeurs de graines différentes. Vous constatez que le résultat change à chaque exécution.

Cela dit, les valeurs soi-disant aléatoires restent prévisibles si vous fournissez la même valeur pour la graine. Lorsque vous spécifiez la valeur `1` par exemple, les valeurs sont les mêmes que celles de l'exercice 11.17, dans lequel nous n'avons même pas utilisé `srand()`! Il doit y avoir moyen de mieux faire.

La meilleure technique pour constituer un générateur de valeurs aléatoires efficace consiste à ne pas demander à l'utilisateur de fournir de valeur initiale, mais de récupérer cette graine depuis une source elle-même difficile à prévoir. Dans le Listing 11.10, nous récupérons cette graine auprès de l'horloge système grâce à la fonction `time()`.

Listing 11.10 : Un hasard qui fait encore mieux les choses

```
#include <stdio.h>
#include <stdlib.h>
#include <time.h>

int main()
{
    int r, a, b;

    srand((unsigned)time(NULL));
    for(a=0; a<20; a++)
    {
        for(b=0; b<5; b++)
        {
            r=rand();
            printf("%d\t", r);
        }
        putchar('\n');
    }
    return(0);
}
```

Les fonctions temporelles seront présentées dans le Chapitre 21. Pour ne pas aller trop vite en besogne, contentons-nous d'indiquer que la fonction `time()` renvoie une information décrivant l'heure actuelle telle que gérée par l'ordinateur, cette valeur changeant évidemment sans cesse. L'argument `NULL` permet de résoudre quelques petits soucis dans lesquels je ne peux pas m'étendre ici. Il suffit de savoir que `time()` renvoie toujours une valeur différente.

La mention de type `(unsigned)` entre parenthèses permet de garantir que la valeur renvoyée par `time()` sera bien du type entier non signé `unsigned`. Il s'agit de la technique dite de *transtypage* dont nous parlerons dans le Chapitre 16.

Au final, la fonction `srand()` reçoit en entrée une valeur initiale grâce à la fonction `time()`, ce qui permet à la fonction `rand()` de générer des valeurs beaucoup moins prévisibles que par les techniques précédentes.

EXERCICE 11.20 : Créez un projet à partir du Listing 11.10 puis exécutez-le plusieurs fois pour vérifier que les valeurs sont devenues quasiment aléatoires, dans la mesure des capacités de l'ordinateur.

EXERCICE 11.21 : Repartez de votre solution à l'exercice 8.6 du Chapitre 8 pour faire générer une valeur aléatoire afin de rendre le jeu de devinettes plus intéressant, bien qu'il ne soit pas tout à fait impartial. Affichez la valeur aléatoire si le joueur ne la devine pas.

De l'importance de l'ordre des priorités

Avant de pouvoir quitter cet incontournable chapitre consacré aux mathématiques, il nous faut encore étudier l'ordre des priorités entre opérateurs. Il ne s'agit pas d'un ordre religieux, et il n'a rien à voir avec une quelconque technique de divination. Il s'agit tout simplement de garantir que les expressions mathématiques que vous écrivez en langage C sont bien comprises par le compilateur, comme vous vous y attendez.

Trouver le bon ordre

Considérons l'équation suivante. À votre avis, quelle est la valeur de la variable `reponse` ?

```
reponse = 5 + 4 * 3;
```

Un être humain lit cette formule de gauche à droite. Vous répondriez donc probablement 27, puisque 5 + 4 vaut 9, fois 3 égale à 27. C'est correct, mais l'ordinateur répondrait 17.

Ce n'est pas que l'ordinateur se soit trompé. Il considère simplement que la multiplication est prioritaire par rapport à l'addition. Il cherche donc d'abord à faire les multiplications. Pour la machine, l'ordre visuel des valeurs et des opérateurs à moins d'importance que la priorité relative des opérateurs. Autrement dit, la multiplication a priorité sur l'addition.

Voici les grands principes qui régissent les priorités entre les opérateurs de base :

En premier : Multiplication et Division

En second : Addition et Soustraction

Une formule mnémonique pour se souvenir des priorités peut se dire « Mon Dragon A Soif ». L'Annexe G rappelle les ordres de priorités de tous les opérateurs du langage C.

EXERCICE 11.22 : Concevez un programme pour évaluer l'équation suivante et afficher le résultat :

```
20 - 5 * 2 + 42 / 6
```

Essayez de deviner le résultat avant de lancer l'exécution du programme.

EXERCICE 11.23 : Modifiez le code de l'exercice 11.22 pour faire évaluer l'équation suivante :

```
12 / 3 / 2
```

Non, ce n'est pas une date. Il s'agit de 12 divisé par 3 divisé par 2.

Contrôler l'ordre grâce à des parenthèses

Vous pouvez prendre le contrôle de l'ordre des priorités en ajoutant des parenthèses. Dans une équation en langage C, tout ce qui est entre deux parenthèses est évalué avant ce qui est extérieur. Même si vous oubliez l'ordre des priorités, vous pouvez assurer le coup en utilisant des couples de parenthèses.

Attention, nous allons faire des mathématiques !

EXERCICE 11.24 : Écrivez le code de l'équation suivante pour que le résultat soit 14 et non 2 :

```
12 - 5 * 2
```

EXERCICE 11.25 : Écrivez le code de l'équation suivante (tirée de l'exercice 11.22) afin que l'addition et la soustraction soient réalisées **avant** la multiplication et la division. Si vous avez réussi, le résultat doit être égal à 110 :

```
20 - 5 * 2 + 42 / 6
```

Dans vos prochains projets, le code source que vous devrez écrire va surtout utiliser des variables et non des valeurs directes. Vous devez donc bien comprendre vos équations et savoir ce qu'il faut évaluer. Si vous devez par exemple faire le total des salariés à temps plein et des salariés à temps partiel avant de diviser le tout par la masse salariale totale, il faut délimiter les deux premières variables par un jeu de parenthèses.

Les parenthèses ne se limitent pas à contrôler les priorités dans les évaluations. Elles augmentent la lisibilité du code, surtout dans les équations complexes. Autrement dit, même lorsque les parenthèses ne sont pas nécessaires, pensez à en ajouter si cela peut améliorer la lisibilité du code source.

Chapitre 12

Brosser un tableau

Dans ce chapitre :

- Stocker plusieurs variables dans un tableau
- Déclarer un tableau
- Exploiter les tableaux de caractères (chaînes)
- Trier le contenu d'un tableau
- Maîtriser les tableaux à plusieurs dimensions
- Transmettre un tableau à une fonction

Lors de mes premiers pas en programmation, j'ai pris garde d'éviter les tableaux. Je n'y comprenais rien. Les tableaux ont leurs propres règles et leurs propres délires, ce qui les distingue des variables simples du langage C. Mais plutôt que d'éviter à votre tour ce sujet en essayant de passer directement au chapitre suivant (qui n'est pas beaucoup plus simple), prenez votre courage à deux mains et découvrez à quel point les tableaux constituent des outils merveilleux, très utiles et complètement dingues.

Dédramatiser les tableaux

Dans le monde réel, les informations se présentent soit de façon individuelle, soit de façon groupée. Vous pouvez trouver une pièce de un centime sur votre chemin, puis une pièce de dix, et peut-être même une pièce de deux euros ! Pour gérer un tel trésor en langage C, il faut pouvoir regrouper plusieurs variables du même type « pièce de monnaie ». En enchaînant plusieurs variables les unes à la suite des autres, on obtient une séquence. En langage C, cela correspond à un tableau (*array*).

Tentative d'évitement des tableaux

Recourir aux tableaux devient incontournable à un moment ou à un autre de votre progression en programmation. Partons du Listing 12.1 qui demande de saisir vos trois meilleurs scores dans un jeu, puis de les afficher.

Listing 12.1 : La version sans tableau des meilleurs scores

```
#include <stdio.h>

int main()
{
    int scoremax1, scoremax2, scoremax3;

    printf("Votre meilleur score: ");
    scanf("%d", &scoremax1);
    printf("Second meilleur score: ");
    scanf("%d", &scoremax2);
    printf("Troisieme meilleur score: ");
    scanf("%d", &scoremax3);

    puts("Voici vos meilleurs scores");
    printf("#1 %d\n", scoremax1);
    printf("#2 %d\n", scoremax2);
    printf("#3 %d\n", scoremax3);

    return(0);
}
```

Le Listing 12.1 demande de saisir successivement trois valeurs numériques entières qui sont stockées dans les trois variables `int` déclarées en ligne 5. Les valeurs sont ensuite affichées dans les lignes 15 à 17. Très simple.

Exercice 12.1 : Créez le projet *ex1201* à partir du Listing 12.1 puis compilez et exécutez.

Si vous avez saisi le code source, avez-vous deviné qu'il est possible d'être plus efficace? Bien sûr, vous pouvez profiter de la fonction copier/coller, mais le problème essentiel n'est pas dans la répétition des instructions.

Exercice 12.2 : Modifiez le code source du Listing 12.1 pour recueillir et afficher un quatrième meilleur score. Compilez et exécutez.

Imaginez maintenant ce qu'il faudrait écrire s'il fallait permettre à l'utilisateur de demander le réaffichage de ses dix meilleurs scores. Le résultat va vite devenir compliqué. Tout irait tellement mieux si vous acceptiez d'utiliser un tableau.

Principes des tableaux

Un tableau *(array)* est le regroupement logique de plusieurs variables simples du même type : une douzaine de variables de type `int`, deux ou trois variables de type `double`, ou encore toute une chaîne de variables de type `char`. Les valeurs sont bien sûr différentes pour chaque élément. Un tableau est une sorte de réceptacle multiple dans lequel vous pouvez stocker des valeurs.

La déclaration d'un tableau suit la même approche que celles des variables simples. Vous fournissez d'abord un type puis un nom, mais vous indiquez ensuite un couple de crochets droits. Voici par exemple comment déclarer un tableau nommé `scoremax` :

```
int scoremax[];
```

Mais cette déclaration est incomplète, car vous ne dites pas au compilateur combien d'éléments le tableau devra pouvoir accueillir. Si nous prévoyions de stocker trois éléments dans le tableau `scoremax`, nous le déclarerions ainsi :

```
int scoremax[3];
```

Chacun des trois éléments va mémoriser une valeur de type `int`. Voici comment vous accédez à chaque élément :

```
scoremax[0] = 750;
scoremax[1] = 699;
scoremax[2] = 675;
```

Pour désigner un élément dans un tableau, vous indiquez son numéro d'indice entre crochets, sachant que le premier élément est situé à l'indice 0 (ne l'oubliez pas). Rappelons qu'en langage C, vous commencez toujours vos comptes à 0, car cela offre certains avantages. Ne croyez pas que ce soit stupide.

Dans l'exemple précédent, nous affectons au premier élément du tableau, `scoremax[0]`, la valeur `750`, puis la valeur `699` au deuxième et la valeur `675` au troisième.

Une fois qu'une variable de tableau possède une valeur, vous pouvez vous en servir comme n'importe quelle autre variable :

```
var = scoremax[0];
```

Cet exemple recopie la valeur trouvée dans l'élément de tableau `scoremax[0]` dans la variable `var`. Si `scoremax[0]` contient la valeur 750, `var` contient la même valeur après l'instruction.

EXERCICE 12.3 : Reformulez le code source de votre solution à l'exercice 12.2 en employant un tableau, mais n'oubliez pas que votre tableau doit contenir quatre valeurs et non trois.

Il y a plusieurs solutions à l'exercice 12.3, la plus primaire consistant à stocker la valeur de chaque élément individuellement dans le tableau ligne après ligne (un peu comme dans le Listing 12.1). Mais le Listing 12.2 propose une solution plus imaginative.

Listing 12.2 : Une meilleure version du stockage des scores dans un tableau

```
#include <stdio.h>

int main()
{
    int scoremax[4];
    int x;

    for(x=0;x<4;x++)
    {
        printf("Votre score #%d : ",x+1);
        scanf("%d", &scoremax[x]);
    }

    puts("Voici vos meilleurs scores");
    for(x=0; x<4; x++)
        printf("#%d %d\n", x+1, scoremax[x]);

    return(0);
}
```

Presque tout le code du Listing 12.2 devrait vous être familier, en dehors de la nouvelle notation pour les tableaux. L'argument `x+1` dans les instructions `printf()` en lignes 10 et 16 permet d'utiliser la variable `x` dans la boucle, tout en affichant sa valeur en commençant à 1 et non à 0. En effet, même si le C préfère commencer à 0, les êtres humains préfèrent voir les valeurs commencer à 1.

EXERCICE 12.4 : Créez un nouveau projet avec le Listing 12.2 puis compilez et exécutez.

L'affichage devrait être quasiment le même que dans les exercices 12.2 et 12.3, mais la technique est beaucoup plus efficace, comme va le prouver l'exercice suivant.

EXERCICE 12.5 : Modifiez le code source du Listing 12.2 pour demander la saisie puis afficher les dix meilleurs scores.

Imaginez ce qu'il aurait fallu saisir pour répondre à cet exercice si nous n'utilisions pas un tableau !

Le premier élément d'un tableau est toujours à l'indice 0.

Lorsque vous déclarez un tableau, indiquez le nombre total d'éléments, par exemple `10` pour dix éléments. Les éléments portent les indices `0` à `9`, mais il faut bien indiquer la valeur `10` lorsque vous déclarez la taille du tableau.

Initialisation d'un tableau (déclaration)

Comme dans le cas des autres variables C, vous pouvez affecter des valeurs initiales au contenu d'un tableau au moment où vous le déclarez. Cette opération suppose un format spécifique :

```
int scoremax[] = { 750, 699, 675 };
```

Lorsque vous fournissez ainsi des valeurs initiales entre accolades, vous n'êtes plus obligé d'indiquer la taille du tableau entre crochets parce que le compilateur est assez intelligent pour compter le nombre de valeurs initiales et configurer le tableau en conséquence.

EXERCICE 12.6 : Concevez un programme pour afficher les cours de la Bourse à la fermeture pour les cinq jours passés. Vous stockerez les valeurs dans un tableau non initialisé portant le nom `tabBourseFin[]`. L'affichage devrait ressembler à ceci :

```
Fermeture bourse
Jour 1: 14450.06
Jour 2: 14458.62
Jour 3: 14539.14
Jour 4: 14514.11
Jour 5: 14452.06
```

EXERCICE 12.7 : Concevez un programme qui exploite deux tableaux. Le premier tableau est créé avec les sept valeurs initiales `10, 12, 14, 15, 16, 18` et `20`. Le second tableau doit avoir la même taille, mais il n'est pas initialisé. Prévoyez des instructions pour remplir le second tableau avec la racine carrée de chacune des valeurs du premier tableau puis affichez les résultats.

Des tableaux qui ont du caractère (les chaînes)

Tous les types de variables standard du langage C peuvent servir à constituer un tableau. Cependant, le type `char` donne un tableau d'un style différent : il s'agit en effet d'une chaîne de caractères.

Comme pour n'importe quel autre tableau, vous pouvez déclarer votre tableau `char` en fournissant ou pas une valeur initiale. Voici à quoi ressemble la déclaration d'un tableau de caractères initialisé :

```
char text[] = "Un joli tableau";
```

Comme indiqué plus haut, la taille du tableau est déduite par le compilateur lorsque vous fournissez la valeur initiale. Vous n'avez donc pas besoin de compter les caractères pour les placer entre les crochets. Encore plus important, le compilateur prend soin d'ajouter un caractère invisible à la fin de la chaîne possédant la valeur 0. C'est le zéro terminal `\0` qui permet d'obtenir une chaîne à zéro terminal ou chaîne AZT.

En théorie, vous pourriez déclarer votre tableau de caractères en fournissant toute la ribambelle des valeurs isolées, mais c'est harassant :

```
char texte[] = { 'U', 'n', ' ', 'j', 'o', 'l', 'i', ' ', 't', 'a', 'b', 'l', 'e', 'a', 'u', '\0' };
```

Dans la ligne précédente, chaque élément de type `char` est spécifié de façon isolée, y compris le zéro terminal `\0` qui clôt la chaîne. J'ai comme l'impression que vous préférerez comme moi la méthode consistant à écrire la chaîne de caractères entre guillemets.

Le Listing 12.3 propose de scruter un tableau `char` un caractère à la fois. Nous nous servons de la variable nommée `index` comme indice. Dans la boucle `while`, nous progressons jusqu'à tomber sur le caractère terminal `\0` qui marque la fin de la chaîne. Nous y ajoutons un dernier appel à `putchar()` (ligne 14) pour ajouter un saut de ligne à l'affichage.

Listing 12.3 : Affichage laborieux d'un tableau de caractères

```
#include <stdio.h>

int main()
{
```

```
    char phrase[] = "Texte insignifiant";
    int index;

    index = 0;
    while(phrase[index] != '\0')
    {
        putchar(phrase[index]);
        index++;
    }
    putchar('\n');
    return(0);
}
```

EXERCICE 12.8 : Créez un projet à partir du Listing 12.3, compilez et exécutez.

La boucle `while` du Listing 12.3 s'inspire des routines d'affichage de chaînes de la librairie standard du C. Toutes ces fonctions utilisent de préférence des pointeurs et non des tableaux, mais c'est un sujet que nous n'aborderons que dans le Chapitre 18. Sachez cependant que ces fonctions vous facilitent bien les choses, puisque vous pourriez remplacer tout le bloc constitué des lignes 8 à 14 par l'unique instruction suivante :

```
puts(phrase);
```

ou bien celle-ci :

```
printf("%s\n", phrase);
```

ATTENTION !

Lorsque vous utilisez un tableau `char` dans une fonction comme ci-dessus, il n'est pas nécessaire de faire figurer les crochets droits. Si vous les faites apparaître, le compilateur va croire que vous vous êtes trompé.

Déclarer un tableau de caractères vides

Vous pouvez tout à fait déclarer un tableau de valeurs `float` ou `int` sans les initialiser au départ. De même, vous pouvez créer un tableau de caractères vides, mais vous devez dans ce cas être très vigilant. La taille que vous donnez au tableau doit correspondre au nombre maximum de caractères à y stocker augmenté de 1 pour réserver la place pour le caractère NULL terminal. Vous devrez ensuite veiller à ne jamais stocker dans le tableau un nombre de caractères supérieurs à sa capacité.

Dans le Listing 12.4 qui suit, le tableau de caractères nommé `prenom` en ligne 5 est prévu pour accepter jusqu'à 15 caractères plus 1 pour le `\0` terminal. C'est le programmeur qui choisit de limiter son tableau à 15 caractères, la plupart des prénoms n'étant pas plus longs.

Listing 12.4 : Remplissage ultérieur d'un tableau de caractères

```
#include <stdio.h>

int main()
{
    char prenom[16];

    printf("Quel est votre prenom ? ");
    fgets(prenom, 16, stdin);
    printf("Ravi de vous rencontrer, %s\n", prenom);
    return(0);
}
```

Nous lisons la chaîne du prénom en ligne 8 par un appel à `fgets()` qui stocke la valeur dans la chaîne `prenom`. La longueur maximale de saisie est spécifiée comme égale à 16. `fgets()` tient compte du caractère terminal. La saisie utilise comme source l'entrée standard, `stdin`.

Exercice 12.9 : Créez un projet à partir du Listing 12.4, compilez et exécutez. Utilisez votre prénom pour la saisie.

Relancez l'exécution en tentant de saisir plus de 15 caractères. Vous constatez que les 15 premiers caractères sont stockés dans le tableau. Le code de la touche Entrée n'est pas stocké, alors qu'il l'aurait été si la saisie avait été inférieure à 15 caractères.

Exercice 12.10 : Retouchez le code de l'exercice 12.9 pour que le programme vous demande ensuite de saisir votre nom de famille et le stocke dans un second tableau. Le programme doit ensuite vous souhaiter la bienvenue en affichant votre prénom et votre nom.

Dans cette approche, le code numérique de la touche Entrée est effectivement stocké à la fin de votre nom, car c'est ainsi que `fgets()` procède à la saisie. Si votre prénom est Eva, le tableau contiendra ceci :

```
prenom[0] == 'E'
prenom[1] == 'v'
prenom[2] == 'a'
prenom[3] == '\n'
prenom[4] == '\0'
```

Ce stockage parasite est lié au fait que le langage C est orienté flux de données. Le code de la touche Entrée fait partie du flux d'entrée aux yeux de la fonction `fgets()`. Vous pouvez résoudre ce problème en réalisant l'exercice suivant.

EXERCICE 12.11 : Reformulez le code source de l'exercice 12.10 pour utiliser la fonction `scanf()` pour récupérer la saisie du prénom et du nom.

L'utilisation de `scanf()` résout un problème mais en apporte un autre : elle ne permet pas de garantir que la saisie est limitée à 15 caractères, sauf si vous le lui demandez explicitement.

EXERCICE 12.12 : Modifiez l'appel à la fonction `scanf()` dans l'exercice 12.11 pour utiliser le spécificateur de format `%15s`. Lancez la compilation et l'exécution.

Le formateur `%15s` oblige la fonction `scanf()` à ne lire que les 15 premiers caractères de ce qui est saisi pour les stocker dans le premier tableau de caractères. Tout le texte superflu sera récupéré par le second appel à `scanf()`, et le texte vraiment en trop sera ignoré.

TRUC

Il est essentiel de bien comprendre les principes des flux d'entrées pour maîtriser la saisie de texte en C. Nous donnons d'autres informations sur ce point important dans le Chapitre 13.

Trier un tableau

Les ordinateurs portent bien leurs noms, puisqu'ils acceptent avec plaisir de réaliser des tâches fastidieuses consistant à ordonner, à trier le contenu d'un tableau. D'ailleurs, le concept de tri est un concept fondamental en informatique, qui a fait l'objet de nombreuses théories et algorithmes. Les stratégies de tri constituent même un domaine de recherche à part entière.

Le tri le plus simple est le tri à bulles. Il est non seulement facile à expliquer, mais il porte un nom amusant. Il permet de comprendre la stratégie élémentaire du tri d'un tableau, qui consiste à permuter les valeurs de deux éléments à la fois.

Supposez que nous ayons à trier le contenu d'un tableau dans l'ordre croissant des valeurs. Si l'élément `tablo[2]` contient la valeur `20` et l'élément `tablo[3]` la valeur `5`, il suffit de permuter les contenus des deux éléments. Pour y parvenir, il faut créer une variable temporaire, en écrivant une série d'instructions dans le style suivant :

```
temp = tablo[2];        /* Sauve 20 dans temp */
tablo[2] = tablo[3];    /* Copie 5 dans tablo[2] */
tablo[3] = temp;        /* Copie 20 dans tablo[3] */
```

Dans le tri à bulles, nous comparons chaque élément du tableau tour à tour à chacun des autres éléments en séquence. Dès que l'on tombe sur une valeur qui devrait être placée avant l'autre, nous permutons les deux valeurs. Dans le cas contraire, nous passons à l'élément suivant en cherchant à réaliser toutes les permutations possibles. Cette technique est mise en œuvre dans le Listing 12.5.

Listing 12.5 : Exemple de tri à bulles

```
#include <stdio.h>

#define TAILLE 6

int main()
{
    int tabulles[] = { 95, 60, 6, 87, 50, 24 };
    int interne, externe, temp, x;

    /* Affiche le tableau initial */ // L10
    puts("Tableau de depart :");
    for(x=0; x<TAILLE; x++)
        printf("%d\t", tabulles[x]);
    putchar(æ\nÆ);

    /* tabulles sort */ // L16
    for(externe=0; externe<TAILLE-1; externe++)
    {
        for(interne=externe+1; interne<TAILLE; interne++)
        {
            if(tabulles[externe] > tabulles[interne])
            {
                temp=tabulles[externe];
                tabulles[externe] = tabulles[interne];
                tabulles[interne] = temp;
            }
        }
    }

/* Affiche le tableau apres tri */
    puts("Tableau apres tri :");
    for(x=0; x<TAILLE; x++)
        printf("%d\t", tabulles[x]);
    putchar(æ\nÆ);
    return(0);
}
```

Le code source du Listing 12.5 est assez long, mais nous pouvons le répartir en trois groupes, chacun commençant par un commentaire :

- Les lignes 10 à 14 affichent le contenu initial du tableau.
- Les lignes 16 à 28 effectuent le tri.
- Les lignes 30 à 34 affichent le contenu du tableau une fois trié (ce sont des copies des lignes 10 à 14).

En ligne 3, nous définissons la constante `TAILLE`. Cela nous permet de modifier rapidement la taille de tableau, et de réutiliser ce code source (cela vous arrivera sans doute).

Le tri utilise deux boucles `for` imbriquées, une boucle externe et une boucle interne. La boucle externe progresse dans le tableau, élément par élément. La boucle interne part de l'élément qui suit l'élément courant dans le tableau puis scrute chacune des valeurs individuelles qui suivent.

EXERCICE 12.13 : Recopiez le code source du Listing 12.5 dans l'éditeur pour créer un nouveau projet nommé *ex1213* puis compilez et exécutez.

EXERCICE 12.14 : À partir du Listing 12.5, constituez un programme pour générer 40 valeurs numériques aléatoires entre 1 et 100 puis stocker ces valeurs dans un tableau. Affichez le tableau, triez-le et affichez les résultats.

EXERCICE 12.15 : Modifiez le code de l'exercice 12.14 pour trier les valeurs dans l'ordre inverse, du plus grand au plus petit.

EXERCICE 12.16 : Concevez un programme pour trier les lettres du texte de la chaîne de 19 caractères : « Vive le langage C ! ».

Tableau à plusieurs dimensions

Pour l'instant, nous n'avons vu dans ce chapitre que les tableaux à une seule dimension, sous forme de lignes. Un tel tableau enchaîne en séquence une série de valeurs, à la queue leu leu. Cela suffit parfaitement pour une série de valeurs uniques. En revanche, dès que vous avez besoin d'entrer dans la deuxième dimension des surfaces ou la troisième dimension des volumes, vous allez tirer profit des tableaux à plusieurs dimensions.

Retailler un tableau, c'est possible ?

Une fois que vous avez déclaré un tableau en langage C, sa taille est immuable. Vous ne pouvez pas l'agrandir ni le réduire pour changer le nombre d'éléments. Supposons que nous déclarions un tableau de 10 éléments comme ceci :

```
int topten[10];
```

Vous ne pourrez jamais ajouter un onzième élément au tableau. Si vous tentez de le faire, vous risquez de subir bien des misères.

En jargon informatique, les tableaux en langage C ne sont pas dynamiques : la taille ne peut plus être modifiée une fois qu'elle est définie. D'autres langages de programmation permettent de retailler les tableaux ou de les redimensionner. Ce n'est pas le cas en C.

Créer un tableau à deux dimensions

Un tableau à deux dimensions équivaut à une grille constituée de lignes et de colonnes. Un bon exemple d'un tel tableau est un plateau de jeu d'échecs, c'est-à-dire une grille de 8 colonnes sur 8 lignes. Il serait possible de déclarer un tableau sous forme d'une seule ligne de 64 éléments pour représenter un plateau d'échecs, mais un tableau à deux dimensions sera beaucoup plus pratique. Voici comment vous pourriez le déclarer :

```
int echecs[8][8];
```

Les deux jeux de crochets spécifient les deux dimensions du tableau : 8 lignes sur 8 colonnes. La cellule située dans la première ligne de la première colonne correspond à la mention `echecs[0][0]`. La dernière case de la première ligne serait `echecs[0][7]` et la dernière case tout en bas à droite serait `echecs[7][7]`.

Le Listing 12.6 propose un petit jeu de tic-tac-toe (à ne pas confondre avec celui de morpion) qui utilise une grille de 3 par 3. La matrice est remplie dans les lignes 9 à 11 puis la ligne 12 ajoute un X dans la case du centre.

Listing 12.6 : Un jeu de tic-tac-toe

```
#include <stdio.h>

int main()
{
    char tictactoe[3][3];
    int x,y;
```

```
/* Initialise la matrice */
    for(x=0; x<3; x++)
        for(y=0; y<3; y++)
            tictactoe[x][y] = '.';
    tictactoe[1][1] = 'X';

/* Affiche le plateau */
    puts("Une partie de Tic-Tac-Toe ?");
    for(x=0; x<3; x++)
    {
        for(y=0; y<3; y++)
            printf("%c\t", tictactoe[x][y]);
        putchar('\n');
    }
    return(0);
}
```

La matrice est affichée dans les lignes 14 à 21 en utilisant, comme pour la création, une double boucle `for` imbriquée.

EXERCICE 12.17 : Créez un projet à partir du Listing 12.6, compilez et exécutez.

Les tableaux à deux dimensions sont souvent utilisés pour constituer aisément des tableaux de chaînes, comme le montre le Listing 12.7.

Listing 12.7 : Exemple de tableau de chaînes

```
#include <stdio.h>

#define TAILLE 3

int main()
{
    char president[TAILLE][8] = {
        "Sarkozy",
        "Coty",
        "Grevy"
    };
    int x,index;

    for(x=0; x<TAILLE; x++)
    {
        index = 0;
        while(president[x][index] != '\0')
        {
```

```
            putchar(president[x][index]);
            index++;
        }
        putchar('\n');
    }
    return(0);
}
```

Dans la ligne 7, nous déclarons le tableau de type `char` à deux dimensions nommé `president`. La première valeur dans les crochets correspond au nombre d'éléments, c'est-à-dire de chaînes, que va contenir le tableau. La deuxième dimension entre crochets correspond à la longueur maximale de l'une des chaînes. Dans notre exemple, la chaîne la plus longue est `Sarkozy`, comportant sept lettres. Il nous faut donc prévoir huit caractères, afin de tenir compte du zéro terminal `\0` («Mitterrand» ne tiendra pas).

Tous les éléments de la deuxième dimension du tableau seront de cette longueur, et toutes les chaînes vont donc occuper huit caractères, ce qui est un gaspillage d'espace mémoire, mais c'est ainsi que cela fonctionne. Nous illustrons ce concept dans la Figure 12.1.

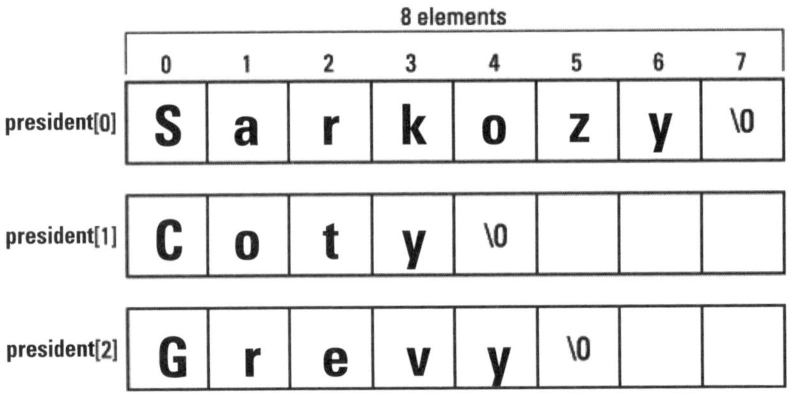

Figure 12.1 : Stockage de chaînes dans un tableau à deux dimensions

EXERCICE 12.18 : Créez un projet à partir du Listing 12.7, compilez et exécutez.

Dans les lignes 16 à 22 du Listing 12.7, nous sommes repartis de l'exercice 12.8 un peu plus haut. Nos instructions balayent la seconde dimension du tableau `president` en affichant un caractère à la fois.

EXERCICE 12.19 : Remplacez les lignes 15 à 23 du Listing 12.7 par un appel unique à la fonction `puts()` pour afficher la chaîne en une seule fois. Voici comment elle s'écrit :

```
puts(president[x]);
```

Lorsque vous manipulez des chaînes dans un tableau à deux dimensions, chaque chaîne est désignée selon la première dimension.

EXERCICE 12.20 : Retouchez le code de l'exercice 12.19 pour accueillir trois autres présidents dans le tableau : Mitterrand, Chirac et Pompidou.

On passe en 3D : un tableau à trois dimensions

Vous trouverez fréquemment des tableaux à deux dimensions en programmation, mais les tableaux à plus de deux dimensions peuvent vous rendre fou !

En fait, peut-être pas. Parfois, il est nécessaire de créer des tableaux à trois ou quatre dimensions. Le problème est que votre cerveau aura du mal à ne pas s'y perdre parmi toutes ces dimensions.

Le Listing 12.8 propose un exemple de tableau à trois dimensions déclaré en ligne 5. La troisième dimension correspond au troisième jeu de crochets droits, ce qui produit un plateau de jeu en 3D.

Listing 12.8 : On passe en 3D

```
#include <stdio.h>

int main()
{
    char tictactoe[3][3][3];
    int x,y,z;

/* Initialise la matrice */
    for(x=0; x<3; x++)
        for(y=0; y<3; y++)
            for(z=0; z<3; z++)
                tictactoe[x][y][z]='.';
    tictactoe[1][1][1] = 'X';

/* Affiche le plateau de jeu */
    puts("Une partie de Tic-Tac-Toe 3D ?");
```

```
    for(z=0; z<3; z++)
    {
        printf("Niveau %d\n",z+1);
        for(x=0; x<3; x++)
        {
            for(y=0; y<3; y++)
                printf("%c\t", tictactoe[x][y][z]);
            putchar('\n');
        }
    }
    return(0);
}
```

Les lignes 8 à 12 remplissent le tableau en utilisant les variables x, y, et z comme coordonnées dans les trois dimensions. La ligne 13 ajoute un X majuscule au centre, ce qui vous donne une idée de la manière dont vous accédez à chaque élément.

Les lignes 15 à 26 réalisent l'affichage du contenu de la matrice.

Exercice 12.21 : Créez un projet à partir du Listing 12.8, compilez et exécutez.

Évidemment, l'affichage est une surface en deux dimensions. Je vous laisse relever le défi d'écrire le code pour afficher la troisième dimension.

Initialiser un tableau à plusieurs dimensions

Le mystère des tableaux à plusieurs dimensions est qu'ils n'existent pas vraiment en tant que tels. En termes techniques, le compilateur ne sait manipuler que des éléments à une seule dimension, donc un très long tableau dans lequel tous les éléments sont enchaînés. La notation utilisant les doubles ou triples crochets permet de calculer l'adresse exacte d'un élément et la longueur totale du tableau lors de la compilation. C'est le compilateur qui se charge du calcul.

Pour comprendre comment un tableau à plusieurs dimensions est en fait traité sous forme d'un très long tableau à une seule dimension, il suffit d'étudier la manière dont vous pouvez initialiser un tel tableau. Voici un exemple :

```
int quadrille[3][4] = {
    5, 4, 4, 5,
    4, 4, 5, 4,
    4, 5, 4, 5
```

```
    };
```

Ce tableau comporte trois lignes de quatre éléments chacune. Il est bien déclaré sous forme d'une grille et ressemble d'ailleurs à une grille. Cette déclaration est acceptée tant que le dernier élément n'est pas suivi d'une virgule. Vous auriez pu également écrire la même déclaration de la façon suivante :

```
int quadrille[3][4] = { 5, 4, 4, 5, 4, 4, 5, 4, 4, 5, 4, 5 };
```

L'instruction précédente définit toujours un tableau à deux dimensions, mais vous pouvez dorénavant comprendre comment les données sont gérées en mémoire sous forme d'une seule séquence accessible par un double indice. Le compilateur est capable de reconnaître les dimensions, même lorsque vous n'en fournissez qu'une seule, comme dans cet exemple :

```
int quadrille[][4] = { 5, 4, 4, 5, 4, 4, 5, 4, 4, 5, 4, 5 };
```

Dans cet exemple, le compilateur constate qu'il y a 12 éléments dans un tableau à deux dimensions. Il en déduit automatiquement qu'il s'agit d'une matrice de 3 sur 4, puisque vous avez spécifié la valeur 4 dans le deuxième jeu de crochets. Vous pouvez également écrire ceci :

```
int quadrille[][6] = { 5, 4, 4, 5, 4, 4, 5, 4, 4, 5, 4, 5 };
```

Dans cet exemple, le compilateur suppose que vous voulez créer un tableau de deux lignes de six éléments. En revanche, l'exemple suivant sera refusé :

```
int quadrille[][] = { 5, 4, 4, 5, 4, 4, 5, 4, 4, 5, 4, 5 };
```

Le compilateur suppose ici que vous voulez créer un tableau à une seule dimension, mais que vous avez laissé un second jeu de crochets vides inutile.

EXERCICE 12.22 : Reformulez le code de l'exercice 12.17 pour que le plateau de jeu soit initialisé lors de la déclaration, y compris le X dans la case du centre.

Tableaux et fonctions

Vous pouvez créer un tableau à l'intérieur d'une fonction de la même manière que dans la fonction principale `main()`, comme nous venons de le voir. Vous déclarez le tableau, vous l'initialisez puis vous accédez à ses éléments. Mais vous pouvez également transmettre un tableau en entrée d'une fonction ou le faire renvoyer par une fonction. Le tableau devient ainsi exploitable dans la fonction.

Transmettre un tableau à une fonction

Pour transmettre un tableau en entrée d'une fonction en tant qu'argument, il est nécessaire de le prévoir dans le prototype de la fonction. Il faut indiquer le nom du tableau en argument, comme ceci :

```
void traitement(int nums[]);
```

Cette instruction correspond au prototype de la fonction `traitement()`. Elle accepte en entrée un tableau nommé `nums` contenant des valeurs entières. La totalité du tableau sera transmis à la fonction, qui pourra en faire ce que bon lui semble.

En revanche, lorsque vous appelez la fonction en spécifiant un nom de tableau en argument, vous ne devez pas indiquer les crochets :

```
traitement(valeurs);
```

Dans cet exemple, la fonction `traitement()` reçoit au démarrage le tableau `valeurs`. Si vous laissez les crochets dans les appels, le compilateur va croire que vous voulez transmettre un seul élément de ce tableau mais que vous avez oublié de spécifier l'indice de cet élément. Ceci est accepté :

```
traitement(valeurs[6]);
```

Ceci sera refusé :

```
traitement(valeurs[]);
```

Le Listing 12.9 définit une fonction nommée `afficherTablo()` qui reçoit un tableau en argument. La fonction est déclarée de type `void`, ce qui signifie qu'elle ne renvoie aucune valeur. En revanche, elle va pouvoir manipuler le contenu du tableau.

Listing 12.9 : Me Fonction rencontre M. Tableau

```
include <stdio.h>

#define TAILLE 5

void afficherTablo(int tablo[]);

int main()
{
    int n[] = { 1, 2, 3, 5, 7 };

    puts("Votre tableau :");
    afficherTablo(n);
```

```
    return(0);
}

void afficherTablo(int tablo[])
{
    int x;

    for(x=0; x<TAILLE; x++)
        printf("%d\t", tablo[x]);
    putchar('\n');
}
```

L'appel à la fonction `afficherTablo()` se situe en ligne 12. Vous constatez que le tableau nommé `n` est transmis à la fonction sans indiquer les crochets droits. Ne l'oubliez pas !

La fonction est définie à partir de la ligne 16, en indiquant un nom de tableau avec les crochets, comme dans le prototype en ligne 5. À l'intérieur de la fonction, nous exploitons le contenu du tableau comme si nous étions dans la fonction `main()`, ce que vous voyez en ligne 21.

EXERCICE 12.23 : Créez un projet à partir du Listing 12.9, compilez et exécutez pour vérifier que tout fonctionne.

EXERCICE 12.24 : Définissez une seconde fonction nommée `incremTablo()` dans le code de l'exercice 12.23. Cette fonction doit être de type `void` et attendre un tableau en argument. Le rôle de la fonction doit être d'ajouter 1 à chaque valeur du tableau. Faites-en sorte que la fonction `main()` appelle `incremTablo()` en transmettant le tableau `n` en argument. Appelez ensuite la fonction `afficherTablo()` pour montrer les valeurs modifiées.

Renvoyer un tableau depuis une fonction

Une fonction C peut recevoir un tableau en entrée, mais elle peut également en transmettre un en sortie. Le problème est que vous ne pouvez renvoyer un tableau depuis une fonction qu'en tant que pointeur, et ce sujet n'est abordé que dans le Chapitre 19. Vous découvrirez dans ce chapitre une vérité encore plus horrible.

En effet, vous allez découvrir dans le Chapitre 19 que le langage C ne connaît en réalité pas de concept de tableau. Il s'agit en réalité de pointeurs déguisés. (Je suis désolé de devoir vous avouer cela en toute fin de ce chapitre.) La notation par indice dans les tableaux reste valable, mais tout est réalisé au moyen de pointeurs.

Chapitre 13

Jouer avec le texte

Dans ce chapitre :

- Rechercher des caractères
- Convertir les caractères d'un texte
- Manipuler des chaînes
- Exploiter les caractères de conversion
- Ajuster le texte en sortie
- Maîtriser les entrées de type flux

Une chaîne de caractères est une séquence de texte, comme un mot ou une phrase. C'est évidemment un concept fondamental en programmation, puisque c'est un élément essentiel des communications humaines. Pourtant, il n'existe pas de type `string` au sens exact en langage C. Une chaîne n'est qu'un tableau de variables du type `char`, mais cela ne lui ôte aucunement sa pertinence. De nombreuses activités de programmation s'intéressent à l'affichage des textes et à la manipulation des chaînes. Autrement dit, même si la chaîne ne fait pas partie du club très fermé des mots réservés des types de variables du C, vous aurez souvent à gérer ce « type » dans vos programmes.

Les fonctions de manipulation de caractères

Une chaîne de texte est donc toujours constituée d'un enchaînement de plusieurs variables du type `char`. Chaque conteneur accepte une valeur numérique entre 0 et 255 qui correspond à la représentation visuelle d'un caractère, qui peut être un symbole, une lettre de l'alphabet, un chiffre, un signe de ponctuation, bref, tous ces éléments que vous avez découverts lorsque vous avez appris à lire.

Présentation des fonctions CTYPE

En langage C, vous disposez dès le départ d'une série de fonctions standard permettant de tester et de modifier les caractères individuels d'une chaîne. Toutes ces fonctions sont définies dans le fichier d'en-tête `ctype.h`, et c'est pourquoi les programmeurs parlent souvent de fonctions *CTYPE*.

Pour pouvoir profiter des fonctions CTYPE, il faut donc déclarer le nom du fichier d'en-tête `ctype.h` tout au début de votre code source :

```
#include <ctype.h>
```

Je propose de répartir les fonctions CTYPE en deux catégories : celles pour tester et celles pour modifier ou manipuler. Je vous présente les fonctions de test les plus usitées dans le Tableau 13.1 et celles de manipulation dans le Tableau 13.2. Ces tableaux ne sont pas exhaustifs :

Tableau 13.1 : Quelques fonctions de test de la famille CTYPE

Fonction	**Renvoie VRAI lorsque *ch* vaut ...**
isalnum(*ch*)	Une lettre de l'alphabet (Maj ou Min) ou un chiffre
isalpha(*ch*)	Une lettre de l'alphabet majuscule ou minuscule
isascii(*ch*)	Une valeur ASCII entre 0 et 127
isblank(*ch*)	Une tabulation, une espace ou un autre caractère vide
iscntrl(*ch*)	Un caractère de contrôle entre 0 et 31 ou 127
isdigit(*ch*)	Un chiffre entre 0 et 9
isgraph(*ch*)	Tout caractère affichable sauf l'espace
ishexnumber(*ch*)	Une valeur hexadécimale, c'est-à-dire un chiffre entre 0 et 9 ou la lettre A à F en majuscule
islower(*ch*)	Une lettre de l'alphabet en minuscule entre *a* et *z*
isnumber(*ch*)	Comme *isdigit*()
isprint(*ch*)	Tout caractère pouvant être affiché, y compris l'espace
ispunct(*ch*)	Un signe de ponctuation
isspace(*ch*)	Une espace, une tabulation, un saut de page ou le code de la touche de validation Entrée, par exemple
isupper(*ch*)	Une lettre de l'alphabet en majuscule entre *A* et *Z*
isxdigit(*ch*)	Voir *ishexnumber*()

Tableau 13.2 : Quelques fonctions de conversion CTYPE

Fonction	*Renvoie*
toascii(*ch*)	La valeur numérique du code ASCII de ch, entre 0 et 127
tolower(*ch*)	La version en minuscule du caractère ch
toupper(*ch*)	La version en majuscule du caractère ch

En général, les fonctions de test commencent par *is* et les fonctions de conversion par *to*.

Toutes les fonctions de la famille CTYPE attendent en entrée une valeur de type `int` qui correspond à la variable `ch` des Tableaux 13.1 et 13.2. Ce n'est pas une valeur de type `char` , notez-le bien !

Toutes les fonctions de la famille CTYPE renvoient une valeur de type `int`. Celles du Tableau 13.1 renvoient la valeur logique TRUE ou FALSE, FALSE valant 0 et TRUE étant toute valeur différente de zéro.

Les fonctions CTYPE ne sont pas des fonctions au sens strict, mais des macros définies dans le fichier d'en-tête `ctype.h`. Elles s'utilisent néanmoins de la même manière que des fonctions. (J'ajoute cette précision pour éviter de recevoir des courriers de certains théoriciens stricts de la programmation.)

Test de caractères

Les fonctions CTYPE de test permettent de vérifier la nature de ce qui a été saisi par l'utilisateur, ou de supprimer dans une chaîne certaines données indésirables. L'exemple du Listing 13.1 est un programme qui analyse un texte, en extrait certains attributs puis affiche des statistiques.

Listing 13.1 : Génération de statistiques pour un texte

```
#include <stdio.h>
#include <ctype.h>

int main()
{
    char phrase[] = "Art. 4. : La liberté consiste à pouvoir faire tout ce qui
ne nuit pas à autrui : ainsi, l'exercice des droits naturels de chaque homme
n'a de bornes que celles qui assurent aux autres Membres de la Société la
jouissance de ces mêmes droits. Ces bornes ne peuvent être déterminées que par
 la Loi. ";
```

```
    int index, alpha, blank, punct;

    alpha = blank = punct = 0;

/* Collecte */
    index = 0;
    while(phrase[index])
    {
        if(isalpha(phrase[index]))
            alpha++;
        if(isblank(phrase[index]))
            blank++;
        if(ispunct(phrase[index]))
            punct++;
        index++;
    }

/* Affichage */
    printf("\"%s\"\n", phrase);
    puts("Statistiques :");
    printf("%d lettres de l'alphabet\n", alpha);
    printf("%d blancs\n", blank);
    printf("%d signes de ponctuation\n", punct);

    return(0);
}
```

Ce Listing 13.1 est assez long, mais pas complexe. La chaîne nommée `phrase[]` (ligne 6) contient une phrase d'exemple. Il faut qu'elle soit suffisamment longue pour offrir une variété de caractères suffisante. Notez que le texte est présenté sur plusieurs lignes dans ce livre, mais la saisie ne doit comporter aucun saut de ligne dans le code.

Cet exemple comporte une opération qui n'a pas encore été abordée, il s'agit de l'initialisation groupée :

```
alpha = blank = punct = 0;
```

Nous avons besoin de donner à ces trois variables la valeur initiale `0`, et nous pouvons écrire plusieurs affectations l'une à la suite de l'autre sur la même ligne.

L'essentiel du traitement de cet exemple commence à partir du commentaire `Collecte`. Une boucle `while` scrute tour à tour chaque caractère, la condition de la boucle étant `phrase[index]`. Autrement dit, l'évaluation est vraie pour tous les caractères du tableau sauf le dernier, qui est le zéro terminal, et qui renvoie donc la valeur logique FALSE, ce qui le fait sortir de la boucle.

Plusieurs fonctions CTYPE sont utilisées dans des instructions conditionnelles `if` dans les lignes 17, 19 et 21. Nous n'avons pas utilisé de construction `if-else` parce que nous devons tester tour à tour chaque caractère. Nous incrémentons une variable compteur pour chaque correspondance positive (TRUE).

EXERCICE 13.1 : Créez un projet à partir du Listing 13.1, compilez puis exécutez.

EXERCICE 13.2 : Retouchez le Listing 13.1 pour tester également et distinguer les lettres en majuscule de celles en minuscule. Pensez à afficher ces nouveaux résultats.

EXERCICE 13.3 : Modifiez votre solution à l'exercice 13.2 pour afficher un total général de tous les caractères (la longueur hors tout du texte) en tant que statistique finale.

Manipuler des caractères

La sous-famille de fonctions CTYPE commençant par `to` permet de modifier isolément certains caractères. Les deux plus utilisées sont `toupper()` et `tolower()`, très pratiques dans les tests. En guise d'exemple, nous vous proposons le fameux test de frappe d'une réponse positive ou négative par la touche O ou la touche N, ce qui correspond en anglais au problème *Yorn* (Yes or No). C'est le Listing 13.2.

Listing 13.2 : Le problème du Oui ou Non (yorn)

```
#include <stdio.h>
#include <ctype.h>

int main()
{
    char reponse;

    printf("Voulez-vous faire exploser la lune ? ");
    scanf("%c", &reponse);
    reponse = toupper(reponse);
    if(reponse == 'O')
        puts("BOUM !");
    else
        puts("La lune ne craint rien.");
    return(0);
}
```

Notre objectif est de vérifier si l'utilisateur a répondu positivement. Voyons si la touche frappée est un **O**. Mais la personne a peut être tapé un **O** majuscule ou minuscule ? Doit-on se contenter de toute touche différente du O comme réponse négative ?

Dans le Listing 13.2, nous nous servons en ligne 10 de `toupper()` pour forcer le caractère récupéré en majuscule, ce qui permet de ne prévoir qu'une seule condition `if` pour tester une réponse positive.

Exercice 13.4 : Créez un projet avec le Listing 13.2, compilez et exécutez.

Exercice 13.5 : Modifier votre projet pour afficher un autre message lorsque l'utilisateur n'a répondu ni par O, ni par N.

Exercice 13.6 : Concevez un programme qui force toutes les lettres majuscules d'un texte en minuscules et toutes les lettres minuscules en majuscules puis affichez le résultat.

Un aperçu des fonctions chaîne

Bien que le langage C n'ait pas jugé utile de définir un type pour les chaînes de caractères, il n'a pas été avare en fonctions standard pour travailler sur les chaînes. Vous pourrez pratiquement réaliser tous les traitements désirés à partir d'une des nombreuses fonctions chaînes prédéfinies. Et lorsque vous ne trouvez pas votre bonheur, vous pourrez toujours définir votre propre fonction.

Une sélection de fonctions chaîne

Le Tableau 13.3 récapitule quelques fonctions de la librairie du C permettant de manipuler ou de transformer une chaîne de caractères.

Tableau 13.3 : Quelques fonctions chaîne

Fonction	*Description*
strcmp()	Compare deux chaînes en distinguant les majuscules des minuscules. En cas d'identité, la fonction renvoie 0.
strncmp()	Compare les n premiers caractères de deux chaînes en renvoyant 0 en cas de correspondance.

Tableau 13.3 : Quelques fonctions chaîne

Fonction	***Description***
strcasecmp()	Compare deux chaînes en ignorant la casse (différence Maj/Min). En cas de correspondance, la fonction renvoie 0.
strncasecmp()	Compare un certain nombre de caractères entre deux chaînes sans tenir compte de la casse. En cas de correspondance, la fonction renvoie 0.
strcat()	Ajoute une chaîne à la fin d'une autre pour obtenir une seule chaîne.
strncat()	Ajoute le nombre de caractères spécifiés d'une chaîne à la fin d'une autre.
strchr()	Cherche un caractère dans une chaîne. Renvoie la position du caractère depuis le début de la chaîne sous forme d'un pointeur.
strrchr()	Cherche un caractère dans une chaîne, mais en commençant par la fin et renvoie la position du caractère depuis la fin de la chaîne sous forme de pointeur.
strstr()	Cherche une chaîne dans une autre et renvoie un pointeur sur le début de la position de la sous-chaîne.
strnstr()	Cherche une chaîne dans les n premiers caractères de la deuxième chaîne et renvoie un pointeur sur le début de la chaîne.
strcpy()	Effectue une copie d'une chaîne dans une autre.
strncpy()	Copie le nombre de caractères spécifiés d'une chaîne dans une autre.
strlen()	Renvoie la longueur d'une chaîne, non compris le zéro terminal \0.

Vous disposez de bien d'autres fonctions chaîne, mais elles requièrent une compréhension plus poussée du langage C. Celles que nous vous avons proposées sont les plus usitées.

Toutes les fonctions chaîne nécessitent la déclaration du fichier d'en-tête `string.h` en début de code source :

```
#include <string.h>
```

TRUC

Sous Unix ou Linux, vous pouvez obtenir rapidement la liste de toutes les fonctions chaîne au moyen de la commande **man string** dans une fenêtre de terminal.

Comparaison de chaînes

Pour comparer deux chaînes, vous utilisez la fonction `strcmp()` ou l'une de ses trois variantes `strncmp()`, `strcasecmp()` et `strncasecmp()`.

Toutes ces fonctions renvoient une valeur de type `int` qui est égale à zéro lorsque les chaînes sont identiques ou une valeur supérieure ou inférieure selon que la première chaîne possède une valeur supérieure ou inférieure à la seconde (dans l'ordre numérique des codes ASCII de l'alphabet). En général, il vous suffit de savoir si elle renvoie 0 ou non.

Le Listing 13.3 se sert de la fonction `strcmp()` en ligne 13 pour comparer une chaîne prédéfinie `motpasse` avec le texte qui est saisi en ligne 11 puis stocké dans tableau `tabsaisie`. Le résultat est stocké dans la variable `match` dont nous nous servons ensuite dans une structure conditionnelle `if else` en ligne 14 pour afficher le résultat.

Listing 13.3 : Montrer patte blanche

```
#include <stdio.h>
#include <string.h>

int main()
{
    char motpasse[] = "taco";
    char tabsaisie[15];
    int match;

    printf("Le mot de passe ? ");
    scanf("%s", tabsaisie);

    match=strcmp(tabsaisie,motpasse);
    if(match==0)
        puts("Mot de passe correct");
    else
        puts("Mauvais mot de passe. Alertez la DGSE.");

    return(0);
}
```

EXERCICE 13.7 : Créez un projet à partir du Listing 13.3, compilez et exécutez. Faites plusieurs essais de saisie pour garantir que le seul mot de passe reconnu est `taco`.

EXERCICE 13.8 : Essayez de vous passer de la variable match dans l'exercice 13.7 en utilisant directement la fonction `strcmp()` dans le test `if`. C'est ainsi que procèdent généralement les programmeurs.

EXERCICE 13.9 : Rendez votre contrôle du mot de passe un peu moins rigoureux en remplaçant `strcmp()` par la fonction `strcasecmp()`. Vérifiez ensuite que vous pouvez saisir aussi bien **taco** que **TACO** comme mot de passe.

Concaténation de chaînes

Pour coller une chaîne de caractères à la fin d'une autre, vous utilisez la fonction `strcat()`. L'expression *cat* est une abréviation de *concaténer*, qui signifie mettre un objet à la suite d'un autre. Voici l'appel générique à cette fonction :

```
strcat(premiere, seconde);
```

Cette opération fait ajouter la totalité du texte de la chaîne nommée `seconde` à la fin de la chaîne `premiere`. Vous pouvez spécifier des noms de variables ou des valeurs littérales directes :

```
strcat(paisible,"ment");
```

Cet exemple ajoute les quatre lettres `ment` à la fin du tableau de caractères nommé `paisible`.

Le Listing 13.4 commence par déclarer deux tableaux de type `char`. Le tableau `primo` est deux fois plus grand que l'autre, parce que nous allons y copier le second. L'opération de copie est réalisée en ligne 13.

Listing 13.4 : Création d'une chaîne à partir du nom et du prénom

```
#include <stdio.h>
#include <string.h>

int main()
{
    char primo[40];
    char secundo[20];

    printf("Indioquez votre prenom : ");
    scanf("%s", primo);
    printf("Et votre nom de famille : ");
    scanf("%s", secundo);
    strcat(primo, secundo);
    printf("Ravi de vous voir, %s!\n", primo);
```

```
    return(0);
}
```

Exercice 13.10 : Créez un projet à partir du Listing 13.4, compilez et exécutez. Saisissez votre prénom puis votre nom et faites ensuite l'exercice 13.11.

Exercice 13.11 : Améliorez le code source pour faire ajouter une seule espace à la fin de la chaîne `primo` avant d'y ajouter la chaîne `secundo`.

Les options de format de printf()

La fonction de sortie de texte la plus utilisée en langage C est sans contexte `printf()`. C'est l'une des premières fonctions que vous avez découvertes. Mais c'est aussi l'une des plus riches en possibilités, et certains ne les épuisent jamais tout à fait.

La richesse de `printf()` se situe au niveau de ses chaînes de contrôle de format. Le texte à afficher peut en effet être enrichi par des séquences d'échappement et des caractères de conversion appelés formateurs, ces petits symboles de pourcentage associés à des valeurs numériques. Ce sont ces caractères de conversion qui donnent toute la puissance à `printf()`. Ils constituent l'un des aspects les moins connus de cette fonction.

Nous fournissons en Annexe F la liste complète des caractères de conversion.

Contrôle du format à virgule flottante

Lorsque vous devez afficher ou imprimer des valeurs numériques fractionnaires, donc avec une virgule (un point dans les programmes), vous pouvez ne pas vous limiter au simple caractère de type `%f`. Voici le formatage générique sur lequel je me base avec `printf()` :

```
%w.pf
```

Le `w` définit la largeur maximale de la valeur à afficher, y compris les chiffres après la virgule. Le `p` définit la précision. Voici un exemple :

```
printf("%9.2f", 12.45);
```

Dans cet exemple, nous demandons d'afficher quatre espaces puis les cinq signes `12.45`. Quatre espaces plus cinq positions donnent bien la valeur `9` spécifiée pour la largeur totale. Nous n'affichons que deux chiffres après la virgule, car nous avons spécifié `.2` dans le formateur `%f`.

Vous pouvez spécifier la précision sans définir de largeur, mais il faut toujours indiquer le point décimal, comme dans `%.2f` . Le Listing 13.5 en donne une application.

Listing 13.5 : Quelques essais du formateur pour les valeurs à virgule flottante de printf()

```
#include <stdio.h>

int main()
{
    float valfrac1 = 34.5;
    float valfrac2 = 12.3456789;

    printf("%%9.1f = %9.1f\n", valfrac1);
    printf("%%8.1f = %8.1f\n", valfrac1);
    printf("%%7.1f = %7.1f\n", valfrac1);
    printf("%%6.1f = %6.1f\n", valfrac1);
    printf("%%5.1f = %5.1f\n", valfrac1);
    printf("%%4.1f = %4.1f\n", valfrac1);
    printf("%%3.1f = %3.1f\n", valfrac1);
    printf("%%2.1f = %2.1f\n", valfrac1);
    printf("%%1.1f = %1.1f\n", valfrac1);
    printf("%%9.1f = %9.1f\n", valfrac2);
    printf("%%9.2f = %9.2f\n", valfrac2);
    printf("%%9.3f = %9.3f\n", valfrac2);
    printf("%%9.4f = %9.4f\n", valfrac2);
    printf("%%9.5f = %9.5f\n", valfrac2);
    printf("%%9.6f = %9.6f\n", valfrac2);
    printf("%%9.7f = %9.7f\n", valfrac2);
    printf("%%9.6f = %9.6f\n", valfrac2);
    printf("%%9.7f = %9.7f\n", valfrac2);
    printf("%%9.8f = %9.8f\n", valfrac2);
    return(0);
}
```

EXERCICE 13.12 : Créez un projet à partir du Listing 13.5, compilez et exécutez. La saisie peut être fastidieuse, mais vous pouvez tirer profit des fonctions de copier/coller.

Le résultat de l'exécution de cet exemple permet de bien se rendre compte de l'effet du formateur `%f` et de ses paramètres de largeur et de précision :

```
%9.1f =      34.5
```

```
%8.1f =     34.5
%7.1f =    34.5
%6.1f =   34.5
%5.1f =  34.5
%4.1f = 34.5
%3.1f = 34.5
%2.1f = 34.5
%1.1f = 34.5
%9.1f =      12.3
%9.2f =     12.35
%9.3f =    12.346
%9.4f =   12.3457
%9.5f =  12.34568
%9.6f = 12.345679
%9.7f = 12.3456793
%9.8f = 12.34567928
```

Vous constatez l'effet du spécificateur de largeur totale, qui provoque l'insertion d'espaces par la gauche. Le nombre d'espaces est adapté au besoin de l'affichage après la virgule. Vous remarquez également que lorsque le nombre de chiffres à afficher ne suffit plus à remplir la largeur demandée, des chiffres fantaisistes sont ajoutés par la droite. C'est le résultat d'une demande supérieure à la précision possible dans une valeur numérique à simple précision.

N.d.T : Vous auriez pu vous attendre à ce que les chiffres ajoutés par la droite soient des zéros. Ce n'est hélas pas le cas, méfiez-vous !

Contrôler la largeur en sortie

L'option de largeur d'affichage maximale `w` peut être appliquée à tous les formats et pas seulement à `%f`. Il s'agit de l'espace minimal réservé pour la sortie. Lorsque les données à afficher dans l'espace prévu l'occupent entièrement, elles sont justifiées par la droite. Lorsque les données affichées débordent de la largeur prévue, la largeur n'est plus prise en compte (heureusement). Voir le Listing 13.6.

Listing 13.6 : Quelques essais de contrôle de la largeur d'affichage

```
#include <stdio.h>

int main()
{
    printf("%%15s = %15s\n", "hello");
    printf("%%14s = %14s\n", "hello");
    printf("%%13s = %13s\n", "hello");
```

```
    printf("%%12s = %12s\n", "hello");
    printf("%%11s = %11s\n", "hello");
    printf("%%10s = %10s\n", "hello");
    printf(" %%9s = %9s\n", "hello");
    printf(" %%8s = %8s\n", "hello");
    printf(" %%7s = %7s\n", "hello");
    printf(" %%6s = %6s\n", "hello");
    printf(" %%5s = %5s\n", "hello");
    printf(" %%4s = %4s\n", "hello");
    return(0);
}
```

EXERCICE 13.13 : Créez un projet à partir du Listing 13.6, compilez et exécutez. Le résultat devrait ressembler à ceci :

```
%15s =           hello
%14s =          hello
%13s =         hello
%12s =        hello
%11s =       hello
%10s =      hello
 %9s =     hello
 %8s =    hello
 %7s =   hello
 %6s =  hello
 %5s = hello
 %4s = hello
```

Comme pour le contrôle de la largeur pour une valeur à virgule flottante, l'espace est ajouté en fonction des besoins par la gauche lorsque la largeur demandée est supérieure au contenu à afficher. En revanche, quand la largeur demandée ne suffit pas, la chaîne n'est pas tronquée.

Lorsque vous spécifiez la largeur pour une valeur entière, vous pouvez vous en servir pour aligner le contenu par la droite, comme dans cet exemple :

```
printf("%4d", valeur);
```

Cette instruction demande de justifier par la droite les données de `valeur` avec au moins quatre caractères. S'il y a moins de quatre caractères à afficher, de l'espace est ajouté par la gauche. Vous pouvez cependant ajouter un zéro dans le spécificateur comme ceci :

```
printf("%04d", valeur);
```

Dans ce cas, la fonction `printf()` ajoute des zéros à gauche pour que le résultat conserve une largeur de quatre caractères.

EXERCICE 13.14 : Reformulez l'exercice 13.1 de début de chapitre pour que les valeurs entières soient affichées de façon alignée. Par exemple, le résumé des statistiques devrait avoir ce genre de résultat :

```
330 lettres de l'alphabet
  70 blancs
   6 signes de ponctuation
```

Autres alignements

La spécification de largeur dans le caractère de contrôle de format propose d'aligner l'affichage par la droite, ce qui correspond à la justification à droite. Parfois, vous voudrez justifier à gauche ou bien centrer. Pour y parvenir, il suffit d'ajouter le signe moins avant la valeur de largeur dans le formateur `%s`. Voici un exemple :

```
printf("%-15s", chaine);
```

Sous l'effet de cette instruction, le texte du tableau `chaine` est affiché aligné sur la marge gauche. Si ce texte occupe moins de 15 caractères, les espaces de remplissage sont ajoutés à droite.

Le Listing 13.7 propose d'afficher deux chaînes, la première étant justifiée à gauche avec une valeur de largeur imposée variable. Cette largeur diminue progressivement d'un appel à `printf()` au suivant.

Listing 13.7 : Deux chaînes se rapprochent

```
#include <stdio.h>

int main()
{
    printf("%-9smoi\n", "parle-");
    printf("%-8smoi\n", "parle-");
    printf("%-7smoi\n", "parle-");
    printf("%-6smoi\n", "parle-");
    printf("%-5smoi\n", "parle-");
    printf("%-4smoi\n", "parle-");
    return(0);
}
```

EXERCICE 13.15 : Créez un projet à partir du Listing 13.7, compilez et exécutez pour vérifier le nouvel alignement.

EXERCICE 13.16 : Concevez un programme pour afficher le prénom et le nom des quatre premiers présidents des USA. Vous stockerez les noms dans un tableau `char` à plusieurs dimensions. Le but est que les noms soient correctement alignés, comme ceci :

```
George Washington
John   Adams
Thomas Jefferson
James  Monroe
```

Naviguer dans les flux

Les fonctions d'entrée/sortie élémentaires du langage C n'étant pas interactives, elles ne fonctionnent pas comme vous y êtes peut-être habitué dans les interfaces utilisateur graphiques. Elles ne fonctionnent pas par étapes successives de saisie puis réaction (approche événementielle). En langage C, l'entrée standard est orientée flux et non pas caractère.

Dans une entrée flux, le programme considère que les données en entrée arrivent sous forme d'un flot continu. Voilà pourquoi tous les caractères, y compris les caractères spéciaux tels que celui de la touche Entrée, sont empilés les uns à la suite des autres. La fin du flux est déterminée par une spécification ou par une marque de fin de flux. Cette approche peut dérouter les débutants en programmation C.

Explorer un flux d'entrée

Étudions le Listing 13.8. En apparence, vous pourriez croire que le code lit les données en entrée jusqu'à ce qu'un point soit détecté. À partir de ce moment, vous pourriez supposer que ce serait la fin de la saisie, mais les choses ne se passent pas comme cela dans le cas d'un flux.

Listing 13.8 : Les flux doivent être bien compris

```
#include <stdio.h>

int main()
{
    char i;

    do
    {
        i = getchar();
        putchar(i);
    } while(i != '.');
```

```
    putchar('\n');
    return(0);
}
```

Exercice 13.17 : Créez un projet à partir du Listing 13.8, compilez et exécutez. Faites plusieurs essais de saisie en ajoutant un point avant la fin de votre saisie.

Voici un exemple d'exécution sur ma machine, ce que j'ai saisi étant imprimé en gras :

```
Ceci est un test. Et rien d'autre.
Ceci est un test.
```

La première ligne montre que le programme ne termine pas la saisie lorsqu'il détecte le point. Cette première ligne prouve donc qu'il s'agit d'un flux. Le programme traite correctement le flux en arrêtant l'affichage dès qu'il détecte le premier point. En revanche, c'est la touche Entrée qui a servi de fin de flux de saisie, et le programme a récupéré toutes les données saisies.

Gestion des entrées flux

Malgré cette orientation flux du langage C, il existe des techniques pour rendre vos programmes un peu plus interactifs. Il suffit de bien comprendre le principe des flux et de le contrôler.

Le Listing 13.9 ne devrait pas poser de problèmes de compréhension. Nous y utilisons la fonction `getchar()` pour récupérer successivement deux caractères puis les afficher en ligne 11.

Listing 13.9 : Recherche de caractères dans un flux

```
#include <stdio.h>

int main()
{
    char primo, secundo;

    printf("Initiale de votre prenom : ");
    primo = getchar();
    printf("Initiale de votre nom de famille : ");
    second = getchar();
    printf("Vos initiales sont '%c' et '%c'\n", primo, secundo);
    return(0);
}
```

Exercice 13.18 : Créez un projet à partir du Listing 13.9, compilez et exécutez. Il est possible que la ligne 11 soit répartie sur deux lignes physiques dans ce livre, mais vous ne devez pas la scinder dans votre saisie.

Voici le résultat qui s'est affiché sur ma machine, avec en gras les lettres que j'ai saisies :

```
Initiale de votre prenom : D
Initiale de votre nom de famille : Vos initiales sont 'D' et '
'
```

Il vous est sans doute arrivé la même chose qu'à moi : vous n'avez pas pu saisir la seconde initiale. En effet, le flux a aussi récupéré le code de la touche Entrée, et ce code a servi de caractère pour le deuxième appel à `getchar()`. D'ailleurs, le caractère `\n` est affiché en sortie entre les apostrophes.

Mais comment faire pour saisir les deux initiales ? Il suffit de les saisir dans la première invite :

```
Initiale de votre prenom : DG
Initiale de votre nom de famille : Vos initiales sont 'D' et 'G'
```

Bien sûr, ce n'est pas ce qui est demandé dans l'invite que présente notre programme. Comment résoudre ce souci ? Auriez-vous une idée, en puisant dans votre sac à malices de programmeur ? N'abandonnez pas !

La solution vers laquelle je m'orienterais est de concevoir une fonction qui renvoie le premier caractère lu dans le flux puis ignore tous les caractères suivants jusqu'à rencontrer le caractère `\n`. Voici à quoi pourrait ressembler cette fonction (Listing 13.10) :

Listing 13.10 : Une fonction ad hoc pour la saisie d'un caractère isolé, getch()

```
char getch(void)
{
    char ch;

    ch = getchar();
    while(getchar()!='\n')
        ;
    return(ch);
}
```

Cette fonction gère un flux tel qu'il est : la boucle `while` passe en revue tout le texte trouvé dans le flux jusqu'à tomber sur un caractère de saut de ligne. À ce moment, la fonction renvoie seulement le premier caractère lu dans le flux (ligne 5).

EXERCICE 13.19 : Modifiez le code source de l'exercice 13.18 pour utiliser la fonction `getch()` du Listing 13.10. Compilez et exécutez afin de vérifier que la saisie se passe dorénavant comme prévu.

Pour concevoir des programmes vraiment interactifs, vous vous tournerez plutôt vers une librairie standard du langage C qui offre des fonctions adéquates. Je vous conseille notamment la librairie nommée *NCurses* qui réunit des fonctions d'entrée et de sortie permettant de concevoir des programmes plein écran immédiatement interactifs.

Chapitre 14

Des variables composées : les structures

Dans ce chapitre :

- Créer une structure
- Déclarer une variable structure
- Affecter des valeurs aux variables d'une structure
- Concevoir des tableaux de structures
- Placer une structure dans une autre

Les variables simples sont parfaites pour stocker des valeurs isolées (atomiques). Lorsque vous avez besoin de plusieurs variables, vous les regroupez dans un tableau, mais elles doivent être du même type. Mais lorsque vous avez besoin de réunir plusieurs variables de types différents, il vous faut recourir à quelque chose de plus évolué : une structure. C'est l'approche qu'utilise le langage C pour créer une sorte de « buffet de variables ».

Soyez structuré

J'aime considérer que la *structure* du langage C est une multivariable, une variable composée. Une structure permet de stocker et de manipuler des informations sous une forme élaborée. Vous pouvez par exemple réunir dans la même structure des variables du type `int`, `char`, `float` et même des tableaux.

Découverte de la structure

Il y a dans la vie des choses qui vont naturellement ensemble. C'est le cas de votre nom et de votre adresse, ou bien de votre numéro de compte bancaire et du solde (supposé positif). Vous pouvez modéliser en langage C une telle relation entre des données élémentaires en créant plusieurs tableaux, mais ce n'est pas très astucieux. Une solution préférable consiste à recourir à une structure, ce qu'illustre le Listing 14.1.

Listing 14.1 : Une seule variable qui en héberge plusieurs

```
#include <stdio.h>

int main()
{
    struct joueur
    {
        char nomj[32];
        int scoremax;
    };
    struct joueur xbox;

    printf("Nom du joueur : ");
    scanf("%s", xbox.nomj);
    printf("Meilleur score : ");
    scanf("%d", &xbox.scoremax);

    printf("Meilleur score de %s : %d\n", xbox.nomj, xbox.scoremax);
    return(0);
}
```

EXERCICE 14.1 : Sans avoir rien compris pour l'instant à ce qu'il se passe, créez un nouveau projet à partir du Listing 14.1 puis compilez et exécutez.

Voyons maintenant ce que recèle le Listing 14.1.

Dans les lignes 5 à 9, nous déclarons la structure nommée `joueur`. Elle héberge deux données membres : un tableau de type `char` (une chaîne de caractères) et une variable `int`. Les déclarations sont tout à fait classiques dans les lignes 7 à 8.

La ligne 10 déclare une nouvelle variable comme étant du type de la structure `joueur` et qui se nomme `xbox`.

La ligne 13 se sert de la fonction `scanf()` pour faire saisir le contenu de la donnée membre `nomj` de la variable de type structure `xbox`, avec une chaîne.

De même, la ligne 15 utilise la même fonction pour demander la saisie de la valeur pour la donnée membre `scoremax` dans la structure `xbox`.

Nous affichons enfin les valeurs que possèdent les deux données membres de la structure en ligne 17 au moyen de `printf()`. (Dans ce livre, l'appel à la fonction est peut-être réparti sur deux lignes à cause de la longueur. Les variables de `printf()` sont dans ce cas sur la «fausse» ligne 18.

Principes du type struct

En réalité, la structure n'est pas un type de variable. C'est une sorte de conteneur qui peut accueillir plusieurs variables de types différents. Cela ressemble beaucoup à un enregistrement dans un fichier ou une base de données. Prenons cet exemple :

```
Nom
Age
Dettes de jeu
```

Ces trois éléments pourraient être des champs dans un enregistrement, mais également des membres dans une structure : `Nom` serait une chaîne, `Age` une valeur entière et `Dettes de jeu`, une valeur non signée à virgule flottante. Voici comment nous modéliserions la structure C correspondante :

```
struct monEnreg
{
    char nom[32];
    int age;
    float dette;
};
```

La déclaration d'une structure se base sur le mot réservé du langage C `struct`. Notez bien que son résultat est de créer une sorte de nouveau type de données composé, une structure.

Dans l'exemple, le nom de la nouvelle structure est `monEnreg`. Ce n'est pas une variable, mais un type de structure.

Les membres de la structure sont indiqués entre les accolades du corps de définition. Notre structure `monEnreg` accueille trois variables membres : une chaîne `nom`, un entier `age` et un numérique flottant `float` nommé `dette`.

Pour pouvoir utiliser une telle structure, vous devez ensuite déclarer une variable comme étant de ce type de structure, comme ceci :

```
struct monEnreg humain;
```

Nous déclarons ainsi une variable qui est du type de structure monEnreg et qui porte le nom humain.

Vous pouvez enchaîner la déclaration de la structure et celle d'une variable de ce type dans le même geste :

```
struct monEnreg
{
    char nom[32];
    int age;
    float dette;
} humain;
```

Cet exemple définit la structure monEnreg *et* déclare une variable de ce type nommé humain. Vous pouvez même créer plusieurs variables d'un coup en fin de déclaration de structure :

```
struct monEnreg
{
    char nom[32];
    int age;
    float dette;
} bilou, marie, daniel, susie;
```

Nous avons ainsi créé quatre variables du type de structure monEnreg. Chacune permet d'accéder aux trois variables membres.

Pour accéder à un membre d'une structure, il suffit d'utiliser un point séparateur ou un opérateur de membre. Le point se place entre le nom de la variable structure et le nom du membre désiré. Voici un exemple :

```
printf("Victime : %s\n", bilou.nom);
```

Cette instruction désigne la variable nom de la variable structure bilou. Il s'agit d'un tableau de type char, et vous pouvez l'utiliser dans le code partout où un tableau de caractères ou une chaîne sont autorisés. Il en va de même pour les autres types de variables membres :

```
daniel.age = 32;
```

Dans cette instruction, nous donnons à la variable membre age de la variable structure daniel la valeur 32.

EXERCICE 14.2 : Retouchez le code du Listing 14.1 afin d'ajouter un quatrième membre de type float pour mémoriser le nombre d'heures de jeu. Retouchez le reste du code pour demander la saisie et afficher ce nouveau membre.

Initialiser une structure

Comme pour les autres variables, vous pouvez attribuer des valeurs initiales aux membres d'une variable structure au moment où vous la créez. Il faut bien sûr d'abord définir le type de structure pour pouvoir déclarer la variable d'après ce type puis ses membres avec leurs valeurs. Il suffit de s'assurer que les valeurs initiales sont citées dans l'ordre et en conformité avec les types des membres successifs de la structure, comme illustré dans le Listing 14.2.

Listing 14.2 : Exemple de déclaration d'une structure initialisée

```
#include <stdio.h>

int main()
{
    struct president
    {
        char nomPres[40];
        int  anneeNomi;
    };
    struct president pres1 = {
        "George Washington",
        1789
    };

    printf("Le premier president est %s\n", pres1.nomPres);
    printf("Il a pris ses fonctions en %d\n", pres1.anneeNomi);

    return(0);
}
```

EXERCICE 14.3 : Créez un nouveau projet à partir du Listing 14.2, compilez et exécutez.

Vous pouvez même définir le type structure, déclarer la variable et l'initialiser en une seule instruction :

```
struct president
{
    char nomPres[40];
    int  anneeNomi;
} pres1 = {
    "George Washington",
    1789
};
```

EXERCICE 14.4 : Retouchez l'exercice 14.3 afin de déclarer le type structure, de déclarer la variable et de l'initialiser dans la même instruction.

Cette possibilité de regrouper les trois opérations en une seule n'est applicable qu'au premier exemplaire de la variable qui dérive de ce type de structure. Si vous déclarez une deuxième variable structure du même type, vous devrez procéder de la façon normale, comme montré dans le Listing 14.2.

EXERCICE 14.5 : Ajoutez une autre variable de type structure `president` nommée `pres2`, en l'initialisant avec les informations appropriées à l'autre président nommé John Adams, qui a été élu en 1797. Pensez à afficher le résultat pour les deux structures.

Créer un tableau de structures

Lorsque vous avez besoin de créer un certain nombre de variables structures, il devient vite inconfortable de répéter le même genre de déclaration. La solution est la même que pour les variables de type simple : il suffit de créer un tableau.

Voici comment vous pouvez déclarer un tableau de structures :

```
struct scores joueurs[4];
```

Cette instruction déclare un tableau de quatre structures du type `scores`. Le tableau porte le nom `joueurs`, et il contient quatre structures.

Pour accéder à une des structures du tableau, il suffit de combiner la notation des tableaux indicés et la notation de structure à point :

```
joueurs[2].nomj
```

L'indication précédente demande d'accéder au membre nommé `nomj` du troisième élément de la structure complexe `joueurs`. Rappelons que c'est le troisième élément, puisque le premier correspond à l'indice :

```
joueurs[0].nomj
```

N'OUBLIEZ PAS!

Rappelons que les indices de tableaux commencent à `0` et non à `1`.

La ligne 10 du Listing 14.3 déclare un tableau de quatre structures `scores` nommé `joueurs`. Nous remplissons chacune des structures du tableau dans les lignes 13 à 19. Nous affichons enfin toutes les valeurs dans les lignes 21 à 27.

Listing 14.3 : Tableau de structures

```
#include <stdio.h>
```

```
int main()
{
    struct scores
    {
        char nomj[32];
        int  score;
    };
    struct scores joueurs[4];
    int x;

    for(x=0; x<4; x++)
    {
        printf("Indiquez le joueur %d : ",x+1);
        scanf("%s", joueurs[x].nomj);
        printf("Indique son score : ");
        scanf("%d", &joueurs[x].score);
    }

    puts("Infos de joueur");
    printf("#\tNom\tScore\n");
    for(x=0; x<4; x++)
    {
      printf("%d\t%s\t%5d\n", x+1, joueurs[x].nomj, joueurs[x].score);
    }
    return(0);
}
```

EXERCICE 14.6 : Créez un projet à partir du Listing 14.3, compilez et exécutez le programme. Essayez de ne saisir des scores que sur cinq chiffres au maximum pour maintenir l'alignement.

EXERCICE 14.7 : Enrichissez le code du Listing 14.3 afin de trier les structures dans l'ordre décroissant des scores. Vous savez le faire. Vous pouvez trier un tableau de structures comme un tableau normal. Si nécessaire, allez réviser le Chapitre 12.

TRUC

Il y a tout de même une astuce, mais je vais être sympathique. La ligne 27 de ma solution s'écrit ainsi :

```
joueurs[a] = joueurs[b];
```

Vous pouvez en effet intervertir les éléments d'un tableau de structures comme des éléments d'un tableau normal. Vous n'êtes pas forcé d'aller permuter un à un chacun des membres de chaque structure.

Concepts de structure évolués

Il faut admettre que la structure est le type de variable du C le plus déconcertant, mais aussi le plus puissant. Pour créer une structure, les deux étapes requises sont peu communes, et la méthode pour référencer un membre de structure, basé sur le point séparateur, étonne toujours les débutants. Et ce n'est pas fini, car on peut pousser la sophistication encore plus loin en matière de structures.

Créer des structures dans des structures

Nous savons qu'une structure peut contenir des variables de différents types du langage C. Mais une variable de type structure est aussi une variable du langage C. De ce fait, rien ne nous interdit de déclarer une structure en tant que variable dans une autre. Ne prenez pas peur et laissez-nous vous guider par un exemple (Listing 14.4).

Listing 14.4 : Une imbrication de structures

```
#include <stdio.h>
#include <string.h>

int main()
{
    struct date
    {
        int sjour;
        int smois;
        int sannee;
    };
    struct humain
    {
        char hnom[45];
        struct date hdatenaiss;
    };
    struct humain president;

    strcpy(president.hnom,"George Washington");
    president.hdatenaiss.sjour = 22;
    president.hdatenaiss.smois = 2;
    president.hdatenaiss.sannee = 1732;

    printf("Naissance de %s le %d/%d/%d\n",
            president.hnom,
```

```
            president.hdatenaiss.sjour,
            president.hdatenaiss.smois,
            president.hdatenaiss.sannee);

    return(0);
}
```

Ce listing déclare deux types structures : `date` en ligne 6 et `humain` en ligne 12. Dans la déclaration de `humain`, en ligne 15, nous voyons que nous déclarons une variable de type structure `date` nommée `hdatenaiss`. Nous avons bien déclaré une structure en tant que membre d'une autre.

En Ligne 17, nous créons une variable de type structure `humain` que nous nommons `president`. La suite du code insère du contenu dans les données membres de cette structure. Vous pouvez voir comment accéder aux membres d'une structure imbriquée dans les lignes 20 à 22.

N'OUBLIEZ PAS !

Remarquez que nous utilisons les noms des variables de la structure, pas les noms utilisés pour déclarer le type structure.

EXERCICE 14.8 : Créez un projet à partir du Listing 14.4, compilez et exécutez le programme.

EXERCICE 14.9 : Transformez la donnée membre `hnom` de la structure `humain` en une structure imbriquée que vous appelez `id`. Cette sous-structure doit comporter les deux membres de type tableau de caractères nommés `hprenom` et `hnomfam`. Ces variables recevront le prénom et le nom de famille. Si vous réussissez bien, les références au nom de famille et au prénom du président devront s'écrire ensuite `president.hnom.hprenom` et `president.hnom.hnomfam`. Essayez de donner des valeurs assez variables dans le code puis d'afficher les résultats.

Transmission d'une structure à une fonction

Puisqu'une structure est une variable, rien ne devrait nous interdire de transmettre une structure à une fonction lors de l'appel. Mais il est nécessaire que la structure soit déclarée en tant que variable globale. Si vous déclarez une structure dans une fonction, et `main()` est une fonction (même si elle est spéciale), la définition de cette structure ne sera accessible que dans les limites de cette fonction. Voilà pourquoi il faut penser à faire des déclarations globales pour que toutes les fonctions du code puissent accéder à la définition de la structure.

Mais les variables globales ne seront présentées que dans le Chapitre 16. Ce n'est pas un sujet trop complexe, mais vous comprendrez que je préfère ajourner la suite de cette discussion au sujet des échanges de structures de et vers les fonctions, jusqu'à ce chapitre.

Chapitre 15

Une invite en mode texte

Dans ce chapitre :

- Découvrir la fenêtre de terminal
- Travailler sur la ligne de commande
- Spécifier les arguments de la fonction `main()`
- Maîtriser la fonction `exit()`
- Lancer un autre programme avec `system()`

Avant l'apparition de l'interface utilisateur graphique, les écrans des ordinateurs n'affichaient que des textes. Tout était très littéraire, et les jeux vidéo les plus intéressants demandaient de lire de longues phrases. Si le trombinoscope Facebook avait été inventé à cette époque, il aurait été plus « trombino » que « scope ».

En ces temps reculés, le dialogue avec son ordinateur se centrait autour de l'invite, ce message qu'affichait l'ordinateur quand il était prêt à recevoir votre prochaine commande (*prompt*). Vous saisissiez une instruction, et vous receviez un affichage texte en réaction. C'est dans cet environnement qu'est né le langage C. D'une certaine mesure, il s'y trouve toujours autant à l'aise aujourd'hui pour invoquer une fenêtre de terminal.

Ouvrir une fenêtre de Terminal

Que vous utilisiez une machine sous Windows, sous Mac OS X, sous Linux, ou sous une autre variante d'Unix, vous pouvez toujours faire apparaître une fenêtre de terminal en mode texte. Dans cette fenêtre, vous ferez face à la fameuse invite de ligne de commande. Il s'agit de l'environnement en mode texte. C'est celui dans lequel nous avons testé tous les programmes de ce livre.

Démarrer une fenêtre de terminal

La Figure 15.1 montre la fenêtre de terminal avec son invite sous Windows puis sous Mac OS. Le même genre de fenêtre en mode texte que la fenêtre Mac OS est disponible sous Linux et Unix.

Fenêtre de commande WIndows

Fenêtre de terminal MacOS

Figure 15.1 : Deux exemples de fenêtres en mode texte.

Pour ouvrir une fenêtre et accéder à l'invite de commande sous Windows, procédez ainsi :

1. **Frappez la combinaison de touches Win + R.**

   Cela fait apparaître la boîte de saisie de commande **Exécuter** (Run).

2. **Saisissez la commande *cmd* puis validez par le bouton OK.**

   Vous voyez apparaître la fenêtre de terminal.

Pour ouvrir une fenêtre de terminal sous Macintosh, procédez ainsi :

1. **Basculez dans l'application Finder en cliquant dans un espace libre du bureau.**

2. **Frappez la combinaison Commande + Maj + U pour visualiser le contenu du dossier des Utilitaires.**

3. **Double-cliquez pour démarrer le programme nommé Terminal.**

Sous Linux ou Unix, les affichages graphiques sont normalement gérés par un sous-système nommé X Window. Pour ouvrir une fenêtre de terminal dans ces conditions, cherchez un outil tel que **Xterm**. Vous disposez en général d'une icône pour accéder à une fenêtre de terminal ou d'un raccourci directement sur le bureau.

Pour refermer la fenêtre de terminal, vous utilisez la commande **exit** en validant par Entrée.

Exécuter du code en mode texte

Tous les programmes de ce livre fonctionnent en mode texte. Nous avons pu tester l'exécution directement depuis Code::Blocks, ce qui ouvre une fenêtre d'aperçu, mais vous pouvez également lancer le programme directement depuis l'invite dans une fenêtre de terminal. Le seul problème est de se placer dans le répertoire qui contient le fichier exécutable qui a été généré, ce qui suppose de savoir naviguer en mode texte dans les répertoires.

Si vous utilisez un autre atelier que Code::Blocks, ou bien si vous compilez directement depuis la ligne de commande, je vais supposer que vous savez comment accéder au répertoire contenant le fichier exécutable. Dans le cas contraire, il suffit de vous laisser guider par les conseils donnés dans le Chapitre 1 et par la procédure suivante, qui permet de trouver facilement les programmes à lancer.

1. **Ouvrez une fenêtre de terminal ou une session en mode texte.**

   (Revenez si nécessaire à la description de la section précédente.)

   L'invite dans la fenêtre de terminal vous positionne normalement dans votre dossier `Utilisateur` ou dans votre répertoire principal (`Home`). A priori, vos programmes lancés ne sont pas stockés à cet endroit. Il faut donc passer dans un autre dossier. (Il est possible de lancer un programme depuis un autre dossier, mais il est plus simple de se rendre dans le dossier).

   Vous vous servez de la commande *cd* (changer dossier) pour vous rendre dans le dossier dans lequel a été généré le fichier exécutable qui vous intéresse. Vous devez chercher le chemin d'accès au sous-dossier de Code::Blocks.

2. **Saisissez par exemple la commande *cd prog/c/begc4d* puis validez par la touche Entrée.**

   N'oubliez pas d'ajouter une espace après le nom de la commande *cd* et saisissez le chemin d'accès exactement comme indiqué. Vous remplacez ce chemin par celui qui s'applique à votre machine si vous avez décidé d'installer les exemples dans un autre endroit de votre système de fichiers.

   Rappelons que Code::Blocks crée des sous-dossiers pour chaque projet. Le dossier principal de projet porte le nom du projet, par exemple *ex1409* pour le dernier projet du chapitre précédent. Pour lancer le fichier exécutable que vous avez compilé, il faut descendre dans deux niveaux de sous-dossiers :

3. **Saisissez par exemple la commande *`cd ex1409/bin/release`* puis validez par la touche Entrée.**

   Vous êtes maintenant dans le dossier qui contient le fichier exécutable du projet.

4. **Pour lancer l'exécution, il suffit de saisir le nom du fichier au niveau de l'invite.**

   Pour le projet *ex1409* sous Windows, il suffit de saisir **ex1409** puis de valider par Entrée. Sous Mac, Linux ou Unix, vous devez ajouter un préfixe pour que le système aille chercher le fichier dans le dossier courant, il faut donc saisir **./ex1409** avant de valider par Entrée.

Cette technique est applicable à tout lancement de programmes depuis l'invite de commandes. Il suffit d'indiquer le nom du fichier exécutable à la place de ex1409.

N.d.T. : Sous Windows, il existe une technique beaucoup plus simple pour vous rendre directement dans le dossier désiré dans la fenêtre de terminal. Ouvrez l'Explorateur ou le Gestionnaire de fichiers, et affichez la liste des répertoires de votre projet, puis cliquez droit dans l'icône du sous-dossier *bin/release* du projet pour pouvoir ouvrir le menu local. Dans ce menu, choisissez **Ouvrir une fenêtre en tant qu'administrateur**. Vous êtes directement au bon endroit pour saisir le nom du programme.

Les arguments de la fonction main ( )

Les programmes en mode texte sont fréquemment conçus pour accepter des options de lancement sur la ligne de commande. Voici comment lancer par exemple la compilation et la liaison d'un programme C :

```
cc ex1501.c -o ex1501
```

Vous pouvez repérer trois membres textuels après le nom de la commande `cc`; ce sont les options. Ils constituent des arguments pour la fonction `main()` du programme que vous démarrez. Même si les programmes offrent dorénavant une interface graphique, ils restent capables d'accepter d'exploiter ce genre d'arguments de démarrage. C'est au programmeur de prévoir la réception des arguments dans la fonction `main()` et leur exploitation.

Lecture de la ligne de commande

Imaginons que nous soyons en 1987; notre objectif est d'écrire un programme qui salue l'utilisateur en réaffichant son nom. Nous cherchons à récupérer le nom de l'utilisateur en lisant un argument fourni sur la ligne de commande par l'utilisateur après le nom du programme. Le code source pourrait avoir l'aspect du Listing 15.1.

Listing 15.1: Programme lisant un argument de démarrage

```
#include <stdio.h>

int main(int argc, char *argv[])
{
    if(argc>1)
        printf("Bienvenue, %s!\n",argv[1]);
    return(0);
}
```

En Ligne 3, nous voyons que l'en-tête de la fonction `main()` n'est pas celui auquel nous sommes habitués. Le couple de parenthèses n'est plus vide, mais il déclare deux arguments : `argc` et `*argv[]`.

En Ligne 5, nous nous servons de la valeur de type `int` de `argc` pour voir si d'autres arguments ont été fournis après le nom du programme sur la ligne de commande.

En Ligne 6, nous utilisons la valeur de type chaîne (un tableau de `char`) nommé `argv[1]` pour afficher le contenu du premier élément saisi après le nom du programme au démarrage.

EXERCICE 15.1 : Créez un projet à partir du Listing 15.1, compilez et exécutez.

Le programme ne va rien afficher si vous ne fournissez pas cet argument sur la ligne de commande. Si vous lancez l'exécution depuis l'atelier, vous ne pouvez pas fournir l'argument. Pour y parvenir, il faut prédéfinir l'argument dans Code::Blocks de la façon suivante :

1. **Choisissez la commande Project/Set Programs' Arguments.**

   Vous voyez apparaître la boîte de *sélection de cible* (Figure 15.2).

2. **Dans la zone de saisie inférieure *Program Arguments* de la boîte *Select Target*, saisissez l'argument désiré.**

   Servez-vous de la Figure 15.2 comme guide.

3. **Confirmez par le bouton OK.**

4. **Relancez l'exécution du programme.**

   Vous devriez constater que l'argument défini a bien été transféré au démarrage du programme.

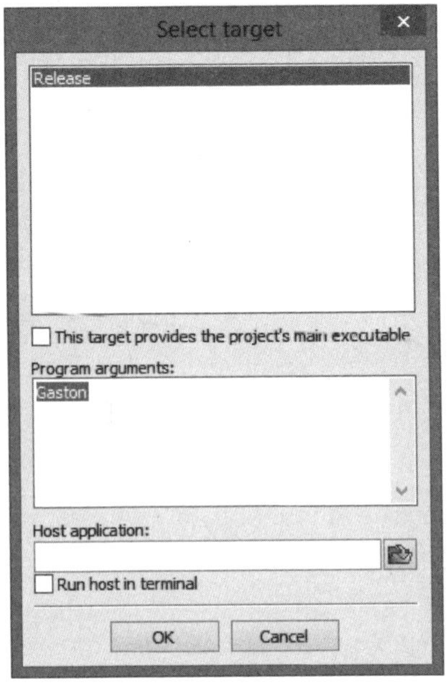

Figure 15.2 : Définition d'un argument de ligne de commande dans Code::Blocks.

Si vous lancez le programme depuis une invite en mode texte, il suffit de le démarrer de la manière suivante :

```
ex1501 Shadrach
```

Rappelons que vous validez par la touche Entrée.

Cet exemple n'utilise que le premier argument fourni après le nom de programme. Si vous en saisissez d'autres, ils sont ignorés :

```
ex1501 Shadrach Meshach Abednego
```

Dans cette ligne, seul le premier nom est affiché.

Maîtriser les arguments de main ( )

Lorsque vous ne comptez pas transmettre d'arguments de ligne de commande à votre programme, vous pouvez laisser les parenthèses de la fonction `main()` vides comme ceci :

```
int main()
```

En revanche, si vous utilisez des arguments, il faut les déclarer sur le modèle suivant :

```
int main(int argc, char *argv[])
```

`argc` contient le nombre d'arguments saisis. Il s'agit d'une valeur entière égale au minimum à 1 et reflétant le nombre d'éléments séparés par des espaces saisies après le nom du programme à l'invite.

`*argv[]` est un tableau de pointeurs de type `char`. Considérez ces éléments comme des chaînes, c'est de cette manière que vous pouvez les exploiter dans le code.

L'exemple du Listing 15.2 compte le nombre d'arguments saisis sur la ligne de commande et affiche cette valeur trouvée dans `argc`.

Listing 15.2 : Un compteur d'arguments de démarrage

```
#include <stdio.h>

int main(int argc, char *argv[])
{
    printf("Nombre d'arguments fourni = %d.\n", argc);
    return(0);
}
```

EXERCICE 15.2 : Créez un projet à partir de cet exemple, compilez et exécutez sans saisir d'arguments.

La fonction `main()` récupère les données qui ont été saisies sur la ligne de commande auprès du système d'exploitation. La ligne de commande est analysée pour dénombrer les arguments puis les référencer. Le nombre d'arguments est stocké dans `argc`, et les différents membres sont stockés sous forme d'éléments dans le tableau `argv[]`.

Lorsque vous ne fournissez aucun argument (dans Code::Blocks, cela correspond à une fenêtre *Program Arguments* vide, revoir la Figure 15.2), l'affichage de notre exemple se résume à ceci :

```
Nombre d'arguments fourni = 1.
```

Le programme prétend que vous avez saisi un argument alors que vous n'en avez fourni aucun. C'est tout simplement dû au fait que le nom du programme correspond au premier argument. Vous pouvez en avoir la preuve en ajoutant l'instruction suivante à l'exemple :

```
printf("Cet argument est %s.\n", argv[0]);
```

EXERCICE 15.3 : Modifiez l'exemple en ajoutant l'instruction précédente juste après la première instruction `printf()`, compilez et exécutez.

Normalement, le programme doit dorénavant indiquer le nom du fichier exécutable, en général à la fin d'un chemin d'accès complet, ce qui est très précis, mais un peu inutile dans notre contexte.

EXERCICE 15.4 : Modifiez l'exemple en installant une boucle `for` afin d'analyser tous les arguments pour les afficher l'un après l'autre. Voici un exemple d'affichage auquel vous devez parvenir (la première ligne en gras est la ligne de commande) :

```
invite$ ./ex1504 Shadrach Meshach Abednego
Arg#1 = ./ex1504
Arg#2 = Shadrach
Arg#3 = Meshach
Arg#4 = Abednego
```

L'heure de la sortie

De même que vous fournissez des informations en entrée via les arguments de la ligne de commande, vous pouvez récupérer des informations en sortie d'exécution d'un programme grâce au mot réservé `return` dans la fonction `main()`. Notez que ce n'est pas la seule manière de marquer la fin d'exécution d'un programme.

Quitter un programme

Si vous ne fournissez pas d'instruction particulière, l'exécution de votre programme se termine lorsque la fonction `main()` arrive à une instruction `return`. Normalement, cette instruction se trouve tout à la fin de la fonction, mais ce n'est pas obligatoire. De plus, vous pouvez vous servir de la fonction `exit()` pour sortir du programme à tout moment, même depuis une autre fonction que `main()`.

La fonction `exit()` permet de quitter un programme de façon organisée, en libérant l'espace mémoire, en supprimant les variables, etc. Le Listing 15.3 utilise cette fonction en ligne 17 pour quitter le programme dans la fonction `sub()`.

Listing 15.3 : Pour se quitter plus vite que prévu

```
#include <stdio.h>
#include <stdlib.h>

void sub(void);

int main()
{
    puts("Ce programme stoppe abruptement.");
    sub();
    puts("Est-ce l'intention initiale ?");
    return(0);
}

void sub(void)
{
    puts("C'est normal.");
    exit(0);
}
```

Il faut déclarer le fichier d'en-tête `stdlib.h` en début de code pour pouvoir utiliser la fonction `exit()`. Remarquez qu'elle utilise une valeur de type `int` comme argument, cette valeur servant de statut de sortie, sur le même modèle que la valeur transmise par `return` dans la fonction `main()`.

EXERCICE 15.5 : Créez un projet à partir du Listing 15.3, compilez et exécutez le programme.

Faire démarrer un autre programme

Vous disposez aussi d'une fonction nommée `system()` qui permet, de l'intérieur de votre programme, de lancer l'exécution d'un autre programme ou d'une commande système. Voici un exemple :

```
system("blorf");
```

Cet exemple demande au système d'exploitation d'exécuter la commande nommée `blorf`, qui peut être le nom d'un programme exécutable ou d'une commande standard du système.

En fin d'exécution de la commande ou du programme, le contrôle revient dans votre programme et reprend à l'instruction qui suit l'appel à la fonction `system()`.

Le listing suivant utilise deux appels à la fonction `system()` mais votre code ne va en exploiter qu'un des deux. Le premier appel à `system()` est celui valable sous Windows, et l'autre dans les autres systèmes qui sont tous des variantes d'Unix. Vous pouvez soit supprimer l'instruction qui ne s'applique pas à votre système, soit la neutraliser en la mettant en commentaire.

Listing 15.4: Lancement d'une commande du système depuis un programme

```
#include <stdio.h>
#include <stdlib.h>

int main()
{
    printf("Validez par Entree pour vider l'affichage !");
    getchar();
    system("cls");      /* Windows only */
  //  system("clear");    /* Mac - Unix */
    puts("That's better");
    return(0);
}
```

Vous remarquez qu'en ligne 2 nous déclarons le fichier d'en-tête `stdlib.h` qui est nécessaire pour la fonction `system()`. Le nom de la commande ou du programme que vous voulez lancer doit être délimité par des guillemets ou doit être stocké dans une chaîne (un tableau de `char`).

EXERCICE 15.6 : Créez un projet à partir du Listing 15.4, compilez et exécutez.

Chapitre 16

Encore plus variable !

Dans ce chapitre :

- Modifier le type d'une donnée
- Exploiter `typedef` pour créer de nouveaux types de variables
- Déclarer des variables statiques
- Déclarer des variables globales
- Exploiter des structures de données avec les fonctions

Au niveau des variables, le langage C ne se limite pas aux types de données simples `int`, `char`, `float` et `double`. Vous aurez ajouté de vous-même à cette liste les variantes pour les types numériques entiers que sont `signed`, `unsigned` et `long`. En fait, les types de variables constituent un élément essentiel du langage. Vous pouvez réussir ou faire échouer un programme selon que vous choisissiez ou pas le bon type de variable en fonction du contexte et de son utilisation.

Contrôler ses variables

Une fois que vous déclarez le type d'une variable, le contenu pourra bien sûr varier, mais il sera *a priori* toujours de ce type. En fait, non. Vous pouvez, dans certaines limites, forcer l'interprétation du contenu d'une variable comme étant d'un autre type, et vous pouvez verser ce contenu dans une autre variable déclarée de cet autre type. Vous pouvez donc forcer une variable à être considérée comme d'un autre type que son type de naissance, ce qui s'appelle le **transtypage**.

Transtypage volontaire ou non ?

Comment une variable de type `float` peut elle être considérée comme n'étant pas de type `float` ? Il suffit de la forcer à être exploitée comme un type `int` grâce à un transtypage. En langage C, cette opération consiste à spécifier le nouveau type entre parenthèses avant le nom de la variable, comme ceci :

```
(int)dette
```

Dans cet extrait, nous transtypons la variable nommée `dette` qui est de type `float` pour que son contenu soit utilisé comme si c'était un type `int`. Il suffit de spécifier la mention `int` entre parenthèses juste avant le nom de la variable.

À quoi cela peut-il servir ?

Il arrive parfois que le type de variable attendu en entrée par une fonction ne corresponde pas au type de variable que l'on veut lui transmettre. Au lieu de faire une conversion manuellement en copiant le contenu d'une variable d'un type vers une variable d'un autre, nous pouvons demander un transtypage temporaire vers le type désiré. L'opération n'est pas trop fréquente, mais elle est souvent indispensable, comme le montre le Listing 16.1.

Listing 16.1 : Un problème de compatibilité entre types

```
#include <stdio.h>

int main()
{
    int a,b;
    float c;

    printf("Premier entier : ");
    scanf("%d", &a);
    printf("Second entier : ");
    scanf("%d", &b);
    c = a/b;
    printf("%d/%d = %.2f\n", a, b, c);
    return(0);
}
```

EXERCICE 16.1 : Créez un projet à partir du Listing 16.1, compilez et exécutez.

Voici un exemple d'exécution, avec les valeurs saisies en gras :

```
Premier entier : 3
Second entier : 2
3/2 = 1.00
```

Serais-je dans l'erreur en croyant que 3 divisé par 2 aurait dû donner un résultat du genre `1.50` ? Si l'ordinateur répond `1.00`, c'est qu'il doit avoir raison ?

Ou bien l'ordinateur a été induit en erreur dans la ligne 12 du code. Nous divisons une valeur `int` par une autre puis nous envoyons le résultat dans une valeur `float`. Cela ne fonctionne pas ainsi. La division d'un entier par un autre donne un entier et fait perdre ce qu'il y a après la virgule. La valeur `1` est la plus proche de `1.50`. L'ordinateur fait exactement ce que vous lui demandez, et la précaution consistant à envoyer le résultat dans un type `float` n'a été d'aucun secours.

EXERCICE 16.2 : Retouchez le code source en modifiant la ligne 12 ainsi :

```
c = (float)a / (float)b;
```

Enregistrez votre modification, compilez et réexécutez en saisissant les mêmes valeurs. Voici le nouvel affichage :

```
Premier entier : 3
Second entier : 2
3/2 = 1.50
```

C'est beaucoup mieux. En demandant le transtypage des variables `a` et `b`, nous demandons au compilateur de les manipuler temporairement comme s'il s'agissait de données à virgule flottante. Le résultat est donc correct.

Définir de nouveaux types avec typedef

Méfiez-vous ! Le mot-clé `typedef` que nous présentons maintenant peut créer bien des soucis s'il est mal utilisé, car il est très puissant. C'est même plus qu'un mot-clé, c'est une invocation magique ! Il permet de transformer un mot-clé normal du C ou un opérateur pour le transformer en toute autre chose.

Et puisque ma maison d'édition a besoin que j'indique une référence pour le prochain exemple, je vous invite à étudier le Listing 16.2.

Listing 16.2 : Les périls de typedef

```
#include <stdio.h>

typedef int tentier;

tentier main()
{
    tentier a = 2;
```

```
    printf("Tout le monde sait que ");
    printf("%d + %d = %d\n", a, a, a+a);
    return(0);
}
```

Dans ce listing, nous utilisons `typedef` en ligne 3 pour stipuler que le mot `tentier` doit être équivalent au mot-clé `int`. À partir de ce moment, vous pouvez utiliser le mot `tentier` en remplacement exact du mot `int`, comme nous le faisons en lignes 5 et 7.

Exercice 16.3 : Créez un nouveau projet à partir du Listing 16.2, compilez et exécutez.

Le cas d'école du Listing 16.2 est extrême; aucun programmeur digne de ce nom ne songerait à créer ce genre d'entourloupe. En revanche, le mot `typedef` est très souvent utilisé pour définir des structures de données, car il rend leur définition et leur utilisation plus lisibles.

Si vous revenez à l'exercice 14.9 du Chapitre 14, vous y constatez que nous déclarons deux structures imbriquées dans une troisième. Le Listing 16.3 rappelle la portion de l'exemple qui déclare ces structures (tiré du Chapitre 14) :

Listing 16.3 : Définition de plusieurs structures de façon traditionnelle

```
struct id
{
    char prenom[20];
    char nomfam[20];
};

struct date
{
    int sjour;
    int smois;
    int sannee;
};

struct humain
{
    struct id hnom;
    struct date hdatenaiss;
};
```

Le Listing 16.4 montre comment réaliser ces mêmes déclarations en profitant de `typedef` pour créer de nouveaux types de structures :

Listing 16.4: Définition de structures à l'aide de typedef

```
typedef struct id
{
    char primo[20];
    char nomfam[20];
} personne;

typedef struct date
{
    int sjour;
    int smois;
    int sannee;
} calendrier;

struct humain
{
    personne   hnom;
    calendrier hdatenaiss;
};
```

Dans cet extrait, la structure nommée `id` est déclarée par `typedef` comme constituant le type `personne`. Ce n'est pas un nom de variable, mais un nom de type. Cela équivaut à dire « Toutes les références à `struct id` deviennent équivalentes au nom `personne`. »

De même, la structure `date` est promue en type vers le nom `calendrier`. Enfin, dans la déclaration de la structure `humain`, nous nous servons des nouveaux noms de type en remplacement des définitions de structures plus complexes.

EXERCICE 16.4 : Reformulez le code source du projet de l'exercice 14.9 (Chapitre 14) pour tirer profit de `typedef`, comme montré dans le Listing 16.4. Compilez et exécutez.

Vous pourriez prétendre que cette utilisation de `typedef` n'augmente pas vraiment la lisibilité par rapport aux bons vieux noms de variables avec des indentations correctes. Je n'utilise par exemple pas `typedef` à outrance, parce que je ne veux pas devoir me remémorer à quoi correspondent ces nouvelles définitions. En revanche, vous aurez à lire du code source écrit par d'autres programmeurs qui utilisent intensivement `typedef` et vous ne devez pas être perturbé devant ce genre d'utilisation.

Le premier avantage de l'utilisation de `typedef` avec une structure est certainement que cela vous évite d'avoir à saisir sans cesse le mot-clé `struct`.

ATTENTION !

Les programmeurs peuvent avoir des problèmes lorsqu'ils utilisent `typedef` avec des structures lorsqu'ils s'en servent pour créer des listes liées. Je reviendrai sur cette mise en garde dans le Chapitre 20, qui est dédié aux listes liées.

Déclarer une variable statique

Vous savez qu'une variable qui est déclarée et utilisée dans une fonction est une variable locale : la valeur et la variable disparaissent en fin d'exécution de la fonction. Le Listing 16.5 en rappelle le principe.

Listing 16.5 : Certaines variables sont volatiles

```
#include <stdio.h>

void proc(void);

int main()
{
    puts("Premier appel");
    procedure();
    puts("Second appel");
    procedure();
    return(0);
}

void procedure(void)
{
    int a;

    printf("La valeur de la variable a est %d\n",a);
    printf("Indiquez une autre valeur : ");
    scanf("%d", &a);
}
```

Dans ce listing, nous déclarons une variable a dans la fonction `procedure()`. Cette variable ne possède aucune valeur déterminée avant l'appel à la fonction `scanf()` en ligne 20 qui permet de faire saisir une valeur. Lors du deuxième appel à la même fonction, la variable a perdu cette valeur et contient n'importe quoi.

EXERCICE 16.5 : Créez un projet à partir du Listing 16.4 puis compilez et exécutez.

Voici à quoi ressemble l'affichage sur mon ordinateur :

```
Premier appel
```

```
La valeur de la variable a est 0
Indiquez une autre valeur : 6
Second appel
La valeur de la variable a est 0
Indiquez une autre valeur : 6
```

Bien que je tente de saisir **6** pour affecter cette valeur à la variable a, le programme oublie la valeur. Quel remède pourrait-on trouver ?

Exercice 16.6 : Retouchez le code du Listing 16.4 en ajoutant un mot-clé au début de la ligne 16 :

```
static int a;
```

Recompilez et exécutez. Voici ce qui s'affiche dorénavant (en gras ce que je saisis) :

```
Premier appel
The valeur of variable a is 0
Indiquez une autre valeur : 6
Second appel
La valeur de la variable a est 6
Indiquez une autre valeur : 5
```

Nous avons déclaré cette variable comme étant `static`. C'est ce qui permet de conserver sa valeur malgré la sortie de la fonction, valeur qu'elle retrouve lors du prochain appel.

- Il n'est pas nécessaire de déclarer les variables avec le mot `static`, sauf pour celles dont vous désirez voir conserver la valeur entre un appel de fonction et le suivant, ce qui se produit de temps à autre. Mais n'en déduisez pas que c'est la solution universelle. Vous pouvez également décider de créer vos variables au niveau global, ce que nous verrons dans la section suivante.
- Il n'est pas nécessaire de déclarer avec `static` une variable dont vous voulez renvoyer la valeur depuis une fonction. Lorsque vous écrivez une instruction suivante dans une fonction :

  ```
  return(a);
  ```

- C'est la valeur que possède la variable à ce moment qui est renvoyée, pas la variable elle-même.

Des variables sans frontières (globales)

Certaines variables doivent pouvoir être utilisées comme un téléphone portable : depuis n'importe où. Une telle variable peut être lue et modifiée depuis n'importe quelle fonction et à tout moment. Il s'agit en quelque sorte d'une variable universelle. En C, on appelle cela une *variable globale*.

NOTE TECHNIQUE

Autres mots-clés relatifs aux variables

Le langage C comporte quelques mots-clés qui concernent les variables, mais dont l'utilisation est vraiment sporadique.

auto : Le mot-clé `auto` est une survivance de l'ancien langage de programmation B. Il servait à influer sur le mode de création en mémoire des variables, mais il n'est plus usité.

const : Le mot-clé `const` est en vigueur dans le langage C++ pour définir une constante, et il est également utilisé en C. Il est cependant plus facile, et plus habituel, d'utiliser la directive #define pour créer une valeur constante, comme nous l'avons fait dans les chapitres précédents. Cette technique préconisée est moins contraignante.

enum : Le mot-clé enum permet de créer une liste énumérée, c'est-à-dire une collection de valeurs constantes croissantes entre 0 et une autre valeur. Vous pouvez utiliser une telle liste dans votre code, mais je n'ai personnellement aucun exemple à citer qui soit simultanément utile et intelligent.

register : Comme son nom l'indique, cet ancien mot-clé permettait d'obliger le compilateur à stocker la valeur d'une variable dans un registre du processeur (CPU). Il est possible que ce mot-clé ne soit même plus reconnu dans les plus récentes versions du langage C.

union : Une `union` est une structure de données dans laquelle plusieurs éléments partagent le même espace, ce qui permet d'y accéder sous plusieurs noms de variables différents. Je n'ai pas rencontré de code source utilisant ce mot-clé, mais il était beaucoup plus utilisé voici trois décennies, à l'époque où l'on manipulait directement les registres du processeur.

volatile : Ce mot-clé au nom étrange servait auparavant à optimiser le code en indiquant au compilateur que la variable ainsi désignée risquait de changer par une cause extérieure au programme. De nos jours, le mot-clé `volatile` n'a d'intérêt que dans les programmes pendant l'exécution desquels il risque d'y avoir modification de la valeur d'une variable de la part du système.

Exploiter les variables globales

En déclarant une variable comme globale, vous résolvez certains problèmes d'accès à cette variable, en rendant son accès universel. Toutes les fonctions du programme peuvent ensuite accéder à la variable, et vous n'avez plus besoin de la transmettre à une fonction ou de la faire renvoyer par la fonction.

Le Listing 16.6 montre comment déclarer puis utiliser une variable globale. Nous y créons les deux variables globales nommées `age` et `toise` et nous les manipulons dans les deux fonctions. Il aurait été possible de les transmettre lors des appels aux fonctions, mais nous n'aurions pas pu renvoyer les deux valeurs à la fois. (Une fonction C ne peut renvoyer qu'une valeur.) Voilà pourquoi nous avons choisi de déclarer ces variables comme globales.

Listing 16.6 : Deux variables manipulées depuis deux fonctions

```
#include <stdio.h>

void moitier(void);
void doubler(void);

int  age;
float toise;

int main()
{
    printf("Quel est votre age : ");
    scanf("%d", &age);
    printf("Et votre taille : ");
    scanf("%f", &toise);
    printf("Vous avez %d ans et mesurez %.1f.\n", age, toise);
    moitier();
    doubler();
    printf("Vous n'avez pas %d ans et ne mesurez pas %.1f.\n", age, toise);
    return(0);
}

void moitier(void)
{
    float a,h;

    a=(float)age/2.0;
    printf("La moitie de votre age est %.1f.\n", a);
    h=toise/2.0;
    printf("La moitie de votre taille est %.1f.\n", h);
```

```
}

void doubler(void)
{
    age*=2;
    printf("Le double de votre age est %d.\n", age);
    toise*=2;
    printf("Le double de votre taille est %.1f\n", toise);
}
```

En Ligne 6, nous déclarons la variable de type `int` nommée `age` et la variable globale de type `float` nommée `toise`. Les variables sont déclarées en dehors de toute fonction, juste après les déclarations `#include`, `#define` et la zone des prototypes. Ces variables sont utilisables dans les deux fonctions. Lorsque nous modifions la valeur d'une variable dans la fonction `doubler()`, c'est la nouvelle valeur à laquelle accède la fonction `main()`.

Notez que la longueur de certaines lignes de `printf()` peut les faire paraître sur deux lignes dans ce livre, mais vous devez saisir l'instruction sur une seule.

EXERCICE 16.7 : Créez un nouveau projet avec le Listing 16.6, compilez et exécutez.

Ne faites pas l'erreur de déclarer toutes vos variables comme globales ! Lorsque vous pouvez transmettre une valeur à une fonction, faites-le, car le code sera plus lisible. Bien trop de programmeurs choisissent la solution de facilité qui consiste à déclarer globales toutes les variables pour éviter les soucis. C'est une mauvaise habitude, et cela risque d'affecter les performances du programme en augmentant son empreinte mémoire.

Les variables communément choisies comme globales sont celles qui contiennent des informations dont ont besoin toutes les fonctions de votre programme : l'identification d'un utilisateur, le statut en ligne ou pas, le masquage ou non d'un texte. Ce sont de bons candidats à une déclaration d'accès global.

Structure à accès global

Un bon exemple de variable globale, d'autant plus que c'est la seule solution dans ce cas, concerne une structure de données que vous voulez transmettre à une fonction. Vous devez déclarer la structure comme globale pour que toutes les fonctions qui ont besoin d'accéder à son contenu y parviennent.

Ne soyez pas intimidé par la longueur du Listing 16.7 ! Les programmes que vous allez concevoir seront sans doute encore bien plus longs !

Listing 16.7 : Transmission d'une structure à une fonction

```
#include <stdio.h>
#include <stdlib.h>
#include <time.h>

#define TAILLE 5

struct bot {
    int xpos;
    int ypos;
};

struct bot initialiser(struct bot b);

int main()
{
    struct bot robots[TAILLE];
    int x;

    srandom((unsigned)time(NULL));

    for(x=0; x<TAILLE; x++)
    {
      robots[x] = initialize(robots[x]);
      printf("Robot %d: Coord: %d,%d\n", x+1,robots[x].xpos,
       robots[x].ypos);
    }
    return(0);
}

struct bot initialiser(struct bot b)
{
    int x,y;

    x = random();
    y = random();
    x%=20;
    y%=20;
    b.xpos = x;
    b.ypos = y;
    return(b);
}
```

Pour pouvoir transmettre la structure à la fonction, nous la déclarons de façon globale entre les lignes 7 et 10. Cette déclaration doit être insérée avant le prototype de la fonction, qui se trouve en ligne 12.

Le corps de la fonction `initialiser()` correspond à la fin du code source. Nous transmettons la structure à la fonction puis nous la renvoyons. Vous constatez qu'il faut déclarer totalement cette structure avec son type dans l'argument. Dans la première ligne de la fonction, nous donnons à la variable correspondant à la structure le nom `b`.

L'instruction `return` de la fonction retransmet la structure modifiée à la fonction appelante. Cela est cohérent, puisque le prototype de la fonction `initialiser()` a cité comme type à renvoyer la structure `bot`.

EXERCICE 16.8 : Prenez votre courage à deux mains pour saisir ce code source (ou bien récupérez-le dans l'archive qui accompagne ce livre) puis compilez et exécutez.

L'affichage montre comment la structure est transmise en entrée un élément à la fois, modifiée dans la fonction puis renvoyée.

Chapitre 17

Dans l'ère binaire

Dans ce chapitre :

- Introduction au calcul en base deux
- Afficher des valeurs binaires
- Exploiter des opérateurs binaires
- Armer et désarmer un bit
- Décaler des bits
- Découvrir les valeurs hexadécimales

Un ordinateur est un automate numérique qui baigne dans un océan de zéros et de uns. Tout ce que manipulent vos programmes, qu'il s'agisse de texte, de graphiques, de musiques, de vidéos ou autres, n'est qu'une suite de valeurs binaires : un et zéro, vrai et faux, on et off, oui et non. Vous connaîtrez beaucoup mieux les ordinateurs et toutes les technologies numériques si vous prenez le temps de comprendre les grands principes de la logique binaire.

Les fondamentaux du binaire

Vous n'avez fort heureusement pas besoin d'écrire du code de bas niveau, de manipuler des interrupteurs ou de sortir le fer à souder pour programmer les appareils numériques d'aujourd'hui. De nos jours, il existe des langages de haut niveau qui vous épargnent cette plongée dans les rouages des machines. Pourtant, le code de bas niveau est toujours à l'œuvre dans les entrailles de nos bêtes numériques, mais vos activités de programmation sont isolées de la soupe primordiale de uns et de zéros qui incarne au final tous vos logiciels et toutes vos données.

Bits, octets et calculs binaires

Un chiffre binaire s'appelle un *bit* (*binary digit*), qui ne peut prendre que la valeur 1 ou la valeur 0. Isolément, un bit n'a que peu de pouvoir, mais il se promène en général en meute. Le stockage des données numériques utilise des groupes de longueurs variables, comme le montre le Tableau 17.1.

Tableau 17.1 : Regroupements de bits

Nom	*Variable C*	*Bits*	*Plage de valeurs non signées*	*Plage de valeurs signées*
Bit	_Bool	1	0 à 1	0 à 1
Byte (octet)	char	8	0 à 255	–128 à 127
Word (mot)	short int	16	0 à 65,535	–32,768 à 32,767
Long (double mot)	long int	32	0 à 4,294,967,295	–2,147,483,648 à 2,147,483,647

En regroupant les bits en octets (*bytes*), en mots (*words*), et ainsi de suite, leur gestion devient plus simple. Les microprocesseurs savent gérer plusieurs bits en parallèle (8, 16, 32, 64). Le Tableau 17.2 donne un exemple de conversion de quelques valeurs binaires (en puissances de 2) vers les valeurs décimales auxquelles nous sommes habitués.

N.d.T. : La désignation des processeurs (CPU) « 32 bits » ou « 64 bits » est directement liée à la largeur normale des mots mémoire qu'ils savent lire dans une même instruction : un processeur 32 bits sait lire 4 octets en parallèle.

Tableau 17.2 : Quelques puissances de 2

Expression	*Valeur décimale*	*Valeur binaire*
2^0	1	1
2^1	2	10
2^2	4	100
2^3	8	1000
2^4	16	10000
2^5	32	100000
2^6	64	1000000
2^7	128	10000000

Les puissances de 2 montrées dans ce tableau peuvent toutes être stockées dans un octet, c'est-à-dire 8 bits. Cela correspond à la plage de valeurs du type de variable C nommé `char`. D'ailleurs, si vous faites le total de toutes les valeurs de la deuxième colonne, vous obtenez 255 qui est la valeur maximale que peut prendre un octet.

En réalité, un octet peut prendre 256 valeurs différentes, car il faut également y ajouter la valeur nulle (8 bits à 0).

La figure suivante montre comment on peut coder une valeur décimale (43 dans l'exemple) sous forme de puissances de 2 qui correspondent à chacun des bits d'un octet. Rappelons qu'en calcul décimal habituel, nous travaillons en base 10 alors qu'en calcul binaire, on travaille en base 2, en commençant par la droite dans les deux systèmes.

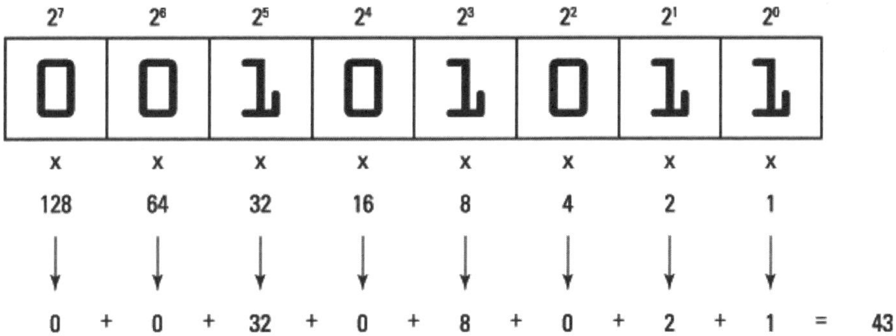

Figure 17.1 : Les valeurs des bits en base 2 dans un octet

Dans cette figure, chaque bit armé (possédant la valeur 1) équivaut à une puissance de deux : 2^5, 2^3, 2^1 et 2^0. Il suffit de multiplier chacune des valeurs à 1 par son équivalent en base décimale puis de faire le total pour obtenir la représentation décimale de la valeur binaire servant d'exemple. Ici, `00101011` équivaut à 43.

C'est très simple en fait, d'autant que vous n'avez pas besoin d'apprendre à calculer en base deux!

- Ne vous attendez pas à devoir apprendre à convertir des valeurs binaires en valeurs décimales, car l'ordinateur se charge de ce travail. En fait, il ne connaît que la notation binaire, mais il affiche des valeurs décimales par gentillesse envers les humains. Cela dit, lorsque vous avez besoin de manipuler les valeurs binaires, mieux vaut savoir de quoi il en retourne.

Donner la valeur 1 à un bit se dit *armer le bit* (set).

Donner la valeur 0 à un bit se dit *désarmer le bit* (reset).

Afficher des valeurs binaires

Pour voir comment fonctionnent les opérateurs permettant de manipuler des valeurs binaires en langage C, il est indispensable de savoir afficher ces valeurs binaires. Cependant, la fonction `printf()` ne propose aucun formateur pour le binaire et la librairie des fonctions standard du C n'offre aucune fonction d'affichage de valeurs binaires. Autrement dit, il va nous falloir concevoir notre propre fonction.

Le Listing 17.1 propose une fonction d'affichage binaire de mon cru que j'ai nommée `binbin()`. Cette fonction est définie à partir de la ligne 15 et attend en entrée une valeur de type `int`. Elle renvoie en sortie une chaîne de caractères qui correspond à la représentation sous forme de chiffres binaires de la valeur `int` fournie en entrée.

Listing 17.1 : La fonction binbin()

```
#include <stdio.h>

char *binbin(int n);

int main()
{
    int input;

    printf("Indiquez une valeur entre 0 et 255 : ");
    scanf("%d",&input);
    printf("%d vaut en binaire %s\n", input, binbin(input));
    return(0);
}

char *binbin(int n)
{
    static char bin[9];
    int x;

    for(x=0; x<8; x++)
    {
        bin[x] = n & 0x80 ? '1' : '0';
        n <<= 1;
    }
    bin[x] = '\0';
    return(bin);
}
```

Pour l'instant, si vous parcourez le corps de cette fonction `binbin()`, vous risquez de ne pas tout comprendre. Ce n'est pas un problème. Nous décrirons en détail le fonctionnement de ce code dans la section proche de la fin du chapitre « Analyse de la fonction `binbin()` ». La présence de l'astérisque au début du nom de la fonction est expliquée dans le Chapitre 19.

EXERCICE 17.1 : Créez un projet à partir du Listing 17.1, compilez et exécutez plusieurs fois. Saisissez des valeurs entières différentes pour voir leurs représentations binaires. Essayez notamment la valeur 43 pour confirmer que la Figure 17.1 est correcte.

Dans sa version du Listing 17.1, `binbin()` affiche 8 bits, alors que la variable `int` en contient plus, 16 ou 32 en général.

EXERCICE 17.2 : Modifiez la fonction `binbin()` pour créer la version 16 bits de la valeur `int` fournie (en termes techniques, 16 bits correspondent à un entier court, `short int`.) Voici les retouches qu'il faut effectuer :

- Ligne 9 : Modifiez le texte pour indiquer 65535 à la place de 255.
- Ligne 17: Augmentez la taille du tableau jusqu'à 17 pour qu'il puisse stocker les 16 caractères binaires et le zéro terminal `\0` de fin de chaîne.
- Ligne 20 : Changez la valeur immédiate 8 pour qu'elle indique 16 afin de gérer les 16 caractères à afficher.
- Ligne 22 : Remplacez la valeur `0x80` par `0x8000` afin de doubler la taille du champ de bits. Vous comprendrez mieux ce que cela signifie lorsque vous aurez terminé ce chapitre.

Lancez la construction de l'exercice 17.2 et exécutez-le plusieurs fois pour vérifier que le champ de bits s'affiche bien dans sa nouvelle largeur.

Dans les sections suivantes, qui montrent comment utiliser les opérateurs binaires, nous utilisons la fonction `binbin()` telle quelle ou dans une variante. Vous allez donc souvent faire des copier/coller de cette fonction. N'hésitez pas à la réutiliser dans vos propres projets dès que vous en aurez besoin.

Manipulations binaires

Le langage C définit une poignée d'opérateurs pour manipuler les données sous forme de bits. Ces sept opérateurs sont souvent dédaignés par les programmeurs, mais c'est dû au fait qu'ils n'apprécient pas à leur juste mesure leur puissance et leur utilité.

L'opérateur OU binaire (|)

Nous connaissons déjà les deux opérateurs logiques && ainsi que ¦¦ qui nous ont servi dans le Chapitre 8 pour nos instructions conditionnelles. Dans le cas de &&, il faut que les deux éléments soient vrais pour que l'expression résultante soit vraie. Pour le OU logique ¦¦, il suffit qu'un des deux éléments soit vrai.

Les opérateurs binaires & et ¦ suivent la même logique, mais au niveau atomique des bits. Ils permettent de manipuler les bits individuellement :

L'opérateur ¦ est l'opérateur binaire OU, également appelé OU inclusif.

L'opérateur binaire & correspond au ET entre bits.

Dans le Listing 17.2, vous pouvez voir comment utiliser l'opérateur binaire OU pour forcer à 1 certains bits d'un octet. Le masque binaire du OU qui doit être appliqué est défini sous forme décimale dans la constante SET en ligne 2. Cette valeur équivaut à `00100000` en binaire.

Listing 17.2 : Utilisation du OU binaire

```
#include <stdio.h>
#define SET 32

char *binbin(int n);

int main()
{
    int bor,resultat;

    printf("Indiquez une valeur entre 0 et 255: ");
    scanf("%d", &bor);
    resultat = bor | SET;

    printf("\t%s\t%d\n",  binbin(bor), bor);
    printf("|\t%s\t%d\n", binbin(SET), SET);
    printf("=\t%s\t%d\n", binbin(resultat), resultat);
    return(0);
}

char *binbin(int n)
{
    static char bin[9];
    int x;

    for(x=0;x<8;x++)
    {
```

```
        bin[x] = n & 0x80 ? '1' : '0';
        n <<= 1;
    }
    bin[x] = '\0';
    return(bin);
}
```

Le OU binaire est réalisé en ligne 12 entre la valeur saisie puis stockée dans bor et le masque se trouvant dans la constante SET. Le résultat est affiché sous forme de trois colonnes : l'opérateur, la chaîne en binaire et la valeur décimale. Le résultat de cette opération est que les bits qui sont à 1 dans la valeur SET seront également à 1 dans la valeur bor résultante (en plus de celles qui l'étaient déjà dans bor).

EXERCICE 17.3 : Créez un projet à partir du Listing 17.2, compilez et exécutez.

Voici le résultat qui est affiché lorsque je saisis la valeur 65 :

```
Indiquez une valeur entre 0 et 255: 65
        01000001        65
|       00100000        32
=       01100001        97
```

Dans la dernière ligne, vous pouvez constater que le sixième bit a été forcé à 1 alors qu'il valait 0 au départ.

Quel intérêt pour le programmeur ?

Cette opération montre que vous pouvez manipuler les valeurs au niveau élémentaire des bits, ce qui peut avoir des conséquences intéressantes pour certaines opérations mathématiques, comme le montre le Listing 17.3.

Listing 17.3 : Une transformation de texte binaire

```
#include <stdio.h>

int main()
{
    char input[64];
    int ch;
    int x = 0;

    printf("Saisissez en MAJUSCULES : ");
    fgets(input,63, stdin);

    while(input[x] != '\n')
```

```
    {
        ch = input[x] | 32;
        putchar(ch);
        x++;
    }
    putchar('\n');

    return(0);
}
```

EXERCICE 17.4 : Créez un projet à partir du Listing 17.3, compilez et exécutez.

Pour vos essais, n'essayez pas de caractères accentués. La relation entre les valeurs numériques des caractères (les codes ASCII) des majuscules et des minuscules est telle que vous pouvez forcer en majuscules ou en minuscules par simple modification du sixième bit d'un octet.

L'opérateur ET binaire (&)

L'opérateur ET binaire fonctionne comme son collègue OU binaire en modifiant individuellement les bits d'un octet. Mais alors que le OU permet de forcer des bits à 1, le ET effectue un masquage. Vous comprendrez mieux ce que signifie ce masquage par un exemple.

EXERCICE 17.5 : Repartez du code source du Listing 17.2 en remplaçant l'opérateur OU binaire par un opérateur ET binaire. Modifiez aussi la valeur de la constante `SET` en ligne 2 pour qu'elle indique 223. En ligne 12, remplacez l'opérateur ¦ (OU) par le signe `&` (ET binaire). Modifiez enfin l'instruction `printf()` en ligne 15 pour remplacer l'opérateur ¦ par un opérateur `&`. Lancez la compilation et l'exécution.

Voici le résultat qui s'affiche lorsque je saisis la valeur 255 (dans laquelle tous les bits sont à un) :

```
Indiquez une valeur entre 0 et 255: 255
        11111111        255
&       11011111        223
=       11011111        223
```

Le `&` binaire permet de forcer uniquement à zéro le bit 6. Aucun autre bit n'est modifié. Faites d'autres essais, par exemple avec les valeurs `170` et `85` et constatez comment les bits sont forcés à `0` dans le masque.

EXERCICE 17.6 : Repartez maintenant du Listing 17.3 pour votre nouveau projet. Vous allez remplacer le OU binaire par un ET binaire. Modifiez la ligne 9 pour que l'instruction `printf()` affiche «Saisissez du texte :». Modifiez la ligne 14 en remplaçant l'opérateur ¦ par & et la valeur 32 par 223, compilez et exécutez.

Alors que le OU binaire forçait à 1 le sixième bit pour basculer de majuscule en minuscule, le fait de forcer à zéro ce même bit avec le ET binaire réalise l'opération inverse. Cette opération impacte également le caractère représentant l'espace en le forçant à zéro, qui n'est pas un caractère affichable.

EXERCICE 17.7 : Modifiez votre solution à l'exercice 17.6 pour n'appliquer l'opération qu'aux seules lettres de l'alphabet.

L'opérateur OU exclusif XOR (^)

Ne croyez pas que le XOR soit un être venu d'une autre galaxie; c'est l'abréviation de l'expression anglaise *eXclusive OR*. Nous utiliserons l'abréviation OUEX pour parler de cet opérateur OU exclusif.

L'opération OUEX peut sembler bizarre, mais elle a son utilité. Elle permet de comparer un à un les bits de même rang de deux valeurs. Lorsque les deux bits sont identiques, le XOR désarme le bit résultant en le forçant à `0`. Si les deux bits sont différents, XOR force le bit à `1`. Comme pour les autres opérateurs, un court exemple vaut mieux qu'un long discours.

Le symbole qui correspond à l'opérateur OUEX en langage C est le circonflexe : `^`. Nous l'utilisons en ligne 14 du Listing 17.4.

Listing 17.4 : Utilisation du OU exclusif binaire

```
#include <stdio.h>

char *binbin(int n);

int main()
{
    int a,x,r;

    a = 73;
    x = 170;

    printf("  %s %3d\n",binbin(a),a);
    printf("^ %s %3d\n",binbin(x),x);
    r = a ^ x;
    printf("= %s %3d\n",binbin(r),r);
```

```
    return(0);
}

char *binbin(int n)
{
    static char bin[9];
    int x;

    for(x=0;x<8;x++)
    {
        bin[x] = n & 0x80 ? '1' : '0';
        n <<= 1;
    }
    bin[x] = '\0';
    return(bin);
}
```

EXERCICE 17.8 : Créez un projet à partir du Listing 17.4, compilez et exécutez. Cherchez à comprendre comment le OUEX modifie les valeurs binaires.

Cet opérateur est remarquable par le fait que lorsque vous l'appliquez deux fois de suite à la même variable, vous retrouvez la valeur de départ.

EXERCICE 17.9 : Modifiez le code source précédent pour ajouter un autre OUEX. Vous insérez les trois instructions suivantes après la ligne 15 :

```
printf("^ %s %3d\n", binbin(x),x);
a = r ^ x;
printf("= %s %3d\n", binbin(a),a);
```

Compilez et exécutez. Vous devriez obtenir ceci :

```
  01001001  73
^ 10101010 170
= 11100011 227
^ 10101010 170
= 01001001  73
```

Vous constatez qu'en utilisant la même valeur de OUEX `170`, nous transformons d'abord 73 en 227, puis nous retrouvons 73.

Pour ne pas confondre les deux variantes de l'opérateur OU, certains programmeurs désignent l'opérateur OU normal en tant qu'opérateur OU *inclusif*.

Les opérateurs de complément et de négation (~ et !)

Il existe deux autres opérateurs binaires dont l'utilité est moins évidente, bien qu'elle ne soit pas nulle : le complément à 1 (~) et l'opérateur de négation NON (!).

L'opérateur de complément à 1 se contente d'inverser l'état de chacun des bits d'une valeur, en armant à 1 les bits à 0 et en forçant à 0 les bits à 1. Voici un exemple :

```
~01010011 = 10101100
```

L'opérateur de négation! a un effet sur la valeur qui lui est associée. Il force à 0 tous les bits qui n'y sont pas, mais il force à 1 le seul dernier bit si la valeur d'entrée valait 0 :

```
!01010011 = 00000000
!00000000 = 00000001
```

Autrement dit, l'opérateur de négation binaire ne peut donner que deux valeurs résultantes : 0 ou 1.

Vous aurez remarqué que les deux opérateurs ~ et! sont des opérateurs *unaires*, c'est-à-dire qu'ils ne s'appliquent qu'à une seule valeur, celle qui suit l'opérateur.

Le Tableau 17.3 rappelle les cinq opérateurs binaires du C.

Tableau 17.3 : Opérateurs binaires

Opérateur	*Nom*	*Type*	*Action*
&	AND (ET)	Bit par bit	Masque des bits en forçant certains bits à 0 et en laissant les autres tels quels.
|	OR (OU)	Bit par bit	Arme des bits en forçant certains bits de 0 à 1.
^	XOR (OUEX)	Bit par bit	Force à 0 les bits identiques et à 1 les bits différents.
~	Complément à 1	Unaire	Inverse l'état de chaque bit.
~	NOT (NON)	Unaire	Force à 0 toute valeur différente de 0 et force à 1 la valeur nulle.

Opérateurs de décalage binaire

Le langage C propose encore deux opérateurs binaires dont l'utilisation peut faire penser à ces chaînes humaines pour éteindre les incendies avec des seaux. En effet, les opérateurs qui s'écrivent << et >> servent à décaler les bits d'une position respectivement vers la gauche ou vers la droite. Voici par exemple la syntaxe de l'opérateur de décalage vers la gauche <<: :

```
v = int << nombre;
```

`int` est une valeur entière dont le contenu binaire doit être décalé. `nombre` est le nombre de décalages à réaliser vers la gauche. Le résultat est stocké dans la variable `v`. Les bits qui tombent par la gauche en dehors de la valeur `int` sont perdus. Les nouveaux bits qui sont insérés par la droite sont à 0.

Comme pour les autres opérateurs binaires, cela sera plus facile à comprendre avec un exemple. Étudions le Listing 17.5.

Listing 17.5 : Tout le monde se décale d'un cran !

```
#include <stdio.h>

char *binbin(int n);

int main()
{
    int decalbin,x;

    printf("Indiquez une valeur entre 0 et 255: ");
    scanf("%d", &decalbin);

    for(x=0; x<8; x++)
    {
        printf("%s\n", binbin(decalbin));
        decalbin = decalbin << 1;
    }

    return(0);
}

char *binbin(int n)
{
    static char bin[9];
    int x;

    for(x=0; x<8; x++)
```

```
    {
        bin[x] = n & 0x80 ? '1' : '0';
        n <<= 1;
    }
    bin[x] = '\0';
    return(bin);
}
```

Le décalage est réalisé en ligne 15, à raison d'une position binaire vers la gauche dans la variable `decalbin`.

EXERCICE 17.10 : Créez un projet à partir du Listing 17.5, compilez et exécutez.

Puisque les bits correspondent à des puissances de deux, le décalage d'une position vers la gauche équivaut à une multiplication par deux. Cela n'est vrai que jusqu'à un certain point : plus vous décalez vers la gauche, plus vous perdez de bits, et la valeur ne double plus ensuite. Notez par ailleurs que ce décalage n'est applicable que pour des valeurs non signées.

EXERCICE 17.11 : Retouchez le code source du Listing 17.5 pour que la fonction `printf()` en ligne 14 affiche également la valeur décimale de la variable `decalbin`. Pensez également à modifier la fonction `binbin()` pour qu'elle affiche les 16 bits et non 8. (Revoyez si nécessaire la réponse à l'exercice 17.2 pour la version 16 bits de `binbin()`).

Voici l'affichage que j'obtiens en indiquant la valeur `12` :

```
Indiquez une valeur entre 0 et 255: 12
0000000000001100 12
0000000000011000 24
0000000000110000 48
0000000001100000 96
0000000011000000 192
0000000110000000 384
0000001100000000 768
0000011000000000 1536
```

Faites un autre essai en saisissant la grande valeur ***800 000 000*** (sans les espaces). Vous constatez que la multiplication par deux échoue dès la troisième étape de décalage. Voyez aussi à ce sujet l'encadré sur les valeurs binaires négatives.

L'opérateur de décalage à droite >> fonctionne sur le même principe. Tous les bits qui tombent par la droite sont perdus et ce sont des bits à zéro qui sont insérés du côté gauche. Voici son format :

```
v = int >> nombre;
```

`int` est une valeur entière et `nombre` est le nombre de décalages vers la droite. Le résultat est stocké dans `v`.

EXERCICE 17.12 : Retouchez le code de l'exercice 17.11 pour utiliser l'opérateur de décalage à droite au lieu de celui à décalage à gauche en ligne 15. Compilez et réexécutez.

Voici l'affichage lorsque je saisis la valeur `128` :

```
Indiquez une valeur entre 0 et 255: 128
0000000010000000 128
0000000001000000 64
0000000000100000 32
0000000000010000 16
0000000000001000 8
0000000000000100 4
0000000000000010 2
0000000000000001 1
```

TRUC

À la différence de son collègue <<, le décaleur à droite >> parvient toujours à diviser par deux la valeur pour chaque pas de décalage. D'ailleurs, l'utilisation de cet opérateur >> est beaucoup plus performante sur une valeur entière que l'opérateur de division / normal.

N'OUBLIEZ PAS !

Sachez que les deux opérateurs << et >> ne sont disponibles qu'en langage C. En C++, des opérateurs utilisant les mêmes symboles servent à toute autre chose : à recevoir des données de l'entrée standard et à envoyer des données sur la sortie standard.

Analyse de la fonction binbin()

Si vous avez lu ce chapitre depuis le début, vous savez que je vous avais promis d'expliquer comment fonctionne la fonction `binbin()` qui permet de convertir une valeur numérique décimale en une chaîne de bits à afficher. Tout est réalisé dans les deux instructions suivantes :

```
bin[x] = n & 0x80 ? ,1' : ,0';
n <<= 1;
```

La première instruction applique un masque de ET binaire à la valeur `n`. Le masque équivaut à 128 en décimal, c'est-à-dire que seul le bit de poids fort est à 1. Autrement dit, cette opération force à 0 tous les autres bits. Si le bit de poids fort est armé, la condition est vraie, auquel cas nous stockons le chiffre 1 dans le tableau. Dans le cas contraire, nous stockons 0. (Revoyez si nécessaire le Chapitre 8 pour vous souvenir comment fonctionne l'opérateur ternaire, ?:.)

NOTE TECHNIQUE

Valeurs binaires négatives

Une valeur binaire est toujours positive, puisque chaque bit ne peut posséder que la valeur 1 ou 0, et donc jamais -1. Comment un ordinateur réussit-il malgré tout à gérer des valeurs numériques entières avec un signe ? C'est simple : il triche.

Le bit le plus à gauche dans une valeur binaire signée est réservé au signe. Lorsque ce bit est armé (à 1), il s'agit d'une valeur négative, si c'est un type `signed int`. Si ce bit est à zéro, la valeur est considérée comme positive.

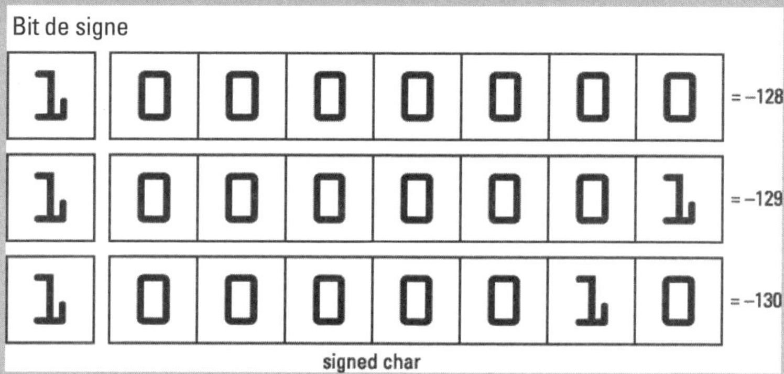

Dans cette figure, le bit de signe est armé dans le cadre d'une valeur de type `signed char`. Les trois valeurs servant d'exemple sont négatives, et restent dans la plage de valeurs d'une variable `signed char`.

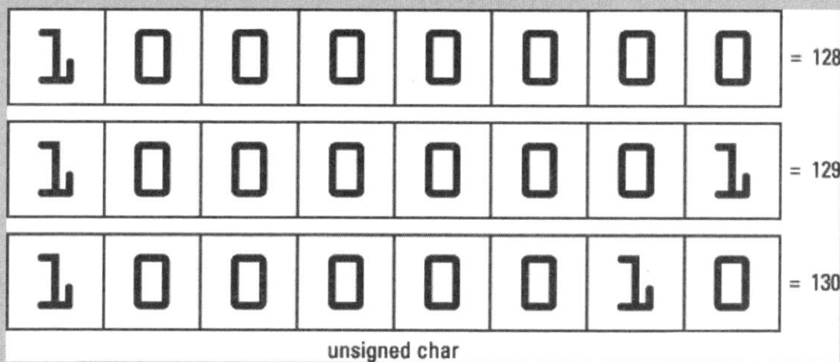

Dans cette seconde série, le bit de signe est ignoré parce que nous considérons que la valeur est du type `unsigned char`. Dans ce cas, les valeurs ne peuvent être que positives, et la plage de valeurs possible pour une variable non signée est deux fois plus grande que pour une variable signée (puisque le bit de poids fort est utilisé pour la valeur et non pour le signe).

Nous avons spécifié la valeur du masque dans le format hexadécimal `0x80`, qui est beaucoup plus pratique dans les calculs binaires. Nous en reparlons dans la section suivante. Cette valeur hexa 0x80 équivaut au masque binaire `10000000`. Pour une valeur sur 16 bits, vous fournirez la valeur de masque 0x8000, qui aboutit à un masque binaire sur 16 bits.

La seconde instruction décale tous les bits de `n` d'une position à gauche. À chaque tour de boucle, un autre bit de la valeur `n` est amené dans la position la plus à gauche pour pouvoir être évalué et construire progressivement la chaîne représentant les bits à `'1'` ou à `'0'`.

Les joies de l'hexadécimal (base 16)

Avouons-le : personne n'a envie de compter les bits sous leur format binaire. Il existe sans doute quelques geeks qui savent de tête que `10110001` équivaut à 177 en décimal, mais pour ma part, il m'a fallu vérifier. En revanche, tout bon programmeur réussit facilement à traduire du binaire en hexa.

Hexa est l'abréviation de hexadécimal, qui désigne le système de numérotation en base 16. Son énorme avantage est que la conversion entre la base 16 et la base 2 est très simple.

Par exemple, la valeur `10110001` s'écrit `B1` en hexadécimal. Un seul chiffre hexadécimal (chiffre ou lettre) permet de coder jusqu'à 16 valeurs, et regroupe donc 4 bits. Les humains comptent en base 10 (presque tous); ils n'ont donc eu besoin de définir que dix dessins différents pour les chiffres entre 0 et 9. En hexadécimal, il faut pouvoir compter jusqu'à 15 et il a été suggéré d'utiliser les lettres majuscules A jusqu'à F pour les valeurs allant de 10 à 15. Autrement dit, la valeur `B` en hexa correspond à la valeur décimale 11. Ces lettres de l'alphabet ont été choisies parce que les lettres n'occupent pas plus d'espace que les chiffres.

Le Tableau 17.4 présente les 16 valeurs hexadécimales de 0 à F avec leurs valeurs binaires et décimales correspondantes.

Tableau 17.4 : Valeurs hexadécimales

Hexa	*Binaire*	*Décimal*	*Hexa*	*Binaire*	*Décimal*
0x0	0000	0	0x8	1000	8
0x1	0001	1	0x9	1001	9
0x2	0010	2	0xA	1010	10
0x3	0011	3	0xB	1011	11

Tableau 17.4 : Valeurs hexadécimales

Hexa	*Binaire*	*Décimal*	*Hexa*	*Binaire*	*Décimal*
0x4	0100	4	0xC	1100	12
0x5	0101	5	0xD	1101	13
0x6	0110	6	0xE	1110	14
0x7	0111	7	0xF	1111	15

Vous remarquez dans ce tableau que les valeurs hexadécimales doivent toujours être précédées du préfixe *0x*. C'est celui utilisé par convention en langage C, même si d'autres langages de programmation proposent un autre préfixe ou parfois un suffixe.

La valeur hexa qui suit 0xF est 0x10. Ne lisez pas cette valeur en notation décimale « dix ». Vous pouvez dire « un zéro hexa » ou bien une « seizaine ». Elle équivaut à la valeur décimale 16. Les valeurs hexa suivantes sont 0x11, 0x12, jusqu'à 0x1F, puis 0x20 et ainsi de suite.

Bien, mais tout cela semble aussi passionnant à apprendre que les hiéroglyphes égyptiens. Où est-ce que cela peut nous mener ?

Lorsqu'un programmeur voit la valeur binaire `10110100`, il divise mentalement cet octet en deux quartets : `1011` et `0100`. Il peut ensuite convertir chaque quartet en hexa pour obtenir `0xB4`. Le langage C réussit la même conversion facilement, à condition que vous utilisiez bien le formateur `%x` ou `%X` pour l'affichage comme le montre le Listing 17.6.

Listing 17.6 : Un peu d'hexa

```
#include <stdio.h>

char *binbin(int n);

int main()
{
    int b,x;

    b = 21;

    for(x=0; x<8; x++)
    {
        printf("%s 0x%04X %4d\n", binbin(b), b, b);
        b<<=1;
    }
```

```
    return(0);
}

char *binbin(int n)
{
    static char bin[17];
    int x;

    for(x=0; x<16; x++)
    {
        bin[x] = n & 0x8000 ? '1' : '0';
        n <<= 1;
    }
    bin[x] = '\0';
    return(bin);
}
```

Cet exemple affiche une valeur en notation binaire, hexadécimale et décimale, puis elle décale la valeur vers la gauche pour en afficher une autre. Tout cela est réalisé dans la ligne 13 grâce au formateur `%X` dans `printf()`.

En fait, le formateur s'écrit exactement `%04X`, ce qui permet d'afficher des valeurs hexa avec des majuscules sur quatre chiffres et des zéros de remplissage sur la gauche. Le `0x` ajouté en préfixe du formateur permet d'afficher dans le style C standard.

EXERCICE 17.13 : Créez un projet avec le Listing 17.6, compilez et exécutez.

EXERCICE 17.14 : Modifiez la valeur de la variable `b` en ligne 9 pour qu'elle s'écrive ainsi :

```
b = 0x11;
```

Sauvegardez la modification, compilez et exécutez.

TRUC

Vous pouvez indiquer directement des valeurs hexa dans votre code source en utilisant le préfixe `0x` suivi d'une valeur hexadécimale avec des lettres en majuscules ou en minuscules (les majuscules sont conseillées).

Il était huit fois la notation octale

Dans ses débuts, le langage C utilisait une autre base numérique, la base 8 ou octale. L'octal était assez utilisé à l'époque de l'invention du système Unix. Quelques programmeurs à cheveux blancs continuent à s'amuser de manipuler des valeurs en octal de-ci de-là. D'ailleurs, le langage C reconnaît toujours un formateur pour la base 8, %o.

Je n'ai jamais utilisé l'octal dans mes projets. Vous en trouverez peut-être dans de vieux blocs de code source, et certaines fonctions font référence à des valeurs en octal. Je vous conseille donc de vous souvenir que l'octal existe, mais ne cherchez pas à vous en servir.

Partie IV

La partie ardue

"C'est un programme de traitement de texte en dix composants : un vérificateur d'orthographe, un vérificateur grammatical, un vérificateur de cliché, un vérificateur de qualité du vin, un vérificateur d'agressivité, un vérificateur de politiquement correct, un vérificateur de persiflage, un vérificateur de pontification, un vérificateur d'anecdote ennuyeuse et un vérificateur de référence freudienne."

Dans cette partie :

- Découvrir comment sont stockées et lues les variables
- Apprendre à exploiter les pointeurs pour accéder aux variables et à la mémoire
- Remplacer la notation par indices de tableaux par des pointeurs
- Tirer profit des tableaux de pointeurs
- Trier vos chaînes avec des pointeurs
- Découvrir comment concevoir une liste liée de structures
- Exploiter les fonctions temporelles du C

Chapitre 18

Introduction aux pointeurs

Dans ce chapitre :

- L'opérateur `sizeof` pour connaître la taille d'une variable
- Récupérer l'adresse mémoire
- Créer une variable pointeur
- Utiliser un pointeur pour accéder à une donnée
- Affecter une valeur par le biais d'un pointeur

Les pointeurs sont sans conteste l'un des sujets les plus angoissants en programmation informatique. *Bouh!*

En effet, les pointeurs sont craints par la plupart des débutants en programmation C, et même par les programmeurs chevronnés venant d'autres langages. Je suis persuadé que la cause de cette incompréhension est liée au fait que personne n'a vraiment tenté d'expliquer de façon dédramatisée comment fonctionnent en réalité les pointeurs. Faites le vide dans votre esprit et préparez-vous à découvrir l'une des caractéristiques les plus originales et les plus puissantes du langage C.

Le gros problème littéraire des pointeurs

Rappelons tout d'abord qu'il est tout à fait possible de programmer en langage C en évitant les pointeurs. J'ai réussi à m'en préserver assez longtemps lorsque j'ai commencé à programmer. La notation basée sur les tableaux permet de contourner les pointeurs de façon grossière, et vous pouvez réussir à exploiter les fonctions pointeurs sans affronter frontalement le concept. Mais cette stratégie d'évitement a ses limites, et si vous avez acheté ce livre, c'est pour y aller franco!

Après avoir travaillé un certain temps avec les pointeurs et compris d'où provenait l'angoisse qu'ils provoquent, j'ai compris qu'une des raisons principales était liée au nom choisi : *pointeur*.

Je sais pourtant pourquoi ce nom a été choisi : un pointeur pointe sur quelque chose, sur le contenu d'une adresse mémoire. Le problème est que la plupart de ceux qui croient savoir commencent leur explication de la nature des pointeurs par « Un pointeur pointe sur... ». L'explication commence mal, et la confusion s'installe.

La situation s'obscurcit encore du fait qu'un pointeur peut être considéré sous deux aspects. D'un côté, un pointeur est tout simplement une variable dont le contenu n'est pas une donnée, mais une adresse mémoire, adresse à laquelle il devrait y avoir une donnée (une valeur). L'autre aspect des pointeurs permet d'accéder indirectement à ce contenu pointé. Dans cette approche, le pointeur est plutôt à considérer comme un rapporteur. Nous allons vous aider à éliminer toute confusion au cours de ce chapitre.

ATTENTION !

- Les pointeurs constituent un domaine du langage C considéré comme étant de bas niveau (d'interaction avec la machine). Un pointeur permet en effet d'accéder directement à la mémoire physique de l'ordinateur, et ce mode d'accès est généralement rendu difficile, voire impossible, dans les autres langages de programmation, et même dans les systèmes d'exploitation. Cela m'amène à l'importante mise en garde qui suit.
- La mauvaise utilisation d'un pointeur constitue la manière la plus radicale d'entraîner de graves problèmes dans vos programmes C. Préparez-vous à constater l'apparition d'erreurs de segmentation mémoire, d'accès aux bus, de vidage mémoire du type *core dump* et autres avaries que vous allez subir nécessairement pendant votre phase de prise en main du concept de pointeur.
- **N.d.T. :** Avant de nous intéresser directement aux pointeurs, il est indispensable d'étudier plus en détail comment sont stockées les données en mémoire.

Variables et stockage en mémoire

Le stockage de données numériques s'exprime en octets. Toutes les données présentes à tout instant en mémoire ne sont qu'un océan de bits regroupés 8 par 8 pour constituer des octets. C'est le logiciel qui transforme cette masse informe en informations.

Principe de stockage des variables

En langage C, une donnée est toujours déterminée par un type de stockage (`char`, `int`, `float` ou `double`). Pour les types numériques entiers, vous disposez également de variantes de précision (`long`, `short`, `signed` ou `unsigned`). Bien que globalement l'espace mémoire constitue un océan continu, le stockage des données de votre programme reste bien organisé grâce à ces types de données.

Dans un programme en cours d'exécution, chaque variable est déterminée par 4 attributs :

- son nom ;
- son type ;
- son contenu ;
- son adresse mémoire.

Le *nom* est bien sûr le nom que vous avez donné à la variable dans le code source. (En réalité, ce nom n'est pas utilisé dans le fichier exécutable, car il est converti en une adresse mémoire par le lieur.)

Le *type* correspond à l'un des types de variables simples du langage C : `char`, `int`, `float` ou `double`.

Le *contenu* est stocké lorsque la variable reçoit une valeur. Il peut y avoir une donnée à l'emplacement mémoire de la variable avant toute première affectation, mes ces données sont encore sans signification. La variable est considérée comme étant non initialisée tant qu'elle n'a pas reçu une valeur initiale.

L'*adresse* est une adresse dans la mémoire physique de l'ordinateur. Normalement, vous ne vous occupez pas du choix de cette adresse, car c'est le programme et le système d'exploitation qui s'organisent pour implanter les données dans la mémoire. Pendant l'exécution du programme, c'est cet emplacement qui est atteint pour accéder aux données de la variable, en lecture ou en écriture.

Parmi ces 4 aspects, le nom, le type et le contenu d'une variable vous sont déjà connus. Vous pouvez également connaître l'adresse de la variable, mais mieux encore, vous pouvez modifier cette adresse, ce qui fait entrer en jeu le concept de pointeur.

Connaître la taille d'une variable

Quelle est la taille d'une variable de type `char` ? Quelle est la longueur d'un entier `long` ? L'Annexe D rappelle l'empreinte mémoire des différents types, mais les valeurs indiquées ne sont que des approximations. En effet, l'empreinte mémoire exacte de chaque type de variable dépend du type d'appareil sur lequel s'exécute le programme, et cela pour toutes les variables standard du C.

Le Listing 18.1 profite de l'opérateur nommé `sizeof` pour afficher l'empreinte mémoire de chacun des types de variables simples du langage C.

Listing 18.1 : Largeur des différents types de variables

```
#include <stdio.h>

int main()
{
    char c = 'c';
    int i = 123;
    float f = 98.6;
    double d = 6.022E23;

    printf("char\t%u\n",  sizeof(c));
    printf("int\t%u\n",   sizeof(i));
    printf("float\t%u\n", sizeof(f));
    printf("double\t%u\n",sizeof(d));
    return(0);
}
```

EXERCICE 18.1 : Créez un nouveau projet à partir du Listing 18.1, compilez et exécutez pour connaître la taille des différents types.

Voici l'affichage que j'ai obtenu sur ma machine :

```
char    1
int     4
float   4
double  8
```

Notez que le mot-clé `sizeof` ne désigne pas une fonction, mais un opérateur. L'argument que vous fournissez doit être le nom d'une variable. Cet opérateur renvoie une valeur dont le type en langage C est symbolisé par la mention `size_t`. Évitons d'entrer dans une description technique ennuyeuse : cette variable `size_t` est en fait une définition de type *typedef* pour un autre type de variable qui peut être de type `unsigned int` sur un PC ou de type `long unsigned int` sur une autre machine.

Bref, la taille correspond au nombre d'octets qu'occupe la valeur d'une variable.

Les tableaux sont également des variables en C, et l'opérateur `sizeof` peut être appliqué à un tableau, comme le montre le Listing 18.2.

Listing 18.2 : Quelle est la taille de ce tableau ?

```
#include <stdio.h>

int main()
{
    char string[] = "Suis-je trop longue pour vous ?";

    printf("La chaine \"%s\" mesure %u.\n", string, sizeof(string));
    return(0);
}
```

EXERCICE 18.2 : Créez un projet à partir du Listing 18.2, compilez et exécutez. Vous pouvez ainsi connaître l'espace occupé par le tableau de caractères.

EXERCICE 18.3 : Retouchez votre Exercice 18.2 pour ajouter un appel à la fonction `strlen()`, ce qui permet de comparer la valeur qu'elle renvoie pour le même tableau que celui sur lequel travaille l'opérateur `sizeof`.

Sauriez-vous pourquoi les valeurs que renvoient `strlen()` et `sizeof` ne sont pas les mêmes ?

D'accord, j'explique : lorsque vous créez un tableau, le programme fait une réservation d'espace mémoire pour pouvoir stocker toutes les valeurs du tableau. Cette réservation se fonde sur la taille unitaire des éléments du tableau. Autrement dit, un tableau de `char` pour 35 éléments (y compris le 0 terminal `\0`) va occuper 35 octets, mais la chaîne à afficher n'aura qu'une longueur utile de 34 caractères (non compris le 0 terminal).

EXERCICE 18.4 : Retouchez encore le code de l'Exercice 18.2 pour définir un tableau de valeurs `int` de 5 éléments. Il est inutile d'affecter des valeurs au contenu, ni de l'afficher. Compilez et exécutez.

Comprenez-vous le résultat affiché ? Si ce n'est pas le cas, revenez sur l'affichage de l'Exercice 18.1 et essayez de comprendre ce qui se passe. Étudiez ensuite le Listing 18.3.

Listing 18.3 : Quelle est l'empreinte mémoire d'une structure ?

```
#include <stdio.h>

int main()
{
    struct robot {
        int alive;
        char name[5];
```

```
        int xpos;
        int ypos;
        int strength;
    };

    printf("Taille de la structure robot : %u\n", sizeof(struct robot));
    return(0);
}
```

EXERCICE 18.5 : Créez un projet à partir du Listing 18.3, compilez et exécutez. Vous pouvez ainsi connaître la taille en mémoire d'une variable de type structure.

L'opérateur `sizeof` fonctionne avec tous les types de variables, mais pour une structure, il faut désigner la structure en utilisant le mot-clé `struct` puis le nom de la structure basée sur ce type, comme le montre la ligne 14. N'indiquez pas le nom d'une variable de ce type de structure.

La taille de la structure est obtenue en additionnant l'occupation mémoire de chacun des éléments. D'après l'affichage de l'Exercice 18.5, vous pourriez en déduire que l'on devrait obtenir une taille totale de 21 octets : 4 variables `int` et 5 variables `char` correspondent à 4*4 + 1*5. En fait, ce n'est pas ainsi que cela fonctionne.

Voici l'affichage que j'obtiens :

```
Taille de la structure robot : 24
```

La taille totale n'est pas égale à 21, mais à 24, parce que le programme effectue un alignement du stockage des variables qui ne sont pas empilées de façon contiguë. Cet alignement est un mécanisme interne au système, mais d'après moi, ce sont sans doute 3 octets vides qui sont ajoutés à la fin du tableau `name` pour maintenir un alignement sur un multiple de 8 octets. La Figure 18.1 montre cette insertion de 3 octets de recadrage.

- L'opérateur `sizeof` renvoie la taille mémoire d'une variable du langage C, y compris pour une structure.
- Cet opérateur `sizeof` ne permet pas de connaître la taille totale d'un programme en mémoire, ou de toute autre chose qu'une variable.
- Lorsque vous appliquez `sizeof` à une structure, vous obtenez la taille de la variable qui peut être inférieure à la taille déclarée pour la structure. Vous risquez des soucis si vous tentez d'écrire des structures dans un fichier en vous basant sur la taille de la variable au lieu d'utiliser la taille définie pour la structure. Le Chapitre 22 éclaircit ce point.

- L'alignement sur une frontière de 8 octets des variables en mémoire permet de maintenir les meilleures performances du processeur. Les processeurs actuels sont beaucoup plus efficaces pour lire des adresses mémoire alignées sur des multiples de 8 octets.

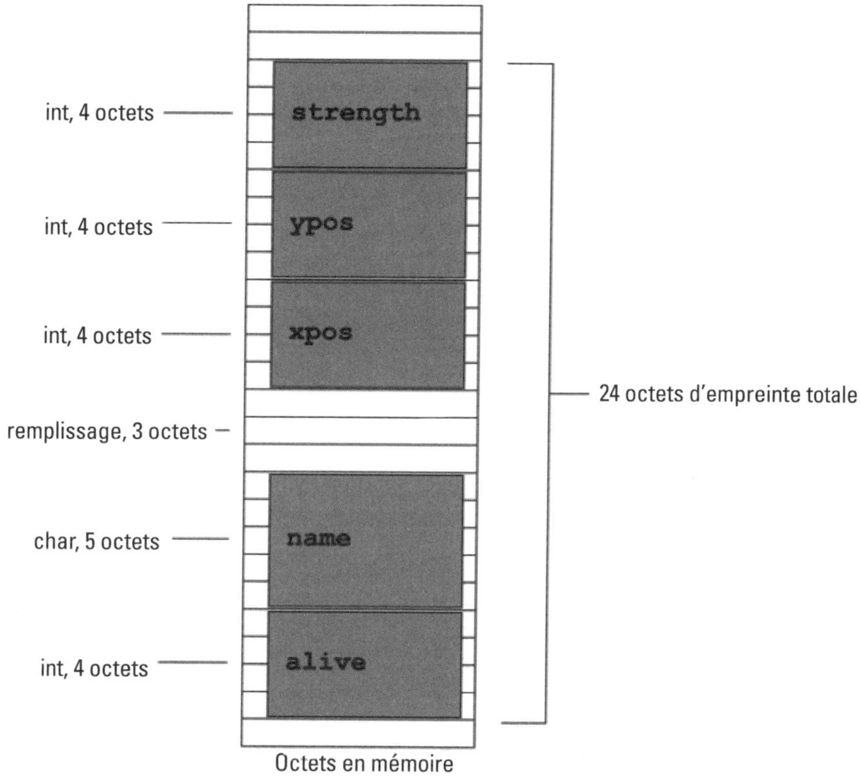

Figure 18.1 : Implantation d'une structure en mémoire avec alignement.

La valeur que renvoie `sizeof` est normalement en octets, c'est-à-dire en blocs de 8 bits. Il s'agit d'une hypothèse, car quasiment tous les appareils électroniques numériques actuels utilisent l'octet comme unité élémentaire de stockage. Pourtant, il est possible de rencontrer quelques gadgets spéciaux utilisant des multiples de 7 bits ou 12 bits. Considérez donc la valeur que renvoie `sizeof` comme une unité abstraite, avec ses multiples.

Étudier l'emplacement mémoire d'une variable

Le type et la taille d'une variable dépendent directement des choix du programmeur dans la déclaration de la variable, et le mot-clé `sizeof` permet de vérifier ces paramètres. Le contenu de la variable est obtenu simplement par lecture de la valeur au moyen des opérateurs et des fonctions appropriées du langage C.

Le dernier attribut d'une variable est son emplacement en mémoire, c'est-à-dire son adresse. Vous pouvez obtenir cette information au moyen de l'opérateur & commercial et la mettre en forme pour affichage au moyen du formateur `%p`, comme le montre le Listing 18.4.

Listing 18.4 : Chère variable, où es-tu ?

```
#include <stdio.h>

int main()
{
    char c   = 'c';
    int i    = 123;
    float f  = 98.6;
    double d = 6.022E23;

    printf("Adresse de 'c' %p\n",&c);
    printf("Adresse de 'i' %p\n",&i);
    printf("Adresse de 'f' %p\n",&f);
    printf("Adresse de 'd' %p\n",&d);
    return(0);
}
```

En ajoutant l'opérateur & en préfixe d'un nom de variable, vous demandez le renvoi de l'adresse de cette variable en mémoire. La valeur est exprimée au format hexadécimal, et vous pouvez l'afficher en spécifiant le formateur de conversion `%p` (revoyez le Listing 18.4).

EXERCICE 18.6 : Créez un projet à partir du Listing 18.4, compilez et exécutez.

Les valeurs affichées changent, non seulement d'un ordinateur à l'autre, mais même d'une exécution du même programme à la suivante. Voici un exemple de cet affichage :

```
Adresse de 'c' 0x7fff5fbff8ff
Adresse de 'i' 0x7fff5fbff8f8
```

```
Adresse de 'f' 0x7fff5fbff8f4
Adresse de 'd' 0x7fff5fbff8e8
```

La première des 4 variables, c, est stockée à l'adresse mémoire `0x7fff5fbff8ff` (valeur décimale 140 734 799 804 671). Ne prenez pas peur devant ces grands chiffres, car c'est l'ordinateur qui s'occupe de gérer les adresses mémoire. La Figure 18.2 offre un exemple d'implantation mémoire correspondant au précédent exemple.

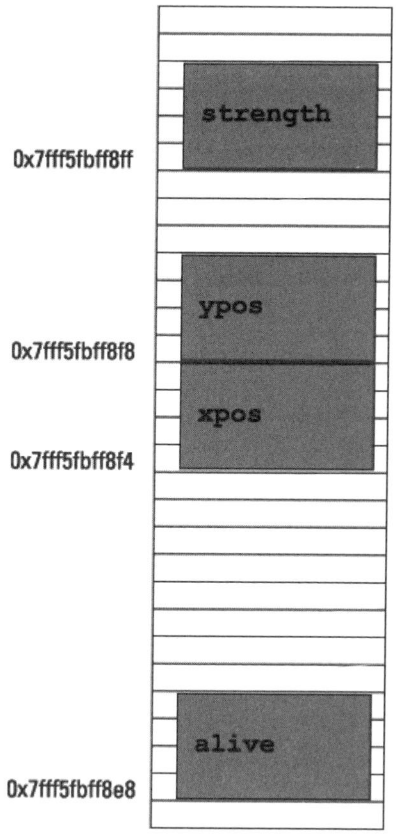

Figure 18.2 : Exemple d'emplacement mémoire de plusieurs variables.

Pour ne pas vous perdre dans les détails, je n'expliquerai pas quelles sont les raisons qui font que sur mon ordinateur la variable `int` a été placée là où elle est. La Figure 18.2 donne une bonne idée de la manière dont les différentes variables sont mises en place.

Dans un tableau, chaque élément est associé à une adresse mémoire, comme le prouve le Listing 18.5 en ligne 10. Nous utilisons bien l'opérateur d'adresse & au début du nom de chaque élément pour récupérer son adresse. Nous utilisons aussi le formateur %p dans la fonction printf() pour pouvoir afficher les adresses.

Listing 18.5 : Les adresses mémoire d'un tableau

```
#include <stdio.h>

int main()
{
    char hello[] = "Salut!";
    int i = 0;

    while(hello[i])
    {
        printf("%c en %p\n",hello[i],&hello[i]);
        i++;
    }
    return(0);
}
```

EXERCICE 18.7 : Créez un projet à partir du Listing 18.5, compilez puis exécutez.

Dans ce cas aussi, les adresses varient d'un ordinateur à l'autre et d'une exécution à la suivante. En voici un exemple :

```
S en 0x7fff5fbff8f0
a en 0x7fff5fbff8f1
l en 0x7fff5fbff8f2
u en 0x7fff5fbff8f3
t en 0x7fff5fbff8f4
! en 0x7fff5fbff8f5
```

À la différence de l'exercice 18.6, dans le cas d'un tableau, les adresses ne comportent aucun trou, et sont bien adjacentes en mémoire, octet après octet.

EXERCICE 18.8 : Concevez un programme pour afficher les 5 valeurs de type int d'un tableau en affichant l'adresse mémoire de chacune d'elles. Vous partirez du Listing 18.5, mais une boucle for sera sans doute plus efficace.

- Au fait, l'opérateur d'adresse mémoire `&` ne vous est pas inconnu. Nous nous en sommes servis avec la fonction `scanf()` qui a besoin que vous lui fournissiez une adresse de variable, et non son nom. En effet, `scanf()` va stocker la valeur qu'elle récupère de la saisie à l'adresse fournie. Comment fait-elle ? Elle utilise des pointeurs, tout simplement !
- Attention : l'opérateur `&` est également l'opérateur du ET entre bits, mais le compilateur sait faire la différence entre l'utilisation du symbole & en préfixe d'un nom de variable et le ET dans une expression binaire.

Synthèse des informations de stockage d'une variable

En guise de résumé de cette section, je rappelle qu'une variable en langage C est caractérisée par son nom, son type, sa valeur et son adresse.

- Le type de la variable est directement lié à son occupation d'espace en mémoire (sa taille), que vous pouvez connaître au moyen de l'opérateur `sizeof`.
- La valeur de la variable est ce qui la rend utile. Vous pouvez la définir et la modifier dans le code source.
- L'adresse de la variable peut être connue au moyen de l'opérateur `&` et affichée au moyen du formateur `%p`.

Une fois que vous avez compris tous les attributs d'une variable, vous pouvez vous considérer prêt à plonger dans l'horrible complexité des pointeurs.

Dans la jungle des pointeurs

Tout d'abord, gravez dans votre mémoire biochimique la phrase suivante :

Un pointeur est une variable dont le contenu est une adresse mémoire.

En voici une traduction plus imagée :

« Il était une fois une variable pointeur. Elle rencontra un jour un étudiant inscrit dans un cours de programmation C. L'étudiant lui demanda : « Sur quoi pointes-tu ? ». La variable lui répondit : « Sur rien ! Je contiens tout simplement une adresse mémoire. » Et l'étudiant s'en alla, rempli d'aise. »

Avant de poursuivre, vous devez être prêt à supporter le vertige que les pointeurs vont vous faire connaître. Bien sûr, vous pourriez vous contenter de l'opérateur & pour obtenir l'adresse d'une variable en mémoire, mais les pointeurs offrent bien plus de possibilités.

Le pointeur : une variable, mais spéciale

Le pointeur est une espèce de variable particulière. Comme toutes les autres variables, il faut le déclarer dans le code source, et lui donner une valeur initiale avant de pouvoir s'en servir. Cette seconde précaution est capitale. Voyons d'abord la déclaration d'un pointeur :

```
type *nom;
```

Comme pour les autres variables, la mention `type` sert à déterminer le type du pointeur qui peut être `char`, `int`, `float`, etc. La partie `nom` correspond au nom que vous donnez au pointeur, qui doit être unique, comme pour toute autre variable. Ce qui fait que cette déclaration est celle d'un pointeur est la présence de l'astérisque en préfixe du nom du pointeur.

La ligne suivante déclare un pointeur de type `char` nommé `sidekick` :

```
char *sidekick;
```

Cette autre ligne déclare un pointeur de type `double` :

```
double *arcenciel;
```

Initialiser un pointeur correspond à lui donner une valeur initiale (comme pour toute autre variable). Mais dans le cas d'un pointeur, cette valeur initiale doit être une adresse mémoire, et pas une adresse au hasard. Il faut que ce soit l'adresse mémoire d'une variable connue par le programme. Voici un exemple :

```
sidekick = &lead;
```

L'instruction précédente initialise la variable `sidekick` en y stockant l'adresse de la variable `lead` (qui doit exister à ce moment). Les deux variables sont de type `char`, ce qui est obligatoire pour que le compilateur ne se plaigne pas. Une fois cette instruction exécutée, la variable pointeur `sidekick` contient l'adresse de la variable `lead`.

Si vous venez de lire le paragraphe précédent avec perplexité, ne vous inquiétez pas ! Cela signifie simplement qu'il est l'heure de passer à un exemple.

Je vous propose le code source du Listing 18.6, doté de commentaires pour les deux lignes essentielles. Ce programme ne fait rien d'autre que prouver que le pointeur `sidekick` contient bien une adresse mémoire, celle de la variable `lead`.

Listing 18.6 : Premier exemple d'utilisation d'un pointeur

```
#include <stdio.h>

int main()
{
    char lead;
    char *sidekick;

    lead = 'A';        /* Initialise la variable */
    sidekick = &lead;  /* Initialise le pointeur. IMPORTANT! */

    printf("Pour la variable 'lead':\n");
    printf("Taille\t\t%ld\n",sizeof(lead));
    printf("Contenu\t\t%c\n",  lead);
    printf("Adresse\t\t%p\n",  &lead);
    printf("Pour la variable 'sidekick':\n");
    printf("Contenu\t\t%p\n",  sidekick);

    return(0);
}
```

Certaines instructions d'affichage comportent deux séquences d'échappement de tabulation, en fonction des besoins d'alignement. N'oubliez surtout pas le symbole & en ligne 14, car il permet de récupérer l'adresse de la variable.

EXERCICE 18.9 : Créez un projet à partir du Listing 18.6, compilez puis exécutez.

Voici ce qui est apparu à mon écran lors de l'exécution :

```
Pour la variable 'lead':
Taille          1
Contenu         A
Adresse         0x7fff5fbff8ff
Pour la variable 'sidekick':
Contenu         0x7fff5fbff8ff
```

Vous savez maintenant que les adresses changent d'une exécution à la suivante. L'essentiel ici est de voir que la valeur que contient le pointeur `sidekick` est bien l'adresse mémoire de la variable `lead`. C'est le résultat de l'instruction d'affectation de la valeur initiale en ligne 9.

Les pointeurs n'auraient pas grand intérêt s'ils ne servaient qu'à stocker l'adresse mémoire d'autres variables. Un pointeur permet aussi d'accéder indirectement au contenu de l'adresse pointée. Il suffit d'utiliser l'opérateur * en préfixe du nom de la variable pointeur.

EXERCICE 18.10 : Enrichissez votre code source de l'Exercice 18.9 en ajoutant après la ligne 16 l'instruction d'affichage suivante :

```
printf("Valeur indirecte\t%c\n", *sidekick);
```

Recompilez et exécutez. Voici l'affichage que j'obtiens :

```
Pour la variable 'lead':
Taille          1
Contenu         A
Adresse         0x7fff5fbff8ff
Pour la variable 'sidekick':
Contenu         0x7fff5fbff8ff
Valeur indirecte    A
```

Lorsque vous ajoutez en préfixe du nom d'une variable pointeur le symbole *, vous obtenez la valeur qui a été lue à l'adresse que contient le pointeur (vous suivez toujours ?). Cette valeur est interprétée en fonction du type déclaré pour le pointeur. Dans notre exemple, `*sidekick` représente la valeur de type `char` qui est stockée à l'adresse mémoire que contient la variable `sidekick`, ce qui est strictement la même chose que le contenu de la variable directe `lead`.

Résumons-nous :

- Une variable pointeur contient une adresse mémoire.
- L'écriture `*pointeur` permet de lire la valeur stockée à cette adresse mémoire.

Exploiter les pointeurs

La puissance des pointeurs est liée au fait qu'ils permettent de travailler selon deux approches : adresse ou valeur. Vous pouvez donc modifier une valeur grâce à un pointeur, comme avec une variable normale.

Dans le Listing 18.7, nous déclarons trois variables de type `char` en ligne 5 puis nous les initialisons en ligne 8 (j'ai regroupé les initialisations en une seule instruction pour éviter que le listing soit trop long). Nous créons en outre un pointeur de type `char` en ligne 6.

Listing 18.7 : Amusons-nous avec les pointeurs

```
#include <stdio.h>

int main()
{
    char a,b,c;
    char *p;

    a = 'A'; b = 'B'; c = 'C';

    printf("Apprenez votre ");
    p = &a;                 // Initialise
    putchar(*p);            //  Utilise
    p = &b;                 // Initialise
    putchar(*p);            //  Utilise
    p = &c;                 // Initialise
    putchar(*p);            //  Utilise
    printf("s\n");

    return(0);
}
```

La partie qui nous intéresse commence en ligne 11 : le pointeur nommé `p` reçoit comme valeur initiale l'adresse d'une variable de type `char`. Dans la ligne suivante, nous utilisons l'astérisque pour récupérer la valeur stockée à l'adresse contenue par le pointeur. La variable `*p` envoie la valeur de type `char` en argument de la fonction `putchar()`. Nous répétons cette opération pour les deux autres variables `b` et `c`.

EXERCICE 18.11 : Créez un projet à partir du Listing 18.7, compilez puis exécutez.

La Figure 18.3 montre ce qui arrive à la variable pointeur `p` au fur et à mesure de l'exécution de cet exemple.

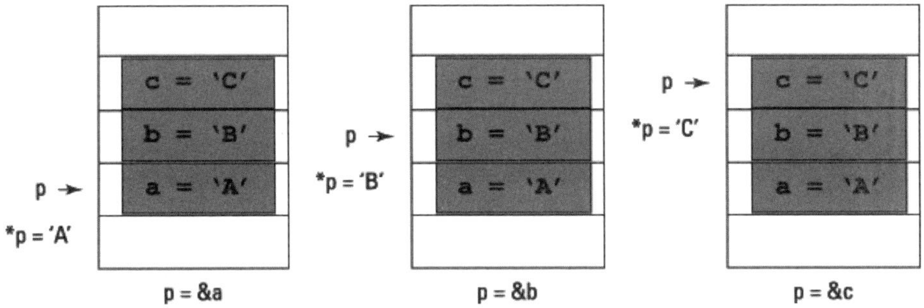

Figure 18.3 : Utilisation d'un même pointeur pour lire successivement trois valeurs.

Exercice 18.12 : Concevez un nouveau programme dans lequel vous déclarez une variable `int` et une variable pointeur `int`. Faites en sorte que le pointeur affiche la valeur stockée dans la variable directe `int`.

La syntaxe `*pointeur` fonctionne aussi bien en écriture qu'en lecture. Vous pouvez lire la valeur d'une variable comme le montre le Listing 18.7, mais également modifier cette valeur, comme le montre le Listing 18.8.

Listing 18.8 : Affectation d'une valeur de façon indirecte par un pointeur

```
#include <stdio.h>

int main()
{
    char a,b,c;
    char *p;

    p = &a;
    *p = 'A';
    p = &b;
    *p = 'B';
    p = &c;
    *p = 'C';
    printf("Apprenez votre %c%c%cs\n",a,b,c);
    return(0);
}
```

Dans ce listing, la ligne 5 déclare 3 variables de type `char`. Notez bien que ces variables n'obtiennent jamais directement leur valeur dans l'exemple. Nous initialisons trois fois successivement la variable pointeur `p` (en lignes 8, 10 et 12) pour qu'elle contienne tour à tour l'adresse de la variable `a`, puis `b`, puis `c`. Cela nous permet d'utiliser la notation `*p` pour écrire une valeur dans chacune des variables en lignes 9, 11 et 13. Nous affichons le résultat avec `printf()` en ligne 14.

Exercice 18.13 : Créez un projet à partir du Listing 18.8, compilez puis exécutez.

Exercice 18.14 : Créez un exemple qui déclare une variable de type `int` et une variable de type `float`. Créez des pointeurs appropriés pour pouvoir écrire des valeurs dans les variables directes. Affichez les résultats en utilisant les variables directes `int` et `float`.

Chapitre 19

Plus loin dans les pointeurs

Dans ce chapitre :

- Afficher un tableur au moyen d'un pointeur
- Remplacer les indices de tableaux par des pointeurs
- Manipuler des chaînes avec des pointeurs
- Comprendre les tableaux de pointeurs
- Effectuer le tri d'une chaîne
- Créer une fonction acceptant un pointeur
- Créer une fonction renvoyant un pointeur

Il est trop facile d'accepter distraitement la définition du pointeur, les yeux dans le vague, et de se mettre à ânonner le mantra : « Un pointeur est une variable qui contient une adresse mémoire ». Vous réussirez vite à ne plus confondre le nom d'une variable pointeur `p` et l'accès au contenu de l'adresse pointée `*p`. Mais pour vraiment maîtriser les pointeurs, vous devez plonger dans les techniques associées du langage C et abandonner vos anciennes manières de travailler afin d'accéder pleinement aux mystérieux pouvoir que les pointeurs vous offrent.

Pointeurs et tableaux

L'heure est venue de vous l'avouer : en langage C, le tableau est un mirage! Oui, un tel objet n'existe pas. Quand vous aurez découvert la puissance des pointeurs, vous saurez qu'un tableau n'est qu'un pointeur masqué. Préparez-vous à une belle remise en cause.

Obtenir l'adresse d'un tableau

Nous vous avons dit qu'un tableau était un type de variable en langage C, et que vous pouviez connaître sa taille et son adresse. Nous avons utilisé dans le Chapitre 18 l'opérateur `sizeof` sur un tableau. Nous pouvons maintenant soulever le voile qui recouvre le secret sombre de l'adresse d'un tableau.

Le Listing 19.1 propose un programme ridiculement petit qui déclare un tableau de type `int` puis affiche l'adresse mémoire à laquelle il a été implanté. Quoi de plus simple? (en fait, cela n'est simple que si vous avez bien assimilé le Chapitre 18.)

Listing 19.1: Où se loge ce tableau ?

```
#include <stdio.h>

int main()
{
    int tablo[5] = { 2, 3, 5, 7, 11 };

    printf("Adresse de 'tablo' = %p\n", &tablo);
    return(0);
}
```

EXERCICE 19.1 : Créez un projet à partir du Listing 19.1, compilez puis exécutez.

Voici l'affichage que j'obtiens :

```
Adresse de 'tablo' = 0028FF0C
```

EXERCICE 19.2 : Faites une copie de la ligne 7 pour créer une ligne 8, dont la seule différence est la suppression du signe & :

```
    printf("Adresse de 'tablo' = %p\n", tablo);
```

Notez bien que c'est la seule différence : il n'y a plus de préfixe devant le nom de la variable `tablo`. Pensez-vous que cela va fonctionner? Lancez une compilation et une exécution.

Voici ce qui s'affiche chez moi :

```
Adresse de 'tablo' = 0028FF0C
Adresse de 'tablo' = 0028FF0C
```

On peut se demander si le préfixe & est vraiment nécessaire. Voyons cela de plus près :

EXERCICE 19.3 : Ouvrez le projet *ex1806* (du Chapitre 18) et copiez la totalité du code source. Créez ensuite un nouveau projet *ex1903* et remplacez le code initial par le contenu du presse-papiers. Modifiez les lignes 10 à 14 afin d'enlever le préfixe & devant le nom de la variable à la fin de chacune des instructions `printf()`. Essayez ensuite de lancer la compilation.

Voici le message d'erreur qui apparaît plusieurs fois :

```
Warning: format '%p' expects type 'void *'...
```

Autrement dit, le préfixe & semble indispensable pour les variables individuelles, mais il est facultatif pour les tableaux (il est d'ailleurs ignoré). Comment est-ce possible ? À moins qu'un tableau soit en fait un pointeur...

Manipuler la valeur d'un pointeur dans un tableau

Que se passe-t-il lorsque vous demandez d'incrémenter un pointeur ? Partons d'une variable pointeur que nous appelons `dave` qui contient l'adresse mémoire 0x8000. Étudions l'instruction suivante :

```
dave++;
```

Quelle va être la valeur du pointeur `dave` après cette opération ?

Vous pourriez penser que l'adresse va être augmentée de 1, ce qui est correct, mais « un » n'est pas considéré comme une unité, et le résultat ne sera peut-être pas 0x8001. En effet, l'incrémentation pour une variable pointeur tient compte de l'unité et non de la taille mémoire élémentaire.

Mais qu'est-ce qu'une unité ?

L'unité dépend du type de la variable. Si le pointeur `dave` a été déclaré de type `char`, la nouvelle adresse serait 0x8001. Si `dave` a été déclaré de type `int` ou `float`, la nouvelle adresse serait celle-ci :

```
0x8000 + sizeof(int)
```

ou bien celle-ci :

```
0x8000 + sizeof(float)
```

Dans la plupart des ordinateurs actuels, le type `int` occupe 4 octets. Vous pourrez en déduire que `dave` vaudrait 0x8004 après incrémentation d'une unité sur un entier. Mais pourquoi continuer à deviner alors que nous pouvons vérifier par un programme ?

Le Listing 19.2 est un exemple très simple que j'aurais pu vous demander d'écrire sans utiliser les pointeurs. Nous remplissons un tableau de valeurs `int` avec les valeurs de 1 à 10 puis affichons le tableau et ses valeurs. Mais dans le Listing 19.2, nous remplissons le tableau grâce à un pointeur.

Listing 19.2 : Tableaux et arithmétique des pointeurs

```
#include <stdio.h>

int main()
{
    int nombres[10];
    int x;
    int *pn;

    pn = nombres;       /* Initialise le pointeur */

/* Remplit le tableau */
    for(x=0; x<10; x++)
    {
        *pn=x+1;
        pn++;
    }

/* Affiche le tableau */
    for(x=0; x<10; x++)
        printf("nombres[%d] = %d\n", x+1,nombres[x]);

    return(0);
}
```

En ligne 7, nous déclarons le pointeur nommé `pn`, puis l'initialisons en ligne 9. Nous n'avons pas besoin du préfixe `&` parce que `nombres` est un tableau et pas une variable élémentaire. Après cette ligne, le pointeur contient l'adresse de départ du tableau, ce que prouve la Figure 19.1. Rappelons que pour l'instant le tableau est vide.

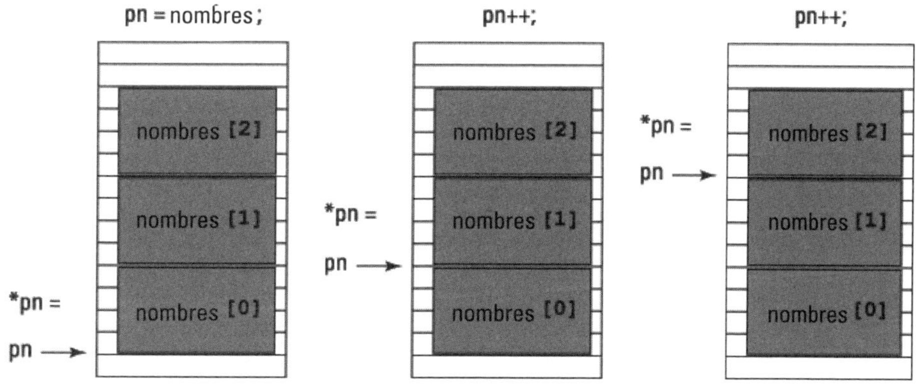

Figure 19.1 : Remplissage d'un tableau via un pointeur.

La boucle `for` des lignes 12 à 16 assure le remplissage du tableau `nombres`. En ligne 14, nous commençons par écrire la ligne du premier élément en utilisant la notation d'indirection `*pn`. Dans la ligne suivante, nous augmentons la valeur du pointeur `pn` d'une unité. Il pointe donc ensuite sur le prochain élément du tableau, ce que montre la Figure 19.1. La boucle se poursuit ainsi.

EXERCICE 19.4 : Créez un projet à partir du Listing 19.2, compilez puis exécutez.

EXERCICE 19.5 : Retouchez le code source de l'Exercice 19.4 pour afficher en plus de la valeur de chaque élément du tableau, son adresse.

Dans l'affichage de ce dernier exercice, vous devriez pouvoir constater que les adresses sont séparées de 4 octets l'une de l'autre (nous supposons qu'un entier `int` occupe 4 octets sur votre machine). Toutes les adresses se terminent sans doute avec des valeurs hexa 0, 4, 8 ou C (12 en décimal).

EXERCICE 19.6 : Terminez le peaufinage du Listing 19.2 en faisant en sorte que la deuxième boucle `for` affiche les valeurs que contient le tableau en utilisant la notation indirecte du pointeur `pn`.

EXERCICE 19.7 : Démarrez un nouveau projet qui va remplir un tableau de valeurs `char` avec des pointeurs, sur le même modèle que le Listing 19.2. Choisissez pour le tableau une taille de 27 pour qu'il puisse contenir 26 lettres. Remplissez ensuite ce tableau avec les lettres majuscules `'A'` jusqu'à `'Z'` en utilisant un pointeur. Affichez également les résultats via un pointeur. Voici un conseil précieux :

```
*pn=x+'A';
```

Si vous n'y parvenez pas, vous serez heureux de découvrir ici même ma solution de l'Exercice 19.7 (Listing 19.3).

Listing 19.3 : Ma solution de l'Exercice 19.7

```
#include <stdio.h>

int main()
{
    char alphabet[27];
    int x;
    char *pa;

    pa = alphabet;      /* Initialise pointeur */

/* Remplissage */
    for(x=0; x<26; x++)
    {
        *pa=x+'A';
        pa++;
    }

    pa = alphabet;

/* Affichage */
    for(x=0; x<26; x++)
    {
        putchar(*pa);
        pa++;
    }
    putchar('\n');

    return(0);
}
```

Le code source du Listing 19.3 ne devrait pas poser de problèmes, puisque chaque tâche est réalisée l'une après l'autre. N'oubliez cependant pas que de nombreux programmeurs en C adorent combiner des instructions, notamment quand ils travaillent avec des pointeurs.

EXERCICE 19.8 : Essayez de réunir les deux instructions de la première boucle `for` du Listing 19.3 pour obtenir une instruction unique :

```
*pa++=x+'A';
```

Vérifiez bien ce que vous avez saisi avant de compiler et d'exécuter.

Rien ne devrait avoir changé dans l'affichage. Cette notation très compacte mérite cependant des explications :

- x+'A' C'est cette partie de l'instruction qui va être exécutée en premier. Elle ajoute la valeur de la variable x à la valeur correspondant à la lettre A. Le résultat est que le code progresse dans les valeurs de l'alphabet en fonction de l'augmentation de x.
- *pa Le résultat de l'expression x+'A' est stocké à l'adresse mémoire indiquée par le pointeur pa.
- ++ Nous augmentons enfin d'une unité la valeur de la variable pa ,c'est-à-dire l'adresse. L'opérateur ++ étant situé après le nom de variable, l'incrémentation a lieu après lecture de la valeur pointée par cette adresse.

Vous pouvez cependant maintenir deux instructions distinctes et je choisis d'ailleurs dans tous mes programmes de travailler ainsi, car la relecture est plus aisée. Mais ce n'est pas le cas de tous les programmeurs ! Ils sont nombreux à adorer combiner l'utilisation d'un pointeur avec l'opérateur d'incrémentation. Méfiez-vous ! Si cela ne vous pose pas de problème, vous pouvez vous aussi écrire de cette façon !

EXERCICE 19.9 : Modifiez le code source de l'Exercice 19.8 pour que la seconde boucle `for` utilise elle aussi la notation compacte `*pa++`.

J'espère que cette notation `*pa++` vous est devenue familière. Si ce n'est pas le cas, faites une pause. Il faut avoir les idées claires pour étudier le Listing 19.4.

Listing 19.4 : Un programme trouble-tête

```
#include <stdio.h>

int main()
{
    char alpha = 'A';
    int x;
    char *pa;

    pa = &alpha;        /* Initialise pointeur */

    for(x=0; x<26; x++)
        putchar((*pa)++);
    putchar('\n');

    return(0);
}
```

Dans ce Listing 19.4, nous manipulons une variable isolée de type char, et non un tableau. Voilà pourquoi l'initialisation du pointeur en ligne 9 a absolument besoin du préfixe &. Ne l'oubliez pas!

C'est en ligne 12 que se trouve le fameux monstre (*pa)++. Cette notation ressemble à la notation *pa++, mais il s'agit d'autre chose. Alors que *pa++ permet d'accéder à la valeur stockée à une adresse puis d'incrémenter le pointeur, la notation (*pa)++ incrémente la valeur située à l'adresse, sans rien changer au pointeur (à l'adresse).

EXERCICE 19.10 : Créez un projet à partir du Listing 19.4, compilez et exécutez.

La notation (*pa)++ fonctionne bien grâce aux parenthèses. Le programme récupère la valeur correspondant à *pa puis incrémente cette valeur. La variable pointeur pa ne change pas.

Dans l'espoir de supprimer toute confusion dans votre esprit, je vous propose le Tableau 19.1 qui présente les différentes notations mystérieuses liées aux pointeurs.

Tableau 19.1 : Les pointeurs et les accès indirects avec et sans parenthèses

Expression	*Adresse de p*	*Valeur de *p*
*p++	Incrémentée après lecture de la valeur	Inchangée
*(p++)	Incrémentée après lecture de la valeur	Inchangée
(*p)++	Inchangée	Incrémentée après lecture de la valeur
*++p	Incrémentée avant lecture de la valeur	Inchangée
*(++p)	Incrémentée avant lecture de la valeur	Inchangée
++*p	Inchangée	Incrémentée avant lecture de la valeur
++(*p)	Inchangée	Incrémentée avant lecture de la valeur

Servez-vous de ce tableau lorsque vous avez besoin de confirmer ce que vous croyez comprendre dans le code source d'un autre ou lorsque vous devez être sûr de ce que vous voulez faire avec un pointeur. Si la notation à laquelle vous pensez n'est pas présente dans le tableau, c'est que soit c'est impossible, soit cela ne concerne pas un pointeur. C'est par exemple le cas des expressions p*++ et p++* qui sembleraient être de bonnes candidates. En fait, il ne s'agit pas de pointeurs, et ce ne sont même pas des expressions autorisées en langage C.

Des pointeurs à la place des indices de tableaux

La notation basée sur les crochets droits pour les indices des tableaux peut facilement être remplacée par des pointeurs, d'autant plus que vous savez maintenant que les tableaux sont en réalité des pointeurs.

Étudions le Tableau 19.2 qui vous propose une comparaison entre notation par indices et notation par pointeurs. Nous supposons que le pointeur nommé a est initialisé par rapport au tableau nommé `alpha`. Le tableau et le pointeur doivent bien sûr concerner le même type de données, mais la notation ne change pas selon le type : les références sont les mêmes que le tableau, soit de type `char` ou `int`.

Tableau 19.2 : Remplacement de la notation par indices de tableau par des pointeurs

Tableau alpha[ ]	*Pointeur a*
`alpha[0]`	`*a`
`alpha[1]`	`*(a+1)`
`alpha[2]`	`*(a+2)`
`alpha[3]`	`*(a+3)`
`alpha[n]`	`*(a+n)`

Pour vérifier vos connaissances de la notation basée sur les pointeurs dans les tableaux, nous vous proposons le Listing 19.5.

Listing 19.5 : Exemple d'accès à un tableau par un pointeur

```
#include <stdio.h>

int main()
{
    float temps[5] = { 58.7, 62.8, 65.0, 63.3, 63.2 };

    printf("Mardi, il fera %.1f\n", temps[1]);
    printf("Vendredi, il fera %.1f\n", temps[4]);
    return(0);
}
```

Exercice 19.11 : Créez d'abord le projet à partir du listing précédent (ex1911) puis après avoir vérifié que tout fonctionne, modifiez les deux instructions `printf()` pour qu'elles utilisent la notation par pointeur.

Relations entre chaînes et pointeurs

Nous savons qu'il n'existe pas de type chaîne en langage C, mais il existe le type `char` que l'on peut constituer en tableau, ce qui permet d'obtenir le même résultat. Mais puisqu'une chaîne en langage C est un tableau, elle peut être manipulée dans tous les sens au moyen des pointeurs. Dans la mesure où c'est un sujet beaucoup plus utile en pratique que les tableaux numériques, les tableaux de caractères font l'objet d'une section à part. Nous y sommes.

Afficher une chaîne avec un pointeur

Vous savez déjà afficher le contenu d'une chaîne en langage C, par exemple en utilisant l'une des fonctions `puts()` ou `printf()`. Vous pouvez également afficher le contenu un caractère à la fois en balayant les différents éléments d'un tableau. Le Listing 19.6 rappelle comment fonctionne cette technique.

Listing 19.6 : Affichage d'une chaîne un caractère à la fois (rappel)

```
#include <stdio.h>

int main()
{
    char sample[] = "D'ou me viendra le secours?\n";
    int index = 0;

    while(sample[index] != '\0')
    {
        putchar(sample[index]);
        index++;
    }
    return(0);
}
```

L'exemple précédent est un code source C tout à fait valable. Il permet d'afficher le contenu d'une chaîne. Pourtant, il n'utilise pas de pointeur.

Exercice 19.12 : Modifiez le code source du Listing 19.6 en remplaçant la notation basée sur des indices par des pointeurs. Vous supprimez de ce fait la variable `index`. Il vous faudra créer puis initialiser une variable pointeur.

L'expression dans la boucle `while` est inutilement complexe. En effet, le caractère 0 terminal équivaut par définition à la valeur faux. Nous pouvons donc alléger l'expression d'évaluation ainsi :

```
while(sample[index])
```

Autrement dit, nous continuons à tourner dans la boucle tant que l'élément de tableau référencé par `sample[index]` n'est pas le caractère 0 terminal.

Exercice 19.13 : Simplifiez l'expression de la boucle `while` dans votre solution à l'Exercice 19.12.

Exercice 19.14 : Améliorez encore le programme en éliminant les instructions dans la boucle `while`. Vous pouvez faire remonter tout le traitement dans l'expression conditionnelle de la boucle `while`. Rappelons à cet effet que la fonction `putchar()` renvoie le caractère qu'elle affiche.

Créer une chaîne avec un pointeur

Voici maintenant une technique délicate avec laquelle vous devrez toujours prendre vos précautions. Étudions le Listing 19.7.

Listing 19.7 : Un pointeur pour déclarer une chaîne

```
#include <stdio.h>

int main()
{
    char *sample = "D'ou me viendra le secours?\n";

    while(putchar(*sample++))
        ;
    return(0);
}
```

La chaîne que cet exemple affiche a été créée en initialisant un pointeur, ce qui est une nouvelle manière d'écrire. Pourtant, vous la rencontrerez souvent en C avec les chaînes. (Notez que cette technique ne peut pas être utilisée pour initialiser un tableau de valeurs numériques.)

EXERCICE 19.15 : Créez un projet à partir du Listing 19.7, compilez et exécutez.

Dès que vous utilisez un pointeur pour créer directement une chaîne, comme c'est le cas ici, vous devez veiller à ne pas modifier l'adresse que contient la variable pointeur, car vous prendriez le risque de perdre la chaîne. Dans le listing précédent, la variable nommée `sample` est utilisée en ligne 7 pour balayer la chaîne avec la fonction `putchar()`. Après la boucle, la variable pointeur `sample` ne pointe plus du tout sur le début de la chaîne, et cette chaîne est donc perdue.

En général, lorsque vous créez une chaîne avec un pointeur, ne modifiez jamais le pointeur ailleurs dans le code.

Une solution simple consiste à sauvegarder l'adresse du pointeur, ou d'en faire une copie dans un autre pointeur avec lequel vous allez travailler sur la chaîne.

EXERCICE 19.16 : Corrigez le code du Listing 19.7 pour que la valeur de la variable `sample` soit sauvegardée avant d'entrer dans la boucle `while`, puis restaurée ensuite. Ajoutez une instruction `puts(sample)` pour confirmer que l'adresse initiale de la variable a bien été restaurée.

Construire un tableau de pointeurs

Un tableau de pointeurs n'est rien d'autre qu'un tableau contenant une série d'adresses mémoire. Vous aurez souvent besoin de ce genre de structure en C. Il me serait facile de vous désemparer tout à fait avec un exemple qui pourrait vous rendre fou. Mais ce n'est pas mon but. Pour découvrir ce concept en douceur, considérons d'abord un tableau de pointeurs de type `char`, c'est-à-dire un tableau de chaînes, comme dans le Listing 19.8.

Listing 19.8 : En route pour les tableaux de pointeurs

```
#include <stdio.h>

int main()
{
    char *fruits[] = {
        "melon",
        "banane",
        "poire",
        "pomme",
        "noix",
        "raisin",
        "myrtille"
    };
    int x;
```

```
    for(x=0; x<7; x++)
        puts(fruits[x]);

    return(0);
}
```

Le tableau de pointeurs est déclaré un peu sur le même modèle que dans le Listing 12.7 du Chapitre 12. Ici, nous n'avons plus besoin de spécifier les longueurs de chaque chaîne. En effet, il s'agit d'un tableau de pointeurs (d'adresses mémoire). Chaque chaîne est implantée quelque part dans la mémoire de l'ordinateur. Le tableau ne mémorise que le début de chaque chaîne.

EXERCICE 19.17 : Créez un projet à partir du Listing 19.8, compilez et exécutez pour vérifier que tout fonctionne.

Nous venons de créer la version classique du programme, mais puisque nous nous intéressons aux pointeurs, sauriez-vous deviner à quel endroit dans le Listing 19.8 nous pourrions apporter une amélioration ?

EXERCICE 19.18 : Servez-vous du Tableau 19.2 comme guide pour remplacer la notation par indice en ligne 17 par une notation par pointeur.

Si vous avez bien répondu, votre solution à l'exercice 19.18 fonctionne parce que le tableau nommé `fruits` est un tableau de pointeurs. La valeur de chaque élément est un pointeur. Allons encore plus loin avec le Listing 19.9.

Listing 19.9 : Un exemple de pointeurs sur pointeurs

```
#include <stdio.h>

int main()
{
    char *fruits[] = {
        "melon",
        "banane",
        "poire",
        "pomme",
        "noix",
        "raisin",
        "myrtille"
    };
    int x;

    for(x=0; x<7; x++)
    {
```

```
        putchar(**(fruits+x));
        putchar('\n');
    }

    return(0);
}
```

La ligne 18 de ce Listing 19.9 contient la notation tant redoutée et évitée `**` qui correspond à un double pointeur. C'est en quelque sorte une double indirection. Mais avant de l'étudier en détail, réalisez l'Exercice 19.19.

EXERCICE 19.19 : Créez un projet à partir du Listing 19.9, compilez et exécutez.

Pour comprendre comment fonctionne l'expression `**(fruits+x)`, nous devons la décortiquer en commençant par l'intérieur :

```
fruits+x
```

La variable `fruits` contient une adresse mémoire puisque c'est un pointeur. La valeur `x` permet de l'augmenter d'une unité. Dans notre contexte, l'unité est une adresse puisque tous les éléments du tableau fruits sont des pointeurs.

```
*(fruits+x)
```

Vous connaissez déjà l'écriture ci-dessus. Elle désigne le contenu de l'adresse `fruits+x`. Mais puisque `fruits` est un tableau de pointeurs, le résultat de l'expression précédente est aussi un pointeur !

```
**(fruits+x)
```

Au final, nous obtenons un pointeur sur un pointeur, c'est-à-dire une double indirection. Si le premier pointeur est une adresse mémoire, l'autre pointeur (le premier astérisque) désigne le contenu de cette adresse mémoire, qui est aussi une adresse. Pour clarifier tout cela, je vous propose la Figure 19.2.

Il vous sera utilise de vous souvenir que l'opérateur `**` est presque toujours utilisé en relation avec un tableau de pointeurs, ou plus précisément, un tableau de chaînes. Dans la Figure 19.2, la première colonne correspond à l'adresse d'un tableau de pointeurs ; la deuxième colonne est un pointeur (désignant le début d'une chaîne) et la colonne de droite désigne le premier caractère de la chaîne. Si vous êtes toujours perplexe, je ne peux vous en vouloir ; même Albert Einstein était embarrassé lorsqu'il a relu la première édition de ce livre. Étudiez donc le Tableau 19.3 qui compare la notation pointeur basée sur la variable `ptr` à la notation de tableau classique équivalente (avec la variable `tablo`).

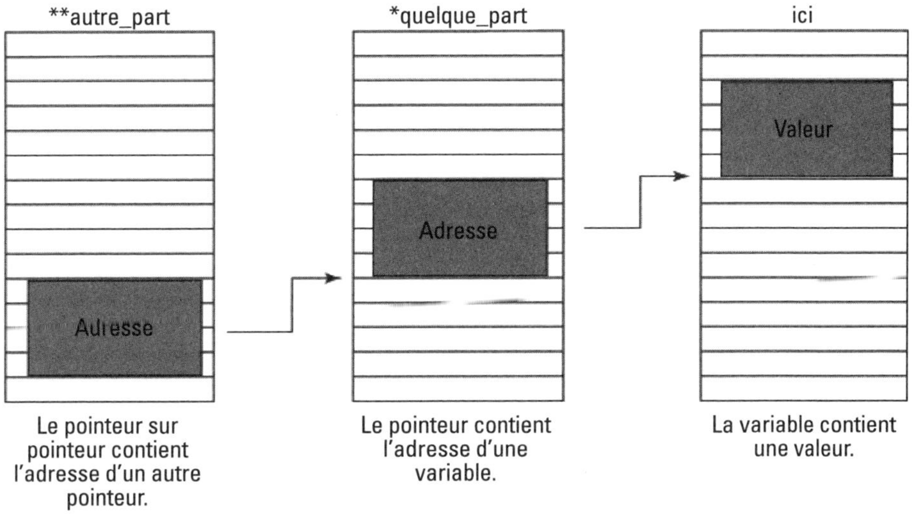

Figure 19.2 : Principe de fonctionnement de la notation **.

Tableau 19.3 : Notation pointeur et notation par indices de tableau.

Notation pointeur	*Notation tableau*	*Description*
`**ptr`	`*tablo[]`	Déclare un tableau de pointeurs.
`*ptr`	`tablo[0]`	Adresse du premier pointeur du tableau ou de la première chaîne.
`*(ptr+0)`	`tablo[0]`	Comme le précédent.
`**ptr`	`tablo[0][0]`	Premier élément du premier pointeur du tableau (ou premier caractère de la première chaîne du tableau).
`**(ptr+1)`	`tablo[1][0]`	Premier élément du deuxième pointeur du tableau (premier caractère de la deuxième chaîne).
`*(*(ptr+1))`	`tablo[1][0]`	Comme le précédent.
`*(*(ptr+a)+b)`	`tablo[a][b]`	Élément b du pointeur a.
`**(ptr+a)+b`	`tablo[a][0]+b`	Ceci est une confusion d'écriture. Cet élément représente la valeur de l'élément 0 pointé par a, plus la valeur de la variable b. Il faut écrire `*(*(ptr+a)+b)`.

Exercice 19.20 : Modifiez le code source de l'exercice 19.19 pour afficher un à un les caractères d'une chaîne au moyen de `putchar()`. Si vous réussissez à compacter toute l'opération `putchar()` dans la condition de la boucle `while`, vous avez droit à dix points de bonus Pour les nuls.

Cela vous rappelle quelque chose ?

Les tableaux de pointeurs ne vous sont pas inconnus en fait. Si vous avez assimilé le Chapitre 15, vous vous souvenez sans doute de cette écriture :

```
int main(int argc, char *argv[])
```

Il s'agit de la déclaration complète de la fonction principale `main()`. Elle mentionne un tableau de pointeurs en deuxième argument. Dans le Chapitre 15, nous avions géré chacun des éléments en tant que chaînes, et c'est bien ainsi que cela est prévu. En réalité, ce que reçoit la fonction `main()` est un tableau de pointeurs.

Pour le confirmer, sachez que la déclaration complète de la fonction `main()` peut également s'écrire de la manière suivante :

```
int main(int argc, char **argv)
```

Trier des chaînes

Grâce à ce que vous avez appris au sujet des fonctions de tri en langage C au cours du Chapitre 12, vous devriez pouvoir concevoir un programme de tri de chaînes acceptable, ou au minimum expliquer comment faire. C'est très bien ! Mais cela représente beaucoup de travail.

Une technique radicale pour trier des chaînes consiste à ne pas les trier du tout. Il est plus efficace de trier un tableau de pointeurs qui pointe sur ces chaînes. Étudions d'abord le Listing 19.10.

Listing 19.10 : Première tentative de tri de chaînes

```
#include <stdio.h>

int main()
{
    char *fruits[] = {
        "abricot",
        "banane",
        "ananas",
```

```
        "pomme",
        "kaki",
        "poire",
        "myrtille"
    };
    char *temp;
    int a,b,x;

    for(a=0; a<6; a++)
        for(b=a+1; b<7; b++)
            if(*(fruits+a) > *(fruits+b))
            {
                temp = *(fruits+a);
                *(fruits+a) = *(fruits+b);
                *(fruits+b) = temp;
            }

    for(x=0; x<7; x++)
        puts(fruits[x]);

    return(0);
}
```

EXERCICE 19.21 : Créez un projet à partir du Listing 19.9, compilez et exécutez pour vérifier que les chaînes ont bien été triées.

En fait, le programme ne fonctionne sans doute pas. Si le tri semble correct, c'est un pur hasard et il ne résiste pas à un second essai après modification d'une des chaînes.

Le problème se situe au niveau de la ligne 19. En effet, vous ne pouvez pas comparer deux chaînes avec l'opérateur >. Il vous permet de comparer des caractères isolés, ce qui ne permet de trier la liste que d'après le premier caractère. Mais les êtres humains s'attendent à voir une liste triée sur tous les caractères des chaînes, et non seulement le premier.

EXERCICE 19.22 : Améliorez l'exemple avec la fonction `strcmp()` pour comparer des chaînes et décider s'il faut les échanger ou pas.

Pointeurs et fonctions

Même si son contenu est spécial, un pointeur est une variable. Il est donc possible de transmettre un pointeur en entrée d'une fonction. Ce qui est encore plus intéressant, c'est qu'il est possible de transmettre un pointeur depuis une fonction en tant que valeur renvoyée. D'ailleurs, c'est dans certains cas la seule technique permettant d'échanger des informations avec une fonction.

Transmettre un pointeur en entrée d'une fonction

L'énorme avantage de la transmission d'un pointeur à une fonction est qu'il n'est pas nécessaire de faire quoi que ce soit pour renvoyer la donnée une fois modifiée. En effet, la fonction va lire la valeur à l'adresse mémoire qui lui a été transmise, au lieu de récupérer directement une valeur. Grâce à cette adresse, la fonction peut modifier l'information sans renvoyer la valeur modifiée. Le Listing 19.11 en donne un exemple.

Listing 19.11 : Un paramètre d'entrée transmis par pointeur

```
#include <stdio.h>

void remiser(float *a);

int main()
{
    float prixbase = 42.99;

    printf("L'article coute $%.2f\n", prixbase);
    remiser(&prixbase);
    printf("Apres remise, cela donne $%.2f\n", prixbase);
    return(0);
}

void remiser(float *a)
{
    *a = *a * 0.90;
}
```

La ligne 3 contient le prototype de la fonction `remiser()`. Cette fonction attend en entrée une variable pointeur du type `float`, et c'est son seul argument d'entrée.

En ligne 10, nous transmettons l'adresse de la variable `prixbase` à la fonction. Vous remarquez que nous utilisons le symbole & pour transmettre l'adresse et non la valeur de la variable `prixbase`.

Dans le corps de la fonction appelée, nous utilisons par indirection la variable pointeur locale a pour modifier la valeur située à l'adresse mémoire récupérée.

EXERCICE 19.23 : Saisissez le code source du Listing 19.11, compilez et exécutez.

EXERCICE 19.24 : Retouchez l'exercice précédent pour déclarer une variable `p` de type `float` dans la fonction `main()`. Faites pointer `p` sur l'adresse de la variable `prixbase` puis transmettez `p` à la fonction `remiser()`.

EXERCICE 19.25 : Démarrez un nouveau projet qui va définir les 2 fonctions `create()` et `sjhow()`. La première doit accepter en entrée un pointeur sur un tableau de 10 valeurs entières puis remplir ce tableau avec des valeurs prises au hasard entre 0 et 9. La fonction `show()` doit recevoir ce tableau en entrée et afficher ses 10 éléments.

Renvoyer un pointeur depuis une fonction

Vous savez que toute fonction possède un type, qui est celui de la valeur qu'elle renvoie en fin d'exécution, comme par exemple `int`, `char` ou même `void`. Vous pouvez donc aussi déclarer une fonction renvoyant un pointeur, donc une adresse mémoire. Il suffit de déclarer la fonction comme étant du type pointeur, comme ceci :

```
char *monstre(void);
```

Nous déclarons ici une fonction nommée `monstre()` qui n'attend aucun argument d'entrée, mais qui renvoie en fin d'exécution un pointeur sur un tableau de type `char`, donc une chaîne.

N'OUBLIEZ PAS !

Une fonction qui renvoie un pointeur se singularise également par le fait que la valeur qu'elle va renvoyer doit être déclarée en tant que variable de type statique. Rappelons que les variables déclarées dans les fonctions sont locales et sont donc perdues en fin d'exécution de la fonction. Pour que la valeur de la variable à renvoyer survive, il faut la déclarer avec static pour que le contenu ne soit pas supprimé en fin d'exécution. Le listing 19.12 en donne une illustration.

Listing 19.12 : Renvoi d'un pointeur après inversion d'une chaîne

```
#include <stdio.h>

char *strinverser(char *input);

int main()
```

```
{
    char machaine[64];

    printf("Saisissez du texte : ");
    fgets(machaine,62, stdin);
    puts(strinverser(machaine));

    return(0);
}

char *strinverser(char *entrante)
{
    static char sortante[64];
    char *i,*o;

    i = entrante; o = sortante;

    while(*i++ != '\n')
        ;
    i--;

    while(i >= entrante)
        *o++ = *i--;
    *o = '\0';

    return(sortante);
}
```

Ce Listing 19.12 peut comporter quelques pièges. Méfiez-vous!

En ligne 3, nous trouvons le prototype de la fonction `strinverser()` qui renvoie un pointeur, c'est-à-dire ici l'adresse d'un tableau `char`, donc d'une chaîne. La fonction `main()` qui commence en ligne 5 ne pose pas de problème. Nous récupérons la chaîne saisie via la fonction `fgets()` en ligne 10, et nous la transmettons dans l'appel à `strinverser()` en ligne 11 dans une fonction `puts()`.

Le corps de la fonction `strinverser()` commence en ligne 16. La fonction attend en entrée un pointeur de type `char` qui est utilisé dans la fonction sous le nom `entrante`. Nous créons un tampon mémoire nommé `sortante` en ligne 18 avec le qualificateur `static` pour qu'il ne soit pas supprimé en fin de fonction. En ligne 19, nous déclarons deux pointeurs `char` nommés `i` et `o`.

La première boucle `while` en ligne 23 cherche à détecter le caractère de saut de ligne. La variable `i` progresse dans la chaîne un caractère à la fois.

Dès que le saut de ligne est trouvé, le pointeur `i` contient l'adresse du caractère suivant dans `entrante`, qui n'est sans doute pas ce dont nous avons besoin.

C'est pourquoi la ligne 25 fait reculer `i` d'une position pour qu'il pointe sur le dernier caractère de la chaîne avant le saut de ligne.

Nous arrivons alors dans la boucle `while` de la ligne 27, dans laquelle le pointeur `o` contient la position initiale dans le tampon `sortante`, c'est-à-dire le premier caractère. Parallèlement, le pointeur `i` pointe sur le dernier caractère de la chaîne d'entrée. Imaginez le pointeur `i` en haut d'un escalier et le pointeur `o` en bas.

La boucle `while` tourne jusqu'à ce que le pointeur `i` corresponde à l'adresse du début de la chaîne `entrante`. À chaque tour de boucle et décrémentation de `i`, le caractère situé à l'adresse `i` est copié à l'adresse `o`. Autrement dit, `i` descend l'escalier et `o` le remonte.

En ligne 29, nous prenons soin d'ajouter dans la chaîne `sortante` le caractère 0 terminal. N'oubliez jamais d'ajouter ce caractère de fin lorsque vous créez des chaînes avec des pointeurs.

En ligne 31, l'instruction `return` transmet l'adresse du tampon `sortante`, la chaîne après inversion, à l'instruction qui a appelé la fonction.

EXERCICE 19.26 : Créez un projet à partir du Listing 19.12, compilez et exécutez. Pendant la saisie du code, vous pouvez ajouter des commentaires pour expliquer ce qui se passe dans le code source. Servez-vous de ma propre explication ci-dessus.

Chapitre 20

Les listes liées

Dans ce chapitre :

- Obtenir de la mémoire avec malloc()
- Créer l'espace de stockage pour une chaîne
- Libérer un bloc mémoire
- Créer l'espace pour une structure
- Construire une liste liée
- Éditer les structures d'une liste liée

À l'endroit où le boulevard des Structures aboutit à la place des Pointeurs, vous tombez sur un monument : la Liste liée. En fait, il s'agit d'un tableau de structures, un peu comme une base de données. L'énorme différence est que chacune des structures est implantée en mémoire isolément, comme lorsque l'on construit un temple à partir de blocs de marbre disparates. C'est un sujet passionnant, qui illustre très bien l'intérêt des pointeurs. De plus, si vous suivez un cursus universitaire, il est fort probable que ce thème fasse partie de l'examen.

N.d.T. : Vous rencontrerez aussi le terme « liste chaînée » qui a strictement le même sens, mais l'utilisation du terme chaîne peut induire en erreur, car cela n'a aucun rapport avec les chaînes de caractères.

Je veux de la mémoire !

Dévoilons un secret : lorsque vous déclarez une variable en C, vous demandez en réalité à votre programme d'implorer le système d'exploitation pour qu'il lui octroie un peu d'espace mémoire. Comme vous le savez (je l'espère), le système d'exploitation est le grand maître de l'ordinateur ou de l'appareil électronique que vous devez programmer. C'est donc à lui de distribuer avec parcimonie un peu d'espace mémoire aux différents programmes qui en font la demande.

Lorsque vous déclarez une variable, qu'il s'agisse d'un petit `short int` ou d'un gigantesque tampon pour stocker des chaînes, vous demandez à votre programme de réserver exactement l'espace approprié, l'espace dans lequel vous allez stocker des valeurs utiles. Mais en langage C, vous pouvez aussi demander de l'espace mémoire à la volée, c'est-à-dire faire allouer de la mémoire. Il vous faut à cet effet des pointeurs pour récupérer les adresses que le système va renvoyer.

La fonction de réservation malloc()

Pour répondre aux besoins mémoire de votre programme, vous disposez de la fonction nommée `malloc()`. Vous lui fournissez un pointeur, et `malloc()` va allouer de la mémoire (d'où son nom) en quantité suffisante pour le type de variable concerné. Voici son format générique :

```
p = (type *)malloc(taille);
```

`type` indique un type de variable. Il permet à la fonction `malloc()` de réserver ni trop, ni trop peu d'espace pour stocker les données de la variable.

`taille` doit indiquer la quantité totale d'octets qu'il faut réserver. Vous éviterez d'indiquer ici une valeur littérale, pour être certain de faire réserver assez d'espace selon la taille que possède sur la machine le type de variable indiqué. S'il vous faut par exemple réserver de l'espace pour stocker une valeur de type `int`, il faut demander la réservation de l'espace pour une valeur `int` sur la machine concernée. Normalement, le nombre d'octets nécessaire doit être calculé en se servant de l'opérateur `sizeof`.

Le résultat de la fonction `malloc()` est le renvoi de l'adresse de début du bloc mémoire réservé. Cette adresse est stockée dans le pointeur `p` qui doit être du même type de variable. Si l'opération de réservation échoue, la fonction renvoie la valeur spéciale NULL.

ATTENTION !

Vous devez toujours tester si la valeur renvoyée est NULL avant d'utiliser l'espace! Si vous oubliez cela, votre programme court de grands risques.

La seule précaution à prendre est l'inclusion par une directive du fichier d'en-tête `stdlib.h`, afin que le compilateur trouve le prototype de la fonction `malloc()`. Voyons un premier exemple avec le Listing 20.1.

Listing 20.1 : Essai de réservation d'espace mémoire

```
#include <stdio.h>
#include <stdlib.h>

int main()
{
    int *age;

    age = (int *)malloc(sizeof(int)*1);
    if(age == NULL)
    {
        puts("Allocation memoire impossible");
        exit(1);
    }
    printf("Quel est votre age ? ");
    scanf("%d", age);
    printf("Vous avez %d ans.\n", *age);
    return(0);
}
```

Remarquez tout d'abord dans ce listing que nous ne déclarons qu'une seule variable de type pointeur nommée `age`. Nous ne déclarons aucune variable de type `int`, mais le programme demande une saisie dans ce format et affiche dans ce format.

L'appel à `malloc()` en ligne 8 permet de réserver l'espace pour un entier. Nous nous servons de l'opérateur `sizeof` pour calculer la taille requise. Pour obtenir l'espace d'un entier, nous multiplions la valeur `1` par le résultat de `sizeof(int)`. (Dans ce cas précis, ce calcul n'est pas obligatoire, mais il le devient dans les exemples suivants.) L'adresse de début de cet espace est récupérée dans le pointeur `age`.

En ligne 9, nous vérifions que la fonction a bien pu réserver de l'espace. Si elle a renvoyé la valeur NULL (une constante définie dans *stdlib.h*), nous faisons afficher un message d'erreur en ligne 11 et nous sortons brutalement du programme (ligne 12).

Notez bien que l'appel à `scanf()` n'utilise pas le préfixe d'indirection `&`. C'est en effet inutile, puisque la variable `age` contient déjà une adresse mémoire, c'est un pointeur ! Nous n'avons pas besoin d'ajouter le préfixe `&` (tout comme il n'est pas nécessaire de l'ajouter en préfixe d'une chaîne qui doit être lue par `scanf()`).

Enfin, nous utilisons la notation d'accès au contenu en ligne 16 pour afficher la valeur saisie.

EXERCICE 20.1 : Créez un projet à partir du Listing 20.1, compilez et exécutez.

EXERCICE 20.2 : Partez du code source du Listing 20.1 pour créer un projet qui demande la saisie de la température extérieure en tant que valeur à virgule flottante. Faites en sorte que le programme demande si la saisie est faite en Celsius ou en Fahrenheit. Réservez l'espace mémoire pour la valeur saisie avec `malloc()` et affichez le résultat en degrés Kelvin. Voici les formules de conversion :

```
kelvin = celsius + 273.15;
```

```
kelvin = (fahrenheit + 459.67) * (5.0/9.0);
```

EXERCICE 20.3 : Concevez un programme qui réserve de l'espace pour trois valeurs de type `int` dans un tableau. Effectuez la réservation avec un seul appel à `malloc()`. Affectez les valeurs 100, 200 et 300 aux trois entiers, puis affichez les trois valeurs.

Réserver de l'espace pour une chaîne

La fonction `malloc()` est souvent utilisée pour créer un tampon mémoire d'entrée de données. En effet, cela permet d'éviter de devoir déclarer un tableau vide sans connaître au départ la taille dont on aura besoin. L'écriture suivante :

```
char entrante64[] ;
```

peut en effet être remplacée par celle-ci :

```
char entrante*;
```

La taille du tampon ne sera établie qu'en cours d'exécution par un appel à la fonction `malloc()`. Dans le listing suivant, l'appel à `malloc()` en ligne 8 déclare un tampon de stockage qui est un tableau de `char` d'une taille de 1024 octets. Rappelons que 1024 octets correspondent à 1 ko, mais vous le saviez déjà.

Listing 20.2 : Réservation de mémoire pour un tampon d'entrée

```
#include <stdio.h>
#include <stdlib.h>

int main()
{
    char *entrante;

    entrante = (char *)malloc(sizeof(char)*1024);
    if(entrante==NULL)
    {
```

```
        puts("Allocation impossible ! Banzai !");
        exit(1);
    }
    puts("Saisissez quelque chose d'un peu long :");
    fgets(entrante, 1023, stdin);
    puts("Vous avez saisi :");
    printf("\"%s\"\n", entrante);

    return(0);
}
```

Après la réservation, nous demandons la saisie d'un long texte puis nous l'affichons. La fonction `fgets()` en ligne 15 empêche de saisir plus de 1023 octets, ce qui réserve l'espace pour le zéro terminal `\0` de fin de chaîne.

EXERCICE 20.4 : Créez un projet à partir du listing 20.2.

EXERCICE 20.5 : Améliorez l'exemple du Listing 20.2 en demandant la création d'un deuxième tampon de type `char` via un pointeur et un appel à `malloc()`. Une fois que le texte a été lu au clavier par `fgets()`, faites une copie du texte depuis le premier tampon (`entrante` dans le Listing 20.2) vers le second tampon, en copiant tout sauf le caractère de saut de ligne `\n` de fin de la saisie.

EXERCICE 20.6 : Faites évoluer votre réponse à l'Exercice 20.5 de sorte que le second tampon contienne une version modifiée du texte du premier tampon, après remplacement de toutes les voyelles par des signes arobase (@).

Libérer l'espace mémoire

L'engorgement de l'espace mémoire est devenu beaucoup moins critique que par le passé, grâce à la chute continue des prix des composants. Cependant, tout bon programmeur doit se soucier d'écologie au niveau de l'empreinte mémoire de son programme. Si vous réservez au départ un tampon de 1024 octets pour la saisie, il est possible que certains de vos utilisateurs ne soient pas suffisamment bavards pour consommer tout cet espace. Vous pouvez dans ce cas décider après coup de réduire vos besoins en restituant une partie de l'espace que vous aviez réservé. L'espace mémoire dont vous n'avez plus besoin est remis à disposition du système d'exploitation, ce qui est une marque de politesse et de civisme. Voyons le Listing 20.3.

Listing 20.3 : Restitution de quelques octets

```
#include <stdio.h>
#include <stdlib.h>
#include <string.h>

int main()
{
    char *entrante;
    int longue;

    entrante = (char *)malloc(sizeof(char)*1024);
    if(entrante==NULL)
    {
        puts("Allocation impossible !");
        exit(1);
    }
    puts("Saisissez du texte :");
    fgets(entrante, 1023, stdin);
    longue = strlen(entrante);
    if(realloc(entrante, sizeof(char)*(longue+1))==NULL)
    {
        puts("Nouvelle allocation impossible !");
        exit(1);
    }
    puts("Reallocation correcte.");
    puts("Vous avez saisi :");
    printf("\"%s\"\n", entrante);

    return(0);
}
```

Ce Listing 20.3 ressemble beaucoup au précédent. Nous avons ajouté quelques instructions pour utiliser la fonction de restitution `realloc()` en ligne 19. Voici son format générique :

```
p = realloc(tampon, taille)
```

`tampon` incarne une zone de stockage qui a été réservée par la fonction `malloc()` ou une autre du même groupe.

`taille` définit la nouvelle taille du tampon, calculée à partir d'un certain nombre d'unités du type de variable mentionné. Si l'opération réussit, la fonction renvoie un pointeur sur tampon, ou bien NULL en cas de problème. Comme pour `malloc()`, vous devez penser à déclarer le fichier d'en-tête *stdlib.h*.

Dans l'exemple, nous incluons également le fichier d'en-tête *string.h* en ligne 3, qui est nécessaire pour pouvoir utiliser la fonction `strlen()` en ligne 18. Nous récupérons la longueur de la chaîne saisie et nous stockons la valeur dans la variable `longue`.

L'appel à la fonction `realloc()` se trouve en ligne 19. Elle modifie l'empreinte mémoire du tampon existant. Ici, il s'agit du tampon nommé `entrante`. La nouvelle taille correspond à la longueur de la chaîne + 1, pour tenir compte du zéro terminal `\0`; cela correspond exactement au texte réellement saisi, et nous n'avons pas besoin de plus d'espace.

Si la fonction `realloc()` parvient à ses fins, le tampon est compacté. Si elle n'y parvient pas, la valeur NULL renvoyée est testée en ligne 19 et un message d'erreur est affiché.

EXERCICE 20.7 : Créez un projet à partir du listing 20.3, compilez et exécutez.

Ce programme ne vous en donne pas confirmation, mais nous pouvons supposer que l'appel à la fonction `realloc()` est parvenu à diminuer l'occupation mémoire du tampon `entrante`. Les octets superflus sont à nouveau disponibles pour une nouvelle réservation par ce programme (ou par un autre).

Une troisième fonction vient compléter les possibilités de `malloc()` et de `realloc()`. C'est la fonction `free()` qui est utilisée dans le Listing 20.4.

Listing 20.4 : Veuillez laisser cet endroit aussi propre...

```
#include <stdio.h>
#include <stdlib.h>

int main()
{
    int *age;

    age = (int *)malloc(sizeof(int)*1);
    if(age==NULL)
    {
        puts("Plus de memoire ?");
        exit(1);
    }
    printf("Votre age en ans ? ");
    scanf("%d", age);
    *age *= 365;
    printf("Vous avez vu plus de %d jours !\n",*age);
    free(age);

    return(0);
}
```

Ce Listing 20.4 ne contient aucun piège, et vous devriez pouvoir le comprendre aisément si vous avez bien lu le début de ce chapitre. La seule nouveauté se trouve en ligne 18, dans l'appel à `free()`.

Cette fonction libère en totalité l'espace mémoire correspondant, ce qui le rend à nouveau disponible pour un nouvel appel à `malloc()`.

EXERCICE 20.8 : Créez un projet à partir du Listing 20.4, compilez et exécutez.

Vous n'utiliserez pas fréquemment `free()` dans vos projets, sauf dans des cas particuliers. En effet, les machines électroniques actuelles offrent en général un espace mémoire largement suffisant. De plus, toute la mémoire occupée par votre programme est libérée d'office par le système lorsque l'exécution du programme se termine. En revanche, si l'espace mémoire commence à manquer, vous aurez intérêt à utiliser `realloc()` et `free()` pour éviter les erreurs de débordement mémoire.

Des listes avec des liens

La fonction `malloc()` devient vraiment précieuse dès qu'il s'agit de travailler avec des structures de données. Elle permet d'implanter en mémoire les structures l'une après l'autre, en fonction des besoins. Mais comment faire pour ne pas perdre la trace de ces structures ? Il suffit de prévoir dans chaque structure un lien qui la relie à la structure suivante, pour former une sorte de chaîne.

Réserver l'espace d'une structure

La fonction `malloc()` permet de réserver de l'espace pour tous les types de variables C, y compris les tableaux. Elle permet également d'implanter une structure en mémoire, celle-ci pouvant ensuite être manipulée grâce à un pointeur.

Dès que vous avez besoin de gérer l'espace de stockage d'une structure avec un pointeur, ou d'accéder à la structure via ce pointeur, vous utiliserez un nouvel opérateur C qui s'écrit `->`. Il s'agit de l'opérateur « pointeur sur structure ». Il a le même effet que la notation basée sur le point entre structure et élément. Rappelons la notation traditionnelle d'accès à un membre de structure :

```
date.jour = 14;
```

Vous accédez au même membre de structure avec un pointeur en écrivant ceci :

```
date->jour = 14;
```

Pourquoi n'utilisons-nous pas la notation d'indirection basée sur l'astérisque * ? En fait, nous pourrions le faire. En effet, le format d'origine de la référence à un membre de structure avec un pointeur est le suivant :

```
(*date).jour = 14;
```

Les parenthèses sont ici obligatoires, afin que l'opérateur pointeur * soit lié au nom de la structure `date`, qui est une variable pointeur. Sans ces parenthèses, l'opérateur point aurait priorité. Pour une raison que je ne connais pas, les premiers programmeurs C détestaient ce format à parenthèses et ont inventé la notation `->`.

Le Listing 20.5 illustre comment créer une structure avec `malloc()`. La structure est définie en ligne 7 puis une variable pointeur de ce type de structure est déclarée en ligne 12. La réservation d'espace suffisant est effectuée en ligne 15 par `malloc()`. La taille unitaire des structures est obtenue grâce à l'opérateur `sizeof`.

Listing 20.5 : Création d'une structure en mémoire

```
#include <stdio.h>
#include <stdlib.h>
#include <string.h>

int main()
{
    struct actions {
        char  symbole[5];
        int   quantite;
        float cours;
    };
    struct actions *invest;

/* Creation de la structure en memoire */
    invest=(struct actions *)malloc(sizeof(struct actions));
    if(invest==NULL)
    {
        puts("Erreur malloc()");
        exit(1);
    }

/* Affectation des valeurs */
    strcpy(invest->symbole, "GOOG");
    invest->quantite = 100;
    invest->cours = 801.19;
```

```
/* Affichage */
    puts("Portefeuille d'actions");
    printf("Symbole\tQte\tCours\tValeur\n");
    printf("%-6s\t%5d\t%.2f\t%.2f\n",\
            invest->symbole,
            invest->quantite,
            invest->cours,
            invest->quantite*invest->cours);

    return(0);
}
```

Le pointeur nommé `invest` permet d'accéder à la structure réservée en mémoire. Nous insérons des données dans cette structure dans les lignes 23 à 25. L'affichage des données a lieu dans les lignes 28 à 34. Notez bien l'utilisation de l'opérateur `->` pour faire référence aux membres de la structure.

EXERCICE 20.9 : Créez un projet à partir du listing 20.5, compilez et exécutez.

Créer une liste liée

Dès que vous avez besoin de créer une deuxième structure dans le Listing 20.5, il vous faut déclarer un autre pointeur sur la structure, un peu comme ceci :

```
struct actions *invest2;
```

Mais pour que les choses restent bien claires, il est conseillé ensuite de renommer le premier pointeur `invest` en `invest1`. Vous vous dites alors peut-être que cela ressemble à commencer à un tableau de pointeurs sur des structures. Vous avez tout à fait raison, et cela fonctionne très bien.

Mais une approche encore plus efficace consiste à passer à la liste liée. Il s'agit d'une série de structures dont chacune contient un pointeur vers la suivante. Autrement dit, chaque structure contient ses membres de données plus un pointeur qui va mémoriser l'adresse de la structure suivante dans la liste. En choisissant bien les noms des pointeurs et en ajoutant une valeur NULL pour marquer la fin de la liste, vous aboutissez à une structure (Listing 20.6).

Listing 20.6 : Un exemple simplifié de liste liée

```
#include <stdio.h>
#include <stdlib.h>
#include <string.h>
```

```
int main()
{
    struct actions {
        char symbole[5];
        int  quantite;
        float  cours;
        struct actions *asuiv;
    };
    struct actions *aprems;
    struct actions *acour;
    struct actions *anouv;

/* Creation structure */
    aprems = (struct actions *)malloc(sizeof(struct actions));
    if(aprems==NULL)
    {
        puts("Erreur malloc()");
        exit(1);
    }

/* Remplissage */
    acour = aprems;
    strcpy(acour->symbole,"GOOG");
    acour->quantite = 100;
    acour->cours = 801.19;
    acour->asuiv = NULL;

    anouv = (struct actions *)malloc(sizeof(struct actions));
    if(anouv==NULL)
    {
        puts("Autre erreur malloc()");
        exit(1);
    }
    acour->asuiv = anouv;
    acour = anouv;
    strcpy(acour->symbole,"MSFT");
    acour->quantite = 100;
    acour->cours = 28.77;
    acour->asuiv = NULL;

/* Affichage */
    puts("Portefeuille");
    printf("Symbole\tQte\tCours\tValeur\n");
    acour = aprems;
    printf("%-6s\t%5d\t%.2f\t%.2f\n",\
            acour->symbole,
            acour->quantite,
```

```
            acour->cours,
            acour->quantite*acour->cours);
    acour = acour->asuiv;
    printf("%-6s\t%5d\t%.2f\t%.2f\n",\
            acour->symbole,
            acour->quantite,
            acour->cours,
            acour->quantite*acour->cours);

    return(0);
}
```

Le code source du Listing 20.6 commence à avoir une certaine longueur, mais ce n'est qu'une version enrichie du Listing 20.5. Je n'ai fait que créer une seconde structure reliée à la première. Ne soyez pas intimidé par la longueur du code source.

Dans les lignes 13 à 15, nous déclarons non pas deux, mais trois pointeurs sur structure, ce qui est nécessaire pour notre liste liée. Nous leur avons donné les noms `aprems`, `acour` et `anouv`. Ils sont utilisés dans le quatrième membre de la structure, `asuiv`, déclaré en ligne 11. Il s'agit d'un pointeur sur structure.

Vous ne devez pas utiliser `typedef` pour déclarer vos variables structures pour les listes liées. Ce n'est pas un problème dans notre exemple, parce que je n'utilisais pas `typedef` pour mes structures, mais de nombreux programmeurs C l'utilisent pour déclarer leurs structures. Soyez vigilant !

N.d.T. : Une mise en garde s'impose au niveau du nom de la variable `anouv` utilisée en ligne 15. Dans la version anglaise, cette variable avait été appelée `new`, mais il s'agit d'un mot réservé dans le langage C++. Si votre programme doit être porté vers cet autre langage, vous ne devez pas utiliser ce mot `new`.

Une fois que la première structure a été renseignée, nous affectons la valeur NULL comme pointeur en ligne 30 à l'élément `asuiv`. Cette valeur marque la fin de la liste liée.

En ligne 32, nous créons une autre structure en récupérant son adresse dans la variable pointeur `anouv`. Nous reprenons cette adresse dans la première structure en ligne 38, afin de créer le lien avec la deuxième structure.

Dans les lignes 40 à 43, nous renseignons la structure du deuxième pointeur, en donnant la valeur NULL à l'élément `asuiv` en ligne 43.

Nous mettons en place les liens entre les structures lors de l'affichage des contenus. En ligne 48, nous récupérons l'adresse de la première structure puis en ligne 54 l'adresse de la structure suivante trouvée dans la première.

Exercice 20.10 : Créez un projet à partir du Listing 20.6, compilez et exécutez. Vous pouvez aussi repartir du code source de l'Exercice 20.9 et le modifier. Pensez à réaliser cet exercice, car vous en aurez besoin pour le suivant.

La Figure 20.1 illustre le mécanisme de la liste liée, en correspondance avec le Listing 20.6.

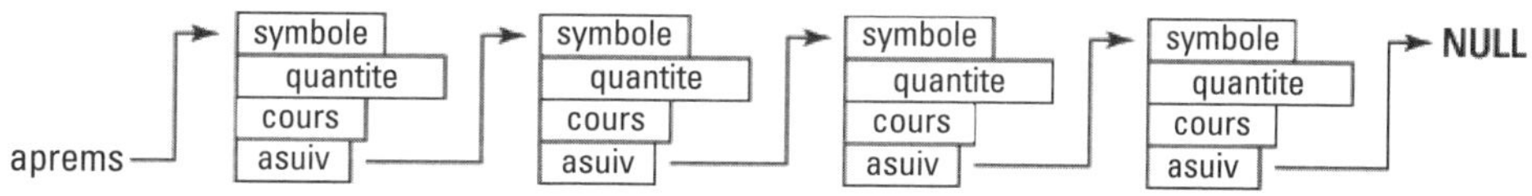

Figure 20.1 : Implantation de la liste liée en mémoire.

Contrairement aux tableaux, les structures d'une liste liée ne sont pas numérotées avec des indices, car chaque structure est liée à la suivante avec un pointeur. Si vous connaissez l'adresse de la première structure, vous pouvez ensuite naviguer à l'intérieur de la liste jusqu'à la fin, qui correspond à la valeur NULL.

J'avoue que le Listing 20.6 est loin d'être optimisé, et contient beaucoup d'instructions répétitives. Dès que vous voyez une instruction se répéter, vous devez immédiatement songer à transformer cela en une fonction. Étudiez donc le Listing 20.7.

Listing 20.7 : Un exemple optimisé de gestion de liste liée

```
#include <stdio.h>
#include <stdlib.h>
#include <string.h>

#define MEMBRES 5

struct actions {
    char  symbole[5];
    int   quantite;
    float cours;
    struct actions *asuiv;
};
struct actions *aprems;
struct actions *acour;
struct actions *anouv;

struct actions *creer_struc(void);
void remplir_struc(struct actions *a,int c);
void montrer_struc(struct actions *a);
```

```
int main()
{
    int x;

    for(x=0;x<MEMBRES;x++)
    {
        if(x==0)
        {
            aprems=creer_struc();
            acour=aprems;
        }
        else
        {
            anouv = creer_struc();
            acour->asuiv = anouv;
            acour = anouv;
        }
        remplir_struc(acour,x+1);
    }
    acour->asuiv=NULL;

/* Affichage */
    puts("Portefeuille");
    printf("Symbole\tQte\tCours\tValeur\n");
    acour = aprems;
    while(acour)
    {
        montrer_struc(acour);
        acour=acour->asuiv;
    }

    return(0);
}

struct actions *creer_struc(void)
{
    struct actions *a;

    a=(struct actions *)malloc(sizeof(struct actions));
    if(a==NULL)
    {
        puts("Erreur malloc()");
        exit(1);
    }
    return(a);
}
```

```
void remplir_struc(struct actions *a,int c)
{
    printf("Membre #%d/%d:\n",c,MEMBRES);
    printf("Symbole: ");
    scanf("%s", a->symbole);
    printf("Nombre d'actions : ");
    scanf("%d", &a->quantite);
    printf("Cours : ");
    scanf("%f", &a->cours);
}

void montrer_struc(struct actions *a)
{
    printf("%-6s\t%5d\t%.2f\t%.2f\n",\
        a->symbole,
        a->quantite,
        a->cours,
        a->quantite*a->cours);
}
```

La plupart des listes liées sont créées et gérées de cette façon. L'essentiel est de penser à utiliser trois variables structures, comme montré dans les lignes 13 à 15 :

- `aprems` contient toujours l'adresse de la première structure de la liste. Toujours.
- `acour` contient l'adresse de la structure sur laquelle vous travaillez, pour y écrire des données ou les lire.
- `anouv` contient l'adresse d'une structure venant d'être créée par appel à `malloc()`.

En ligne 7, nous déclarons que la structure nommée `actions` est globale, ce qui lui permet d'être accessible depuis toutes les fonctions.

Une boucle `for` dans les lignes 25 à 39 sert à créer les structures et à les relier. La première structure est différente, et son adresse est stockée en ligne 30. Pour les autres structures, l'espace est réservé au moyen de la fonction `creer_struc()`.

La mise à jour de la structure précédente est réalisée en ligne 35. La valeur de `acour` n'est modifiée qu'en ligne 36, mais avant cela, le pointeur de la structure courante est mis à jour au moyen de l'adresse de la structure suivante, `anouv`.

En ligne 40, nous marquons la fin de la liste liée en forçant à la valeur NULL le pointeur `anouv` de la dernière structure.

Une boucle `while` en ligne 46 permet d'afficher toutes les structures de la liste. La condition de sortie de boucle est la valeur du pointeur `acour`. Dès qu'elle est égale à NULL, nous sortons de la boucle.

Le reste du code du Listing 20.7 correspond à des fonctions qui ne nécessitent pas d'étude particulière.

EXERCICE 20.11 : Créez un projet à partir du Listing 20.7, compilez et exécutez. Notez qu'il faut saisir 5 enregistrements complets (ou réduire la valeur de la constante MEMBRES).

N'OUBLIEZ PAS !

Notez bien l'allure des instructions `scanf()` dans la fonction `remplir_struc()`. L'opérateur `->` est la notation d'indirection pour un pointeur. Pour obtenir l'adresse, vous devez penser à ajouter le préfixe `&` au nom de variable dans la fonction `scanf()`.

Modifier le contenu d'une liste liée

Puisqu'une liste liée est construite par liaison entre plusieurs adresses mémoire, vous pouvez intervenir sur le nombre de structures dans une liste en intervenant sur ces adresses. Dans la Figure 20.2 qui suit, nous pouvons supprimer la troisième structure de la liste en raccordant la deuxième structure à la quatrième. La troisième structure est alors retirée et perdue (avec son contenu) en fin d'opération.

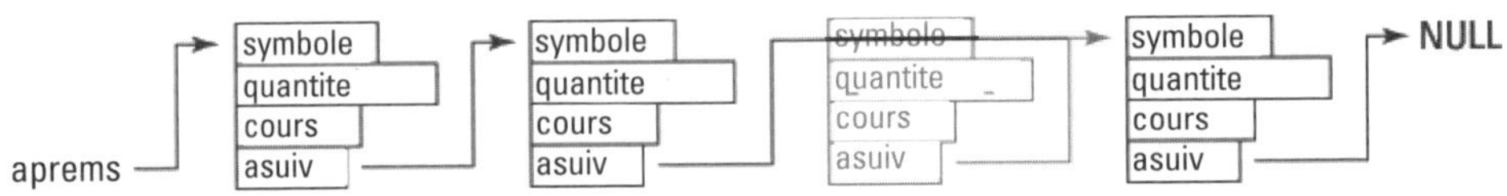

Figure 20.2 : Suppression d'un élément dans une liste liée.

Inversement, vous insérez un nouvel élément dans la liste en modifiant la valeur du pointeur sur la structure suivante, comme le montre la Figure 20.3.

La méthode la plus pratique pour intervenir sur une liste liée consiste à faire afficher une sorte de menu dans lequel l'utilisateur choisit entre montrer, insérer et supprimer des membres de la liste. Un tel programme interactif suppose un nombre d'instructions bien supérieur à ce que nous avons connu jusqu'ici. Nous sommes fiers de vous le montrer dans le Listing 20.8.

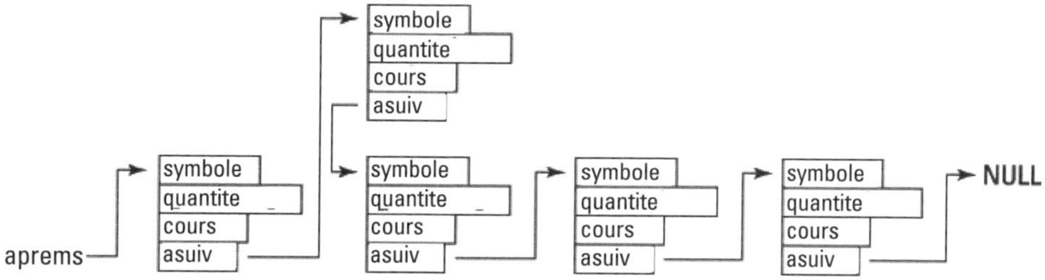

Figure 20.3 : Ajout d'un élément dans une liste liée.

Listing 20.8 : Un programme interactif complet de gestion de liste liée

```
/* Programme interactif */
/* Dan Gookin, Beginning Programming with C For Dummies */
#include <stdio.h>
#include <stdlib.h>
#include <ctype.h>

struct stypik {
    int maval;
    struct stypik *asuiv;
};
struct stypik *aprems;
struct stypik *acour;
struct stypik *anouv;

int menu(void);
void ajouter(void);
void montrer(void);
void supprimer(void);
struct stypik *creer(void);

/* La fonction main() ne se charge que de la saisie.
   Le reste est dans les fonctions. */
int main()
{
    int choixmenu = '\0';    /* Initialise la boucle while */
    aprems=NULL;

    while(choixmenu!='Q')
    {
        choixmenu=menu();
        switch (choixmenu)
        {
            case 'M':
```

```
                montrer();
                break;
            case 'A':
                ajouter();
                break;
            case 'S':
                supprimer();
                break;
            case 'Q':
                break;
            default:
                break;
        }
    }

    return(0);
}

/* Affiche le menu et collecte le choix */
int menu(void)
{
    int ch;

    printf("M)ontrer, A)jouter, S)upprimer, Q)uitter: ");
    ch=getchar();
    while(getchar()!='\n')      /* Ignore la saisie superflue */
        ;
    return(toupper(ch));
}

/* Ajoute un membre en fin de liste */
void ajouter(void)
{
    if(aprems==NULL)  /* Cas unique de aprems */
    {
        aprems = creer();
        acour  = aprems;
    }
    else                        /* Cherche le dernier */
    {
        acour = aprems;
        while(acour->asuiv)    /* Dernier == NULL */
            acour = acour->asuiv;
        anouv = creer();
        acour->asuiv = anouv;   /* Actualisation lien */
        acour = anouv;
    }
```

```
    printf("Indiquez une valeur numerique : ");
    scanf("%d", &acour->maval);
    acour->asuiv = NULL;
    while(getchar()!='\n')   /* Ignore la saisie superflue */
        ;
}

/* Affiche tous les enregs de la liste */
void montrer(void)
{
    int count=1;

    if(aprems==NULL)          /* Liste vide */
    {
        puts("Rien a afficher");
        return;
    }
    puts("Affichage complet :");
    acour=aprems;
    while(acour)              /* Dernier == NULL */
    {
        printf("Enregistrement %d: %d\n",count,acour->maval);
        acour = acour->asuiv;
        count++;
    }
}

/* Supprime un enreg de la liste */
void supprimer(void)
{
    struct stypik *eprec;  /* Sauve l'enreg d'avant */
    int r,c;

    if(aprems==NULL)           /* Teste si liste vide */
    {
        puts("Aucun enregistrement !");
        return;
    }
    puts("Choisissez quel enreg. supprimer :");
    montrer();
    printf("Enregistrement : ");
    scanf("%d",&r);
    while(getchar()!='\n')    /* Ignore la saisie superflue */
        ;
    c=1;
    acour = aprems;
    eprec = NULL;           /* Pas de precedent du 1er */
```

```
    while(c!=r)
    {
        if(acour==NULL)       /* Teste si 'r' dans la plage */
        {
            puts("Enreg introuvable");
            return;
        }
        eprec = acour;
        acour = acour->asuiv;
        c++;
    }
    if(eprec==NULL)       /* Cas unique du 1er enreg. */
        aprems = acour->asuiv;
    else                        /* Raccorde precedent et suivant*/
        eprec->asuiv = acour->asuiv;
    printf("L'enreg %d n'existe plus.\n",r);
    free(acour);                /* Restitue memoire */
}

/* Construit une structure vide et renvoie son adresse */
struct stypik *creer(void)
{
    struct stypik *a;

    a = (struct stypik *)malloc(sizeof(struct stypik));
    if(a==NULL)
    {
        puts("Erreur malloc()");
        exit(1);
    }
    return(a);
}
```

Exercice 20.12 : Si vous en avez le temps et le courage, vous pouvez procéder à la saisie du code source du Listing 20.8 dans votre éditeur. Il est évident que cet effort aura un effet pédagogique certain. Contrairement aux exemples plus brefs, j'ai pris soin d'ajouter ici des commentaires pour expliquer le fonctionnement du programme.

N.d.T. : Dans ce listing, nous avons francisé en `supprimer()` le nom de la fonction de suppression `delete()`. Sachez que `delete` est un mot-clé en langage C++ qu'il ne faut donc pas utiliser si vous comptez porter un jour vos projets dans ce successeur du langage C.

Enregistrer une liste liée

Une liste liée n'existe que dans la mémoire. Pour la préserver dans un fichier, vous écrivez tous les membres de la liste, mais il est inutile de sauvegarder le pointeur `asuiv` de chaque membre. Il est en effet très peu probable que la liste relue du fichier soit réimplantée exactement aux mêmes adresses mémoire.

Le Chapitre 22 étant consacré aux fichiers, il aborde le mode d'accès direct qui permet notamment d'enregistrer une liste liée dans un fichier.

Chapitre 21

Une question de temps

Dans ce chapitre :

- Programmer les fonctions temporelles
- Comprendre le comptage chronologique Unix en époques
- Récupérer l'heure système
- Afficher la date et l'heure
- Forcer une pause dans l'exécution du programme

L'heure est venue de programmer ! L'heure de programmer l'heure. La librairie standard du C contient toute une gamme de fonctions temporelles qui vous permettent d'obtenir l'heure actuelle, mais également d'afficher des dates et des heures dans différents formats. Vous pouvez même vous en servir pour suspendre un temps l'exécution d'un programme, mais pour cela il faut connaître toutes ces fonctions.

Quelle heure est-il ?

Auriez-vous l'heure ? Plus sérieusement, qui peut savoir exactement quelle heure il est, ou qu'il était ?

Les appareils électroniques actuels possèdent quasiment tous une horloge interne, mais ce n'est pas la plus fiable. La plupart de ces appareils procèdent régulièrement à un recalage de leur horloge en accédant à un serveur de temps sur Internet. Sans cette mise à jour, l'heure indiquée par votre ordinateur, votre téléphone portable ou votre tablette ne seraient jamais exactes très longtemps.

Lorsque vous manipulez le temps en langage C, vous êtes dépendant de l'appareil qui est la source de la date et de l'heure. Avant de passer à la pratique, nous allons découvrir les termes et la technologie concernant le temps dans une machine électronique et la manière dont il est mesuré.

Le calendrier des machines

Comme toutes les autres données, les appareils numériques mémorisent l'heure sous forme de uns et de zéros, alors que les humains ont pris l'habitude d'utiliser des secondes, des minutes, des heures, des jours, des semaines et des années. Plusieurs techniques permettent de passer d'un système à l'autre.

Pendant des siècles, le monde occidental a utilisé le *Calendrier Julien*, instauré par Jules César, et programmé en latin.

Mais ce bon vieux César n'avait pas tenu compte dans son calendrier des fractions de jour qui s'accumulaient d'une année sur l'autre. En l'an 1581, le Pape Grégoire a instauré le *Calendrier grégorien*, qui corrigeait les décalages de César. Ce calendrier était lui aussi programmé en latin.

Au cours des années 1950, des experts en informatique ont développé le *Calendrier MJD* (*Modified Julian Day*). Ils ont choisi comme date d'origine des civilisations le 1er janvier 4713 avant l'ère chrétienne, puis ont numéroté les jours à partir de cette date. Les heures correspondent à des fractions de jour. Le 1er janvier 2014 à midi correspond à la date MJD `2456293.5`.

Lors de la création du système d'exploitation Unix, deux choses sont apparues en même temps : le langage C et le concept d'époque Unix. Tous les ordinateurs fonctionnant sous Unix commencent le décompte des secondes à partir de minuit le 1er janvier 1970. Une *époque* Unix est une mesure depuis ce moment initial stockée dans une valeur numérique de type `long signed int`. Cette taille de donnée permet de compter les dates et heures jusqu'au 19 janvier 2038 à 3:14:07 du matin. À partir de la seconde suivante, tous les ordinateurs vont croire qu'ils sont le 13 décembre 1901. Nous pouvons même dire que c'était un vendredi !

Fort heureusement, les plus récentes versions du système Unix ont déjà pris des mesures pour résoudre le problème de l'arrivée en 2038, à la différence de la fameuse crise du passage à l'an 2000. La notation par époque Unix reste toujours en vigueur dans la programmation avec les fonctions C.

Les fonctions temporelles du C

Toutes les fonctions relatives au temps et à la date en langage C sont déclarées dans le fichier d'en-tête *time.h*. C'est dans ce fichier que vous trouverez notamment les variables et fonctions que nous détaillons ci-après :

`time_t` Le type de variable `time_t` permet de mémoriser la valeur temporelle selon le système de l'époque Unix, c'est-à-dire le nombre de secondes écoulées depuis le 1er janvier 1970. Sur la plupart des machines, `time_t` correspond à un type `long signed int` qui est ensuite converti vers `time_t` par le mot-clé `typedef`. Sur certaines machines fonctionnant sur 32 bits ou moins, le problème du passage à 2038 est parfois contourné en utilisant un type non signé `unsigned` ou un autre type de variable. Ce problème ne se pose plus avec les systèmes 64 bits.

`struct tm` Ce type de structure déclare des définitions pour les différents membres d'une valeur temporelle. La structure est renseignée par la fonction `localtime()`. Voici un aperçu du contenu de la structure, bien qu'elle puisse être légèrement différente sur votre système :

```
struct tm {
    int tm_sec;   /* Secondes de minute   [0-60] */
    int tm_min;   /* Minutes de l'heure  [0-59] */
    int tm_hour;  /* Heures depuis minuit [0-23] */
    int tm_mday;  /* Jour du mois [1-31] */
    int tm_mon;   /* Mois depuis janvier [0-11] */
    int tm_year;  /* Annees depuis 1900 */
    int tm_wday;  /* Jours depuis dimanche [0-6] */
    int tm_yday;  /* Jours depuis le 1er janvier [0-365] */
    int tm_isdst; /* Drapeau Daylight Saving Time (heure
d'hiver) */
};
```

`time()` La fonction `time()` récupère l'adresse de la variable système `time_t` et la remplit avec le temps en époque Unix, qui est normalement une valeur `long int`. Certains programmeurs sont perturbés par cette fonction, parce qu'elle ne renvoie pas de valeur ; elle écrit une valeur dans la variable standard `time_t`.

`ctime()` La fonction `ctime()` lit le contenu de la variable `time_t` (qui contient l'heure actuelle grâce à la fonction `time()`) pour la convertir en une chaîne de date et heure affichable.

`localtime()` Cette fonction remplit une variable conforme à la structure `tm` avec différentes données à partir de la valeur temporelle qu'elle trouve dans la variable `time_t`. Elle renvoie ensuite l'adresse de la structure `tm` renseignée. Son fonctionnement est complexe, car elle utilise des structures, des pointeurs et le fameux opérateur `->`.

`difftime()` Cette fonction compare les valeurs trouvées dans deux variables de types `time_t` pour renvoyer une valeur de type `float` qui correspond à la différence entre les deux valeurs en secondes.

`sleep()` Cette fonction suspend l'exécution du programme pendant le nombre de secondes demandé.

Le langage C offre bien d'autres fonctions temporelles, et celles qu'il n'offre pas peuvent être définies par vous-même. Le but final de tout cela est d'abord de savoir quelle heure il est, ou tout au moins quelle heure le programme croit qu'il est.

L'heure est venue de programmer l'heure

J'ai pu craindre que les gourous de la programmation qui ont inventé le concept de pointeur et de liste liée auraient pu continuer à faire chavirer votre cervelle en s'occupant de la programmation du temps en C. Heureusement, ils s'en sont gardés. Bien qu'il ne vous soit pas inutile de maîtriser un minimum les pointeurs et les structures, la programmation temporelle en C reste assez simple.

Interroger l'horloge

L'ordinateur ou l'appareil numérique que vous devez programmer est en permanence informé de l'heure qu'il est. Il maintient un chronomètre quelque part au fond de ses entrailles numériques. Pour lire cette valeur, il suffit d'écrire un programme qui commence par mettre en place une fonction de type `time_t`. Vous utilisez ensuite la fonction `time()` pour récupérer la valeur actuelle de l'horloge et la stocker dans cette variable. L'opération est donc très simple, sauf si vous n'avez pas pris soin d'apprendre les rudiments du mécanisme d'appel d'une fonction avec un pointeur. Étudions le Listing 21.1.

Listing 21.1 : Quelle heure est-il ?

```
#include <stdio.h>
#include <time.h>

int main()
{
    time_t tictoc;

    time(&tictoc);
    printf("Il est exactement %ld\n", tictoc);
    return(0);
}
```

Dans la deuxième ligne de ce listing, nous déclarons le fichier d'en-tête *time.h*, indispensable pour toutes les fonctions temporelles du C.

En ligne 6, nous déclarons une variable nommée `tictoc` comme étant du type `time_t`, ce type étant défini dans *time.h* par un `typedef`. C'est en général une valeur de type élémentaire `long int`.

En ligne 8, nous utilisons la fonction `time()` à laquelle nous fournissons en argument l'adresse de notre variable de type `time_t`. Cela permet de récupérer directement la valeur dans la variable (en fournissant son adresse).

Enfin, en ligne 9, nous affichons selon la norme d'époque Unix l'heure qu'il est au moyen du formateur `%ld` qui correspond à un type `long int`.

EXERCICE 21.1 : Saisissez le code source du Listing 21.1, compilez et exécutez.

EXERCICE 21.2 : Retouchez votre solution à l'Exercice 21.1 en remplaçant la ligne 8 par la suivante :

```
tictoc = time(NULL);
```

La fonction `time()` accepte d'opérer dans deux modes différents : soit vous lui fournissez en argument une adresse mémoire, soit vous récupérez la valeur qu'elle renvoie, qui est de type `time_t`. C'est à vous de choisir entre les deux formats, celui du Listing 21.1 ou celui de l'Exercice 21.2, selon vos préférences entre le signe `&` ou la mention `NULL` en argument.

EXERCICE 21.3 : Ajoutez un second appel à la fonction `time()` suivi de l'affichage de la nouvelle heure trouvée dans la variable `tictoc`. Vous pouvez choisir le format `time(time_t)` ou `time(NULL)` pour l'appel. Voyez si votre programme fonctionne suffisamment vite pour que l'heure ne change pas ou pas beaucoup entre les deux appels.

EXERCICE 21.4 : Créez une boucle dans laquelle vous insérez les deux appels aux fonctions `time()` et `printf()` pour les répéter 20 fois. Voyez si l'heure change entre les différents affichages.

Combien de tours de boucle le programme parvient-il à exécuter avant que l'heure change ?

NOTE TECHNIQUE

Dans les années 1970 et 1980, les programmeurs avaient l'habitude de mettre en place des boucles `for` pour suspendre l'exécution de leurs programmes. Je me souviens de mon bon vieux micro-ordinateur Tandy TRS-80 dans lequel je devais programmer une boucle qui comptait de 1 à 100 pour créer une pause d'une seconde. Les ordinateurs actuels sont bien plus performants, et de telles boucles ne peuvent plus être utilisées pour suspendre de façon précise l'exécution des programmes.

La fonction time() et les nombres aléatoires

La méthode la plus efficace pour s'approcher du hasard en faisant générer des nombres pseudo aléatoires en C consiste à fournir à la fonction concernée une graine de départ. Nous avons vu dans le Chapitre 11 comment procéder à l'aide de la fonction `time()`. Rappelons-en le format :

```
srandom((unsigned)time(NULL));
```

Nous avions appelé la fonction `time()` en fournissant la valeur spéciale NULL en tant que pointeur. La fonction renvoyait la date du jour au format d'époque Unix. Normalement, il s'agit d'une valeur de type `long signed int`. C'est pourquoi il faut dans ce cas procéder à un transtypage vers le type non signé `unsigned`. C'est le type `unsigned long value` qui est attendu par la fonction `srandom()` pour initialiser la génération de nombres aléatoires.

Afficher une chaîne de date/heure

Vos utilisateurs ne seront pas très satisfaits si vous vous contentez de leur présenter la date et l'heure sous forme d'une valeur numérique `long int`. Je ne connais même aucun programmeur Unix chevronné qui sache lire la date à partir d'une valeur exprimée en époque Unix. Il y a donc lieu de procéder à une traduction. La librairie C fournit une fonction pour se charger de ce travail de conversion d'un format temporel vers un autre : `ctime()`.

Le Listing 21.2 montre comment utiliser cette fonction `ctime()`. Notez que ce code source est quasiment le même que le précédent, avec une seule différence mineure en ligne 9.

Listing 21.2 : Affichage plus digeste de l'heure

```
#include <stdio.h>
#include <time.h>

int main()
{
    time_t tictoc;

    time(&tictoc);
    printf("Il est exactement %s\n", ctime(&tictoc));
    return(0);
}
```

Vous constatez que la fonction `ctime()` reçoit en entrée l'adresse d'une variable de type `time_t`. Elle renvoie un pointeur sur une chaîne de date/heure, ce qui correspond à l'adresse d'un tableau de type `char` en mémoire.

EXERCICE 21.5 : Repartez du code source de l'Exercice 21.1 et aménagez-le selon le Listing 21.2. N'oubliez pas le formateur `%s` dans l'instruction `printf()`. Lancez la compilation et l'exécution. Vous devriez voir s'afficher quelque chose dans ce style :

```
The time is now Thu Apr  4 12:44:37 2013
```

Ce serait cruel de ma part de vous demander en guise d'exercice de stocker la chaîne récupérée de `ctime()` quelque part puis d'utiliser des pointeurs pour en extraire les différents éléments temporels. En effet, le C propose déjà une fonction standard pour effectuer ce découpage. Lisez la suite.

Décomposer une chaîne de date/heure

La fonction `localtime()` traite une valeur exprimée au format d'une époque Unix pour en extraire les différents membres de date et d'heure et remplir une structure de type `tm` qui peut ensuite être scrutée selon vos besoins.

La structure `tm` a déjà été présentée en début de chapitre. Le Listing 21.3 montre comment l'utiliser pour pouvoir travailler avec un format de date et d'heure acceptable.

Listing 21.3 : Affichage de la date du jour

```
#include <stdio.h>
#include <time.h>

int main()
{
    time_t tictoc;
    struct tm *present;

    time(&tictoc);
    present = localtime(&tictoc);
    printf("A present, nous sommes le %d/%d/%d\n",
        present->tm_mon,
        present->tm_mday,
        present->tm_year);
    return(0);
}
```

Nous récupérons la valeur temporelle au format d'une époque Unix grâce à la fonction `time()` en ligne 9 puis sauvegardons la valeur dans une variable nommée `tictoc` dont nous utilisons l'adresse en ligne 10 pour renvoyer un pointeur sur une structure qui est stockée dans la variable du type `struct tm` nommée `present`. Nous pouvons ensuite afficher les différents éléments de cette structure par une instruction `printf()`. Remarquez que nous utilisons la notation basée sur les pointeurs sur structures pour accéder aux différents éléments en lignes 12, 13 et 14. Il s'agit après tout d'un pointeur.

EXERCICE 21.6 : Créez un projet à partir du Listing 21.3, compilez et exécutez pour voir s'afficher la date du jour.

Trajan n'est plus Empereur à Rome. Il vous faut faire quelques aménagements à votre code source. Reportez-vous à la définition de la structure temporelle en début de ce chapitre pour comprendre quelle arithmétique il faut appliquer pour afficher le bon mois et la bonne année.

EXERCICE 21.7 : Retouchez votre solution à l'Exercice 21.6 pour afficher l'année et le mois correct.

EXERCICE 21.8 : Ajoutez des instructions pour afficher l'heure courante au format `heure:minute:seconde`.

EXERCICE 21.9 : Modifiez votre solution à l'Exercice 21.8 pour afficher au format américain sur 12 heures avec un suffixe A.M. ou P.M.

EXERCICE 21.10 : Repartez du code source du Listing 21.3 en le modifiant pour afficher le nom du jour de la semaine au lieu d'un chiffre. Vous aurez besoin de créer un tableau de chaînes pour y parvenir. Une mention Très bien vous attend si vous utilisez la notation pointeur au lieu de la notation par indices de tableau.

Suspension de séance

Normalement, tout programmeur veut que son code s'exécute le plus vite possible. Mais parfois, vous aurez besoin de le ralentir un peu, et même parfois de le suspendre, volontairement! Pour y parvenir, vous pouvez utiliser les fonctions temporelles du C.

La fonction `difftime()` exploitée dans le Listing 21.4 sert à calculer une différence entre deux valeurs de type `time_t`, qui correspondent ici à nos variables `present` et `avant`. La fonction renvoie une valeur à virgule flottante qui correspond au nombre de secondes qui séparent les deux valeurs.

Listing 21.4 : Attendez un peu !

```
#include <stdio.h>
#include <time.h>

int main()
{
    time_t present, avant;
    float delai= 0.0;

    time(&avant);
    puts("Commencer");
    while(delai < 1)
    {
        time(&present);
        delai = difftime(present, avant);
        printf("%f\r", delai);
    }
    puts("\nStopper");
    return(0);
}
```

EXERCICE 21.11 : Créez un projet à partir du Listing 21.4, compilez et exécutez.

Partie V

Et ce n'est pas fini

"On vient nettoyer le code."

Dans cette partie :

- Découvrir comment écrire et lire des données dans un fichier
- Apprendre à sauvegarder une liste liée
- Maîtriser la gestion de fichier depuis vos programmes
- Construire de grands projets avec plusieurs modules sources
- Déboguer votre code et éviter les soucis

Chapitre 22

Fonctions fichiers

Dans ce chapitre :

- Découvrir les fonctions fichiers
- Lire et écrire du texte dans un fichier
- Créer un fichier binaire
- Exploiter les fonctions `fread()` et `fwrite()`
- Lire et écrire des enregistrements
- Constituer une base de données avec une liste liée

Comme dans n'importe quel autre langage, l'exécution d'un programme C se déroule dans la mémoire vive de l'ordinateur. Des variables sont créées, des valeurs sont obtenues, des adresses sont manipulées. Tout cela se produit automatiquement, mais toutes les données sont perdues à la fin de l'exécution du programme.

En général, un programme a besoin d'accéder à des données permanentes, en les lisant puis en en écrivant d'autres dans ce que l'on appelle des *fichiers*. Le langage C propose, grâce à ses librairies standard, toute une série de fonctions pour créer, lire, écrire et manipuler les fichiers. Par le passé, j'englobais toutes ces fonctions sous le terme générique de *fonctions disques.* Mais de nos jours, de plus en plus d'appareils électroniques n'ont plus de disque dur. J'appelle donc dorénavant ces fonctions les *fonctions de stockage permanent.*

Accès fichier séquentiels

La manière la plus simple de stocker des données dans un fichier consiste à les placer l'une après l'autre, octet par octet, pour former une séquence. De ce fait, le fichier résultant n'est qu'un long flux de données. Pour accéder à l'information, il faut travailler de façon séquentielle, du début à la fin, comme lorsque vous regardez une émission de télévision en direct.

Les accès fichier en langage C

L'accès à un fichier en langage C est une forme d'opération d'entrée/sortie, sauf que cela ne concerne plus le couple clavier/écran, mais un fichier. C'est donc très simple.

Vous devez tout d'abord ouvrir le fichier au moyen de la fonction `fopen()` :

```
handle = fopen(nomfic, mode);
```

Cette fonction `fopen()` attend deux chaînes en argument d'entrée. La première, `nomfic`, contient le nom du fichier désiré. Le second argument est un `mode` choisi parmi ceux du Tableau 22.1. La fonction renvoie un identifiant de fichier `handle`, c'est-à-dire un pointeur qui va permettre de faire référence à ce fichier. C'est un pointeur de type FILE.

Tableau 22.1 : Modes d'accès de la fonction ***fopen()***

Mode	*Ouverture du fichier en*	*Création du fichier?*	*Notes*
`"a"`	Ajout à la fin	Oui	Ajoute les données à la fin d'un fichier existant ou crée le fichier s'il n'existe pas encore.
`"a+"`	Ajout et lecture	Oui	Ajoute les informations en fin de fichier.
`"r"`	Lecture (*reading*)	Non	Si le fichier n'existe pas, `fopen()` renvoie une erreur.
`"r+"`	Lecture et écriture	Non	Erreur si le fichier n'existe pas encore.
`"w"`	Écriture (*writing*)	Oui	Remplacement du fichier s'il existe déjà.
`"w+"`	Lecture et écriture	Oui	Remplacement du fichier s'il existe déjà.

N'OUBLIEZ PAS !

Notez bien que l'argument *mode* est une chaîne. Même si vous ne spécifiez qu'un seul caractère, il faut le délimiter par des guillemets.

Si la fonction a réussi à ouvrir ou à créer le fichier, vous pouvez vous servir de la variable `handle` qu'elle a renseignée pour manipuler le fichier en lecture et en écriture. Les fonctions d'entrée/sortie fichiers ressemblent beaucoup à celles des entrées/sorties standard sauf qu'un préfixe `f` est ajouté. Vous pouvez écrire dans un fichier avec les fonctions `fprintf()`, `fputs()`, `fputchar()`, etc. Pour la lecture, vous disposez de `fscanf()`, `fgets()` et autres.

Lorsque vous avez terminé de lire ou d'écrire dans le fichier, vous devez le refermer au moyen de la fonction `fclose()` à laquelle vous donnez en argument l'identifiant `handle`.

Écriture de texte dans un fichier

Le Listing 22.1 montre les grands principes de création d'un fichier, d'écriture de texte et de fermeture de fichier. Le fichier va porter le nom *hello.txt*. C'est un fichier texte qui va contenir la simple phrase `Je laisse une trace.`

Listing 22.1 : Exemple d'écriture dans un fichier texte

```
#include <stdio.h>
#include <stdlib.h>

int main()
{
    FILE *fh;

    fh=fopen("hello.txt","w");  // Mode ecriture
    if(fh==NULL)
    {
        puts("Ouverture du fichier impossible!");
        exit(1);
    }
    fprintf(fh, "Je laisse une trace.\n");
    fclose(fh);
    return(0);
}
```

Nous créons l'identifiant de fichier en ligne sous le nom `fh`. C'est un pointeur qui récupère la valeur renvoyée par la fonction `fopen()` en ligne 8. Nous choisissons de créer le fichier `hello.txt` dans le mode écriture «w», c'est-à-dire que le fichier est remplacé s'il existe déjà.

La condition `if` permet de s'assurer que le fichier a pu être ouvert. En effet, s'il y a eu un problème, la valeur de `fh` est égale à NULL. Dans ce cas, la seule issue consiste à quitter le programme.

La fonction `fprintf()` est celle qui écrit du texte dans le fichier en ligne 14. Vous remarquez que le format est le même que pour la fonction `printf()`, sauf qu'il faut également fournir le handle en premier argument.

En ligne 15, nous pensons à refermer le fichier avec `fclose()`. Cette action est indispensable dans toute programmation réalisant des accès fichier.

EXERCICE 22.1 : Créez un projet à partir du Listing 22.1, compilez et exécutez.

Vous ne verrez rien à l'écran puisque les données sont envoyées dans un fichier. Servez-vous de votre Explorateur de fichiers ou Finder pour accéder au dossier contenant le fichier puis pour l'ouvrir. C'est un fichier texte pur.

Nous allons maintenant concevoir un autre programme qui va relire les données de ce fichier.

Lire du texte depuis un fichier

Les fonctions standard du C pour lire du texte dans un fichier fonctionnent sur le même principe que celles permettant de capturer la saisie au clavier. Vous lisez un caractère à la fois dans un fichier au moyen de la fonction `fgetc()` qui est utilisée dans le Listing 22.2.

Listing 22.2 : Lecture d'un fichier texte, un caractère à la fois

```
#include <stdio.h>
#include <stdlib.h>

int main()
{
    FILE *fh;
    int ch;

    fh=fopen("hello.txt","r");  // Mode lecture
    if(fh==NULL)
    {
        puts("Ouverture du fichier impossible!");
        exit(1);
    }
    while((ch=fgetc(fh))!=EOF)
        putchar(ch);
    fclose(fh);
    return(0);
}
```

Nous ouvrons le fichier *hello.txt* en lecture seule en ligne 9. Une erreur se produit si le fichier n'existe pas.

Nous entrons ensuite dans une boucle `while` en ligne 15 pour afficher le contenu du fichier, un caractère à la fois. La fonction `fgetc()` lit dans le fichier désigné par le handle `fh` et stocke le caractère dans la variable `ch`. Le caractère est comparé à la constante prédéfinie EOF qui marque la fin de fichier (*End of File*). Dès que ce caractère est détecté, nous sortons de la boucle `while`. Les caractères sont affichés en ligne 16.

EXERCICE 22.2 : Créez un projet à partir du Listing 22.2. Utilisez votre système pour copier le fichier *hello.txt* depuis le sous-dossier de l'exercice 22.1, compilez et exécutez.

Le programme affiche le texte qui avait été écrit dans le fichier par l'exercice précédent. Si le fichier n'est pas trouvé, un message d'erreur apparaît.

EXERCICE 22.3 : Améliorez l'Exercice 22.1 afin d'écrire une deuxième chaîne en ajoutant l'instruction suivante après la ligne 14:

```
fputs("C'est mon programme qui produit ce contenu.\n", fh);
```

Alors que cela n'est pas nécessaire avec l'instruction `puts()` qui affiche à l'écran, vous devez penser à terminer votre chaîne par un caractère de saut de ligne `\n` dans l'argument de `fputs()`. Notez également que l'argument pour le handle du fichier se trouve après la chaîne, ce qui est l'inverse de la syntaxe des autres fonctions fichiers du C. Méfiez-vous.

Compilez et exécutez l'Exercice 22.3 puis relancez (après recopie appropriée d'un sous-dossier à l'autre) l'exécution de votre solution de l'Exercice 22.2 afin de visualiser le nouveau contenu.

Les deux fonctions d'écriture fichier `fprintf()` et `fputs()` écrivent les données en séquence, caractère par caractère. La mécanique est la même que celle qui permet d'afficher du texte à l'écran, sauf que les données sont envoyées dans un fichier permanent.

Pour lire en une seule opération toute une chaîne de texte depuis un fichier, vous disposez de `fgets()`. Cette fonction a déjà été utilisée pour récupérer une chaîne saisie au clavier, donc sur l'entrée standard `stdin`. Pour l'utiliser, nous devons prévoir un tampon mémoire dont la longueur dépend du nombre de caractères que nous voulons lire, en plus de l'argument handle de fichier. Le Listing 22.3 donne un exemple.

Listing 22.3 : Lecture de chaîne depuis un fichier texte

```
#include <stdio.h>
#include <stdlib.h>
```

```
int main()
{
    FILE *fh;
    char buffer[64];

    fh=fopen("hello.txt", "r");  // Mode lecture
    if(fh==NULL)
    {
        puts("Ouverture du fichier impossible!");
        exit(1);
    }
    while(fgets(buffer, 64, fh))
        printf("%s", buffer);
    fclose(fh);
    return(0);
}
```

La fonction `fgets()` est appelée dans la ligne 15 au sein de la condition de la boucle `while`. Cela est possible parce que `fgets()` renvoie un pointeur sur la chaîne qui vient d'être lue, ou bien la valeur NULL s'il n'y avait pas de chaîne à lire. Cette valeur permet de sortir de la boucle. Si une chaîne a pu être lue, nous nous servons de la fonction `printf()` pour l'afficher en ligne 16.

Vous constatez que la taille du tampon `buffer` coïncide avec le nombre de caractères que nous demandons de lire dans ce Listing 22.3. En effet, le zéro terminal `\0` de fin de chaîne est lu depuis le fichier sans être considéré comme une fin de fichier.

EXERCICE 22.4 : Créez un projet à partir du Listing 22.3, compilez et exécutez.

TRUC

La fonction `fgets()` lit un certain nombre de caractères en une seule opération, ce que ne permet pas la fonction `fgetc()` du Listing 22.2. La première est donc beaucoup plus efficace pour lire le contenu d'un fichier.

Ajout de texte en fin de fichier

Lorsque vous utilisez `fopen()` dans le mode «a», le texte que vous écrivez va être ajouté à un fichier existant. Si le fichier n'existe pas encore, un fichier vide est créé.

La fonction `fopen()` est beaucoup plus polyvalente. Vous pouvez ouvrir un fichier en lecture, en écriture, en ajout ou dans une combinaison. Dans la ligne 8 du Listing 22.4, nous utilisons le mode «a» pour ouvrir le fichier préexistant `hello.txt`, en ajout. Un fichier vide est créé s'il n'est pas trouvé.

Listing 22.4 : Ajout de texte en fin de fichier

```
#include <stdio.h>
#include <stdlib.h>

int main()
{
    FILE *fh;

    fh=fopen("hello.txt", "a");  // Mode ajout
    if(fh==NULL)
    {
        puts("Ouverture du fichier impossible!");
        exit(1);
    }
    fprintf(fh, "Texte apparu plus tard\n");
    fclose(fh);
    return(0);
}
```

Une fonction standard permet d'écrire les données dans le fichier ouvert en ligne 14 puis le fichier est fermé avec `fclose()` en ligne 15.

EXERCICE 22.5 : Créez un projet à partir du Listing 22.4, compilez et exécutez. Servez-vous du programme de l'exercice précédent pour afficher le contenu du fichier puis relancez le présent programme pour encore ajouter du texte au même fichier et afficher les résultats.

Quand vous avez fini, le fichier peut contenir ce genre de texte :

```
Je laisse une trace.
C'est mon programme qui produit ce contenu.
Texte apparu plus tard
Texte apparu plus tard
```

Écriture de données binaires

Jusqu'ici, tous les exemples du chapitre et tous les modes d'ouverture de fichier du Tableau 22.1 ont concerné des fichiers texte. Vous pouvez également créer des fichiers binaires, qui contiennent des données numériques non directement lisibles par les humains. Le langage C permet de gérer ces fichiers, à condition d'utiliser les fonctions de fichiers binaires appropriées. Voyons d'abord le Listing 22.5.

Listing 22.5 : Tentative d'écriture de données binaires

```
#include <stdio.h>
#include <stdlib.h>

int main()
{
    FILE *handle;
    int scoremax;

    handle = fopen("scores.dat", "w");
    if(!handle)
    {
        puts("Erreur fichier!");
        exit(1);
    }
    printf("Indiquez votre meilleur score : ");
    scanf("%d", &scoremax);
    fprintf(handle, "%d", scoremax);          // L17
    fclose(handle);
    puts("Score sauf");
    return(0);
}
```

EXERCICE 22.6 : Créez un projet à partir du Listing 22.5, compilez et exécutez.

La seule nouveauté de ce programme est la tentative d'écriture d'une donnée numérique avec la fonction `fprintf()` en ligne 17. Pour le vérifier, affichez le contenu du fichier `scores.dat` résultant. Vous constatez que la valeur a été stockée en tant que caractères lisibles.

EXERCICE 22.7 : Remplacez l'instruction de la ligne 17 par la suivante :

```
fwrite(&scoremax, sizeof(int), 1, handle);
```

Enregistrez votre modification puis compilez et exécutez. Essayez ensuite d'afficher le contenu du fichier `scores.dat`. Vous constatez que ce n'est plus du texte lisible. En effet, nous avons écrit les informations sous forme binaire avec la fonction `fwrite()`.

Voici le format générique de `fwrite()` :

```
fwrite(variable_ptr, sizeof(type), count, handle);
```

La fonction `fwrite()` écrit les données sous forme de bloc. Elle se distingue donc de `fprintf()` et de `fputs()` car elle ne manipule pas des caractères, bien qu'elle puisse le faire.

La `variable_ptr` correspond à l'adresse d'une variable, donc un pointeur. Vous savez que pour transmettre l'adresse d'une variable, il suffit d'ajouter en préfixe de son nom l'opérateur `&`.

`sizeof(type)` permet de spécifier la taille requise pour le stockage d'après le type de la variable : `int`, `char` et `float`, par exemple.

`count` indique le nombre d'éléments qu'il faut écrire. Lorsque vous voulez écrire le contenu d'un tableau de dix valeurs `int`, vous indiquez `10`.

`handle` est l'adresse (l'identifiant fichier) que vous connaissez déjà, telle que renvoyée par la fonction `fopen()`.

EXERCICE 22.8 : Enrichissez l'Exercice 22.7 en le sauvegardant sous le nom *ex2208*, afin d'enregistrer cinq meilleurs scores dans le fichier `scores.dat`. Vous devez remplacer, si ce n'est déjà fait, la fonction `fprintf()` de la ligne 17 par un appel à la fonction `fwrite()` correctement argumentée. Lancez la compilation et exécutez. Ne vous inquiétez pas si le programme écrase l'ancien contenu du fichier `scores.dat`.

Découvrons maintenant comment relire des données binaires depuis un fichier.

NOTE TECHNIQUE

Dans le passé, pour ouvrir un fichier en mode binaire en lecture ou en écriture avec la fonction `fopen()`, il fallait ajouter la lettre `b` à la fin du code de mode. Les compilateurs modernes ne nécessitent plus cette précaution. Si vous tombez sur un programme source dans laquelle la fonction `fopen()` est dotée du mode `"wb"` ou `"rb"`, sachez que cela fonctionne toujours, mais que seul le `"w"` ou le `"r"` est nécessaire.

Lecture depuis un fichier binaire

Lorsque vous avez besoin de lire des données binaires depuis un fichier, vous disposez de la fonction `fread()`. Comme sa collègue `fwrite()`, elle récupère des données brutes puis les convertit en différents types de variables du langage C, pour en permettre l'exploitation dans le programme. Le Listing 22.6 donne un exemple. Le fichier `scores.dat` qu'il utilise est celui créé dans l'Exercice 22.8. Pensez à en faire une copie d'un sous-dossier à l'autre.

Listing 22.6 : Relecture de données binaires

```
#include <stdio.h>
#include <stdlib.h>
```

```
int main()
{
    FILE *handle;
    int scoremax[5];
    int x;

    handle = fopen("scores.dat","r");
    if(!handle)
    {
        puts("Erreur fichier!");
        exit(1);
    }
    fread(scoremax,sizeof(int),5,handle);
    fclose(handle);
    for(x=0;x<5;x++)
        printf("Meilleur score #%d: %d\n",x+1,scoremax[x]);
    return(0);
}
```

La souplesse et la puissance de la fonction `fread()` lui permet de récupérer en une seule fois plusieurs valeurs. Dans la ligne 16, nous récupérons les cinq valeurs de types `int` qui avait été sauvegardées dans le fichier `scores.dat`. La fonction de lecture est strictement complémentaire à celle d'écriture.

Dans la ligne 16, nous transmettons l'adresse de départ du tableau `scoremax` comme premier argument de `fread()`, puis nous transmettons la taille unitaire des éléments à lire, qui correspond à celle d'une variable `int`. Nous fournissons ensuite la valeur littérale 5, pour demander à `fread()` de lire cinq valeurs de cette taille. Le dernier argument est le handle de fichier, qui porte bien son nom `handle`.

EXERCICE 22.9 : Créez un projet à partir du Listing 22.6, compilez et exécutez. Vous devriez voir les cinq valeurs `int` qui avaient été sauvegardées dans le fichier `scores.dat`.

La fonction `fread()` est capable de lire le contenu de n'importe quel fichier. Nous pouvons donc nous en servir pour créer un outil d'affichage direct d'un fichier quelconque, ce qui équivaut à une fonction dite de vidage (Listing 22.7).

Listing 22.7 : Une fonction de vidage fichier

```
#include <stdio.h>
#include <stdlib.h>

int main()
```

```
{
    char nomfic[255];
    FILE *dumpme;
    int x,c;

    printf("Nom du fichier : ");
    scanf("%s", nomfic);
    dumpme=fopen(nomfic,"r");
    if(!dumpme)
    {
        printf("Ouverture impossible de '%s'\n", nomfic);
        exit(1);
    }
    x=0;
    while( (c=fgetc(dumpme)) != EOF)
    {
        printf("%02X ",c);
        x++;
        if(!(x%16))
            putchar('\n');
    }
    putchar('\n');
    fclose(dumpme);
    return(0);
}
```

Ce listing affiche successivement tous les octets trouvés dans un fichier en les présentant dans le format hexadécimal sur deux chiffres pour chaque octet.

La fonction `fgetc()` lit le fichier un octet à la fois en ligne 19 puis compare l'octet à la valeur EOF qui est le marqueur de fin de fichier, afin d'éviter d'aller lire plus loin que la fin du fichier.

Dans la boucle `while`, nous affichons les octets au format hexa (en ligne 21). Le test `if` en ligne 23 calcule le modulo pour savoir quand 16 octets ont été affichés. À ce moment, nous ajoutons un saut de ligne pour que l'affichage soit plus lisible.

Contrairement aux autres programmes de ce chapitre, nous demandons ici à l'utilisateur de saisir un nom de fichier en ligne 10. Il est donc fort possible que vous fassiez apparaître un message d'erreur, du fait que le nom de fichier que vous saisissez est introuvable. Pensez à faire une copie locale du fichier requis.

EXERCICE 22.10 : Créez un projet à partir du Listing 22.7, compilez et exécutez. Pendant l'exécution, indiquez le nom de fichier `scores.dat`, puisque vous savez que le fichier existe déjà. Vous pouvez également indiquer le nom d'un fichier de code source.

Exercice 22.11 : Améliorez l'Exercice 22.10 pour permettre de spécifier le nom de fichier en tant qu'argument de la ligne de commande lorsque vous lancez le programme en mode texte.

NOTE TECHNIQUE

- Le concept de vidage (en anglais *dump*) désigne une technique ancienne consistant à transférer des données d'un endroit à un autre sans rien modifier. Le vidage mémoire appelé *core dump* est une copie du contenu de la mémoire du noyau du système d'exploitation (ou d'un autre élément fondamental) versé dans un fichier pour inspection.

  Les données qui sont écrites par `fwrite()` et lues par `fread()` sont réellement binaires. Ce sont des données numériques stockées exactement de la même façon qu'en mémoire lorsque vous créez une variable de type `int`, `float` ou autre.
- Tant que vous connaissez l'ordre et le format des données, vous pouvez vous servir de `fwrite()` et `fread()` pour gérer n'importe quelles données dans un fichier, et notamment des tableaux et des structures. En revanche, au moindre décalage en écriture ou en lecture, le résultat devient totalement inutilisable.

Accès fichier directs

Ce que l'on appelle un accès direct à un fichier est désigné sous le terme d'accès aléatoire en anglais (alors que cela n'a rien d'aléatoire). Cela signifie tout simplement qu'il est possible d'accéder aux données du fichier en n'importe quel point, sans avoir besoin de commencer au début. Ce mode d'accès est particulièrement adapté à des fichiers contenant des enregistrements, tous de la même longueur. Le concept d'enregistrement correspond en C à celui de structure. Il est donc facile d'écrire et de relire des structures de données dans un fichier, une par une ou toutes d'un seul coup.

Écrire une structure dans un fichier

La structure `struct` est un type de variable standard du C. Écrire les données d'une structure dans un fichier suit donc le même schéma que les autres types de variables, ce que prouve le Listing 22.8.

Listing 22.8 : Sauvez M. Bond !

```
#include <stdio.h>
#include <stdlib.h>
#include <string.h>
```

```
int main()
{
    struct filmo {
        char acteur[32];
        int  annee;
        char titre[32];
    };
    struct filmo bond;
    FILE *a007;

    strcpy(bond.acteur, "Sean Connery");
    bond.annee = 1962;
    strcpy(bond.titre,"Dr. No");

    a007 = fopen("bond.db", "w");
    if(!a007)
    {
        puts("SPECTRE gagne !");
        exit(1);
    }
    fwrite(&bond, sizeof(struct filmo), 1, a007);
    fclose(a007);
    puts("Enregistrement ecrit");

    return(0);
}
```

Le code source de ce listing ne devrait pas vous paraître étrange si vous avez bien réalisé les exercices précédents du chapitre. En revanche, si vous songez encore aux listes liées du Chapitre 20, sachez que ce listing utilise la notation normale pour accéder aux éléments d'une structure, et non la notation par pointeurs.

EXERCICE 22.12 : Créez un projet à partir du Listing 22.8, compilez et exécutez. Vous provoquez ainsi la création d'un fichier nommé `bond.db` contenant une structure.

EXERCICE 22.13 : Créez un projet par copie du code source de *ex2212*. Ce nouveau programme doit écrire deux autres enregistrements dans le fichier `bond.db`. Les deux structures doivent être ajoutées, et non écraser la structure existante. Insérez les deux enregistrements suivants :

```
Roger Moore, 1973, Live and Let Die
Pierce Brosnan, 1995, GoldenEye
```

Mais il ne suffit pas de stocker des données dans un fichier, il faut ensuite les relire. C'est le sujet du Listing 22.9. Il lit les trois enregistrements trouvés dans le fichier `bond.db`. Cela suppose que vous ayez réalisé les Exercices 22.12 et 22.13.

Listing 22.9 : Récupération de M. Bond !

```
#include <stdio.h>
#include <stdlib.h>
#include <string.h>

int main()
{
    struct filmo {
        char acteur[32];
        int annee;
        char titre[32];
    };
    struct filmo bond;
    FILE *a007;

    a007 = fopen("bond.db", "r");
    if(!a007)
    {
        puts("SPECTRE gagne !");
        exit(1);
    }
    while(fread(&bond, sizeof(struct filmo), 1, a007))
        printf("%s\t%d\t%s\n",
            bond.acteur,
            bond.annee,
            bond.titre);
    fclose(a007);

    return(0);
}
```

Dans cet exemple, une boucle `while` en ligne 21 relit les structures du fichier `bond.db`. L'exemple suppose que le fichier a d'abord été créé en y stockant des structures de types `filmo` complètes au moyen de la fonction `fwrite()`.

La fonction `fread()` renvoie le nombre d'éléments qu'elle a lu, puis la valeur `0` (faux) après lecture de la dernière structure, ce qui fait sortir de la boucle `while`.

Ce code utilise la variable de type structure nommée `bond`, définie en ligne 12, pour lire plusieurs éléments depuis un fichier. Chaque nouvel élément écrase les valeurs présentes dans la structure, comme pour toutes variables réutilisées.

EXERCICE 22.14 : Créez un projet à partir du Listing 22.9, compilez et exécutez. Vous pouvez afficher alors le contenu du fichier `bond.db`, qui avait été créé dans l'Exercice 22.13 (recopiez-le d'un dossier à l'autre).

Pour qu'un fichier puisse être assimilé à une base de données, il faut que toutes les structures soient de la même longueur. Cela permet de les lire et de les écrire par blocs. De plus, les structures peuvent être lues dans n'importe quel ordre, à condition bien sûr d'utiliser les fonctions fichiers appropriées.

Lecture et navigation

Pendant la lecture des données depuis le fichier, votre programme maintient un curseur pour mémoriser la position à laquelle les données viennent d'être lues. Cela permet à tout moment de savoir où se trouve le programme au sein du fichier, et de ne pas perdre cette position.

Lors de l'ouverture du fichier, le curseur est placé en début de fichier, sur le premier octet. Si vous lisez ensuite un enregistrement de 40 octets, le curseur est amené 40 octets plus loin. Si vous lisez jusqu'à la fin du fichier, le curseur est positionné à la fin.

Méfiez-vous de certains textes qui désignent ce curseur sous le terme de *pointeur de fichier* alors qu'il ne s'agit pas du tout d'une variable pointeur, ni d'un pointeur du type `FILE`. Il s'agit d'une variable qui mémorise la position où sera lu le prochain octet de données dans un fichier.

C'est un combat de longue haleine que je mène pour faire abandonner l'utilisation du terme *pointeur* pour le *curseur de positionnement* dans un fichier. J'avais eu en d'autres temps beaucoup de mal avec un autre couple de termes, *extended memory* et *expanded memory*. Sachez que j'utilise exclusivement le terme *curseur*, comme le font tous les experts en base de données.

Vous pouvez manipuler la position du curseur au moyen de différentes fonctions C, dont deux se nomment `ftell()` et `rewind()`. La première renvoie la position actuelle du curseur sous forme d'une valeur `long int`. La fonction `rewind()` permet de ramener le curseur en direction du début du fichier.

Le Listing 22.10 constitue une retouche mineure du Listing 22.9. La boucle `while` lit les enregistrements depuis le fichier `bond.db`. En ligne 28, nous appelons `ftell()` pour récupérer la position du curseur. Si cette valeur est supérieure à la longueur d'une entrée (ce qui signifie que la deuxième entrée a été lue), nous forçons le curseur à se replacer en début de fichier par appel à la fonction `rewind()` en ligne 29.

Listing 22.10 : Manipulation du curseur d'un fichier

```
#include <stdio.h>
#include <stdlib.h>
#include <string.h>

int main()
{
    struct filmo {
        char acteur[32];
        int  annee;
        char titre[32];
    };
    struct filmo bond;
    FILE *a007;
    int count=0;

    a007 = fopen("bond.db", "r");
    if(!a007)
    {
        puts("SPECTRE gagne !");
        exit(1);
    }
    while(fread(&bond, sizeof(struct filmo), 1, a007))
    {
        printf("%s\t%d\t%s\n",
            bond.acteur,
            bond.annee,
            bond.titre);
        if(ftell(a007) > sizeof(struct filmo))
            rewind(a007);
        count++;
        if(count>10) break;
    }
    fclose(a007);

    return(0);
}
```

Pour savoir si nous sommes passés au-delà du premier enregistrement, nous comparons avec `if` le résultat renvoyé par la fonction `ftell()` à la valeur que renvoie l'opérateur `sizeof` appliqué à la structure `filmo`. Souvenez-vous que `ftell()` renvoie une valeur de type `long int` et non un nombre de structures (des unités).

La variable `count` est déclarée puis initialisée en ligne 14. Elle mémorise le nombre de tours de boucle `while`. Sans elle, le programme tournerait sans cesse, ce qui n'est pas désiré. Dès que la valeur de `count` dépasse 10, nous sortons de la boucle, refermons le fichier et terminons le programme.

EXERCICE 22.15 : Créez un projet à partir du Listing 22.10. Vous pouvez partir du code source de l'exercice 22.14 pour gagner du temps. Lancez la compilation et l'exécution pour voir fonctionner `ftell()` et `rewind()`.

Trouver un enregistrement particulier

À partir du moment où un fichier est structuré sous forme d'un certain nombre d'enregistrements ayant tous la même longueur, nous pouvons appliquer la fonction `fseek()` pour récupérer directement un des éléments. Voici son format générique :

```
fseek(handle, offset, depart);
```

`handle` est un handle sur le fichier, autrement dit un pointeur de type `FILE` qui incarne le fichier ouvert en lecture. `offset` est le nombre d'octets représentant la position actuelle dans le fichier par rapport au début, à la fin ou à une autre position. Enfin, l'argument `depart` doit être l'une des trois constantes suivantes : `SEEK_SET`, `SEEK_CUR` ou `SEEK_END` selon que l'on cherche depuis le début, la position courante ou la fin du fichier, respectivement.

La recherche d'un enregistrement parmi plusieurs au moyen de `fseek()` est illustrée par le Listing 22.11.

Listing 22.11: Recherche d'un enregistrement en particulier dans un fichier

```
#include <stdio.h>
#include <stdlib.h>
#include <string.h>

int main()
{
    struct filmo {
        char acteur[32];
        int  annee;
        char titre[32];
    };
    struct filmo bond;
    FILE *a007;

    a007 = fopen("bond.db", "r");
    if(!a007)
    {
```

```
        puts("SPECTRE gagne !");
        exit(1);
    }
    fseek(a007,  sizeof(struct filmo)*1, SEEK_SET);
    fread(&bond, sizeof(struct filmo), 1, a007);
    printf("%s\t%d\t%s\n",
        bond.acteur,
        bond.annee,
        bond.titre);
    fclose(a007);

    return(0);
}
```

Cet exemple ressemble beaucoup à celui du Listing 22.9. La grande nouveauté est la fonction `fseek()` en ligne 21. Elle définit la position du curseur, ce qui permet à la fonction `fread()` en ligne 22 de lire un enregistrement au sein de la base.

L'appel à `fseek()` en ligne 21 permet d'analyser le fichier incarné par le handle `a007`. La position désirée est calculée en multipliant la taille d'une structure de type `filmo` par une valeur numérique. Attention, comme dans les tableaux, tout commence à 0. En multipliant la taille par 1, vous accédez au deuxième enregistrement. Pour accéder au premier, il faut multiplier la valeur par 0 en indiquant `0` comme argument de la fonction. La constante `SEEK_SET` permet de demander à `fseek()` de commencer à positionner le curseur en se basant sur le début du fichier.

Le résultat de cet exemple est l'affichage du deuxième enregistrement trouvé dans le fichier `bond.db`.

Exercice 22.16 : Réutilisez le code source de l'exercice 22.14 pour obtenir le code du Listing 22.16, compilez et exécutez pour faire afficher le deuxième enregistrement.

Sauvegarder une liste liée dans un fichier

Le Chapitre 20 a présenté l'imposant sujet des listes liées en langage C. Une question qui survient inévitablement au sujet de ces listes est de savoir comment sauvegarder une liste liée dans un fichier. Si vous avez lu les sections précédentes de ce chapitre, vous savez comment faire : il suffit d'ouvrir le fichier puis d'utiliser `fwrite()` pour sauvegarder tous les enregistrements correspondant à la liste liée.

ATTENTION !

Lorsque vous enregistrez une liste liée dans un fichier, vous ne devez pas enregistrer les pointeurs. En effet, cela n'aurait d'intérêt que si vous pouviez recharger la liste en mémoire exactement aux mêmes adresses que celles qui étaient utilisées lorsque la liste avait été sauvegardée. Dans le cas contraire, les adresses mémoire que contiennent les pointeurs sont absolument inutilisables.

EXERCICE 22.17 : Remontez vos manches pour repartir de l'exercice 20.12 du Chapitre 20 afin d'ajouter au projet une capacité de sauvegarde automatique de tous les enregistrements avant la sortie du programme. Ajoutez ensuite les instructions permettant de recharger tous ces enregistrements au démarrage. Vous n'avez que deux nouvelles fonctions à définir, `load()` et `save()`. Vous pouvez vous inspirer des fonctions existantes `create()` et `show()`. Quelques autres aménagements sont bien sûr nécessaires.

Voici quelques conseils techniques pour réussir cet imposant exercice 22.17 :

- Non, cet exercice n'est vraiment pas simple, mais vous pouvez réussir ! Progressez pas à pas.
- Faites en sorte que le programme relise automatiquement la liste liée depuis le fichier à chaque démarrage. S'il ne trouve pas le fichier, ne vous inquiétez pas. Le code va créer la liste puis la sauvegarder.

TRUC

Le programme reconstruit la liste liée au fur et à mesure de la lecture de chacune des structures depuis le fichier. C'est à ce moment que les pointeurs sont créés. Les valeurs que possèdent les pointeurs au moment de la sauvegarde doivent être abandonnées.

- Pour sauvegarder la liste, progressez en utilisant les pointeurs `acour->asuiv`. Enregistrez chaque structure dès que vous la rejoignez.
- Bon courage!

Chapitre 23

Gestion des fichiers

Dans ce chapitre :

- Lire des fichiers dans un dossier/répertoire
- Contrôler des types de fichiers
- Naviguer dans l'arborescence des répertoires
- Changer le nom d'un fichier
- Dupliquer un fichier
- Supprimer un fichier

Les librairies du langage C contiennent un certain nombre de fonctions permettant de dialoguer directement avec le système d'exploitation, afin d'assurer la gestion des fichiers et des répertoires. Vous finirez toujours par avoir besoin, depuis vos programmes, de scruter le contenu d'un répertoire, de changer le nom d'un fichier ou de supprimer un fichier temporaire créé pendant le déroulement du programme. Ce sont des fonctions puissantes, mais qui restent tout à fait à la portée du niveau de connaissances dont vous disposez une fois arrivé à ce chapitre.

Un labyrinthe de répertoires

Un dossier ou répertoire n'est en fait qu'une liste de noms de fichiers stockée dans un fichier spécial sur un périphérique de stockage permanent. En plus de la liste des fichiers, le dossier peut contenir des noms de sous-dossiers. Un peu comme pour un fichier, vous pouvez ouvrir, lire et refermer un dossier. Vous pouvez visualiser la liste du contenu d'un dossier à l'écran, mais également récupérer toutes les données concernant les fichiers, avec les tailles, les types et autres paramètres, dans votre programme.

Consulter un dossier

La fonction standard du C nommée `opendir()` sert à ouvrir le dossier mentionné, en suivant à peu près la même syntaxe que la fonction `fopen()` :

```
dhandle = opendir(chemin);
```

`dhandle` est un pointeur de type `DIR`, sur le même modèle que les *handle* de fichier du type `FILE`. Le paramètre `chemin` contient le nom du dossier concerné. Vous pouvez indiquer un chemin d'accès complet ou utiliser l'abréviation `.` pour désigner le dossier courant, ou `..` pour le dossier de niveau supérieur.

Une fois que le dossier est ouvert, vous pouvez utiliser la fonction `readdir()` pour lire le contenu du dossier, comme la fonction `fread()` pour un fichier. Le contenu est une liste décrivant les fichiers trouvés. Voici le format générique de `readdir()` :

```
*entree = readdir(dhandle);
```

La variable `entree` doit être un pointeur vers une structure de type `dirent`. Au retour de l'appel à `readdir()`, la structure contient toutes les informations au sujet d'un fichier du dossier. Lors de chaque appel successif à `readdir()`, le descriptif du fichier suivant est inséré dans la structure, un peu comme les différents enregistrements d'une base. Vous savez que vous avez lu le dernier fichier de la liste du dossier lorsque la fonction renvoie la valeur NULL.

Il ne faut pas oublier de fermer le dossier une fois que vous avez fini d'y accéder, en utilisant la fonction `closedir()` :

```
closedir(dhandle);
```

Toutes les fonctions relatives aux dossiers nécessitent l'ajout de la directive d'inclusion du fichier d'en-tête `dirent.h` en début de code source.

Commençons en douceur avec le Listing 23.1 : nous y lisons la première entrée trouvée dans le dossier courant. Nous déclarons les variables nécessaires dans les lignes 7 et 8. La variable `nomdoss` est un pointeur de type `DIR` qui va incarner le dossier ouvert. La variable `file` va contenir l'adresse de la structure recevant les informations au sujet de chaque fichier du dossier.

Listing 23.1 : Lecture de la description d'un fichier dans un dossier

```
#include <stdio.h>
#include <stdlib.h>
#include <dirent.h>

int main()
```

```
{
    DIR *nomdoss;
    struct dirent *file;

    nomdoss=opendir(".");
    if(nomdoss==NULL)
    {
        puts("Lecture du dossier impossible");
        exit(1);
    }
    file = readdir(nomdoss);
    printf("Nom du fichier ou dossier '%s'\n", file->d_name);
    closedir(nomdoss);
    return(0);
}
```

Nous ouvrons le dossier en ligne 10 en utilisant la notation abrégée à point unique (dossier courant). Nous gérons les erreurs éventuelles dans les lignes 11 à 15, prenant ainsi les mêmes précautions que pour l'ouverture d'un fichier (revoyez si nécessaire le Chapitre 22).

Nous lisons la première entrée du dossier en ligne 16 puis nous l'affichons en ligne 17. L'élément `d_name` dans la structure prédéfinie `dirent` correspond à la partie nom du fichier.

Nous n'oublions pas enfin en ligne 18 de refermer le dossier.

EXERCICE 23.1 : Créez un projet à partir du Listing 23.1, compilez et exécutez.

Hélas, le premier fichier qui se trouve dans tous les dossiers est normalement celui qui symbolise le dossier lui-même, c'est-à-dire l'entrée constituée du point unique. Ce n'est pas très intéressant.

EXERCICE 23.2 : Modifiez le code source du Listing 23.1 pour faire afficher la totalité du contenu du dossier courant. Vous pouvez prévoir une boucle `while`. Si vous avez besoin d'aide pour construire cette boucle, revoyez le Listing 22.9 du Chapitre 22.

Rappelons que la fonction `readdir()` renvoie NULL après avoir lu la dernière entrée du dossier.

Lecture des informations fichier détaillées

La fonction nommée `stat()` permet de récupérer des informations variées au sujet d'un fichier, à condition de lui fournir le nom de ce fichier. Vous pouvez ainsi connaître la date, la taille, le type et d'autres données descriptives. Voici le format générique de cette fonction :

```
stat(nomfic, statvar);
```

`nomfic` est une chaîne contenant le nom du fichier désiré. `statvar` va contenir l'adresse d'une structure de type `stat`. Lorsque l'appel à `stat()` a réussi, cette structure contient toutes les informations décrivant le fichier. Nous sommes d'accord sur le fait qu'avoir choisi le même nom `stat` pour la fonction et pour le type structure associé n'est pas très heureux. Dites cela aux concepteurs de cette famille de fonctions C.

Pour pouvoir utiliser cette fonction, vous devez penser à inclure le fichier d'en-tête `sys/stat.h` en début de code source.

Le Listing 23.2 montre comment profiter de la fonction `stat()` avec l'affichage du contenu d'un dossier. Nous pensons d'abord à ajouter la directive d'inclusion de `sys/stat.h` en ligne 5. La partie `sys/` dans le nom indique au compilateur qu'il faut aller dans un sous-dossier pour trouver le fichier `stat.h` (bien sûr, `sys` est un sous-dossier de `include`).

Listing 23.2 : Un listage de fichiers plus riche

```
#include <stdio.h>
#include <stdlib.h>
#include <dirent.h>
#include <time.h>
#include <sys/stat.h>

int main()
{
    DIR *nomdoss;
    struct dirent *file;
    struct stat statisfic;

    nomdoss = opendir(".");
    if(nomdoss==NULL)
    {
        puts("Lecture du dossier impossible");
        exit(1);
    }
    while(file = readdir(nomdoss))
    {
        stat(file->d_name, &statisfic);
        printf("%-14s %5ld %s",
            file->d_name,
            (long)statisfic.st_size,
```

```
            ctime(&statisfic.st_mtime));
    }
    closedir(nomdoss);
    return(0);
}
```

En ligne 11, nous créons une structure de type `stat` nommée `statisfic` que nous renseignons ensuite en ligne 21 avec la description de chacun des fichiers trouvés dans le dossier. Le nom du fichier correspond à l'élément `file->d_name` et l'adresse de la structure `statisfic` est transmise en entrée de la fonction `stat()`.

La fonction `printf()` s'étale sur plusieurs lignes, à partir de la ligne 22. Elle affiche les informations recueillies : nom du fichier en ligne 23, taille du fichier en ligne 24 (trouvée dans la structure `statisfic`) et date de dernière modification du fichier telle que récupérée par la fonction `ctime()`, à partir de l'élément de `statisfic` nommé `st_mtime`. En effet, cette valeur étant au format d'époque Unix, il faut la convertir. Revoyez si nécessaire le Chapitre 21 au sujet des fonctions temporelles du C.

Remarquez enfin qu'il n'y a pas dans la fonction `printf()` d'affichage du caractère de saut de ligne `\n`, parce que la sortie de la fonction `ctime()` en fournit déjà un.

Notez bien la pseudo ligne 24 du troisième argument de `printf()`. J'y ai effectué un transtypage de la variable `statisfic.st_size` vers le type `long int`. Cela évite à la fonction `printf()` de se plaindre au moment de devoir afficher la valeur `st_size`, en prétendant qu'elle est du type de variable `off_t`. En effet, il n'existe pas pour `printf()` de formateur pour ce type spécifique `off_t`. C'est pourquoi j'ai pris la précaution de forcer le type pour éviter le message d'erreur. Il s'agit là d'une solution imparfaite, car le type `off_t` peut très bien évoluer dans les futures versions du langage, ou être différent sur un autre système.

EXERCICE 23.3 : Créez un projet à partir du Listing 23.2, compilez et exécutez. Vous pouvez également retoucher votre solution de l'Exercice 23.2.

Distinguer les fichiers des sous-dossiers

Le descriptif de chaque entrée d'un dossier possède un type. En effet, certaines des entrées correspondent à des sous-dossiers, et non à des fichiers et d'autres entrées peuvent être des liens symboliques ou alias, ou bien encore des *sockets*. La fonction `stat()` permet de distinguer ces différents types d'entrées. Il suffit de scruter la valeur de l'élément `st_mode` dans la structure `stat`, ce qui est une bonne nouvelle.

Sachez que l'élément `st_mode` est un *champ de bits*. Les différents bits qui constituent la valeur sont armés ou désarmés en fonction de l'état des attributs de type de fichier. Fort heureusement, des macros sont prédéfinies en C pour vous simplifier la vie quant il s'agit d'analyser cette valeur pour connaître le type d'une entrée.

C'est ainsi que la macro nommée `S_ISDIR` renvoie la valeur TRUE seulement si l'élément `st_mode` de l'entrée correspond à un dossier, et non à un fichier. Vous pouvez utiliser `S_ISDIR` en écrivant de cette manière :

```
S_ISDIR(statisfic.st_mode)
```

La condition est vraie dans le cas d'un dossier, mais fausse dans tous les autres cas.

EXERCICE 23.4 : Améliorez votre solution à l'Exercice 23.3 pour que les sous-dossiers éventuels soient désignés dans la liste de façon particulière. Du fait que tous les dossiers possèdent la même taille, celle-ci n'est normalement pas affichée. Vous pouvez donc faire afficher le texte `<DIR>` dans le champ de la taille de fichier lorsqu'il s'agit d'un dossier.

TRUC

Si le dossier courant ne contient pas de sous-dossiers, choisissez un autre nom de dossier dans la ligne 13 pour faire vos essais.

Rappelons que sous Windows, vous devez utiliser deux antibarres (barres obliques inverses, *backslashs*) comme séparateur dans le chemin d'accès, comme ceci :

```
dhandle = opendir("\\Users\\Dan");
```

En effet, et à la différence des autres systèmes, Windows utilise l'antibarre comme séparateur au lieu de la barre oblique normale. En langage C, cette antibarre est le signe marquant le début d'une séquence d'échappement dans les chaînes. Voilà pourquoi, pour spécifier une antibarre dans un chemin, il faut le redoubler dans le code source C.

Navigation dans une arborescence

La plupart des supports de stockage de données contiennent largement plus d'un dossier. Le dossier principal correspond à la racine; il contient les sous-dossiers de premier niveau. En langage C, vous pouvez créer un dossier et naviguer parmi les dossiers comme une abeille butine d'une fleur à l'autre. Les fonctions des librairies C permettent de répondre à tous vos besoins à ce niveau. En voici une sélection :

- getcwd() Récupère le nom du dossier courant.
- mkdir() Crée un sous-dossier.
- chdir() Change de dossier courant.
- rmdir() Supprime le dossier spécifié.

getcwd(), chdir() et rmdir() ont besoin du fichier d'en-tête unistd.h alors que la fonction mkdir() a besoin de sys/stat.h.

Le Listing 23.3 donne un exemple d'utilisation des trois fonctions getcwd(), mkdir() et chdir().

Listing 23.3 : Création d'un sous-dossier

```
#include <stdio.h>
#include <unistd.h>
#include <sys/stat.h>

int main()
{
    char dosscour[255];

    getcwd(dosscour, 255);
    printf("Dossier courant : %s\n", dosscour);
    mkdir("ultra_tempo", 755);                     // L11 pour Unix
    puts("Nouveau dossier fait.");
    chdir("ultra_tempo");
    getcwd(dosscour, 255);
    printf("Dossier courant : %s\n", dosscour);
    return(0);
}
```

En ligne 7, nous créons une variable pour stocker le chemin d'accès complet au dossier courant. J'ai choisi une taille de 255, qui devrait largement suffire. Un programmeur sérieux définira plutôt une constante appropriée à son système. Il existe par exemple la constante PATH_MAX, définie dans sys/syslimit.h, mais elle n'est pas disponible dans tous les systèmes. Vous pouvez également utiliser la constante FILENAME_MAX (définie dans stdio.h), mais elle concerne la taille d'un nom de fichier, pas celle du chemin d'accès complet à ce fichier. C'est pourquoi j'ai choisi 255 qui est un bon compromis.

L'appel à getcwd() en ligne 9 permet de récupérer le nom du dossier courant pour le stocker dans le tableau dosscour. Ce nom est un chemin d'accès complet, que nous affichons en ligne 10.

En ligne 11, nous créons le sous-dossier nommé ultra_tempo. Vous remarquez que nous utilisons la valeur 755 comme mode de création, mais cet argument n'a d'intérêt que sur les systèmes Mac OS et Unix, pour définir les permissions (sur le même modèle que pour la commande chmod).

Si vous travaillez sous Windows, vous devez supprimer ce second argument en ligne 11 :

```
mkdir("ultra_tempo");
```

Une fois que nous avons créé le sous-dossier, nous y entrons avec la fonction `chdir()` en ligne 13 puis nous récupérons le chemin d'accès complet avec `getcwd()` en lignc 14.

EXERCICE 23.5 : Créez un projet à partir du Listing 23.3, compilez et exécutez. Attention : n'oubliez pas de supprimer le second argument de `mkdir()` en ligne 11 si vous travaillez sous Windows.

L'exécution de ce programme doit aboutir à la présence d'un sous-dossier nommé `ultra_tempo` dans le dossier qui était courant pendant l'exécution. Vous pouvez bien sûr ensuite supprimer ce dossier au moyen de l'Explorateur de fichiers ou du Finder de votre système.

Les deux fonctions `chdir()` et `mkdir()` renvoient une valeur de type `int`. Lorsqu'elle est égale à 0, c'est que l'opération a réussi. En cas d'erreur, la fonction renvoie -1.

EXERCICE 23.6 : Améliorez l'exemple du Listing 23.3 pour vérifier l'absence d'erreur lors des appels à `chdir()` et `mkdir()`. Rappelons que ces fonctions renvoient la valeur -1 en cas d'erreur. Faites en sorte que votre programme affiche un message d'erreur approprié en cas d'erreur puis provoque la fin du programme.

Gestion des fichiers

Nous connaissons déjà les fonctions standard du C pour créer un fichier et pour lire et écrire des données. Pour compléter ce jeu de fonctions essentielles, il est utile de pouvoir manipuler les fichiers en tant que tels depuis votre programme : renommer, copier et supprimer des fichiers. Soyez vigilant, car ces fonctions peuvent s'appliquer à n'importe quel fichier, et non seulement à ceux que vous avez créés !

Changer le nom d'un fichier

La fonction `rename()` est très simple à utiliser :

```
x = rename(nomavant, nomapres);
```

nomavant est le nom actuel d'un fichier qui doit exister et nomapres est le nom que vous voulez lui donner. Vous pouvez indiquer des valeurs immédiates ou fournir des variables. En cas de réussite, la fonction renvoie 0; en cas d'échec, elle renvoie -1.

Le prototype de la fonction rename() se trouve dans le fichier d'en-tête stdio.h.

L'exemple du Listing 23.4 propose de créer un fichier portant le nom blorfus puis de renommer ce fichier sous le nom wambooli.

Listing 23.4 : Création et renommage d'un fichier

```
#include <stdio.h>
#include <stdlib.h>

int main()
{
    FILE *test;

    test=fopen("blorfus", "w");
    if(!test)
    {
        puts("Creation du fichier impossible");
        exit(1);
    }
    fclose(test);
    puts("Fichier cree");
    if(rename("blorfus", "wambooli") == -1)
    {
        puts("Impossible de renommer");
        exit(1);
    }
    puts("Nom du fichier modifie");
    return(0);
}
```

Dans les lignes 9 à 15, nous créons le fichier blorfus dont nous avons besoin. Il va rester vide, cela n'a pas d'importance.

La fonction rename() est utilisée en ligne 17 pour changer son nom. Nous testons si la valeur qu'elle renvoie est égale à -1 en ligne 18, afin de garantir que l'opération a réussi.

EXERCICE 23.7 : Créez un projet à partir du Listing 23.4, compilez et exécutez.

Sachez que le fichier `wambooli` doit être conservé, car nous allons en avoir besoin plus tard.

Copier un fichier

Il n'existe aucune fonction dans les librairies standard du C pour dupliquer un fichier. Il nous faut donc définir cette fonction, mais c'est très simple. Vous écrivez une instruction pour lire le fichier source, bloc par bloc, puis pour écrire chaque bloc dans un nouveau fichier. C'est de cette manière que vous faites une copie de fichier.

Le Listing 23.5 donne un exemple de fonction personnelle de duplication. Les deux fichiers sont indiqués dans les lignes 9 et 10. Vous remarquez que nous utilisons comme fichier source le fichier de code source de l'Exercice 23.8 lui-même. La copie que nous allons créer porte le même radical de nom, mais avec l'extension `bak`.

Listing 23.5 : Fonction personnelle de duplication de fichier

```
#include <stdio.h>
#include <stdlib.h>

int main()
{
    FILE *ficorig, *ficopie;
    int c;

    ficorig = fopen("ex2308.c", "r");
    ficopie = fopen("ex2308.bak", "w");
    if( !ficorig || !ficopie)
    {
        puts("Erreur fichier !");
        exit(1);
    }
    while( (c=fgetc(ficorig)) != EOF)
        fputc(c, ficopie);
    puts("Copie de fichier faite");
    return(0);
}
```

L'opération de copie correspond à la boucle `while` en ligne 16. Nous lisons un caractère avec la fonction `fgetc()` puis nous le copions immédiatement dans la destination avec la fonction `fputc()` en ligne 17. La boucle se répète jusqu'à atteindre le marqueur de fin de fichier EOF.

EXERCICE 23.8 : Créez un projet à partir du Listing 23.5. Donnez bien au projet le nom *ex2308.c*. Si vous travaillez avec un éditeur externe, enregistrez le fichier sous le nom *ex2308*. Vous pouvez ensuite compiler et exécuter. Servez-vous de l'Explorateur ou du Finder pour voir le fichier créé dans le dossier correspondant. Vous pouvez même ouvrir une fenêtre de terminal ou de commande pour visualiser le contenu du dossier et constater la présence de la copie du fichier.

Supprimer un fichier

Les programmes ont souvent besoin de créer et de supprimer des fichiers temporaires. Je me souviens que dans mes jeunes années, je n'arrêtais pas de me plaindre quand je voyais qu'un programme ne nettoyait pas bien tout après son passage. Si votre projet a créé des fichiers temporaires, vous devez penser à les supprimer avant la fin du programme. Il suffit à cet effet d'utiliser la fonction `unlink()`.

Vous serez sans doute étonné de voir que la fonction porte le nom `unlink` et non `delete`, `remove` ou `erase` ou tout autre nom inspiré de la commande texte correspondante du système d'exploitation. Sous Unix, la commande nommée `unlink` existe effectivement, et vous pouvez l'utiliser dans le terminal pour supprimer des fichiers, mais la commande nommée `rm` est beaucoup plus utilisée.

La fonction `unlink()` a besoin du fichier d'en-tête `unistd.h`, comme le montre la ligne 3 du Listing 23.6.

Listing 23.6 : Adieu fichier !

```
#include <stdio.h>
#include <stdlib.h>
#include <unistd.h>

int main()
{
    if(unlink("wambooli") == -1)
    {
        puts("Impossible de supprimer ce fichier");
        exit(1);
    }
    puts("Le fichier a disparu.");
    return(0);
}
```

Le fichier que nous condamnons est désigné en ligne 9. C'est l'unique argument de la fonction `unlink()`. Il s'agit du fichier *wambooli* créé dans l'exercice 23.7.

Si le fichier n'existe pas chez vous, réalisez d'abord l'Exercice 23.7 puis copiez le fichier par la commande système d'un sous-dossier à l'autre. (Dans Code::Blocks, chaque projet étant dans un dossier distinct, vous devez copier le fichier *wambooli* depuis *ex2307* vers *ex2309*.)

EXERCICE 23.9 : Créez un projet à partir du Listing 23.6, compilez et exécutez.

Chapitre 24

Vers les grands projets

Dans ce chapitre :

- Concevoir un plus grand programme
- Combiner plusieurs fichiers de code source
- Créer votre propre fichier d'en-tête
- Lire des librairies complémentaires

Dans votre vie de programmeur, tous les programmes C ne vont pas se limiter à 20 ou 30 lignes. Ceux qui ont un objectif autre que pédagogique seront bien plus longs, vraiment plus longs. Et certains vont atteindre une taille telle qu'il devient utile de les distribuer en plusieurs modules, soit plusieurs fichiers de code source comptant chacun moins d'une centaine de lignes. Cette modularisation simplifie la rédaction et la mise à jour du code, et permet d'envisager de réutiliser certains modules aux limites clairement définies dans de nouveaux projets, ce qui fait gagner du temps en développement.

Un monstre multimodule

En théorie, il n'y a pas de limite de longueur à un fichier de code source en langage C, ni dans un sens, ni dans l'autre. Vous pouvez créer un nouveau fichier de code source ne contenant que quelques lignes, si cela peut suffire. C'est le programmeur, et lui seul, qui décide s'il doit éclater en plusieurs modules le contenu de son fichier de code source initial. Et le programmeur, c'est vous. Vous avez certainement envie de simplifier le plus possible l'écriture, la mise à jour et la maintenance de votre code source.

Lier deux fichiers de code source

On parle d'approche multimodule dès qu'il y a deux fichiers de code source. Chaque fichier est créé indépendamment, rédigé, enregistré et compilé. C'est le rôle de l'outil nommé *Lieur* de raccorder fonctionnellement les images compilées de plusieurs fichiers. Le lieur *(linker)* est automatiquement appelé par le processus de construction de l'atelier Code::Blocks. C'est grâce à lui que vous obtenez au final un seul fichier exécutable, à partir de plusieurs modules source.

Qu'est-ce qu'un module ?

Le terme de *module* englobe un fichier de code source et le fichier objet compilé qui en résulte. Ce sont les fichiers précompilés des différents modules qui sont intégrés par le lieur pour produire l'exécutable. Tout commence donc par des fichiers de code source indépendants (Listing 24.1).

Listing 24.1 : Le fichier de code source principal, main.c

```
#include <stdio.h>
#include <stdlib.h>

void second(void);

int main()
{
    printf("Second module, je te souhaite le bonjour !\n");
    second();
    return 0;
}
```

Exercice 24.1 : Lancez-vous dans un nouveau projet dans Code::Blocks en lui donnant le nom *ex2401*. Procédez à la création du projet comme vous en avez pris l'habitude : rédigez le code source à partir de celui du Listing 24.1 dans l'éditeur pour constituer le contenu du fichier `main.c`. Pensez à enregistrer le fichier.

N'essayez pas encore de construire l'exécutable maintenant! Ce code source fait référence à une fonction nommée `second()` qui ne semble pas avoir été définie ici. Nous n'avons indiqué que le prototype, ce qui est obligatoire pour toutes les fonctions utilisées dans un code source. En revanche, le corps de la fonction `second()` va se trouver dans un autre module. Voyons maintenant comment créer cet autre module associé dans l'atelier Code::Blocks :

1. **Enregistrez le projet dans son état actuel (*ex2401*).**
2. **Utilisez la commande File/New/Empty File.**

3. **Répondez positivement lorsqu'il vous est demandé si vous voulez ajouter le fichier au projet en cours.**

   Vous voyez apparaître une boîte standard d'enregistrement de fichiers.

4. **Comme nom de fichier, indiquez `alpha.c` puis validez par le bouton d'enregistrement.**

   Vous voyez apparaître le nom du nouveau fichier dans le panneau des projets à gauche, dans la catégorie Sources où se trouve déjà `main.c`. Dans la fenêtre de l'éditeur au centre, vous voyez apparaître un nouvel onglet portant le titre `alpha.c`. Le fichier vide est prêt à être rédigé (Figure 24.1).

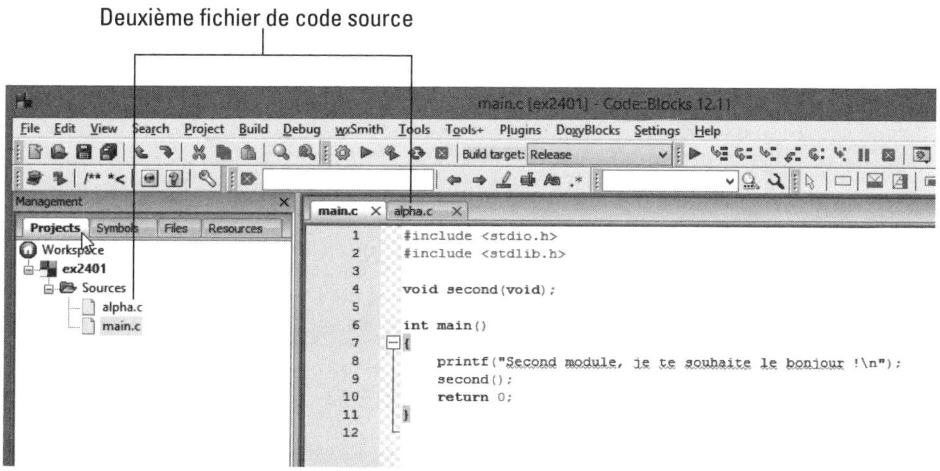

Figure 24.1 : Édition de deux fichiers de code source.

5. **Si nécessaire, cliquez dans l'onglet alpha.c pour basculer en édition de ce fichier.**

5. **Saisissez le code source du Listing 24.2 pour le fichier** *alpha.c***.**

7. **Enregistrez à nouveau le projet** *ex2401***.**

8. **Vous pouvez lancer la construction suivie de l'exécution (*Build and run*).**

Listing 24.2 : Le fichier de code source secondaire alpha.c

```
#include <stdio.h>

void second(void)
{
    puts("Je suis ton second. Heureux de te voir !");
}
```

Voici le genre d'affichage que j'obtiens pendant l'exécution :

```
Second module, je te souhaite le bonjour !
Je suis ton second. Heureux de te voir !
```

Le compilateur n'a aucunement fusionné les deux fichiers de code source avant de les compiler; chaque fichier a été compilé individuellement, générant un fichier de code intermédiaire «objet» pour chacun des deux fichiers : `main.o` et `alpha.o`. Ce sont ensuite ces deux fichiers qui sont traités par l'outil lieur, en les combinant avec le contenu de la librairie de fonctions standard du C afin de générer le fichier exécutable.

- Le module principal d'un programme C porte normalement le nom `main.c`. C'est la raison pour laquelle l'atelier Code::Blocks propose ce nom pour le premier et souvent seul fichier de code source d'un projet.
- Le lieur ne prend en compte que les fichiers qui font partie du même projet, c'est-à-dire ceux qui sont trouvés dans la branche *Sources* de l'arborescence du panneau des projets dans la Figure 24.1.

Si vous voulez réaliser la compilation et la liaison dans une fenêtre de terminal sur la ligne de commande, vous utiliserez la commande suivante :

```
gcc main.c alpha.c -o ex2401
```

Cette commande demande de compiler les deux fichiers de code source `main.c` et `alpha.c`, puis de lier les fichiers objet résultant avec les librairies afin de créer en sortie (`-o`) un fichier exécutable portant le nom `ex2401`.

Partage d'une variable entre modules

La technique la plus simple pour qu'une variable puisse être utilisée dans plusieurs modules consiste à déclarer cette variable à accès global (nous avons expliqué comment faire dans le Chapitre 16). La variable globale ne doit être déclarée que dans l'un des modules, normalement le module principal. Tous les autres modules qui veulent accéder à cette variable doivent indiquer le mot-clé `extern`.

Sachez que le mot `extern` ne sert pas à déclarer une variable globale. Il précise au compilateur que quelque part à l'extérieur, dans un autre module, une variable de ce nom a été déclarée à accès global. Cela évite au compilateur de se plaindre. Voici la syntaxe de ce mot-clé `extern` :

```
extern type nom
```

`type` est bien sûr un type de variable, qui doit être le même que celui utilisé pour déclarer la variable globale, et `nom` est le nom de la variable. Il suffit de ne pas se tromper, ni dans le `type` ni dans le `nom` pour que le compilateur soit satisfait.

Comme les déclarations des variables globales, les déclarations `extern` sont normalement placées en tout début de code source, et non enfouies dans le corps d'une fonction. Les Listings 24.3 et 24.4 donnent un exemple de bonnes pratiques.

Dans le Listing 24.3, nous montrons un module principal avec le prototype d'une fonction `second()` en ligne 4. Ce prototype est obligatoire, car la fonction `second()` est appelée en ligne 11. Vous ne faites paraître les prototypes que pour les fonctions des autres modules auxquels vous faites appel dans le module courant.

Listing 24.3 : Code du module main.c avec une variable globale

```
#include <stdio.h>
#include <stdlib.h>

void second(void);

int compteur;

int main()
{
    for(compteur=0; compteur<5; compteur++)
        second();
    return 0;
}
```

Nous déclarons la variable globale nommée `compteur` en ligne 6. Nous nous en servons dans la boucle `for` en ligne 10, mais également dans l'autre fichier source, `second.c` (Listing 24.4).

Listing 24.4 : Code du module second.c utilisant la variable globale partagée

```
#include <stdio.h>

extern int compteur;

void second(void)
{
    printf("%d\n", compteur+1);
}
```

Nous voyons dans ce code source que nous utilisons la variable globale `compteur`, alors qu'elle est déclarée dans `main.c`. Pour pouvoir bien accéder à cette variable, nous l'indiquons en ligne 3 de ce Listing 24.4 comme variable externe de type `int`. Nous nous servons de `compteur` dans la fonction `second()`, en ligne 7.

EXERCICE 24.2 : Créez un projet dans Code::Blocks constitué des deux fichiers de code source précédents. Lancez la compilation et l'exécution.

Créer un fichier d'en-tête personnel

Lorsqu'un projet prend de plus en plus d'ampleur, la première partie de chacun des fichiers de code source devient de plus en plus longue, car il y a de plus en plus de prototypes, de constantes et de variables globales à définir dans chaque module. Vous pouvez éliminer ces répétitions en créant un fichier d'en-tête de votre cru.

Un fichier d'en-tête centralise différents éléments qui se trouvent normalement dans un fichier de code source. Les meilleurs candidats pour peupler le fichier d'en-tête sont les éléments que vous devez normalement faire paraître au début de chaque module. Le Listing 24.5 donne un exemple de fichier d'en-tête personnel.

Listing 24.5 : Un fichier d'en-tête ad hoc (ex2403.h)

```
#include <stdio.h>
#include <stdlib.h>

/* Prototypes */

void remplir_struc(void);
void montrer_struc(void);

/* Constantes */

/* Variables */

struct sTruc {
    char nom[32];
    int  age;
    };

typedef struct sTruc humain;
```

Ce fichier commence par des directives #include, ce qui ne pose aucun problème tant que le contenu de ces fichiers d'en-tête standard est nécessaire dans tous les modules du projet. Certains programmeurs choisissent de procéder ainsi et d'autres non.

Nous trouvons deux prototypes dans les lignes 6 et 7. La centralisation des prototypes est une des raisons principales de l'existence des fichiers d'en-tête spécifiques.

Il n'y a pas dans ce Listing 24.5 de déclarations de constantes, mais c'est en général l'endroit idéal pour les y centraliser. J'ai d'ailleurs prévu un commentaire en ligne 9 pour montrer dans quelle section ces constantes pourraient être ajoutées.

Nous trouvons enfin une définition de structure sTruc en ligne 13. En ligne 18, un typedef définit le mot humain en remplacement de la mention struct sTruc. Je ne suis pas de ceux qui abusent des définitions typedef, mais l'utilisation que j'en fais dans le Listing 24.5 peut servir d'exemple.

Une autre catégorie d'éléments souvent trouvée dans les fichiers d'en-tête est celle des macros. Ce sont des directives destinées au préprocesseur qui permettent de simplifier le code source. Pour en savoir plus, voyez par exemple la page Wikipédia suivante :

```
http://fr.wikipedia.org/wiki/Preprocesseur_C
```

Pour pouvoir utiliser un fichier d'en-tête spécifique, il suffit d'ajouter une directive sur une ligne particulière. L'énorme différence avec les fichiers .h standard est qu'il faut délimiter le nom du fichier par des guillemets et non des chevrons :

```
#include "ex2403.h"
```

En effet, lorsque le nom du fichier d'en-tête est délimité par des guillemets, le compilateur va chercher ce fichier dans le répertoire courant, celui dans lequel se trouvent les fichiers de code source du projet. Si le fichier n'est pas placé dans ce dossier, vous devez indiquer le chemin d'accès relatif, comme ceci :

```
#include "headers/ex2403.h"
```

Le Listing 24.6 donne un exemple d'utilisation du fichier d'en-tête du Listing 24.5.

Listing 24.6 : Fichier de code source main.c du projet ex2403

```
#include "ex2403.h"

humain personne;
```

```
int main()
{
    remplir_struc();
    montrer_struc();
    return 0;
}

void remplir_struc(void)
{
    printf("Indiquez votre nom : ");
    fgets(personne.nom, 31, stdin);
    printf("Indiquez votre age : ");
    scanf("%d", &personne.age);
}

void montrer_struc(void)
{
    printf("Vous vous appelez %s\n", personne.nom);
    printf("Vous avez %d ans.\n", personne.age);
}
```

C'est dans la première ligne du Listing 24.6 que nous avons ajouté la directive d'inclusion de notre fichier d'en-tête spécifique nommé *ex2403.h*. En ligne 3, nous utilisons le type spécifique `humain` (défini par `typedef` dans le fichier d'en-tête). C'est tout ce qu'il reste au niveau des déclarations préalables dans le fichier principal, puisque tout a été centralisé dans le fichier d'en-tête.

EXERCICE 24.3 : Créez un projet nommé *ex2403*. Ajoutez au projet un fichier d'en-tête que vous nommez *ex2403.h* en y incorporant le corps du Listing 24.5. (Servez-vous des explications de la section précédente pour créer le fichier, lui donner le nom *ex2403.h* et l'ajouter au projet courant.) Versez ensuite dans le fichier *main.c* le contenu du Listing 24.6. Compilez et exécutez.

EXERCICE 24.4 : Externalisez les deux fonctions `remplir_struc()` et `montrer_struc()` du Listing 24.6 pour qu'elles constituent chacune un module différent. Donnez aux deux modules les noms *input.c* et *output.c*. Construisez ensuite ce programme multimodule.

TRUC

Stratégies de modularisation

En général, je distribue mes grands programmes en fonctions. Je réunis par exemple toutes les fonctions d'affichage dans un module nommé *display.c*, toutes les fonctions de saisie dans *input.c* et je prévois un module *init.c* pour toute l'initialisation. En ce qui concerne les autres modules, leur nombre découle du périmètre fonctionnel du projet.

Il semble logique de réunir les fonctions apparentées dans un même module, mais il est également possible de réserver un module à une seule fonction. Une fois que vous avez terminé la mise au point du module, vous pouvez le mettre de côté lorsque vous procédez à la mise au point générale. Il ne peut plus être suspect.

Quelle que soit la taille du projet, je vous conseille de toujours créer un fichier d'en-tête de projet qui va réunir tous les prototypes de fonctions, les variables et constantes globales. Il va constituer une sorte d'ossature du projet. Vous pouvez par exemple y faire paraître les prototypes des fonctions, module par module, ce qui vous permet de savoir dans quel module se trouve le code source d'une fonction simplement en consultant ce fichier d'en-tête.

N'oublions pas enfin que les commentaires en langage C s'avèrent très précieux dans les grands projets. Il n'est pas inutile de commenter les projets de faible envergure, mais cela devient vraiment indispensable dans les grands projets. Vous devez indiquer ce que vous faites et à quoi sert chaque module, quelle fonction dans quel module est impactée par quelle autre et quelles variables et constantes sont utilisées et pourquoi.

Une petite astuce : lisez votre code source et imaginez que vous deviez expliquer son fonctionnement à un ami programmeur. Cet effort de verbalisation du code source va vous aider à repérer les sections qui ont vraiment besoin de commentaires.

Liaisons avec d'autres librairies

Dans ce livre, tous nos programmes s'appuient sur des fonctions de la librairie standard du C. Cela suffit à la plupart des besoins, et notamment à ces applications en mode texte. Mais lorsque votre programme devient plus sophistiqué, il lui faut faire appel à d'autres librairies (*bibliothèques*).

Si votre projet réalise des affichages graphiques, vous devez incorporer une librairie de fonctions graphiques. Si vous voulez simuler un affichage sous forme d'écran en mode texte, vous aurez besoin de la librairie *NCurses*. Les fonctions des librairies augmentent fortement les possibilités de vos projets et abrègent le temps de développement.

Ce sont les fonctions que votre code appelle qui déterminent quelles librairies vous devez référencer. La documentation technique des fonctions indique le nom du fichier d'en-tête qu'il faut inclure, mais également le nom de la librairie qui l'héberge.

Voici par exemple la page *man* de la fonction standard `printf()`. Elle comporte au début les deux mentions suivantes :

```
LIBRARY
     Standard C Library (libc, -lc)

SYNOPSIS
     #include <stdio.h>
```

La première entrée vous informe que la fonction est située dans la librairie standard du C nommée `libc`. La mention `-lc` rappelle l'option de ligne de commande qu'il faut ajouter si vous lancez le processus de liaison en mode texte. L'entrée suivante rappelle que la fonction requiert une directive d'inclusion du fichier d'en-tête `stdio.h`.

Toutes les pages de documentation *man* ne sont hélas pas rédigées de façon aussi limpide au niveau de la librairie requise. Vous devrez parfois plonger dans les détails pour reconnaître le nom de la librairie. Dans le pire des cas, le détail du message d'erreur que produit le lieur peut vous mettre sur la piste, même si ce n'est pas très parlant.

La plupart des compilateurs sont préconfigurés pour lier par défaut la librairie standard du C. Dès que vous avez besoin d'une librairie complémentaire, vous devez la spécifier explicitement. Voici comment procéder dans l'atelier Code::Blocks :

1. **Démarrez un nouveau projet ou sauvegardez le projet en cours dans son état actuel.**
2. **Choisissez la commande Project/Build Options.**

   Vous voyez apparaître la boîte des options de construction.
3. **Accédez à la page des options du lieur, Linker Settings.**

   C'est un des premiers onglets dans le haut de la boîte.
4. **Utilisez le bouton Add pour pouvoir ajouter une nouvelle librairie.**
5. **Dans la boîte d'ajout de librairie, utilisez le bouton à points de suspension (...) pour choisir un fichier.**

   C'est ici que les choses se corsent, car vous allez devoir trouver l'emplacement qu'a choisi le compilateur pour les librairies du langage C. Sous Unix, le dossier est normalement `/usr/lib/`. Sous Windows, l'emplacement est un sous-dossier de celui du compilateur.

Par exemple, sur mon PC, Code::Blocks a installé les librairies dans ce sous-dossier :

```
C:\Program Files (x86)\CodeBlocks\MinGW\lib\
```

Si la librairie dont vous avez besoin a été récupérée par vous-même, vous devez bien sûr naviguer jusqu'au dossier dans lequel vous avez déposé le fichier. Cela suppose que l'installateur de la librairie s'il en existait un, ne l'a pas stocké avec les autres.

5. **Naviguez donc jusqu'au sous-dossier contenant le fichier de la librairie.**

7. **Cliquez dans le nom pour le sélectionner.**

   Si par exemple, vous avez besoin d'une fonction mathématique qui requiert la librairie `libm`, vous choisirez dans la liste le fichier nommé `libm.a`. (Il est possible que l'extension du nom de fichier ne soit pas `.a` sur votre machine, mais le radical doit être `libm`.)

8. **Utilisez le bouton d'ouverture pour valider Open.**

9. **Si le programme vous demande de conserver ou non le lien vers la librairie en tant que chemin relatif, répondez par la négative No.**

   Je conseille plutôt d'utiliser des chemins absolus pour les fichiers de librairies. Vous me remercierez le jour où vous aurez besoin de déplacer le projet dans un autre dossier.

10. **Confirmez par OK dans la boîte d'ajout de librairie.**

    Dorénavant, la librairie doit apparaître dans la liste des librairies du lieur.

11. **Confirmez par OK pour revenir à votre projet.**

Dorénavant, la commande de construction de projet va automatiquement tenir compte de la nouvelle librairie. Si vous regardez bien, vous devriez voir apparaître le nom de la librairie dans les messages de compilation dans le bas de la fenêtre de Code::Blocks.

- La diversité et la quantité de librairies que vous rendez disponibles au compilateur C vont dépendre de ce que vous prévoyez de programmer. En général, les fichiers paquets des librairies sont librement disponibles sur Internet. Parfois, c'est le fabricant d'un périphérique qui fournit une librairie afin de permettre d'écrire des programmes pour exploiter son matériel.
- Le fait d'associer des librairies à votre code source va augmenter la taille du fichier exécutable résultant. Cela ne pose pas de problème à partir du moment où vous avez réellement besoin des fonctions de cette librairie. On n'a rien sans rien.

Dans le passé, les librairies standard du C étaient disponibles en plusieurs tailles, et notamment dans une version compacte, mais cela n'était dû qu'à la quantité mémoire limitée des premiers ordinateurs.

Chapitre 25

Dehors, les bogues !

Dans ce chapitre :

- Configurer un projet pour le débogage
- Exploiter le débogueur GNU de Code::Blocks
- Progresser pas à pas dans un programme
- Surveiller les valeurs des variables
- Ajouter du code pour aider au débogage
- Formuler des messages d'erreurs clairs

Tout le monde fait des bogues, évidemment sans le vouloir. Même le meilleur programmeur subit un moment d'inattention, et laisse une bourde dans le code source : un point-virgule oublié, une virgule mal placée, une accolade manquante ; cela arrive à tout le monde. Fort heureusement, la plupart de ces bévues sont détectées par le compilateur. Il suffit alors d'aller corriger le code source et de relancer une compilation pour éliminer les bogues les plus simples.

En revanche, vous rencontrerez des problèmes plus importants, des erreurs de logique et autres confusions bien moins simples à détecter. Il est dans ce cas très utile de pouvoir être soutenu et votre meilleur soutien est le débogueur. Cet assistant peut se présenter soit sous forme d'un outil séparé auquel vous faites exécuter le code, soit sous forme d'un module intégré à l'atelier. Dans ce cas, vous pouvez directement poser des marqueurs dans le code source pour mieux étudier la situation.

Le débogueur de Code::Blocks

L'atelier Code::Blocks intègre le débogueur standard GNU, l'un des plus répandus. Vous pouvez profiter de ce débogueur sans quitter l'atelier Code::Blocks pour analyser votre code et en trouver les faiblesses. Il y a cependant une condition : que vous ayez demandé de faire générer les informations de débogage lors de la construction du projet.

Configuration de débogage

Pour pouvoir déboguer un projet, vous devez faire en sorte que le programme exécutable qui va être produit définisse comme seconde cible une variante contenant des informations de débogage. Cela permet au débogueur d'exploiter ces données pour trouver les défauts dans le code et pour en analyser le fonctionnement. Il faut donc demander la cible de débogage «Debug» pendant la construction, comme indiqué ci-après :

1. **Démarrez un nouveau projet dans Code::Blocks.**

   Utilisez la commande **File/New/Project.**

2. **Choisissez la catégorie Console Application puis validez par Go.**

3. **Choisissez le type C puis validez par Next.**

4. **Comme titre de projet, indiquez *ex2501* (pour le présent Exercice 25.1).**

5. **Validez par le bouton Next.**

   Pour l'instant, la procédure est strictement la même que pour tous les programmes des chapitres précédents, le but étant de créer un programme en mode texte.

5. **Ajoutez une marque pour activer l'option nommée Create «Debug» Configuration.**

   C'est sous l'effet de cette option que le programme contiendra les informations spéciales de débogage.

7. **Assurez-vous que l'option habituelle Create «Release» Configuration reste sélectionnée.**

8. **Validez par le bouton Finish.**

   Vous voyez apparaître le nouveau projet dans Code::Blocks.

À partir du moment où vous avez activé les deux cibles, débogage et diffusion (*Release*) dans l'étape 7 ci-dessus, vous pouvez utiliser le menu de la barre d'outils **Compiler** pour basculer entre les deux versions du code (Figure 25.1). Vous pouvez masquer et afficher cette barre d'outils au moyen de la commande **View/Toolbars/Compiler**.

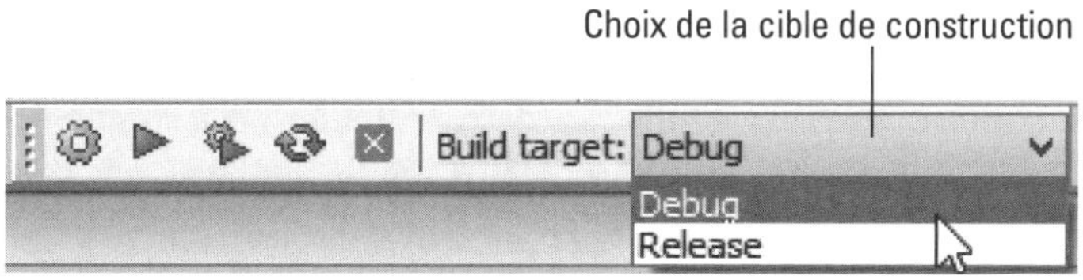

Figure 25.1 : La barre d'outils Compiler.

Pour déboguer, vous devez choisir dans ce menu le mode **Debug**. Rappelons que vous ne pouvez pas procéder au débogage si vous n'avez pas demandé d'injecter les informations de débogage dans le fichier exécutable.

Quand vous en avez fini avec la mise au point, choisissez la commande **Release** dans le menu de cible de construction Build Target de la barre d'outils. Il n'est pas impossible de diffuser une version de débogage du programme, mais la présence de ces données techniques augmente inutilement la taille du fichier. De plus, et c'est plus gênant, le code source est présent, ce qui permet à n'importe qui d'effectuer le débogage et d'aller voir tous vos secrets de fabrication.

Exploiter le débogueur

Le principe du débogueur est de faire exécuter votre code de façon contrôlée, en vous montrant progressivement ce qui se passe tant au niveau interne qu'au niveau de l'affichage. Vous êtes prêt à passer à la pratique à partir du moment où vous avez compilé un programme avec les informations de débogage comme indiqué ci-dessus.

Je vous propose pour essayer de partir du Listing 25.1 qui contient volontairement plusieurs bogues :

Listing 25.1 : Déboguez-moi !

```
#include <stdio.h>
#include <stdlib.h>

int main()
{
    char loop;

    puts("Affichage de l'alphabet :");
    for(loop='A'; loop<='Z'; loop++);
        putchar(loop);
    return 0;
}
```

EXERCICE 25.1 : Si vous n'avez réalisé la configuration du début de ce chapitre, lancez un nouveau projet en demandant de générer la cible **Debug**. Insérez ensuite le code source du Listing 25.1 dans le fichier *main.c* dans l'éditeur. Si vous saisissez au lieu de copier, pensez à saisir l'erreur évidente à la fin de la ligne 9. Lancez la compilation et l'exécution.

L'éditeur de Code::Blocks est assez intelligent, comme tous les éditeurs modernes, pour détecter le point-virgule erroné à la fin de la ligne 9. En effet, la ligne suivante n'est pas correctement indentée. Cet indice peut passer inaperçu, surtout si vous avez 200 lignes. Dans tous les cas, l'exécution va se lancer, mais l'affichage ne sera pas celui auquel vous vous attendez. Voici ce que j'ai vu :

```
Affichage de l'alphabet :
[
```

Bien sûr, l'alphabet n'est pas affiché. Pire encore, on voit s'afficher le caractère `[` . En quel honneur ? Passons au débogage !

Refermez la fenêtre de terminal puis revenez à l'atelier Code::Blocks. Vous allez vous servir de la barre d'outils Debugger (Figure 25.2). Si vous ne la voyez pas, utilisez la commande **View/Toolbars/Debugger**.

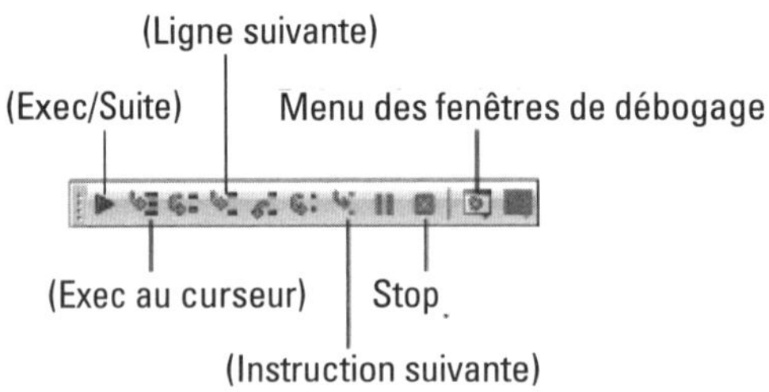

Figure 25.2 : La barre d'outils Debugger.

Voici comment naviguer dans le code pendant l'exécution pour trouver la cause de votre problème :

1. **Posez le curseur dans le code source sur la gauche de la ligne d'instruction `puts()`, mais pas dans la marge.**

   Normalement, c'est la ligne 8.

2. **Dans la barre d'outils Debugger, cliquez le bouton Run to Cursor.**

   La Figure 25.2 montre quelle est l'icône correspondant à la commande **Run to Cursor**.

   L'exécution du programme commence, mais s'arrête à la position du curseur. Vous voyez apparaître la fenêtre d'affichage et les informations de débogage prennent place dans le panneau des messages du bas.

3. **Utilisez le bouton Next Line.**

   Cela provoque l'exécution de l'instruction `puts()` et de l'affichage correspondant.

4. **Utilisez à nouveau le bouton Next Line.**

   La boucle `for` s'exécute, mais rien ne s'affiche.

5. **Cliquez encore Next Line.**

   La fonction `putchar()` affiche un caractère étrange.

   Lorsque vous êtes arrivé à ce niveau, vous devriez avoir remarqué le point-virgule superflu à la fin de la ligne 9. Vous allez pouvoir corriger cela sans quitter le débogueur.

5. **Enlevez le signe point-virgule à la fin de la ligne 9.**

7. **Utilisez le bouton Stop pour arrêter le débogueur.**

   Le bouton est repéré dans la Figure 25.2.

   Vous pouvez maintenant voir si cela a corrigé le problème en reprenant l'exécution pas à pas.

8. **Déposez le curseur juste à gauche de l'instruction `for` en ligne 9.**

9. **Sauvegardez le fichier et relancez la construction du programme.**

10. **Utilisez le bouton Run to Cursor.**

11. **Cliquez deux fois le bouton Next Line.**

    Vous devriez voir apparaître un *A* dans l'affichage. C'est déjà mieux.

12. **Continuez à utiliser le bouton Next Line pour passer tous les tours de la boucle `for`.**

    Vous pouvez vous montrer satisfait. Le programme a été débogué.

13. **Utilisez le bouton Stop.**

Le programme s'exécute correctement une fois le signe point-virgule supprimé. Le caractère étrange qui s'affichait était dû au fait que la fonction `putchar()` en ligne 10 était exécutée avec une valeur anormale dans la variable `loop`. Sauriez-vous pourquoi le caractère affiché était un crochet ouvrant ? La réponse est donnée dans la solution à cet exercice. Dans la section sur le suivi des variables, nous verrons comment connaître l'état d'une variable à chaque moment de l'exécution grâce au débogueur.

Poser un point d'arrêt

Personne n'a le temps de progresser pas à pas dans 200 lignes d'instructions pour trouver un bogue. En général, vous avez déjà une certaine idée de l'endroit où se trouve le problème, soit suite à ce que le programme affiche, soit parce que vous venez de retoucher un certain endroit il y a quelques instants. Vous savez donc à peu près où allez chercher. C'est à cet endroit que vous allez pouvoir poser un point d'arrêt.

Un *point d'arrêt* est une sorte de feu rouge ajouté dans la marge du code source. D'ailleurs, c'est l'icône qui a été choisie par l'atelier Code::Blocks (Figure 25.3). Vous posez un point d'arrêt en cliquant juste à droite de la colonne du numéro de ligne. Vous voyez apparaître l'icône de point d'arrêt.

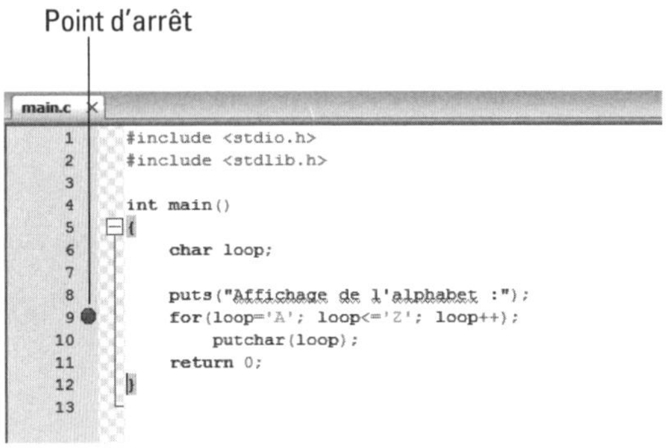

Figure 25.3 : Un point d'arrêt posé dans le code source.

Pour lancer l'exécution jusqu'à ce point d'arrêt, utilisez le bouton **Debug/Continue** de la barre d'outils Debugger (Figure 25.2). L'exécution se fait à vitesse maximale pour se suspendre avant l'exécution de l'instruction ainsi désignée. Vous pouvez, à partir de là, progresser pas à pas ou bien utiliser le bouton **Debug/Continue** pour progresser rapidement jusqu'au prochain point d'arrêt, ou pour faire un tour de la boucle si c'est une boucle qui est désignée par le point d'arrêt.

Surveiller les variables

Le contrôle de l'exécution ne suffit pas toujours à trouver la cause d'un problème. Dans ce cas, il vous faut plonger dans les détails de la mémoire en surveillant l'évolution de la valeur d'une variable pendant l'exécution. Le débogueur de Code::Block permet de mettre sous surveillance n'importe quelle variable d'un programme, en vous montrant sa valeur à tout moment. Partons du Listing 25.2 pour illustrer cette technique :

Listing 25.2 : Placement d'une variable sous surveillance

```
#include <stdio.h>
#include <stdlib.h>

int main()
{
    int x;
    int *px;

    px=&x;
    for(x=0; x<10; x++)
        printf("%d\n", *px);
    return 0;
}
```

EXERCICE 25.2 : Démarrez un nouveau projet en activant bien le débogage. Récupérez le code source du Listing 25.2 pour le verser dans la fenêtre de `main.c`. Compilez et exécutez puis vérifiez si cela fonctionne.

Si vous avez bien pris soin de faire l'erreur de frappe, cela ne devrait pas fonctionner. Il va falloir aller voir de plus près :

1. **Cliquez au début de la ligne 6 pour y poser le curseur. C'est la ligne dans laquelle est déclarée la variable entière `x`.**
2. **Utilisez le bouton Run to Cursor de la barre d'outils Debugger.**
3. **Cliquez le bouton Debugging Windows.**

   La position du bouton dans la barre est indiquée dans la Figure 25.2.
4. **Choisissez la commande Watches.**

   Vous faites apparaître la fenêtre des témoins (Watches, Figure 25.4). Pour l'instant, la liste est vide.

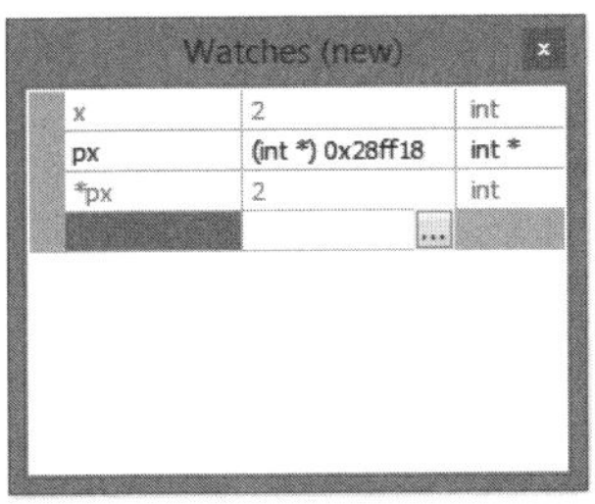

Figure 25.4 : La fenêtre Watches pour surveiller la valeur d'une variable.

5. **Dans cette fenêtre, cliquez dans la première grande case (deuxième colonne, normalement).**

   Cliquez dans celle dans laquelle vous voyez le `x` en Figure 25.4.

5. **Saisissez *x* pour désigner la variable `x` et validez par Entrée.**

7. **Dans la même colonne sur la ligne suivante, saisissez *px* afin de pouvoir visualiser la valeur du pointeur `px` (une adresse). Validez par Entrée.**

8. **Dans la troisième ligne, mettez sous surveillance **px* pour pouvoir connaître la valeur de l'adresse pointée par `px`. Validez par Entrée.**

   Il est possible que des valeurs soient immédiatement affichées, mais elles sont pour l'instant aléatoires. Lors de mes essais, la variable `x` contenait la valeur 56, ce qui n'est rien d'autre que la valeur qui était présente dans cet emplacement mémoire avant que la variable reçoive sa valeur.

   Tant qu'une variable n'est pas initialisée, la valeur est sans signification.

9. **Utilisez le bouton Next Line de la barre d'outils Debugger jusqu'à ce que le curseur se trouve dans la ligne 10, c'est-à-dire la boucle `for`.**

   Dès que le pointeur `px` reçoit comme valeur l'adresse mémoire de la variable `x`, vous pouvez observer la fenêtre *Watches*. Vous devez voir une adresse mémoire apparaître dans la ligne de la variable `px` et la valeur de la variable `x` répercutée dans celle de la variable `*px` . Notre pointeur vient d'être initialisé!

10. **Utilisez Next Line.**

    Dès que la boucle `for` se lance, elle provoque l'initialisation de la variable `x`. Vous pouvez vérifier cela dans la fenêtre *Watches*, ainsi que pour la valeur de `*px`. La valeur du pointeur `px` ne change plus (heureusement, c'est l'adresse de la variable `x`).

11. **Continuez à progresser pour voir évoluer les valeurs.**

12. **Vous pouvez cliquer Stop quand vous en avez vu assez.**

Pouvoir suivre *in situ* la vie des variables en mémoire est une autre technique permettant de savoir exactement ce qui ne va pas. Dès qu'une variable ne semble pas évoluer comme vous vous y attendez, il n'y a plus qu'à aller vérifier les instructions qui la manipulent.

Au niveau des pointeurs, le fait de pouvoir visualiser leur valeur permet d'avoir une meilleure idée de leur fonctionnement.

Résoudre des problèmes avec printf() et puts()

Parfois, je ne parviens pas à trouver ce qui cloche dans mon programme, mais je n'ai pas envie de me lancer dans une longue séance de débogage (d'autant que j'ai peut-être oublié de demander de compiler vers la cible Debug). Dans ce cas, j'ajoute quelques affichages de messages avec `printf()` et `puts()`.

Documenter les problèmes

Supposons une fonction qui attend une variable `x` en entrée, mais cette variable `x` ne lui parvient jamais. Je peux dans ce cas ajouter l'instruction suivante :

```
printf("Valeur de 'x' en ligne 125: %d\n",x);
```

Je peux insérer ce genre d'instruction à plusieurs endroits dans le code, pour suivre de point en point la valeur de la variable `x`. Bien sûr, je peux également utiliser la fenêtre *Watches* du débogueur, ce qui serait encore plus efficace. Mais il suffit parfois d'utiliser quelques `printf()` aux bons endroits.

Lorsque ce n'est pas une variable qui me pose problème, mais que j'ai envie de savoir si un bloc de code est exécuté ou non, j'ajoute une instruction `puts()` au bon endroit :

```
puts("Nous sommes rendus ici.");
```

Si je vois apparaître ce message dans l'affichage, je peux confirmer que le code s'approche de l'endroit suspect. S'il n'apparaît pas, je vais étudier le code source, traquer les confusions entre doubles et simples signes égal et autres pièges classiques (voyez le Chapitre 26 à ce sujet).

Faire afficher des messages avec `printf()` ou `puts()` n'est pas aussi élégant qu'utiliser un débogueur, et cela ne permet pas de trouver la source du problème directement. C'est pourtant une technique pratique. N'oubliez pas d'enlever ou de commenter ces instructions ensuite!

Des commentaires pour le futur

Si votre souci concerne une fonction accessoire, vous pouvez tout simplement la laisser en suspens en ajoutant un commentaire. Cela vous permettra, quand vous reviendrez sur ce code source, de savoir comment reprendre les travaux, ce qui vous évitera de devoir vous remémorer la nature du problème.

Voici un exemple :

```
for(y=x+a; y<c; y++)  /* Ne semble pas fonctionner */
    manipulate(y);    /*  Confirmer que a change */
```

Les commentaires permettront plus tard de savoir que les instructions ne fonctionnent pas encore correctement ; je laisse même un indice de la direction à prendre pour résoudre le souci.

Sur le même modèle, vous pouvez ajouter des commentaires avec des suggestions pour améliorer le code, compacter des blocs ou ajouter de nouvelles fonctions, le jour où vous aurez le temps.

Messages d'erreur améliorés

Lorsqu'il s'agit d'informer vos utilisateurs d'un mauvais fonctionnement dans vos programmes, vous avez tout intérêt à soigner les messages d'erreur. Il ne faut ni les noyer dans les détails, ni être trop succinct. Voici un exemple inutilement complexe :

```
Impossible d'allouer le tampon char de 128K 'input' adresse 0xFE3958
```

Ce message peut vous servir pendant le débogage, mais l'utilisateur va soit l'ignorer, soit essayer de chercher sur Internet à quelle solution cela pourrait le mener.

L'approche inverse est tout aussi frustrante :

```
Erreur 1202
```

Veillez ne jamais utiliser seulement des numéros d'erreur ! Même si vous avez fourni une documentation qui référence ces numéros, aucun de vos utilisateurs n'appréciera de devoir s'y plonger, d'autant que vous pourriez écrire aussi facilement ceci :

```
Mémoire insuffisante
```

Vous pouvez rendre vos messages d'erreur plus précis en profitant des codes d'erreur détaillés qu'offrent un certain nombre de fonctions C standard, et notamment les fonctions d'accès fichier. Ces fonctions stockent une valeur d'erreur dans une variable globale nommée `errno`. Votre programme peut connaître cette valeur. Un exemple en est donné dans le Listing 25.3.

Listing 25.3 : Test de la valeur d'erreur errno

```
#include <stdio.h>
#include <stdlib.h>
#include <errno.h>

int main()
{
    int e;

    e = rename("blorfus", "fragus");
    if( e != 0 )
    {
        printf("Erreur ! ");
        switch(errno)
        {
            case EPERM:
                puts("Operation interdite.");
                break;
            case ENOENT:
                puts("Fichier introuvable.");
                break;
            case EACCES:
                puts("Pas de permission.");
                break;
            case EROFS:
                puts("Fichier en lecture seule.");
                break;
            case ENAMETOOLONG:
                puts("Nom de fichier trop long.");
                break;
            default:
                puts("Trop horrible pour en dire plus !");
        }
    exit(1);
    }
    puts("Le fichier porte le nouveau nom.");
    return 0;
}
```

Pour accéder à cette variable globale `errno`, vous devez déclarer le fichier d'en-tête `errno.h` (ligne 3 du Listing 25.3). Ce fichier d'en-tête contient les définitions de toutes les constantes d'erreur, ce qui englobe quasiment toutes les erreurs imaginables avec les fichiers.

La fonction `rename()` en ligne 9 essaye de changer le nom d'un fichier. Puisque je suppose que le fichier `blorfus` n'est pas disponible sur votre machine, je suis certain que ce programme provoquera une erreur.

La valeur que renvoie la fonction `rename()` est soit 0, soit -1, selon qu'elle a réussi ou échoué, respectivement. Si la valeur est -1, vous pouvez aller lire le code d'erreur dans la variable globale `errno`. Nous avons mis en place une structure `switch` à partir de la ligne 13 pour récupérer certaines erreurs parmi les plus fréquentes lorsque l'on cherche à renommer un fichier. Tous ces codes sont définis sous forme de constantes dans le fichier `errno.h`. Cela nous permet d'afficher des messages d'erreur détaillés d'après la valeur de la constante.

Exercice 25.3 : Créez un projet à partir du Listing 25.3, compilez et exécutez pour voir s'afficher un message d'erreur.

Vous pouvez rendre vos messages plus explicites que ce que je propose dans l'exemple précédent (que j'ai conservé assez bref pour éviter les sauts de ligne). Par exemple, à la place du message « Pas de permission », vous auriez pu écrire « Les attributs d'accès à ce fichier ne vous permettent pas de le renommer. Allez modifier ces permissions et réessayez ». C'est le genre de message d'erreur que les utilisateurs apprécient, car il explique le problème et donne une solution.

- Vous trouverez plus d'informations au sujet de la fonction `rename()` dans le Chapitre 23.

NOTE TECHNIQUE

Il est possible que le fichier d'en-tête `errno.h` ne contienne pas toutes les définitions des constantes. Dans ce cas, voyez s'il ne contient pas au début une directive `#include` qui fait référence à un fichier secondaire contenant d'autres définitions.

Les fichiers d'en-tête du compilateur MinGW que nous utilisons sont stockés sous Windows dans le dossier `MinGW/include`. Vous devez d'abord savoir où a été installé MinGW (par défaut dans le dossier `Program Files` de votre disque principal `C:`). Sous Unix, les fichiers d'en-tête sont par convention stockés dans le dossier `/usr/include`.

Partie VI

Les dix commandements

"... et un jour Tarzan, Seigneur de la jungle, illuminé par le Web. Ça avenir, sûrement."

Dans cette partie :

- Pour s'épargner les dix erreurs de codage et bogues les plus fréquents
- Dix conseils, suggestions et astuces

Chapitre 26

Dix pièges classiques

Dans ce chapitre :

- Pièges conditionnels
- `==` ou bien `=`
- Signes points-virgules impromptus dans les boucles
- Virgules dans les boucles `for`
- Break oublié dans une structure switch
- Parenthèses et accolades manquantes
- Avertissements négligés
- Boucles infinies
- Pièges de `scanf()`
- Restrictions des flux d'entrée

La programmation informatique est une véritable aventure, qui possède donc ses pièges. La plupart sont très communs ; on fait sans cesse les mêmes erreurs. Bien que je programme depuis plusieurs dizaines d'années, je continue à faire des bourdes stupides. En général, c'est lié au fait que je travaille trop vite, et que je ne porte pas assez d'attention aux choses simples. Mais après tout, n'est-ce pas le lot des choses trop simples que d'être négligées ?

Les pièges conditionnels

Dans vos instructions conditionnelles basées sur `if`, ou dans vos boucles basées sur `while` ou `for`, vous fournissez une expression de comparaison. C'est tout un art que d'écrire correctement ce genre d'expression, d'autant plus lorsque vous essayez de combiner plusieurs conditions.

Je vous conseille dans une première étape de travailler par paliers, avant de rassembler vos conditions entre les deux parenthèses. Partons de l'exemple suivant :

```
while( (c=fgetc(dumpme)) != EOF)
```

Cette instruction de boucle fonctionne parfaitement, mais pour être plus sûr, mieux vaut commencer par tester ceci :

```
c = 1;            /* Initialise c */
while(c != EOF)
    c=fgetc(dumpme);
```

Une fois que vous savez que le code se comporte bien comme vous l'avez prévu, vous pouvez réunir les différents éléments dans le jeu de parenthèses.

La situation se corse lorsque vous combinez plusieurs conditions avec des opérateurs logiques. Je vous conseille de vous limiter à deux conditions dans la mesure du possible :

```
if( a==b || a==c)
```

Le bloc d'instructions contrôlé par ce `if` est exécuté SI la valeur de la variable `a` est égale SOIT à celle de la variable `b`, SOIT à celle de la variable `c`. C'est encore assez simple. Mais étudiez l'exemple suivant :

```
if( a==b || a==c && a==d)
```

Aïe ! Il faut maintenant tenir compte de l'ordre des priorités. Pour que cette instruction `if` soit vraie, `a` doit être égal à `b`, OU `a` doit être égal simultanément à `c` et `d`. Vous rendez l'expression plus lisible en ajoutant des parenthèses :

```
if( a==b || (a==c && a==d))
```

N'OUBLIEZ PAS !

Ajoutez toujours des parenthèses dès que vous craignez de ne pas vous souvenir de l'ordre des priorités.

== ou bien =

Rappelons qu'un signe égal isolé incarne l'opérateur d'affectation :

```
a = 65;
```

En revanche, un double signe égal désigne une comparaison entre deux membres :

```
a == 65
```

Personnellement, j'essaie de dire mentalement «est égal à» lorsque je veux utiliser l'opérateur de comparaison constitué des deux signes égal. Malgré cela, il m'arrive de me mélanger les pinceaux, surtout dans les instructions conditionnelles.

Lorsque vous affectez une valeur dans une instruction conditionnelle, cela aboutit en général à une condition vraie involontaire :

```
if(ceci = cela)
```

L'instruction `if` précédente est toujours vraie, à moins que la variable `cela` vaille `0`. Dans ce seul cas, la condition est fausse. Dans tous les cas, ce n'est sans doute pas ce que vous vouliez écrire.

Les points-virgules solitaires dans les boucles

Par habitude, vous finissez pendant votre saisie par acquérir le réflexe consistant à taper un signe point-virgule puis immédiatement la touche Entrée pour passer à l'instruction suivante. C'est un réflexe dangereux, surtout lorsque vous écrivez les instructions d'une boucle :

```
for(x=0; x<10; x++);
```

Le seul effet de cette boucle est de donner à la variable `x` la valeur `10` en dix étapes. Elle ne fait rien d'autre. Les instructions qui suivent la condition, et qui sont supposées appartenir à la boucle conditionnelle `for` ne seront exécutées qu'une seule fois après la boucle. Le même piège menace pour une boucle `while` :

```
while(c < 255);
```

Cette boucle peut tourner indéfiniment ou pas, selon la valeur initiale de la variable `c`. Si cette valeur est supérieure ou égale à 255 au départ, la boucle n'est jamais exécutée. Si elle est inférieure, elle est infinie.

Ce genre de point-virgule est indésirable et involontaire, bien qu'il reste tout à fait légitime. Le compilateur ne peut pas détecter qu'il s'agit d'une erreur. L'éditeur peut vous mettre la puce à l'oreille en réalisant une indentation incorrecte de la ligne suivante, mais c'est tout ce que vous avez à votre disposition, et encore faut-il se rendre compte de cette imperfection. Pour ma part, je m'enfonce un peu plus en critiquant l'éditeur pour son mauvais fonctionnement.

Parfois, vous désirez réellement créer une boucle `while` ou `for` sans aucune instruction. Dans ce cas, positionnez le signe point-virgule isolé sur la ligne suivante :

```
while(putchar(*(ps++)))
    ;
```

Le fait que ce point-virgule soit seul sur une ligne avertit tout programmeur qui va lire ce code source que la boucle `while` a été volontairement conçue vide.

Virgules dans les boucles for

Vous savez que les trois membres de la condition d'une boucle `for` sont séparés par des signes point-virgule. Les deux points-virgules sont obligatoires, et il ne faut pas les confondre avec des virgules. Le compilateur n'acceptera pas l'instruction suivante :

```
for(a=0, a<10, a++)
```

Bien sûr, les virgules sont autorisées dans les conditions `for`, mais dans l'exemple précédent, le compilateur pense que vous avez oublié de mentionner les deux derniers membres. D'ailleurs, l'instruction `for` suivante est autorisée :

```
for(a=0, a<10, a++; ;)
```

Ce que vous venez d'écrire affecte la valeur `0` à la variable a, puis fait une comparaison nécessairement vraie (qui est ignorée) et enfin augmente la valeur de a de 1. Mais comme les deuxième et troisième membres sont vides, c'est une boucle infinie. (À moins bien sûr que vous ayez prévu une instruction `break` dans le corps d'instructions de cette boucle.)

Oubli du break dans une structure switch

Vous êtes tout à fait en droit de concevoir une structure conditionnelle `switch` dans laquelle l'exécution visite en cascade une série de cas :

```
switch(lettre)
{
```

```
    case 'A':
    case 'E':
    case 'I':
    case 'O':
    case 'U':
        printf("Voyelle");
        break;
    default:
        printf("Consonne");
}
```

Dans cet exemple, les cinq premières conditions `case` servent à capturer cinq situations différentes, ce qui est le but. Mais si vous oubliez le mot `break`, l'exécution continue à scruter les tests suivants, et aboutit au cas `default`. Pensez donc à ne pas oublier l'instruction `break`, à moins que ce mode de fonctionnement par défaut soit désiré.

Supposons une instruction `switch` assez complexe, constituée de dizaines de lignes. Une des conditions `case` comporte tellement de lignes d'instructions qu'il est nécessaire de faire défiler le texte à l'écran. Dans une telle situation, il devient facile d'oublier d'ajouter `break` parce que vous êtes concentré sur ce grand nombre d'instructions. Je le sais, parce que cela m'est arrivé.

Un autre piège est celui de la sortie incomplète. Vous écrivez une boucle imbriquée dans une structure `switch`, et vous installez un `break` pour sortir fièrement de la boucle. Vous oubliez cependant d'ajouter un autre `break` qui permettrait de sortir de la structure `switch`.

TRUC

L'éditeur de Code::Blocks permet de déplier et de replier les détails du code source, mais il vous faut délimiter toutes les instructions de chaque `case` par des accolades. Vous pouvez alors utiliser l'icône de signe moins de la marge gauche de la fenêtre de l'éditeur pou replier et déplier les instructions de chaque bloc entre accolades.

Oubli de parenthèses et d'accolades

Une des erreurs de codage C les plus fréquentes consiste à oublier une parenthèse ou une accolade fermante. Normalement, le compilateur détecte cet oubli, mais il ne peut désigner la ligne coupable qu'une fois qu'il atteint la fin de la fonction ou du bloc.

Si vous oubliez par exemple une parenthèse dans la fonction `main()`, l'erreur est localisée au niveau de la dernière ligne de la fonction. Ce genre de message doit vous faire penser immédiatement à une parenthèse ou une accolade oubliée, mais cela ne vous aide pas à savoir où elle aurait dû se trouver.

Les éditeurs modernes sont assez doués pour apparier les parenthèses et les accolades. Celui de Code::Blocks propose d'ailleurs d'insérer l'accolade ou la parenthèse fermante quand vous tapez l'ouvrante. Cela aide à éviter de l'oublier. D'autres éditeurs, et c'est le cas de `vim`, mettent les couples d'accolades en surbrillance lorsque vous amenez le pointeur au-dessus de l'une des deux. Mais cette assistance peut ne pas suffire à oublier une accolade.

Un autre indice dans l'éditeur est que la mise en forme, la colorisation des textes et les indentations sont chamboulées lorsque vous oubliez une parenthèse ou une accolade. Le problème est que l'homme pense d'abord qu'il s'agit d'un problème dans le programme de l'éditeur. Prenez donc l'habitude de repérer les erreurs d'indentation de l'éditeur, imperfections qui ne sont que la conséquence des vôtres.

Ne négligez pas les avertissements

Lorsque le compilateur génère un message d'avertissement, et non d'erreur, il parvient néanmoins à générer le fichier binaire correspondant (le code objet). Ne pas tenir compte du message peut être dangereux, surtout lorsque cela concerne un pointeur. En effet, vous pouvez toujours ignorer un avertissement.

Supposons par exemple que vous utilisiez la fonction `printf()` pour afficher une valeur que vous savez être du type `int`. Pourtant, le compilateur persiste à croire qu'elle est d'un autre type. Dans ce cas, vous pouvez forcer le transtypage de la variable vers le type `int`, comme ceci :

```
printf("%-14s %5ld %s",
    file->d_name,
    (long)filestat.st_size,
    ctime(&filestat.st_mtime));
```

Dans l'exemple, la variable nommée `filestate.st_size` est déclarée du type `off_t`. La fonction standard `printf()` ne possède pas de formateur pour ce type particulier `off_t`, et il a donc été transtypé vers le type `long int`. (Revoyez le Chapitre 23 si nécessaire.) Vous appliquerez ce genre de transtypage pour tout type de variable pour lequel `printf()` ne possède pas de formateur. Mais avant d'abuser de cette facilité, allez toujours consulter la page *man* de `printf()` pour savoir s'il n'existe vraiment pas de formateur pour le type de variable considéré.

- Un message d'avertissement assez commun survient lorsque vous tentez d'afficher une valeur de type `long int` avec le formateur `%d`. Pour y remédier, transformez le formateur `%d` en `%ld`.

- Lorsque l'avertissement indique « lvalue required », c'est que vous avez mal formulé une équation au niveau du membre gauche. En effet, `lvalue` correspond à la valeur située à gauche de l'équation. Elle doit non seulement être présente, mais être du type approprié à une évaluation correcte de l'expression.

TRUC

La densité de messages d'avertissement que peut émettre le compilateur est réglable. Vous disposez à cet effet de plusieurs drapeaux d'options (*flags*). Vous contrôlez la valeur de ces drapeaux dans l'atelier Code::Blocks au moyen de la commande **Project/Build Options**. Accédez à la page **Compiler Flags** dans la boîte Project Build Options pour intervenir sur le niveau d'avertissements.

Par convention, l'option de ligne de commande des compilateurs C pour activer tous les avertissements s'écrit `-Wall`. Vous pouvez la spécifier de cette façon lors d'une compilation dans le terminal :

```
gcc -Wall source.c
```

L'expression *Wall* signifie en anglais *warnings, all*.

Les boucles infernales

Dans toute boucle de répétition (d'itération), il faut qu'il y ait un moyen d'en sortir. Autrement dit, il faut une condition de sortie. Je vous conseille même de coder la condition de sortie en premier quand vous rédigez le code d'une boucle. Une fois que vous avez vérifié que cette sortie fonctionne, vous pouvez coder les autres instructions qui constituent le traitement de la boucle.

Le piège des boucles infinies menace toujours. Il m'est souvent arrivé de me réjouir de lancer l'exécution d'un projet, pour ne voir rien d'autre qu'un écran muet. Snif.

TRUC

Les applications en mode texte, ce qui est le cas de toutes celles que nous réalisons dans ce livre, peuvent être interrompues d'office par la combinaison de touches **Ctrl + C** dans une fenêtre de terminal. Mais cela ne fonctionne pas toujours, auquel cas vous pouvez essayer de fermer la fenêtre. En dernier recours, vous irez tuer le processus. Cette opération est réalisée différemment selon le système d'exploitation.

Les pièges de scanf()

La fonction standard `scanf()` offre une solution pratique pour collecter des données depuis l'entrée standard, mais elle n'est pas appropriée à tous les types de saisie.

C'est ainsi que `scanf()` n'y comprend plus rien lorsque l'utilisateur saisit des données qui ne coïncident pas exactement avec le format déclaré. Vous ne pouvez par exemple pas lire une chaîne de plusieurs mots avec le formateur `%s` dans `scanf()`. En effet, `scanf()` ignore toute la suite de la chaîne dès qu'elle détecte un caractère d'espace.

N'OUBLIEZ PAS !

La fonction `fgets()` constitue un bon remplacement pour collecter du texte, mais n'oubliez pas qu'elle collecte également le caractère de saut de ligne qui est généralement frappé pour marquer la fin de la saisie. Ce caractère spécial, `\n`, est ajouté à la fin de la chaîne.

L'autre point auquel il faut faire attention avec `scanf()` est que son deuxième argument doit être une adresse mémoire, donc un pointeur. Dans le cas des types de variables simples comme `int`, `float` et `double`, vous devez ajouter l'opérateur d'adresse `&` en préfixe du nom de la variable :

```
scanf("%d", &mon_int);
```

En revanche, ce préfixe `&` n'est pas nécessaire pour la lecture d'un tableau `char`, donc d'une chaîne :

```
scanf("%s", prenom);
```

Cependant, chaque élément spécifique du tableau requiert ce préfixe `&`, car il ne s'agit pas d'une adresse :

```
scanf("%c", &prenom[0]);
```

Rappelons que les variables de type pointeur ne réclament pas ce préfixe `&`, qui peut même avoir des conséquences très fâcheuses.

Contraintes des entrées flux

Les fonctions élémentaires d'entrée et de sortie du langage C n'offrent pas d'interactivité. Elles fonctionnent avec des flux, qui sont des séquences de données continues qui ne s'arrêtent que sur un marqueur de fin de fichier ou parfois sur un caractère de saut de ligne.

Lorsque vous ne voulez lire qu'un caractère depuis l'entrée, n'oubliez pas que la touche Entrée de validation de saisie reste en attente dans le flux. Lorsque vous appelez une seconde fois une fonction d'entrée telle que `getchar()`, c'est le code de la touche Entrée que vous récupérez (le caractère `\n`). Il ne se produit pas de phase d'attente de nouvelle saisie, comme ce serait le cas avec une fonction d'entrée interactive.

Pour concevoir un programme interactif en mode texte, tournez-vous vers une librairie offrant ce genre de fonctions, telle que la librairie nommée *NCurses*. Pour en savoir plus, rendez-vous sur la page *Wikipedia* de NCurses.

Le marqueur de fin de fichier correspond à la constante nommée `EOF` qui est définie dans le fichier d'en-tête `stdio.h`.

Le caractère de saut de ligne correspond à la séquence d'échappement `\n`.

Sachez que le caractère de saut de ligne peut correspondre à une valeur ASCII différente selon la machine. Utilisez donc toujours la séquence d'échappement symbolique `\n` pour désigner un saut de ligne.

Chapitre 27

Dix conseils et suggestions

Dans ce chapitre :

- L'hygiène du programmeur
- Choisissez des noms suggestifs
- N'ayez pas peur de définir vos propres fonctions
- Retouchez votre code petit à petit
- Subdivisez les grands projets en plusieurs modules
- N'oubliez jamais ce qu'est un pointeur
- Écrivez de façon aérée, quitte à condenser après
- Sachez passer du `if else` au `switch case`
- Profitez des opérateurs d'affectation composites
- Quand vous êtes perdu, relisez votre code à voix haute

Sélectionner les dix conseils et suggestions principaux n'est pas simple, surtout dans un domaine aussi riche et varié que la programmation. Je pourrais vous donner des conseils quant à la manière de soigner ses relations avec les autres programmeurs, quel prochain film vous devriez aller voir, à quel jeu de société jouer, et même comment vous nourrir. Il existe une véritable sous-culture de la programmation informatique. Admirez ces meutes de managers cherchant à obliger les programmeurs vétérans grisonnants à venir au bureau en trois-pièces sombre.

Mais avant de passer aux suggestions relationnelles, il y a tout de même quelques points que j'aimerais vous transmettre, et quelques recommandations très générales au sujet du langage C. Tous les programmeurs sont passés par les mêmes étapes que vous. Il n'est jamais inutile de prendre conseil auprès d'un programmeur vétéran grisonnant.

Adoptez une bonne hygiène de programmeur

Je suis prêt à parier qu'il y a parmi vos souvenirs une figure d'autorité qui a dû vous parler de l'importance qu'il y a à conserver une posture correcte. Vous avez peut-être ignoré ces conseils à vos risques et périls, comme c'est d'usage lorsqu'on est jeune et qu'on n'a pas encore pu vérifier la véracité de cette sagesse.

Pour de nombreux programmeurs, écrire du code est devenu une véritable obsession. Il m'arrive aisément par exemple de rester assis à coder pendant des heures d'affilée. Ce n'est pas bénéfique au corps. Faites une pause de temps à autre. Si vous n'arrivez pas à vous arrêter, programmez un break. Faites-le sérieusement : promettez-vous que lorsque vous lancerez la prochaine compilation, vous vous lèverez pour regarder par la fenêtre ou pour vous dérouiller un peu les jambes.

Lorsque vous êtes au travail, essayez de garder les épaules bien droites, et soulevez les poignets. Ne pliez pas la nuque en regardant l'écran. Ne vous écroulez pas au-dessus du clavier. Regardez souvent au loin par la fenêtre pour varier la mise au point de vos yeux.

Oserais-je ajouter qu'il est plaisant d'être agréable envers les autres. Quand vous êtes au beau milieu d'un débogage, vous pouvez facilement accueillir votre visiteur de façon un peu rustre. N'oubliez pas que les autres peuvent ne pas apprécier la profondeur de concentration dans laquelle vous êtes plongé. Et si vous ne pouvez pas vous empêcher d'être grognon, pensez à faire vos excuses plus tard.

Choisissez des noms suggestifs

Les meilleurs fichiers de code source que j'ai pu lire ressemblaient presque à du langage humain. Il n'est bien sûr pas possible de pousser cette clarté jusqu'au bout, mais il est certain que vous aboutirez à du code beaucoup plus lisible si vous choisissez bien le nom de vos variables et de vos fonctions.

Voici par exemple un de mes favoris :

```
while(!fini)
```

Je peux lire cette instruction conditionnelle comme ceci : « tant que non fini ». C'est assez clair. Tant que la valeur de la variable nommée `fini` est fausse, la boucle continue. À l'intérieur de la boucle, la condition de sortie finit par être rencontrée et la valeur de `fini` est forcée à la valeur vrai, ce qui fait sortir de la boucle. Il n'y a rien d'autre à expliquer.

Les fonctions méritent également des noms descriptifs. Un bon exemple est `reglerVolumeSonnerie()`, mais il est encore plus lisible d'utiliser le caractère de soulignement, comme dans `regler_volume_sonnerie()`. Choisissez vos noms de fonctions pour qu'ils suggèrent leur contexte d'utilisation comme dans cet exemple :

```
ch = lire_car_suivant();
```

Dans cette ligne, la fonction `lire_car_suivant()` n'a pas besoin de commentaires, sauf si elle ne renvoie pas de caractère.

Profitez des fonctions

Dès que vous constatez que vous avez à rédiger un traitement plusieurs fois, envisagez d'en faire une fonction. Même s'il n'y a qu'une instruction au départ, et même s'il ne semble pas justifié de constituer le point de départ d'une nouvelle fonction.

Imaginez par exemple que vous utilisez la fonction standard `fgets()` pour réaliser la lecture d'une chaîne, mais que vous deviez immédiatement après supprimer le caractère de saut de ligne que vous avez reçu dans le tampon d'entrée. Pourquoi ne pas regrouper les deux opérations dans une nouvelle fonction que vous appelleriez par exemple `lire_saisie()` ?

Retouchez votre code petit à petit

L'essentiel de votre temps va sans doute être consacré à la réparation des erreurs et des problèmes, à la rectification des problèmes de logique et à l'optimisation. Dans ce genre de travaux, vous devez éviter d'enchaîner les retouches. Corrigez un problème, vérifiez que tout va bien, puis occupez-vous du problème suivant.

Ce qui m'amène à vous donner ce conseil est qu'il est très tentant de fureter dans un fichier de code source pour aller réparer différents petits problèmes à droite et à gauche. Imaginez qu'il vous faille retoucher l'espacement dans un affichage par `printf()`, modifier une boucle de temporisation et demander la saisie d'une nouvelle valeur. Réalisez ces trois actions l'une après l'autre !

Lorsque vous essayez de travailler sur plusieurs fronts à la fois, vous risquez de vous y perdre. Si vous avez introduit une nouvelle erreur, où allez-vous chercher ? Cela vous oblige à tout vérifier, y compris les instructions et fonctions concernées par les retouches. Dans de telles situations, vous allez rêver de disposer d'une machine à remonter le temps. Travaillez donc progressivement lorsque vous retouchez votre code source.

Subdivisez les grands projets en modules

Personne n'aime devoir défiler dans un code source de 500 lignes ou plus et imprimer des dizaines de pages de code. La seule exception serait que vous soyez immergé à tel point dans votre projet que vous ayez la totalité du code source en tête. Dans tous les autres cas, pensez à subdiviser le code en plusieurs modules.

Personnellement, j'aime regrouper les fonctions apparentées. Je prévois en général un fichier pour les sorties, un autre pour les saisies, un fichier d'initialisation, etc. Chaque fichier va correspondre à un module qui sera compilé puis relié aux autres (c'est d'ailleurs le but du lieur). Dans cette approche, chacun des fichiers conserve une petite taille, et tous ceux qui sont mis au point n'ont plus besoin de vous préoccuper par la suite.

N'oubliez jamais ce qu'est un pointeur !

Un pointeur est une variable dont le contenu est une adresse en mémoire. Ce n'est pas de la magie et vous ne devriez jamais vous y perdre tant que vous n'oubliez pas la fameuse phrase suivante :

Un pointeur est une variable dont la valeur est une adresse mémoire.

Une adresse mémoire qui est stockée dans un pointeur doit désigner l'emplacement d'une autre variable. C'est pourquoi le pointeur doit toujours recevoir une valeur initiale avant d'être utilisé :

Un pointeur doit toujours être initialisé avant sa première utilisation.

Lorsque la variable pointeur reçoit en préfixe l'opérateur *, cela permet d'accéder au contenu de l'adresse que contient le pointeur. Cette indirection est perturbante, mais cette mécanique est extrêmement utile comme l'ont montré les Chapitres 18 et 19.

- Vous déclarez les variables pointeurs en utilisant le préfixe * avant le nom.
- Vous utilisez l'opérateur & pour récupérer l'adresse d'une variable C.
- Les tableaux sont toujours gérés par adresse. C'est pourquoi vous pouvez indiquer un nom de tableau (et seulement d'un tableau) sans fournir l'opérateur préfixe &.
- Les concepts d'adresse et d'emplacement mémoire sont équivalents.

Une excellente manière d'aller plus loin dans la connaissance des pointeurs consiste à se servir de l'outil débogueur de l'atelier Code::Blocks , et notamment de la fenêtre de suivi *Watches*. Voyez à ce sujet le Chapitre 25.

Rédigez avec de l'espace avant de condenser

Les programmeurs C adorent rendre leurs instructions les plus compactes possibles. Il y a même des concours de compacité. Je dois avouer que personnellement j'adore être concis, comme vous avez peut-être pu le voir à travers certains exemples du livre, et notamment celui-ci :

```
while(putchar(*(sample++)))
```

Il faut avouer que c'est grisant à lire. On a vraiment l'impression que l'auteur est devenu Grand Maître C. Mais cette compacité peut être source de problèmes.

Je vous conseille donc de rédiger d'abord votre code de façon plus aérée. N'hésitez pas à ajouter des espaces, notamment dans la première mouture du code. La ligne suivante :

```
if( c != '\0' )
```

est bien plus facile à lire que celle-ci :

```
if(c!='\0')
```

Lorsque vous aurez mis au point votre code, ou utilisé plusieurs instructions qui pourront être réduites à un moins grand nombre, vous pourrez toujours condenser, enlever les espaces et compacter comme bon vous semble.

Rappelons que dans le code source C, l'espace n'a d'intérêt que pour les lecteurs humains. J'admire ceux qui ajoutent de l'espace au lieu de tenter de compacter au maximum leur code, quel que soit le frisson que cette cryptomanie puisse procurer.

Sachez passer de if else à switch case

J'utilise fréquemment la structure conditionnelle `if else`, mais j'évite si possible de créer un trop grand nombre de cas `if`. Je considère que c'est le signe que j'ai fait fausse route dans l'analyse du problème. Prenons cet exemple :

```
if(condition1)
    ;
```

```
else if(autre_condition)
    ;
else(finalement)
    ;
```

Ce bloc est correct, et il est fréquemment nécessaire de gérer un arbre de décisions à trois branches. En revanche, la structure suivante, que j'ai pu rencontrer dans de nombreux travaux de programmeurs C, n'est clairement plus l'approche d'arbre décisionnel la plus adaptée :

```
if(condition1)
    ;
else if(autre_condition_1)
    ;
else if(autre_condition_2)
    ;
else if(autre_condition_3)
    ;
else if(autre_condition_4)
    ;
else(finalement)
    ;
```

De façon générale, dès que vous voyez s'accumuler les cas de blocs `else if`, c'est qu'il vaut mieux basculer vers une structure `switch case`. Je suis même persuadé que c'est ce genre de situation qui a provoqué l'invention de la structure `switch case`.

Vous trouverez tous les détails au sujet de `switch case` dans le Chapitre 8.

Profitez des opérateurs d'affectation composite

Maintenir du code lisible est une bonne idée, mais le langage C est parfois irrésistible avec ses opérateurs d'affectations composites. Même si vous ne vous en servez pas, vous devez les reconnaître.

Voici une équation très habituelle en programmation, quel que soit le langage :

```
a = a + n;
```

En langage C, vous pouvez la rendre plus compacte au moyen d'un opérateur d'affectation composite :

```
a += n;
```

N'OUBLIEZ PAS!

N'oubliez jamais que l'opérateur doit être placé avant le signe égal. Si vous inversez les deux signes, vous aboutissez à un opérateur unaire :

```
a =+ n;
```

Vous vouliez dire que la valeur de la variable a doit être égale à la valeur positive n ? Il est possible que le compilateur accepte cette notation, mais il est certain que ce n'est pas ce que vous vouliez écrire.

N'oubliez pas non plus les opérateurs d'incrémentation et de décrémentation, ++ et --, très utilisés dans les boucles.

Quand vous êtes perdu, relisez à voix haute

TRUC

Lorsque vous commencez à vous perdre pendant une chasse aux erreurs, relisez le code source à voix haute. Imaginez qu'un ami programmeur soit assis à côté de vous. Expliquez-lui ce que doit faire le code. Vous verrez que vous trouverez plus facilement la solution. Et si vous ne trouvez pas, allez jusqu'à demander à votre ami imaginaire de vous poser des questions pendant votre présentation.

N'ayez pas peur de donner l'impression d'être devenu fou. Après tout, vous êtes un programmeur. Vous êtes donc déjà frappé.

La lecture à voix haute du code vous aide en outre à repérer les parties qui mériteraient plus de commentaires et quels devraient être ces commentaires. Prenons cet exemple :

```
a++;        /* Incrémentation de a */
```

Voilà un commentaire énervant au possible. Bien sûr que nous incrémentons la variable a. Mais voici ce que nous aurions pu écrire à la place :

```
a++;        /* Ignore l'élément suivant pour aligner la sortie */
```

Ne vous limitez pas à commenter ce que fait le code, mais indiquez l'objectif fonctionnel. Imaginez-vous en train d'expliquer votre travail à un autre programmeur, ou à la version future de vous-même. Ce moi-futur remerciera un jour le moi-actuel pour cet effort.

Annexe A

Codes ASCII

Décimal	Hexa	Caractère	Commentaires
0	0x00	^@	Null, \0
1	0x01	^A	
2	0x02	^B	
3	0x03	^C	
4	0x04	^D	
5	0x05	^E	
6	0x06	^F	
7	0x07	^G	Bip, \a
8	0x08	^H	Retour arrière, *backspace*, \b
9	0x09	^I	Tabulation, \t
10	0x0A	^J	Saut de ligne, *line feed*, \n
11	0x0B	^K	Tabulation verticale, \v
12	0x0C	^L	Saut de page, *form feed*, \f
13	0x0D	^M	Retour chariot, *carriage return*, \r
14	0x0E	^N	
15	0x0F	^O	
16	0x10	^P	
17	0x11	^Q	
18	0x12	^R	
19	0x13	^S	
20	0x14	^T	
21	0x15	^U	
22	0x16	^V	

Décimal	Hexa	Caractère	Commentaires
23	0x17	^W	
24	0x18	^X	
25	0x19	^Y	
26	0x1A	^Z	
27	0x1B	^[	Échappement (*escape*)
28	0x1C	^\	
29	0x1D	^]	
30	0x1E	^^	
31	0x1F	^_	
32	0x20		Espace, premier de la plage des caractères affichables
33	0x21	!	Point d'exclamation
34	0x22	"	Guillemet droit (*double quote*)
35	0x23	#	Signe dièse
36	0x24	$	Signe dollar
37	0x25	%	Pourcentage
38	0x26	&	Esperluette ou Et commercial
39	0x27	'	Apostrophe
40	0x28	(	Parenthèse gauche (ouvrante)
41	0x29	)	Parenthèse droite (fermante)
42	0x2A	*	Astérisque
43	0x2B	+	Plus
44	0x2C	,	Virgule
45	0x2D	-	Tiret, moins
46	0x2E	.	Point
47	0x2F	/	Barre oblique
48	0x30	0	Chiffres
49	0x31	1	
50	0x32	2	
51	0x33	3	
52	0x34	4	

Décimal	Hexa	Caractère	Commentaires
53	0x35	5	
54	0x36	6	
55	0x37	7	
56	0x38	8	
57	0x39	9	
58	0x3A	:	Deux-points
59	0x3B	;	Point-virgule
60	0x3C	<	Inférieur à, chevron gauche
61	0x3D	=	Égalité
62	0x3E	>	Supérieur à, chevron droit
63	0x3F	?	Point d'interrogation
64	0x40	@	Arobase
65	0x41	A	Début de l'alphabet en capitales
66	0x42	B	
67	0x43	C	
68	0x44	D	
69	0x45	E	
70	0x46	F	
71	0x47	G	
72	0x48	H	
73	0x49	I	
74	0x4A	J	
75	0x4B	K	
76	0x4C	L	
77	0x4D	M	
78	0x4E	N	
79	0x4F	O	
80	0x50	P	
81	0x51	Q	
82	0x52	R	

Décimal	Hexa	Caractère	Commentaires
83	0x53	S	
84	0x54	T	
85	0x55	U	
86	0x56	V	
87	0x57	W	
88	0x58	X	
89	0x59	Y	
90	0x5A	Z	
91	0x5B	[	Crochet gauche
92	0x5C	\	Antibarre (*backslash*)
93	0x5D	]	Crochet droit
94	0x5E	^	Circonflexe
95	0x5F	_	Soulignement (*underscore*)
96	0x60	`	Accent grave, apostrophe grave
97	0x61	a	Début de l'alphabet en minuscules (bas de casse)
98	0x62	b	
99	0x63	c	
100	0x64	d	
101	0x65	e	
102	0x66	f	
103	0x67	g	
104	0x68	h	
105	0x69	i	
106	0x6A	j	
107	0x6B	k	
108	0x6C	l	
109	0x6D	m	
110	0x6E	n	
111	0x6F	o	
112	0x70	p	

Décimal	Hexa	Caractère	Commentaires
113	0x71	q	
114	0x72	r	
115	0x73	s	
116	0x74	t	
117	0x75	u	
118	0x76	v	
119	0x77	w	
120	0x78	x	
121	0x79	y	
122	0x7A	z	
123	0x7B	{	Accolade gauche
124	0x7C	¦	Barre verticale (*pipe*)
125	0x7D	}	Accolade droite
126	0x7E	~	Tilde
127	0x7F		Supprimer (*delete*)

- Les codes ASCII de 0 à 31 correspondent à des codes de contrôle non affichables. Pour les émettre au clavier, vous maintenez la touche Ctrl et frappez la lettre ou le signe désiré.
- Le code 32 est celui de l'espace vrai.
- Le code 127 de Supprimer se distingue du code 8 de retour arrière Backspace qui est défini comme *non destructif,* c'est-à-dire qu'il fait reculer le curseur d'une position d'espace.
- La plupart des caractères de contrôle ont un effet sur le texte affiché, comme Ctrl + I qui insère un pas de tabulation.
- Les lecteurs observateurs auront remarqué que la liste comporte trois séries remarquables entre 0 et 26, entre 64 et 90 puis entre 97 et 122.
- La différence de valeur entre une lettre majuscule et la même en minuscule est égale à 32, et c'est voulu. Cette valeur magique, 0x20 en hexadécimal, permet de convertir facilement d'une casse à l'autre.
- Les codes des chiffres de 0 à 9 ramènent aux valeurs numériques entières `0` à 9 en leur soustrayant la valeur 48 (0x30). Inversement, pour obtenir le code ASCII d'un nombre entre 0 et 9, vous lui ajoutez 48 ou 0x30.

- Tout caractère ASCII peut être exprimé sous forme d'une séquence d'échappement. Il suffit de faire suivre le préfixe antibarre de la valeur ASCII, comme dans `\33` pour le point d'exclamation (`!`). Vous pouvez aussi indiquer la valeur hexa, comme dans `\x68` pour le h minuscule.
- **N.d.T. :** Ces codes ASCII se limitent aux lettres anglaises. Les lettres accentuées du français sont codées différemment selon les systèmes, en général par des valeurs entre 128 et 255.

Annexe B

Mots-clés du C

Mots-clés du langage C selon le standard C11			
_Alignas	break	float	signed
_Alignof	case	for	sizeof
_Atomic	char	goto	static
_Bool	const	if	struct
_Complex	continue	inline	switch
_Generic	default	int	typedef
_Imaginary	do	long	union
_Noreturn	double	register	unsigned
_Static_assert	else	restrict	void
_Thread_local	enum	return	volatile
auto	extern	short	while

Mots-clés dépréciés, à ne plus employer		
asm	entry	fortran

Mots-clés spécifiques au langage C++			
asm	false	private	throw
bool	friend	protected	true
catch	inline	public	try
class	mutable	reinterpret_cast	typeid
const_cast	namespace	static_cast	using
delete	new	template	virtual
dynamic_cast	Opérateur	this	

- Le standard C11 est la version publiée en 2011 du langage C, la plus récente à ce jour.
- Il n'est pas nécessaire de mémoriser les mots-clés du C++, mais il faut les connaître afin d'éviter d'utiliser ces identifiants dans vos noms de fonctions et de variables.
- Le mot-clé du C++ que les programmeurs C anglais utilisent souvent est `new`. Ne vous en servez pas. Créez des noms tels que `nouveau` ou `newTruc`.
- Le mot-clé `bool` du C++ est strictement équivalent au mot-clé `_Bool` du C.

Annexe C

Opérateurs

Voyez aussi l'Annexe G qui rappelle les priorités entre opérateurs.

Opérateur	Type	Fonction
+	Maths	Addition
-	Maths	Soustraction
*	Maths	Multiplication
/	Maths	Division
%	Maths	Modulo
++	Maths	Incrément
--	Maths	Décrément
+	Maths	Plus unaire
-	Maths	Moins unaire
=	Affectation	Copie une valeur dans une variable
+=	Affectation	Addition et copie
-=	Affectation	Soustraction et copie
*=	Affectation	Multiplication et copie
/=	Affectation	Division et copie
%=	Affectation	Modulo et copie
!=	Comparaison	Différent
<	Comparaison	Inférieur à
<=	Comparaison	Inférieur ou égal à
==	Comparaison	Égal à
>	Comparaison	Supérieur à
>=	Comparaison	Supérieur ou égal à
&&	Logique	Les deux comparaisons sont vraies

Opérateur	Type	Fonction
¦¦	Logique	Une des deux comparaisons est vraie
!	Logique	Le membre est faux
&	Champ de bits	Masquage de bits
¦	Champ de bits	Armement de bits
^	Champ de bits	OU exclusif (XOR)
~	Unaire	Complément à 1
!	Unaire	NON
*	Unaire	Pointeur (accès au contenu pointé)

Annexe D

Types de variables

Type	Plage de valeurs mini/max	Formateur de printf()
_Bool	0 à 1	%d
char	–128 à 127	%c
unsigned char	0 à 255	%u
short int	–32,768 à 32,767	%d
unsigned short int	0 à 65,535	%u
int	–2,147,483,648 à 2,147,483,647	%d
unsigned int	0 à 4,294,967,295	%u
long int	–2,147,483,648 à 2,147,483,647	%ld
unsigned long int	0 à 4,294,967,295	%lu
float	1.17×10^{-38} à 3.40×10^{38}	%f
double	2.22×10–308 à 1.79×10308	%f

Annexe E

Séquences d'échappement

Séquence	Affichage ou effet
\a	Bip ou cloche
\b	Retour arrière, *backspace*, non destructif
\f	Saut de page, *form feed* ou effacement écran
\n	Saut de ligne, *newline, line feed* (LF)
\r	Retour chariot, *carriage return* (CR)
\t	Tabulation
\v	Tab verticale
\\	Antibarre, *backslash*
\?	Interrogation
\'	Apostrophe
\"	Guillemet
\xnn	Code de caractère hexadécimal *nn*
\onn	Code de caractère octal *nn*
\nn	Code de caractère octal *nn*

Annexe F

Formateurs de printf()

Formateur	Résultat affiché
%%	Pourcentage (%)
%c	Caractère isolé (char)
%d	Numérique entier court (short, int)
%e	Valeur à virgule flottante en notation scientifique avec e (float, double)
%E	Valeur à virgule flottante en notation scientifique avec E (float, double)
%f	Valeur en notation décimale (float, double)
%g	Substitution de %f ou de %e, selon lequel est le plus court (float, double)
%G	Substitution de %f ou de %e, selon lequel est le plus court (float, double)
%i	Numérique entier (short, int)
%ld	Numérique entier long (long int)
%o	Valeur octale non signée; pas de zéro préfixe
%p	Adresse mémoire en hexadécimal (*pointeur)
%s	Chaîne string (char *)
%u	Entier non signé (unsigned short, unsigned int, unsigned long)
%x	Valeur hexa non signée, en minuscules (short, int, long)
%X	Valeur hexa non signée, en majuscules (short, int long)

Formateurs de sortie

Les formateurs (caractères de conversion) du C offrent beaucoup d'options. La page *man* de la fonction `printf()` en présente la plupart. Certains méritent de faire des essais pour bien s'en servir. Voici leur format générique d'utilisation :

```
%-pw.dn
```

Seuls le premier et le dernier caractères sont obligatoires : le `%` est le marqueur de début de formateur et le *n* est le symbole de formatage.

`-`	Le signe moins ; combiné à l'option `w` pour justifier la sortie par la droite.
`p`	Caractère de remplissage (*padding*), soit zéro, soit l'espace, si l'option `w` est présente. Le remplissage par défaut étant l'espace, le `p` n'est pas obligatoire. Si `p` vaut 0, la sortie est remplie à gauche avec des zéros pour atteindre la largeur demandée par l'option de largeur `w` (*width*).
`w`	Option de largeur minimale de la sortie. Alignement à droite sauf si préfixe `-`. Remplissage avec des espaces à gauche sauf si `p` demande de remplir avec des zéros.
`.d`	Le point suivi d'une valeur `d` indique le nombre de chiffres après le point décimal pour les valeurs flottantes. Si `d` est omis, n'affiche que la partie entière.
`n`	Formateur tel que listé dans le tableau. Peut être un second signe pourcentage pour pouvoir afficher ce signe littéralement.

Annexe G

Ordre des priorités entre opérateurs

Tableau G.1 : Priorités décroissantes des opérateurs standard

Opérateur(s)	***Catégorie***	***Description***
`!`	Unaire	NON logique ; associativité de droite à gauche
`++ --`	Unaire	Incrément et décrément procèdent de droite à gauche
`* / %`	Maths	Multiplication, division, modulo
`+ -`	Maths	Addition, soustraction
`<< >>`	Binaire	Décalage de bits à gauche, à droite
`< > <= >=`	Comparaison	Inférieur, supérieur, inférieur ou égal, supérieur ou égal
`== !=`	Comparaison	Est égal, est différent
`&`	Binaire	ET
`^`	Binaire	OU exclusive (XOR)
¦	Binaire	OU
`&&`	Logique	AND
¦¦	Logique	OU
`?:`	Ternaire	Condition `if` spéciale ; associativité de droite à gauche
`=`	Affectation	Affectation de valeur à variable, y compris `+=` et `*=` et les opérateurs composites
`,`	(rien)	Séparateur des membres de la condition du `for` ; priorité de gauche à droite

- Vous pouvez modifier l'ordre de priorités naturel en ajoutant des parenthèses. Le C exécute d'abord le contenu des parenthèses avant le reste.

- Une variable avec ++ ou -- en suffixe a priorité sur une autre avec ces opérateurs de préfixe. Ainsi, var++ est prioritaire par rapport à ++var.
- L'associativité des opérateurs d'affectation va de droite à gauche. Ainsi, le membre droit de += est traité en premier.

Tableau G.2 : Pointeurs et priorités

Expression	*Adresse* p	*Valeur* *p
p	Oui	Non
*p	Non	Oui
*p++	Incrémentée après lecture de la valeur	Inchangée
*(p++)	Incrémentée après lecture de la valeur	Inchangée
(*p)++	Inchangée	Incrémentée après avoir été lue
*++p	Incrémentée avant lecture de la valeur	Inchangée
*(++p)	Incrémentée avant lecture de la valeur	Inchangée
++*p	Inchangée	Incrémentée avant d'avoir été lue
++(*p)	Inchangée	Incrémentée avant d'avoir été lue

Index

D

T